মামণি ৰয়ছম গোস্বামী

আধা লেখা দস্তাবেজ

চন্দ্ৰ প্ৰকাশ

পাণবজাৰ, গুৱাহাটী-১

Adha Lekha Dastabej: An autobiography of Mamoni Roisom Goswami published by Rajendra Mohan Sarma & Dr. Rabindra Mohan Sarma on behalf of Chandra Prakash, Panbazar, Guwahati-1, Assam.
Third Chandra Prakash Edition : 2022. **Price : Rs. 260.00 only**

আধা লেখা দস্তাবেজ

মামণি ৰয়ছম গোস্বামী

প্ৰকাশক
ৰাজেন্দ্ৰ মোহন শৰ্মা আৰু ডাঃ ৰবীন্দ্ৰ মোহন শৰ্মা
চন্দ্ৰ প্ৰকাশ, পাণবজাৰ, গুৱাহাটী-৭৮১০০১
ফোন নং - ৮৮১১০-৮১০০১
e-mail : chandra.publisher@gmail.com
website :chandraprakash.org

ISBN - 978-81-244-0717-2

প্ৰথম প্ৰকাশ ঃ ১৯৮৮
অষ্টম (প্ৰথম চন্দ্ৰ প্ৰকাশ) সংস্কৰণ ঃ ২০১১
নৱম (দ্বিতীয় চন্দ্ৰ প্ৰকাশ) সংস্কৰণ ঃ ২০১৮
দশম (তৃতীয় চন্দ্ৰ প্ৰকাশ) সংস্কৰণ ঃ ২০২২

প্ৰচ্ছদ ঃ মনজিৎ ৰাজখোৱা

ডিটিপি

হুছেইন ডিটিপি চেণ্টাৰ

মূল্য ঃ ২৬০.০০ টকা

মুদ্ৰক
নেছনেল প্ৰিণ্টাৰ্চ্
কালাপাহাৰ, গুৱাহাটী-১৬

উছৰ্গা

স্নেহময়ী আই

শ্ৰীমতী অম্বিকা দেৱী গোস্বামীৰ

কৰকমলত

মামণি ৰয়ছম গোস্বামী

লেখিকাৰ কথা

১৯৬৮ চনৰ জুন মাহৰ দুই তাৰিখে প্ৰসিদ্ধ সাহিত্যিক শ্ৰীহোমেন বৰগোহাঞিদেৱে মোক এখন চিঠি দিছিল। ব্যক্তিগতভাৱে সেই সময়ত তেওঁৰ লগত মোৰ কোনো পৰিচয় নাছিল। তেওঁৰ চিঠিৰ দুটামান শাৰী এনে ধৰণৰ আছিল—"আপোনাৰ মন কি দুঃসহ বেদনাৰে ভাৰাক্ৰান্ত—সেই কথা আপুনি নক'লেও মই জানো। কিন্তু শিল্প-সৃষ্টিৰ দাবী ইমানেই নিষ্ঠুৰ যে সি কাৰো ব্যক্তিগত দুখ-বেদনাৰ কথা বিবেচনা নকৰে। সাধাৰণ নৰ-নাৰীৰ এই অতলান্ত দুখত নিমজ্জিত হৈ মৃতপ্ৰায় হৈ থাকিবলৈ সম্পূৰ্ণ অধিকাৰ আছে, কিন্তু আপোনাৰ এই অধিকাৰ নাই। কাৰণ আপুনি লিখিকা, জাত-শিল্পী। একমাত্ৰ সৃষ্টিৰ মাজতেই আপোনাৰ মুক্তি—দুখৰ পৰা, বেদনাৰ পৰা, আনকি ক্ষুদ্ৰ খণ্ড-মৃত্যুৰ পৰাও।"

বৰগোহাঞি ডাঙৰীয়াই আৰু অনেক প্ৰেৰণাদায়ক কথা লেখিছিল। সেই সময়ত তেওঁৰ কথাই মোৰ হৃদয় স্পৰ্শ কৰিছিল। তেওঁৰ উপদেশ মতে মই সেই সময়ত মোৰ জীৱন-কাহিনীৰ কিছু অংশ লিখিছিলো। কি কাৰণে সেই সময়ত মোৰ সেই স্মৃতিৰ কাহিনী ছপা নহ'ল আৰু ময়ো সেইখন শেষ কৰিব নোৱাৰিছিলো সেয়া এক অন্য কাহিনী আছিল।

১৯৮৬ চনৰ 'অসম বাণী'ৰ বিহু সংখ্যাত 'দস্তাবেজৰ এক অংশ' বুলি মোৰ স্মৃতিৰ কাহিনী এটি প্ৰকাশিত হৈছিল।

'অসম বাণী'ৰ সম্পাদক শ্ৰীতিলক হাজৰিকা মহোদয়ে 'দস্তাবেজ'ৰ দ্বিতীয় অংশ লাগে বুলিও বৰকৈ অনুৰোধ কৰিছিল।

মোক হাতত কলম ল'বলৈ, আৰু নিপীড়িতসকলৰ ছবি আঁকিবলৈ শিকাইছিল শ্ৰীকীৰ্ত্তিনাথ হাজৰিকা মহোদয়ে। যি সময়ত শ্ৰীকীৰ্ত্তিনাথ হাজৰিকাদেৱক লগ পাইছিলো সেই সময়ত অৰ্থাৎ স্কুলত পঢ়া দিনতে মই শ্ৰীতিলক হাজৰিকা মহোদয়কো লগ পাইছিলো। তেওঁ অনুৰোধ নকৰাহেঁতেন মই 'দস্তাবেজৰ দ্বিতীয় অংশ' হয়তো লেখিব

নোৱাৰিলোহেঁতেন। লেখাৰ কোনো আগ্ৰহ নাছিল।

দস্তাবেজৰ তৃতীয় অধ্যায়টি মই ('ষ্টুডেণ্টচ্ ষ্ট'ৰ্চ'ৰ) প্ৰকাশক শ্ৰীবিজয় দত্তৰ অনুৰোধত লেখিব লগীয়া হ'ল। কাৰণ তেওঁ সম্পূৰ্ণ কিতাপখন ছপাবলৈ বৰ আগ্ৰহ প্ৰকাশ কৰিলে। তথাপি ১৯৭০ চনলৈহে মই জীৱনত ঘটি যোৱা কিছুমান ঘটনাৰ ছবি এই গ্ৰন্থত সন্নিৱিষ্ট কৰিলো। মোৰ অত্যন্ত প্ৰিয় ভ্ৰাতৃ-ভগ্নী, বন্ধু-বান্ধৱ আদিৰ ছবি এই গ্ৰন্থত অঙ্কিত হোৱা নাই। কিছুমান নিৰ্দিষ্ট ঘটনাৰ কথা বৰ্ণনা কৰোঁতে এই ঘটনাৰ লগত জড়িত ব্যক্তিসকলহে উপস্থিত হৈছে।

এই বিশাল জীৱন স্ৰোতত যিবোৰ সৰু-ডাঙৰ ঘটনাই মন আৰু হৃদয় স্পৰ্শ কৰি গৈছিল সেইবোৰৰ বৰ্ণনাহে মই এই গ্ৰন্থত আঁকি দেখুৱাবলৈ চেষ্টা কৰিছোঁ।

১৯৭০ চনৰ পৰাহে যেন এক অন্য জীৱন আৰম্ভ হৈছিল। এই জীৱনৰ ছবি ইয়াত সন্নিৱিষ্টি কৰা নাই।

কেতিয়াবা তেনেই সাধাৰণ মানুহৰ জীৱন-যাত্ৰাত এনে কিছুমান ঘটনাৰ সমাবেশ ঘটে যিবোৰক উপন্যাসৰ আকাৰেৰে সহজেই সজাব পৰা যায়। এয়া তেনে এক সাধাৰণ ব্যক্তিৰেই জীৱন-কাহিনী যাক মাত্ৰ উপন্যাসৰ আকাৰেৰে সজোৱা হৈছে।

প্ৰথম অধ্যায়টি 'অসম বাণী'ত প্ৰকাশ হওঁতে যিসকল লোকে চিঠি-পত্ৰ ইত্যাদি দি প্ৰেৰণা দিছিল সেইসকলৰ ওচৰত মই কৃতজ্ঞ হৈ থাকিলো।

মামণি ৰয়ছম গোস্বামী

শক্তি নগৰ
দিল্লী-১১০০০৭
২৪।৭।৮৮

আধা লেখা দস্তাবেজ

প্ৰথম অধ্যায়

।। এক ।।

সেই সময়ত বয়স বৰ কম আছিল। খোৱা-পিন্ধাৰ চিন্তা নাছিল। এনেকুৱা অৱস্থাত মোৰ বয়সৰ যিকোনো ছোৱালীয়ে আনন্দত দিন কটোৱাৰে কথা আছিল। মোৰ কপালত কিন্তু এই আনন্দৰ কথা লেখা নাছিল। এক প্ৰকাৰ নৈৰাশ্য আৰু দুঃখবোধে মোৰ হৃদয়ৰ লগত যেন ঘৰ বান্ধিয়ে লৈছিল।

১৯৫৫ চনত আমি শ্বিলঙত আছিলো। পিতা শিক্ষাধিকাৰ আছিল। বৃটিছে এৰি যোৱা সংস্কৃতিৰ ছায়া তেতিয়াও শ্বিলঙৰ আকাশে-বতাহে বিচ্ছুৰিত হৈ আছিল। আমাৰ ঘৰৰ ওচৰে-পাঁজৰে কেইবাটাও ব্ৰিটিছ পৰিয়ালে বাস কৰিছিল। আনকি আমি বাস কৰা প্ৰাসাদোপম ঘৰটোৰ (এই ঘৰৰ চাল কিন্তু খেৰৰহে আছিল) ছাৰ্ভেণ্ট কোৱাৰ্টাৰটোত এগৰাকী তেনেই অকলশৰীয়া ব্ৰিটিছ মহিলাই তেওঁৰ ইয়াং নামৰ ক'লা নোমাল কুকুৰটোৰ সৈতে বাস কৰিছিল। মহিলাগৰাকীয়ে এসময়ত 'পাইন মাউণ্ট' স্কুলত কাম কৰিছিল। অৱসৰ লোৱাৰ পাছত কেতিয়া আহি এই বঙলাৰ ছাৰ্ভেণ্ট কোৱাৰ্টাৰৰ দুটা কোঠা দখল কৰি লৈছিল কোনেও ক'ব নোৱাৰিছিল।

মিছেছ জেমছ নামৰ এই ব্ৰিটিছ মহিলাগৰাকী বাস কৰা কোঠা দুটাৰ সেই প্ৰাচীন আৰু বিচিত্ৰ গোন্ধ এতিয়াও মোৰ নাকত লাগি আছে। কয়লা, পাইনৰ গুটি, 'পলছন' মাখন, 'ক্ৰাফ্ট্‌চীজ'ৰ টিন, 'আই এক্স এল জেম'ৰ টিন, পুৰণা উল আৰু ফটা কাপোৰৰ দ'ম—এইবোৰৰ মাজত থকা তেওঁৰ সৰু বিছনাখনৰ পৰা আহিছিল সেই গোন্ধ। তেওঁৰ কোঠাটোৰ পাছফালে থকা সৰু খিৰিকিখনেৰেই মই 'ক্ৰিনোলিন' জলপ্ৰপাতৰ সৰু নিজৰাটো বৈ যোৱা দেখিছিলো। নিজৰাটোৰ এটা অংশত পানী বৰ গভীৰ আছিল। মিছেছ জেমছৰ ঘৰৰ এই অংশটোৰ পৰা সেই পানীখিনি এটা হ্ৰদৰ দৰেই ভাব হৈছিল। সেই সময়ত সকলোৱে কৈছিল—সেইখিনি দেও লগা পানী, তাত তিনিডাল বাঁহ একেলগে ডুব যাব। মিছেছ জেমছে কৈছিল—"এৰা, পানীখিনি

বৰ দ, মোৰ এই কুকুৰটো কেতিয়াবা সেই পিনে যায় বুলি ভাবি বৰ ভয় লাগি থাকে। কিন্তু তুমি সদায়ে এই কথা কিয় সোধা? কিমান দ? কিমান দ?"

মই বৃদ্ধা জেমছক এই প্ৰশ্নৰ উত্তৰ দিব নোৱাৰিছিলো। এৰা, কেনেকৈ উত্তৰ দিওঁ? সেই দহ-এঘাৰ বছৰতে মই আত্মহত্যাৰ কথা ভাবিছিলো। আত্মহত্যাৰ কথা ভাবিছিলো এই কাৰণেই যে মোৰ ভাব হৈছিল মোৰ পিতাৰ যদি মৃত্যু হয় তেতিয়াহ'লে মই সেই মৃত্যুৰ যন্ত্ৰণা সহ্য কৰিব নোৱাৰিম। সেই সময়ত পিতাৰ সৈতে মোৰ এক অনন্য সম্বন্ধ আছিল। সকলো শিশুৰেই নিজৰ পিতৃৰ প্ৰতি হয়তো এনে ধৰণৰ সম্বন্ধ থাকে। কিন্তু মোৰ অন্তৰত পিতাৰ প্ৰতি এক অদ্ভুত টানেই আছিল, যাক মই কোনো ভাষাৰে লিখি বৰ্ণাব নোৱাৰো। (সেই পিতা যি গৰাকী মানুহ নহ'লে জীয়াই থাকিব নোৱাৰিম বুলি একেবাৰে বদ্ধমূল ধাৰণা আছিল, তেওঁক কেন্সাৰ বেমাৰত তিল্‌তিল্‌কৈ মৃত্যু হোৱা মই দেখিছিলো। তেওঁ আঁতৰি গৈছিল সঁচা আৰু আঁতৰি যোৱাৰ পাছত মই আত্মহত্যা কৰিব পৰা নাছিলো এই কথাও সঁচা, কিন্তু মনৰ মাজত এই ভাৱনা একেবাৰে খুঁটি পুতিয়ে বহি গৈছিল। এই সংজ্ঞাহীন বেদনাবোৰৰ সৈতে শৈশৱৰ পৰাই আত্মাই যেন যুদ্ধ কৰিছিল। এই যন্ত্ৰণাৰ কথা কেতিয়াও মই কাৰো আগত প্ৰকাশ কৰিব নোৱাৰিছিলো।)

...মিছেছ জেম্‌ছে মূৰৰ টুপিটো খুলি থুঁতৰিত ধৰি প্ৰায়ে প্ৰশ্ন কৰিছিল— "নিজৰাটোলৈ কিয় চাই থাকা তেনেদৰে? যোৱা—লগৰ ছোৱালীবোৰৰ লগত খেলাগৈ, ছুইমিং পুলত সাঁতোৰাগৈ...।"

'পাইন মাউণ্ট'ত পঢ়িছিলো। ছাত্ৰীসকলক মিছ হলটিনে সাঁতুৰিবলৈ শিকাইছিল। তেওঁ ব্ৰিটিছ মহিলা আছিল। বৰ খুচ মেজাজী আছিল। মুখত হাঁহি লাগিয়েই আছিল। স্কুলৰ পৰা শুকুৰবাৰে ক্ৰিনোলিন ফল্‌ছৰ সন্মুখৰ ছুইমিং পুললৈ লৈ গৈ 'পাইন মাউণ্ট'ৰ ছাত্ৰীবোৰক তেওঁ সাঁতুৰিব শিকাইছিল। মোৰ নিজৰ 'ছুইমিং কষ্টিউম' নাছিল। আমাৰ ছাৰ্ভেন্ট কোৱাৰ্টাৰত থকা বঙালী ৰান্ধনী এগৰাকীৰ মোৰ সমানেই প্ৰায় দহ-এঘাৰ বছৰীয়া ছোৱালী এজনী আছিল। আমি দুয়ো একেলগে খেলিছিলো। তাইক আমি থকা বঙলাত এসময়ত থকা কোনোবা এগৰাকী বালিকাই পুৰণা 'ছুইমিং কষ্টিউম' এটা উপহাৰ দিছিল। তাই ৰান্ধনীৰ ছোৱালী আছিল সেই বাবে 'পাইন মাউণ্ট'ৰ দৰে স্কুলত পঢ়িব নোৱাৰিছিল। এই 'ছুইমং কষ্টিউম'টো সেই বাবে তাইৰ কোনো কামত নাহিছিল। মই তাইৰ এই 'ছুইমিং কষ্টিউম'টো পিন্ধি মিছ হলটিনৰ ছুইমিং ক্লাছলৈ গৈ সাঁতুৰিছিলো। পিতাই মোক সেই সময়ত অত্যন্ত মৰম কৰিছিল। কিন্তু তেওঁৰ ওচৰলৈ গৈ 'ছুইমিং কষ্টিউম' এটা লাগে বুলি মই ক'ব নোৱাৰিছিলো। কিয় নোৱাৰিছিলো

সেই কথা মই আজিও ক'ব নোৱাৰো। পিতাই সেই সময়ত বৰ জুখি-মাখি খৰচ কৰিছিল। শ্বিলঙৰ শীতত পিন্ধিবলৈ তেওঁ মোক আৰু মোৰ ভনীজনীক নিজে পছন্দ কৰি দুটা অভাৰকোট চিলাই দিছিল। মোৰ অভাৰকোটটো অৱশ্যে মোৰ লগৰ ছোৱালীবোৰে পছন্দ নকৰিছিল। স্কুলৰ সকলোৰে মিহি কাপোৰৰ অভাৰকোট আছিল। কিন্তু মোৰ কোটৰ কাপোৰ আছিল তেনেই গধপা। পিতাই নিজে পছন্দ কৰি চিলাই দিয়াৰ বাবেই হয়তো কোটটো মই বৰ আটোম-টোকাৰি কৰি ৰাখিছিলো। 'পাইন মাউণ্ট'ত পঢ়া মোৰ লগৰ ছোৱালীজাক বৰ অৱস্থাপন্ন ঘৰৰ আছিল। সিহঁতৰ সাজ-পোছাকো চকুত লগা আছিল।

বগা চাহাবৰ ছোৱালীও আছিল কিছুমান। লেজলী ৱানাৰ—কাঠফুলাৰ দৰে শৰীৰৰ বৰণ, মৌ সিটাৰ দৰে চুলি; অপূৰ্ব সুন্দৰ শৰীৰৰ বৰণৰ—ইবন নীল? মুখত আইৰ দাগেৰে ভৰা গাঁঠলু চেহেৰাৰ ফ্লৰিন্স ছেইলছ? আঃ আৰু কত মুখ! চকু মুদিলেই যেন এতিয়াও সকলোৰে মুখ জীৱন্ত হৈ উঠে। প্ৰায়বোৰেই জন্মদিনৰ উৎসৱ পালন কৰিছিল। মোকো নিমন্ত্ৰণ কৰিছিল। মোৰ জন্মদিনৰ তাৰিখৰ কথা মই নিজেও নাজানিছিলো, ঘৰৰ কোনেও মনত নেৰাখিছিল। অকল মোৰেই কিয় ঘৰৰ কোনো এটা ল'ৰা-ছোৱালীৰ জন্মদিন পালন কৰা নহৈছিল। নিয়মেই যেন নাছিল। বাহ্যিক জাক্-জমক্ এৰি ল'ৰা-ছোৱালীবোৰে যাতে একেবাৰে সাধাৰণভাৱে জীৱন-যাপন কৰিব পাৰে তাৰ বাবে পিতা বৰ সজাগ আছিল। তেওঁৰ যেন এটা ধৰ্ম আছিল—Simple living and high thinking.

সেয়ে মোৰ লগত পঢ়া অত্যন্ত অৱস্থাপন্ন ঘৰৰ দুহিতাসকলৰ জন্মদিনত মই গৈছিলো আৰু চুপ্-চাপ্ বহি আছিলো। কেতিয়াবা বাৰিষা বতৰত যেতিয়া 'পাইন মাউণ্ট'ৰ ছাত্ৰীসকলে শাৰী পাতি চিনেমা চাব গৈছিল; ৰেইন কোটৰ অভাৱত মই শাৰীৰ পৰা ফালৰি কাটি উভতি আহিছিলো। আৰু মিছ হলটিনৰ ছুইমিং ক্লাছলৈ মই কোনোবাই এৰি থৈ যোৱা সেই পুৰণা ছুইমিং চুটযোৰ পিন্ধি গৈছিলো।

...নাই নাই, তথাপি কোনো আক্ষেপ নাছিল। সেই সময়ত মই মিছ ড্যুৰপ নামৰ ইটালীৰ ছিছিলিত জন্মগ্ৰহণ কৰা শিক্ষয়িত্ৰীগৰাকীৰ ওচৰত কাপোৰ চিলোৱা শিকিব গৈছিলো। মিছ ড্যুৰপ প্ৰকৃততে ছিছিলিৰ আছিল নে ছিচেলছৰ (Seychelles) আছিল এই বিষয়ে সন্দেহ আছিল যদিও তেওঁক মই সেই সময়ত ছিছিলিৰ মানুহ বুলিয়ে জানিছিলো। চুটি ৰঙচুৱা চুলিৰে শকত-আৱত মহিলা আছিল মিছ ড্যুৰপ। দাঁত দুপাৰি উজলা আছিল। শৰীৰৰ বৰণ বগা আছিল যদিও মুখত আইৰ দৰে কিছুমান দাগ আছিল। মুখৰ গঢ় ভাল নাছিল কিন্তু অত্যন্ত মৰমিয়াল মানুহ আছিল তেওঁ।

(যোৱা বছৰ মই ইটালীৰ ফ্লৰিন্স পিচা ইত্যাদিলৈ যাওঁতে ছিছিলিৰ একেবাৰে ওচৰৰ ন্যাপলছ কাপ্রি আৰু আনা কাপ্রিলৈও গৈছিলো। ছিছিলিলৈ যোৱাৰ এক প্রবল ইচ্ছা হৈছিল। মই তেওঁৰ ঠিকনা নেজানিলেও ছিছিলিলৈ গৈ তেওঁৰ দুৱাৰৰ ওচৰত থিয় হোৱাৰ এক আকাংক্ষা জন্মিছিল। আনা কাপ্রিৰ প্রত্যেকখন বিপনী আৰু গীর্জাৰ দুৱাৰমুখত ৰৈ মই ক'ৰবাত এই বৃদ্ধা মহিলাক দেখো নেকি চাইছিলো। মিছ ড্যুৰপে অহৰহ আনা কাপ্রি আৰু ফ্লৰিন্সৰ কথা কৈছিল। ফ্লৰিন্স আৰু কাপ্রিত মই মূর্খ মানুহৰ দৰে মিছ ড্যুৰপক বিচাৰি ঘুর্মুটিয়াই ফুৰিছিলো—এই কথা জানিও যে মই ডেৰ কুৰি বছৰ মিছ ড্যুৰপক দেখা নাই, কি ঠিক তেওঁ জীয়াই আছে নে নাই!)

...শ্বিলঙত থকা এই সময়তে মনৰ সেই নৈৰাশ্য আৰু আত্মহত্যাৰ ভাব হৃদয়ৰ মাজত খুঁটি পুতিয়েই যেন বহি ৰৈছিল।

প্রিয়জনৰ লগত বিচ্ছেদ হোৱাৰ দাৰুণ পৰিণতিৰ কথা ভাবি মোৰ অন্তৰ আত্মাই সেই শিশু অৱস্থাতেই কাতৰ হৈ পৰিছিল। এই যন্ত্রণাৰ ঠিক সংজ্ঞা মই দিব নোৱাৰিছিলো। ই এক ৰহস্যময় ভাৱধাৰা আছিল যাক জয় কৰিবৰ চেষ্টা কৰিও মই কোনো দিনে জয় কৰিব পৰা নাছিলো।

ক্রিনোলিন ফল্‌ছ্, হাইদৰী পার্কৰ মোলায়েম ঘাঁহনি, ঘৰৰ সন্মুখৰ পর্বতত শাৰী শাৰী পাইন গছ, মাজ ৰাতি কেতিয়াবা সাৰ পাই বতাহত কঁপা পাইনৰ শব্দ শুনিছিলো। এই শব্দ তিৰোতাৰ বিননিৰ দৰে শুনা গৈছিল। মই ৰাতি প্রায়ে এই কান্দোন শুনিছিলো। আৰু ঘৰৰ তলৰ নাচপতি গছবোৰ? চব সজীৱ হৈ আছে। মনৰ জগতত ৰঙে-ৰসে চব সজীৱ হৈ আছে...যেনেদৰে সজীৱ হৈ আছে সেই শিক্ষয়িত্রীবোৰৰ ছবিবোৰ?

মিছ ড্যুৰপ?

মিছ হলটিন?

মিছ লীন?

মিছ ড্যুৰ ক'লমেন?

...মিছ নীল প্রধান শিক্ষয়িত্রী আছিল। ভিন্ন ধৰণৰ ব্যক্তিত্বসম্পন্ন মহিলা আছিল তেওঁ। বেছি ভাগ সময় অফিচতে কটাইছিল। কোনোবা ছাত্রীয়ে যদি গুৰুতৰ অপৰাধ কৰে তেতিয়াহে তেওঁ ক্লাছলৈ আহিছিল। এডাল স্কেলো লগত লৈ আহিছিল। অপৰাধী ছোৱালীজনীক হাত পাতিব দিছিল। তাৰ পাছত সকলোৰে সন্মুখত ছোৱালীজনীক এনে ধৰণে কোবাইছিল যে যিমানবাৰেই মই এই দৃশ্য দেখিছিলো সিমানবাৰেই ভয়ত মোৰ অণ্ঠ-কণ্ঠ শুকাই গৈছিল। শাস্তি পোৱা ছোৱালীজনীৰ প্রতি অনুকম্পাত মোৰ দুয়ো নয়ন ভৰি আহিছিল। ...গোলাব ৰায় উপাধীধাৰী শকত-

আৰত ছোৱালী এজনীয়ে প্ৰায়ে এনে ধৰণৰ শাস্তি ভোগ কৰিছিল। তাইৰ দেউতাকে আমাৰ পুৰণা ষ্টেশ্বনৱাগান গাড়ী এখন কিনাৰ কথা মনত পৰে।

...মিছেছ ক'লমেন নামৰ শকত-আৱত, গোলাপৰ পাহিৰ দৰে বৰণৰ ব্ৰিটিছ শিক্ষয়িত্ৰীগৰাকীয়ে আমাক ছবি আঁকিব শিকাইছিল। ছবি অঁকা মোৰ নিচাৰ দৰে আছিল। এবাৰ মই যীশুক দীঘল ডাড়িকোছাৰে সৈতে আঁকিছিলো। মিছেছ ক'লমেনে সেইখন আনবোৰ শিক্ষয়িত্ৰীক দেখুৱাইছিল। স্কুলৰ দীঘলীয়া কৰিড'ৰটোৰ ওচৰত গোটেইজাক গোট খাইছিল। তেতিয়া মই প্ৰথম ষ্টেণ্ডাৰ্ডত পঢ়িছিলো। ইংৰাজী ভাষাত ভালদৰে একো প্ৰকাশ কৰিব নোৱাৰিছিলো।

মিছেছ ক'লমেনে পতা চিত্ৰ প্ৰতিযোগিতাত মই এখন প্ৰমাণপত্ৰ পাইছিলো। সেই প্ৰমাণপত্ৰখন এতিয়াও হয়তো ক'ৰবাত সোত-মোচ খাই পৰি আছে।

...ঈশ্বৰ পুত্ৰ যীছুৰ ছবি হৃদয়ৰ মাজত একেবাৰেই যেন গভীৰভাৱে বহি গৈছিল।...পুলিচ বজাৰৰ ওচৰত থকা গীৰ্জাৰ ঘণ্টা মই ঘৰৰ বাৰাণ্ডাৰ পৰা শুনা পাইছিলো।...খ্ৰীষ্টমাছৰ সময়ত গীৰ্জাৰ কাষত হোৱা এখন মেলালৈ যোৱাৰ কথা মোৰ মনত পৰে। গৰম কাপোৰেৰে কৰা ফুলৰ থোপা তাত ফিৰিঙ্গিসকলে বিক্ৰী কৰিছিল।...যীছুৰ ছবি এখন বৰ জাক্-জমক্‌কৈ তাত সজাই থৈছিল। তেওঁৰ হাত-ভৰিত মৰা গজালৰ জখমে কৰা তেজৰ চেঁকুৰাবোৰ মোৰ চকুত স্পষ্ট হৈ পৰিছিল। ঈশ্বৰৰ পুত্ৰৰ মূৰত বান্ধি দিয়া কাঁইটৰ মুকুটটোৱেও বুকুৰ কোনোবাখিনিত যেন খোঁচা-বিন্ধা কৰি আছিল।...সেই সময়ত বহীবিলাকতো যীছুৰ ছবিকেই আঁকিছিলো। 'পাইন মাউণ্ট'ত খ্ৰীষ্ট ধৰ্ম শাস্ত্ৰৰ (স্ক্ৰিপচাৰ) ক্লাছটোও কৰিছিলো। হিন্দু-মুছলমান নাইবা আন ধৰ্মৰ ছাত্ৰসকলে এই বিষয়টো নপঢ়িলেও হৈছিল। প্ৰায়বোৰে নপঢ়িছিলেই। হিন্দু ছোৱালী হৈ এই ক্লাছটো কৰা বাবেই হয়তো পৰীক্ষাত মই নম্বৰ কিছু সৰহকৈ পাইছিলো।...ক্লাছৰ আগেয়ে হোৱা প্ৰাৰ্থনা সভাত আমি সৰু পুথিত থকা যীছুৰ ধৰ্মগ্ৰন্থৰ গীত গাইছিলো।

ধৰ্মশস্ত্ৰৰ ক্লাছত পঢ়া কথাবোৰ এতিয়া বিস্মৃতিৰ গৰ্ভত লীন হৈ গৈছে। তথাপি এটা-দুটা শাৰী এতিয়াও মনত পৰে যীছুৱে কোৱা কথা।

"এই সুন্দৰ নয়ন তোমাৰ শৰীৰৰ প্ৰদীপ। তোমাৰ নয়ন সৰল হ'লে সমস্ত শৰীৰ দীপ্তিমান হ'ব—কিন্তু তোমাৰ নয়ন মলিয়ন হ'লে তোমাৰ শৰীৰ অন্ধকাৰময় হৈ পৰিব। তোমাৰ হৃদয়ৰ দীপ্তিক যদি অন্ধকাৰে ঢাকি ধৰে তেনেহ'লে তুমি কোন পথেৰে গমন কৰিবা?

...যাচনা কৰা তুমি পাবা। অন্বেষণ কৰা তেতিয়াও পাবা, দুৱাৰত কৰাঘাত কৰা

তোমাৰ বাবে দুৱাৰ খুলি দিয়া হ'ব...।"

...স্মৃতিৰ পথত ধূসৰ হৈ গ'লেও ক্ৰুছবিদ্ধ যীছুৰ অনেক কাহিনী মই পাহৰা নাই।

বহু বছৰ পাছত ফ্ৰান্সত মহাশিল্পী লিওনাৰ্ডো দ্য ভিঞ্চিৰ দ্বাৰা অঙ্কিত 'লাষ্ট ছাপাৰ'ত যীছুৰ মুখৰ অনন্য পোহৰ দেখিছিলো। ছবিলৈ অনন্য পোহৰ আনিব পৰা ৰেমব্ৰাণ্টৰ 'ক্ৰাইষ্ট এট এঘাছ' নামৰ ছবিৰ এক জলক দেখা পাইছিলো...যীছুৰ মুখৰ কাৰুণ্য সেই ৰহস্যময় পোহৰৰ মাজেৰে অনন্য হৈ উঠিছিল। এইবোৰ সময়ত শৈশৱত দেখা যীছুৰ মুখ আকৌ দেখা পোৱা যেন ভাব হৈছিল আৰু ৰোমৰ ভেটিকানত মই মাইকেলেঞ্জেলোৰ কুমাৰী মেৰীৰ কোলাত পৰি থকা যীছুৰ এক অপূৰ্ব মুখ দেখিছিলো। পঁচিশ বছৰ বয়সতে মাইকেলেঞ্জেলোৱে গঢ়ি তোলা 'পিয়েটা' (দয়া) নামৰ এই সৃষ্টিৰ মাজত যীছুৰ সেই অনন্য মুখৰ ছবি দেখি মোৰ দুয়ো নয়ন ভৰি আহিছিল।

কোনেও নেদেখাকৈ সেই দিনা ৰোমৰ ভেটিকানত মই দুয়ো নয়নৰ পানী মচিছিলো।

...কতদিন পাৰ হ'ল দীঘল ডাঢ়িৰে সৈতে যীছুৰ মুখৰ ছবি অঁকাৰ? কতদিন পাৰ হ'ল ৰং তুলিকা আৰু ইজেল দলিয়াই পেলোৱাৰ। তথাপি ছবিয়ে অভিভূত কৰে।

ছবি আঁকিবলৈ মিছেছ ক'লমেনে অনুপ্ৰেৰণা দিছিল শৈশৱত।

ক'ত আছে মিছেছ ক'লমেন এতিয়া?

নাই, কোনো খবৰ নাই।

যেনেদৰে নাই ইংৰাজী গীত শিকোৱা মিছেছ পাৰেলৰ।

ৰচনা লিখিবলৈ উৎসাহিত কৰা মিছ শ্বোৱেৰ?

আহ্ ক'ত মিছ ড্যুৰপ?

মিছ নীল?

মিছ হলটিন?

মিছ চুইনি?

মিছেছ জেম্‌ছ্?

...সকলোৱেই মনৰ মাজত মচিব নোৱৰা দাগ বহুৱাই আঁতৰি গৈছে। জীৱনত লগ পোৱা আৰু বিচ্ছেদৰ কাহিনীৰ মৰ্মান্তিক চেহেৰাৰ সৈতে নিজকে যেন পৰিচিত কৰোৱাই গৈছে।...

শেষৰ পিনে শ্বিলঙৰ কিছুমান দিন মোৰ বাবে অত্যন্ত ৰহস্যময় হৈ পৰিছিল।

মই লাহে লাহে ডাঙৰ হ'বলৈ আৰম্ভ কৰিছিলো। নিজৰ শৰীৰ আনৰ দৃষ্টিৰ পৰা লুকুৱাই থ'বলৈ চেষ্টা কৰিছিলো।

এদিন মিছ হলটিনে লোৱা ছুইমিং ক্লাছ কৰি পানীৰ পৰা সেই পুৰণা ফটা 'ছুইমিং কষ্টিউম'টো পিন্ধি আহোঁতে অপলক দৃষ্টিৰে মোৰ শৰীৰলৈ চাই থকা খ্রীষ্টান যুৱক এটাৰ লগত মোৰ মুখামুখি হৈছিল।...

সেই সময়ত মই যিকোনো চিনেমাই চাব গৈছিলো। কিন্তু তাৰ ভিতৰত 'ছেমছান এণ্ড ডেলাইলা' নামৰ চিনেমাখন মই বোধহয় কেইবাবাৰো চাইছিলো। ছেমছানৰ ভাওত অভিনয় কৰা আমেৰিকান চিত্ৰ-অভিনেতা ভিক্টৰ মেচিউৰক ৰূপালী পৰ্দাত দেখি একেবাৰেই অভিভূত হৈ পৰিছিলো।

ই কেনে ধৰণৰ মোহ আছিল?

ঘৰলৈ যেয়ে আহিছিল তাকেই অনুৰোধ কৰিছিলো, "সৌ হায়দৰি পাৰ্কৰ ওচৰত গেৰিশ্বন চিনেমাত 'ছেমছান ডেলাইলা' চলি আছে। তোমালোক চাবলৈ গ'লে মোকো লগত লৈ যাবা।"

সেই সময়ত ভিক্টৰ মেচিউৰৰ ওচৰলৈ গৈ তেওঁক চাবলৈ এক অনন্য হেঁপাহ জন্মিছিল। আৰু ডেলাইলাৰ ভাওত কৰা হেডী লেমাৰ? এনে অনন্য সুন্দৰী তিৰোতাক সেই সময়ত মই ক'তো দেখা নাছিলো।

(১৯৮৪ চনত ফ্রান্সলৈ যাওঁতে মই ভিয়েনাৰ একেবাৰে ওচৰলৈ গৈছিলো। ইন্‌স্ নদীৰ পাৰৰ ইন্‌স্‌ব্রুকত মই দুৰাতি আছিলো। ইন্‌স্‌ব্রুকৰ পৰা ভিয়েনা বৰ বেছি দূৰ নহয়। এই ভিয়েনাতে হেনো হেডী লেমাৰে এক অবিশ্বাস্য দাৰিদ্ৰতাত ভুগি জীৱনৰ শেষ দিনবোৰ কটাব লাগিছে। তেওঁক চাই অহাৰ প্ৰবল ইচ্ছা হৈছিল। ডেৰ কুৰি বছৰ পাছতো এক ধৰণৰ টান অনুভৱ কৰিছিলো এই চিত্ৰতাৰকাগৰাকীলৈ। মোৰ শৈশৱৰ সৌন্দৰ্যৰ ৰাণী হেডী লেমাৰ? এই সৌন্দৰ্যৰ ৰাণীগৰাকীয়ে তেওঁৰ আত্মজীৱনীত কৈছিল—

"I have always felt that if man gives you a solid gold key to his door he is entitled to the courresy of a visit."

এই কথাষাৰ সত্যতা সম্পূৰ্ণকৈ নহ'লেও কিছু পৰিমাণে মই অনুভৱ কৰিছিলো। বিশেষকৈ যেতিয়া মই গুজৰাটৰ কচ্ছ্ অঞ্চল, মধ্যপ্রদেশৰ আহৰণ, উত্তৰ প্ৰদেশৰ বিশেষকৈ বৃন্দাবনৰ ভগ্ন মন্দিৰ, দিল্লীৰ ৰৌশনাৰা ৰ'ডৰ বৰসাতী ইত্যাদিত অকলশৰে বাস কৰোঁতে হেডী লেমাৰৰ ওপৰৰ কথাষাৰৰ সত্যতা মই বেছ অনুভৱ কৰিছিলো।

'ছেমছান ডেলাইলা'ৰ কাহিনীৰ কথা মই স্ক্রিপচাৰৰ ক্লাছটোত শুনিছিলো। এই

কাহিনী বাইবেলৰ কাহিনী আছিল। ডেলাইলা হেনো অসতী তিৰোতা আছিল। চিনেমাখনত তাইৰ প্ৰতি মোৰ অতিশয় অনুকম্পা হৈছিল। ৰাজকীয় সৈন্যৰ ক্ৰূৰতাৰ অভিনৱ ৰূপ মই বোধহয় এইখন চিনেমাতে প্ৰথম দেখিছিলো। এক ৰাজকীয় সৈন্যৰ ভৰিৰ জোতাৰ গচকত থেতেলা হৈ যোৱা দৰিদ্ৰ ফিলিষ্টিনী বুঢ়া এটাৰ হৃদয়-বিদাৰক দৃশ্য এটাই মোৰ বুকুত অদ্ভুত প্ৰতিক্ৰিয়া কৰিছিল। মানুহে মানুহক কৰিব পৰা চৰম ব্যৱহাৰৰ সেই উলঙ্গ ছবি সেই সময়ত মোৰ মনৰ মাজত শিলৰ ৰেখাৰ দৰেই অঙ্কিত হৈ গৈছিল। শুনা যায় শৈশৱত বহা হৃদয়ৰ ৰেখা কাহানিও মচা নেযায়। সেয়ে মই সেই দৃশ্য পাহৰা নাছিলো। সেই সময়ত বাইবেল ধৰ্মগ্ৰন্থৰ ক্লাছ লোৱা ফিৰিঙ্গী শিক্ষয়িত্ৰীয়ে (এওঁৰ নাম মই পাহৰিছো) ঈশ্বৰ পুত্ৰৰ কথা শুনাই কৈছিল—

ক্ৰুছবিদ্ধ কৰাৰ পাছত যীছুৰ পোছাক লৈ যেন সকলোৱে টনা-আঁজোৰা কৰিব ধৰিলে। প্ৰত্যেক সৈন্যই নিজৰ বাবে তেওঁৰ শৰীৰৰ কাপোৰ আঁজুৰি ল'লে আৰু যীছুই পিন্ধি থকা সেই সাজটো? আহ্ সেইটো লৈ সকলোৱে আৰ্তনাদ কৰি উঠিল— "চাওঁ আমাৰ ভাগ্য পৰীক্ষা কৰি চাওঁ কাৰ ভাগত এই সাজ যায়!" যীছুৰ মৃতদেহ উলঙ্গ কৰি সকলোৱে তেওঁৰ কাপোৰ-কানিবোৰ আঁজুৰি লৈ গ'ল।

মৃতকৰ শৰীৰৰ পৰা সাজ-পোছাক খহাই নিয়া সেই অদ্ভুত কাহিনীৰ লগত ধৰ্মৰ সেই ক্লাছটোতে মোৰ প্ৰথম পৰিচয় হৈছিল। বহু বছৰ পাছত মই মোৰ নিজ চকুৰ সন্মুখত মোৰ প্ৰিয়জনৰ মৃত শৰীৰৰ পৰা সোণৰ আঙঠি কাঢ়ি নিয়া দৃশ্য এটা দেখিছিলো। পিছলৈ মানুহৰ নাঙঠ নিৰ্মম ব্যৱহাৰৰ কিছুমান কদৰ্য ৰূপ দেখা পাইছিলো।

* * * *

শ্বিলঙলৈ প্ৰথম যোৱা ১৯৬৮ চনৰ দিনটো গ্ৰীষ্মৰ দিন আছিল যদিও সেইদিনা আবেলি শীতল বতাহ বলিছিল। কম্পাউণ্ডৰ তলৰ নাচপতি গছবোৰৰ এক অনন্য শোভা দেখিছিলো। কিবা এটা উৎসৱ আছিল বোধহয়। ৰাস্তা-ঘাটবোৰত ফুলৰ তোৰণ সজাই থোৱা আছিল। উটৰ দৰে লগা টকলা পাহাৰবোৰ থম্‌থম্‌কৈ যেন বহি আছিল। তেনেই কম বয়স আছিল—তথাপি ভাব হৈছিল আমি এক স্বৰ্গ ৰাজ্যতহে যেন উপস্থিত হৈছো। কিন্তু যিদিনা চিৰদিনৰ বাবে শ্বিলং এৰি আহিব লগীয়া হ'ল সেইদিনা আমাৰ মনবোৰ একেবাৰে গুড়ি হৈ অহাৰ দৰে অৱস্থা হৈছিল। মোৰ ভাই-ভনী কোনেও যেন শ্বিলং এৰি আহিব খোজা নাছিল। কিন্তু আমাৰ দূৰদৰ্শী পিতাৰ বিচাৰ বেলেগ আছিল। সেই বিচাৰৰ ওচৰত আমাৰ সৰু সৰু হৃদয়ৰ আশা-আকাংক্ষাৰ

যেন সেই সময়ত কোনো মূল্য নাছিল। শ্বিলং এৰিবলৈ অকল ময়ে নহয় মোৰ ভাই-ভনী—সুদীৰ্ঘকাল আমাৰ গাড়ী চলোৱা ড্ৰাইভাৰ নবীন, ঘৰুৱা কামৰ সহায়ক গোপেশ্বৰ, যাদৱ —নাই নাই, কোনো সুখী হোৱা নাছিল।

।।দুই।।

কত বছৰ বাগৰি গ'ল।

কত ঘটনা চকুৰ আগত ঘটি গ'ল।

পিতা—যিগৰাকী মানুহৰ মৃত্যুৰ পাছত জীয়াই থাকিব নোৱাৰিম বুলি মনে ছট্‌ফটাই আছিল অহৰহ, তেৱোঁ এদিন আঁতৰি গৈছিল।

আৰু কত প্ৰিয়জন আঁতৰি গ'ল। শৰীৰৰ তেজৰ স্ৰোতৰ সৈতে মিহলি থকা সম্বন্ধ সেইবোৰ!!

হৃদয়ৰ কত তৰপ পিঁয়াজৰ তৰপৰ দৰে এতৰপ-দুতৰপকৈ খহি পৰিল। কত নতুন নতুন মুখ আহিল, নতুন সম্বন্ধ আহিল; কিন্তু কোনেও মনৰ সেই পুৰণা অদৃশ্য ভাবধাৰাৰ সঙ্গীক ধ্বংস কৰিব নোৱাৰিলে। পুৱা সূৰ্য উদয়ৰ সময়তো মই হতাশা আৰু দুঃখবোধৰ চিকাৰ হৈছিলো। যি সময়ত মানুহে নতুন পোহৰ ৰশ্মিৰ পিছে পিছে যাত্ৰা কৰাৰ ইচ্ছা প্ৰকাশ্ কৰে, সেই সময়ত মই যেন কবৰস্থানৰ কবৰৰহে লেখ-জোখ লৈছিলো। যৌৱনৰ প্ৰথম অধ্যায়তে হতাশা আৰু দুঃখবোধৰ এনে যন্ত্ৰণাত কেতিয়াবা কোনোবা পৰিছিলনে?

সেইখিনি সময়ত মই লিখিবও শিকিছিলো। হয়, মই অপৰিপক্ক অভিজ্ঞতাৰে লিখিবও শিকিছিলো। পঢ়া-শুনাত? নাই বৰ বেছি নাছিলো। সেই সময়ত এক অন্য ধৰণৰ ক্ষুধা শৰীৰৰ মঙহত ৰজি আছিল এই কথাও সত্য, আৰু মোৰ প্ৰেমিকাৰো অভাৱ নাছিল এই কথাও সত্য। কিন্তু সেইবোৰৰ লগত দৈহিক সম্বন্ধ কৰা কোনো দিনেই মনলৈ নাহিছিল। পিতা জীয়াই থাকোঁতে দুই-এটা বৰ ভাল সম্বন্ধ আহিছিল।

পিতাৰ মৃত্যুৰ পাছত এনে ধৰণৰ সুন্দৰ সম্বন্ধৰ প্ৰস্তাৱ আৰু নহা হ'ল। মাই নিজৰ পছন্দ মতে কে'বা ঠাইতো বিয়াৰ বন্দৱস্ত কৰিবলৈ গৈ বিফল আৰু হতাশ হ'ল।

শৈশৱৰ সেই দুঃখবোধ আৰু হতাশা মোৰ লগত ছাঁৰ দৰেই ঘূৰি ফুৰিবলৈ ধৰিলে।

এই অন্তৰ্দ্বন্দ্বৰ সময়ত এবাৰ এটা পৰীক্ষাৰ পৰিণতিয়েও মোক অত্যন্ত আঘাত

দিলে। (সঁচা কথা ক'বলৈ গ'লে পৰীক্ষা পদ্ধতিৰ প্ৰতি মোৰ কোনো দিনেই বিশেষ শ্ৰদ্ধা নাছিল। স্কুল আৰু কলেজৰ পাঠ্যপুথিয়ে কোনো দিনেই মোক কোনো কথাত প্ৰেৰণা দিয়া নাছিল। যিবোৰ পাঠ্যপুথিৰ পৰা মই প্ৰেৰণা পাইছিলো সেইবোৰ কলেজৰ পাঠ্যপুথি নাছিল।)

।। তিনি।।

১৯৬১ খ্ৰীষ্টাব্দৰ কোনোবা এটা মাহৰ এদিন দুপৰীয়া মই গুৱাহাটী চিভিল হস্পিতালৰ পৰা ওলাই আহিছিলো। কেইবাদিনো মই অচেতন হৈ পৰি আছিলো। মোৰ শুভাকাংক্ষী বন্ধু এগৰাকীয়ে কৈছিল—"ইণ্ডিয়ান পেনেল ক'ডৰ ধাৰা তিনিশ ন মতে আত্মহত্যাৰ চেষ্টা কৰা বাবে তোমাক গ্ৰেপ্তাৰ পৰ্যন্ত কৰিব পাৰে। তুমি সম্ভ্ৰান্ত ঘৰৰ সুন্দৰী ছোৱালী। জানা নে তোমাৰ দেউতাই কিমানবোৰ স্বৰ্ণপদক পাইছিল? এনেকুৱা ঘৰৰ ছোৱালী হৈ তুমি কিয় এনে কাম কৰিলা? কিয়?"

কেনেকুৱা ঘৰৰ কি জাতৰ ছোৱালী আছিলো এই ভাব মোৰ হয়তো কোনো দিনে অহা নাছিল। এতিয়াও নাহে। মনে মাত্ৰ বিচাৰিছিল সেই যন্ত্ৰণাবোৰৰ পৰা ৰক্ষা পাবলৈ—যিকোনো উপায়ে—এৰা যি কোনো উপায়ে।

এইখিনি সময়ত শাৰীৰিকভাৱে একেবাৰে দুৰ্বল হৈ পৰিছিলো। বাহিৰৰ জগৎখনৰ সন্মুখীন হোৱাও মোৰ বাবে এক সমস্যাৰ দৰে হৈ পৰিছিল। গুৱাহাটীৰ আলিবাটত ভৰি দিলেই মই অনেক ককৰ্থনা শুনিছিলো। এইবোৰৰ ভিতৰত কিছুমান একেবাৰেই অশ্লীল মন্তব্য আছিল। সেইবোৰ পাহৰা নাযায়। চোকা অস্ত্ৰই কৰা ঘাৰ দৰে এতিয়াও যেন সেইবোৰৰ পৰা তেজৰ কণিকা বিৰিঙি উঠে—"তেওঁ অন্তঃসত্ত্বা আছিল চাগৈ, কাৰোবাৰ লগত কিবা গণ্ডগোল হৈছিল নিশ্চয়, নহ'লেনো কোনোবাই আত্মহত্যা কৰিবলৈ চেষ্টা কৰিবনে?"

(এই কথা সঁচা, মোৰ অনেক শুভাকাংক্ষী আছিল। কিন্তু কাৰো বিছনাৰ ওচৰত সাজ-পোছাক খুলি মই বহা নাছিলো। চেতনা আছিল। কিন্তু যৌন যাত্ৰাৰ কথা সেই সময়ত কল্পনাৰ বাহিৰৰ কথা আছিল।)

তথাপি মই আলিবাটেৰে ফুৰিবলৈ গৈছিলো। মোৰ ভনীজনীৰ হাতত ধৰি ফুৰিবলৈ গৈছিলো।

পুৱা শুই উঠিও ফুৰিবলৈ গৈছিলো। নৱগ্ৰহ শ্মশানৰ পিনেও কেতিয়াবা ফুৰিবলৈ গৈছিলো। যি ঠাইত পিতাক দাহ কৰা হৈছিল সেই ঠাইৰ ওচৰলৈ গৈছিলো। কেতিয়াবা

আৰু দূৰলৈ গৈছিলো। এৰা যি ঠাইত যুদ্ধৰ সৈনিকসকলৰ স্মৃতি ৰক্ষা কৰা হৈছিল মই সেই ঠাইলৈও গৈছিলো। ডাঙৰ ডাঙৰ বেলগছ আৰু কি গছ আছিল সেইবোৰ? নাই, এতিয়া আৰু ভালদৰে মনত নাই। পৰ্বতৰ বুকুৰে যোৱা কেঁচা আলিটো এটুকুৰা নতুনকৈ কটা কেঁচা মঙহৰ দৰে লাগিছিল। আৰু বনৰীয়া ফুলৰ সেই সুবাস? পৃথিৱীৰ আধা অংশইতো ঘূৰা হ'ল; কিন্তু তেনেকুৱা বনৰীয়া ফুলৰ সুবাস মইতো ক'তো আৰু পোৱা নাই।...আৰু ব্ৰহ্মপুত্ৰ? কেতিয়াবা একেবাৰে পানীৰ ওচৰলৈকে গৈছিলো। কাছাৰী ঘাটেৰে নামি গৈ পকীঘাটত উঠা কচু আৰু বনৰীয়া জোপোহাৰে ভৰা কেঁচা আলিটোৰে অহা-যোৱা কৰোঁতে কেতিয়াবা ভৰিৰ উপৰেৰে দুই-এডাল পানীৰ সাপ বগাই গৈছিল। এই আলিটোৰে ফুৰিবলৈ আহোঁতে এবাৰ এটা প্ৰেমিকক লগ পাইছিলো। কৈছিল—“আহা আমি সৌ সূৰ্য অস্তৰ ছবি একেলগে চাওঁ।”

ব্ৰহ্মপুত্ৰৰ সূৰ্য অস্তৰ ছবি? পানীত পৰি ছট্‌ফটাই থকা ফিৰিঙতিবোৰ যেন সোণালী মাছ হৈ পৰে।...উৰ্বশীৰ খণ্ডহৰত ঠেকা খোৱা ভাগৰুৱা কিৰণ যেন সেই প্ৰাচীন কাপোৰ, যিখন কাপোৰ পিন্ধি সকলো আত্মাই এই পৃথিৱীলৈ আহে, আৰু এৰি থৈ যায়। উৰ্বশীৰ আশে-পাশে বিচ্ছুৰিত হৈ পৰা এই প্ৰাচীন বস্ত্ৰৰ ৰহস্যময় ৰূপৰ ছবিয়ে সেই বয়সতে মনৰ মাজত এক ৰহস্যময় ভাবধাৰাৰ সৃষ্টি কৰিছিল। এই পথতে সেই প্ৰেমিকটোৱে কৈছিল—“আহা মোৰ লগত সৌ সূৰ্য অস্ত চাই আহিবা।”

(এক অস্বাভাৱিক অৱস্থাত এই ল'ৰাটোৰ মৃত্যু হৈছিল। এই তৰুণ যুৱকৰ মৃতদেহক আমাৰ ঘৰৰ আগেৰে লৈ যোৱা দৃশ্যটো এতিয়াও মোৰ স্পষ্ট মনত আছে।)

।। চাৰি ।।

কোনোবাই যেন কাণে কাণে কৈছিল—“তোমাক কোনে বিয়া কৰাব? তুমি আত্মহত্যাৰ চেষ্টা কৰা মানুহ? সেই প্ৰেমিকবোৰ? সিহঁতে তোমাক কিমান দূৰলৈ লৈ যাব? এই জীৱন? এই জীৱনে সকলো টানি-আঁজুৰি শেষত একেবাৰে নাঙঠ কৰিয়েই আলিবাটত থিয় কৰাই দিব।”

মোৰ লগৰ ছোৱালীবোৰৰ লাহে লাহে বিয়া হৈ গৈছিল। বৰ আনন্দেৰে সিহঁতে নিমন্ত্ৰণ কৰিবলৈ আহিছিল। আৰু মোৰ মাই যোগ্য ঘৰত মোৰ বিয়াৰ ঠিক কৰিবলৈ গৈ লাহে লাহে যেন একেবাৰে ভাগি পৰিছিল। তেওঁৰ মুখৰ ছবি সহ্য কৰা মোৰ বাবে লাহে লাহে অসহ্যকৰ হৈ আহিছিল। তেওঁ এনেদৰে ভাগি পৰা স্বাভাৱিক আছিল। কাৰণ পিতাৰ মৃত্যুৰ পাছত তেওঁৰ মূৰৰ ওপৰত পৰ্বতৰ দৰে দায়িত্ব আহি পৰিছিল।

মোৰ ভনীহঁতো বিয়াৰ যোগ্য আছিল। পিতাৰ মৃত্যুৰ পাছত এই ক্ষেত্ৰত মাক সহায় কৰি দিয়াও কোনো মানুহ নাছিল। সাংসাৰিক ক্ষেত্ৰত মা কিছু অপৰিপক্ক আৰু সৰল আছিল।...ঠিক এইখিনি সময়তে মই কিছুমান দূৰ সম্বন্ধীয় মানুহৰ হিংসা আৰু স্বাৰ্থপৰতাৰ এক নাঙঠ ছবি দেখা পালো। ই হয়তো স্বাভাৱিক মানৱীয় চৰিত্ৰ। জ্ঞানৰ ওৰণী নোলোৱা আত্মাই হয়তো বিচাৰে চব শেষ হৈ যাওক! মানুহ পহুৰ পৰা উদ্ভৱ। সেয়ে হয়তো এই পাশৱিক গুণৰ ছিটিকনি কম-বেছি পৰিমাণে সকলো মানুহৰ শৰীৰত আছে। কিন্তু সেইবোৰ মানুহে নখৰ আঁচোৰেৰে মনত সেই সময়ত যি জখম বহুৱাইছিল সেই ক্ষতত এতিয়াও যেন কোনো কোনো সময়ত ৰক্তৰ কণিকা বিৰিঙি উঠে।

।। পাঁচ ।।

জ্যোতিষীসকলে ক'লে—বৰ বেয়া দিন পৰিছে ছোৱালীজনীৰ আৰু বা কি দিন আহে? মাই পেটে পেটে অত্যন্ত ভয় খালে। কত গণক, কত তান্ত্ৰিকৰ ওচৰলৈ গ'ল তেওঁ। সকলোৱে একে স্বৰেৰে যেন আটাহ্ পাৰি উঠে—"বৰ বেয়া সোঁৰৰণী!"

বৰ বেয়া সোঁৰৰণী? নৱগ্ৰহৰ এগৰাকী পণ্ডিতে মাক মুখৰ আগতে ক'লে—"এইজনী ছোৱালী বিয়া দিয়াতকৈ দুটুকুৰা কৰি কাটি পানীত ভহাই দিয়াই ভাল হ'ব।" মই তেওঁৰ ওচৰত থিয় হৈ আছিলো। মাই জ্যোতিষীগৰাকীক ক'লে—"কেন্সাৰ বেমাৰীৰ মুখৰ আগত কোনেও কেন্সাৰ বেমাৰ হোৱা বুলি নকয়। আপুনি কেনে ধৰণৰ জ্যোতিষী, আপুনি তাইৰ মুখৰ আগত তেনেকৈ ক'লে?"

* * * *

ভয়ানক ৰ'দত মাই মোৰ লগত হেফাই-ফোঁপাই নৱগ্ৰহলৈ গৈছিল। মাক তেওঁ কি উত্তৰ দিছিল মনত নাই। কিন্তু শেষলৈ এই জ্যোতিষীগৰাকী কিছুদিনৰ বাবে মোৰ প্ৰিয় শিক্ষকৰ দৰে হৈ পৰিছিল। তেওঁ মোক শিক্ষা দি কৈছিল—"তুমি ইচ্ছা কৰিলে পাহাৰ বগাব পাৰিবা। তোমাৰ মাজত মই অধ্যৱসায়ৰ জ্যোতি দেখা পাইছো। তুমি পাহাৰ বগাব পাৰিবা আৰু তুমি..." তেওঁ কিছুমান বৰ প্ৰশংসামণ্ডিত শব্দ ব্যৱহাৰ কৰিছিল, মোৰ ভাগি পৰা মন সজীৱ কৰিবৰ বাবে হয়তো হঠাৎ তেওঁ সজাগ হৈ পৰিছিল।

মই প্ৰায়ে তেওঁক লগ ধৰিবলৈ নৱগ্ৰহলৈ গৈছিলো। সেই পৰ্বতৰ গুলঞ্চ ফুলৰ জোপোহা কিছুমানৰ ওচৰত ৰৈ মই দূৰৈৰ ব্ৰহ্মপুত্ৰৰ শোভা চাইছিলো।

কেনেকুৱা নদী সেইখন? হৃদয়ৰ কোনো গভীৰ গহ্বৰৰ পৰা আৰম্ভ হৈ যেন অন্তৰত বিলীন হৈছেগৈ। আৰু সেই বালি? নিজৰ দেহৰ অস্থিৰ গুড়ি সেইবোৰ! হয় হয়, এনে এক অদ্ভুত ভাবৰ সৃষ্টি হৈছিল মোৰ মনত সেই সময়ত।

।। ছয়।।

কলেজৰ ছাত্ৰী আছিলো। সাহিত্য চৰ্চা কৰিছিলো। সদায়ে সাহিত্য চৰ্চা কৰিছিলো। শেষলৈ এনে এটা অৱস্থা হৈছিল যে একমাত্ৰ সাহিত্যই হৈছে এনে অমৃত যাৰ ওচৰত মই পৃথিৱীৰ সকলো দুখৰ পৰা পলাই গৈ আশ্ৰয় ল'ব পাৰো। সেই সময়ত মই ছেক্সপীয়েৰৰ কিছুমান নাটক পঢ়িছিলো। হিউগো আৰু আলেকজেণ্ডাৰ ডুমাও পঢ়িছিলো। (১৯৮৫ চনত ফ্ৰান্সলৈ যাওঁতে পেৰিছত থকা হিউগো আৰু ডুমাৰ সমাধিত মূৰ দোঁৱাই অহাৰ সুযোগ ঘটিছিল।)

।। সাত।।

“বগলা দেৱীৰ পূজা কৰিলে ছোৱালীজনীৰ পাপ গ্ৰহ দূৰ হ'ব, উচিত স্থানত বিবাহো হ'ব, মানসিক অশান্তি দূৰ হ'ব। গতিকে কামাখ্যা ধামৰ বগলা দেৱীৰ পীঠলৈ নি দেৱীক বলি উৎসৰ্গ কৰিব লাগিব।”

এই বাক্য এগৰাকী মুধাফুটা জ্যোতিষীৰ আছিল। মাই পূজা আয়োজন কৰিবলৈ আৰম্ভ কৰি দিলে।

বগলা দেৱী কালীৰেই যেন এটা ৰূপ আছিল। কালীৰ ৰূপে আন আন সৰু ল'ৰা-ছোৱালীক স্তম্ভিত কৰাৰ দৰে মোকো শৈশৱত স্তম্ভিত কৰিছিল। ব্ৰাহ্মণৰ মুখত মই কালীৰ স্তুতি শুনিছিলো।

“সৃক্কদ্বয়গলদ্ৰক্ত ধাৰা বিস্ফুৰিতা ননাম।
গড়গমুণ্ড বৰাভীতিসং শোভিত চতুৰ্ভুজাম।
দন্তুৰাং পৰমাং নিত্যাং ৰক্তমণ্ডিত বিগ্ৰহাম।
শৱপ্ৰেতসমাৰূঢ়াং মহাকালো পৰিস্থিতাম।”

(দেৱীৰ দুয়ো কোৱাৰীৰে বাগৰি অহা তেজৰ ধাৰাই মুখমণ্ডল প্লাৱিত কৰি

পেলাইছে। চাৰিখন হাতত গড়গ, মুণ্ড, বৰ আৰু অভয়ৰ দ্বাৰা শোভা পাইছে, তেওঁৰ দন্তপংক্তি বিকৃত, শৰীৰ তেজেৰে শোভিত, তেওঁ শিৱ প্ৰেত আৰু মহাকালৰ ওপৰত অধিষ্ঠিত, সেই পৰমা সনাতনী কালী দেৱীক প্ৰণাম কৰো।)

* * * *

মাক সন্তুষ্ট কৰিবৰ বাবেই সেই সময়ত মই সকলো কৰিবলৈ সাজু আছিলো। মনত এনে এক ভয়ানক গ্লানি, অনুশোচনা আৰু হতাশা হৈছিল যে যেয়ে যি কৈছিল মই তাকেই কৰিছিলো।

...কামাখ্যাৰ বগলা দেৱীৰ পীঠলৈ যাবলৈ মই যন্ত্ৰচালিত মানুহৰ দৰে সাজু হৈছিলো।

পীঠলৈ চব আহিছিল। মোৰ প্ৰিয় ভনীহঁত, মোৰ শুভাকাংক্ষী মাহীহঁত। এৰা, সেইদিনা সকলো আছিল। মই পুৱাৰ পৰা উপবাসে আছিলো।

পূজা আৰম্ভ হোৱা নাছিল। বাহিৰলৈ ওলাই গৈ মই ব্ৰহ্মপুত্ৰৰ এক অনন্য ৰূপ দেখিছিলো। বহু দূৰলৈ বালি বিয়পি আছিল। হাড়ৰ গুড়িৰ দৰে বালি।

...হঠাৎ মোৰ চকুত পৰিল এটা ক'লা পাঠা। মন্দিৰৰ কাষৰ খুঁটি এটাত পাঠাটো বান্ধি থোৱা আছে। খুঁটিটোৰ আশে-পাশে থকা কোমল ঘাঁহবোৰ সি বৰ নিশ্চিন্ত মনে খাই আছে। তাৰ ক'লা নোমবোৰত ৰ'দৰ পোহৰ পৰি চিক্‌মিকাই আছে। পাঠাটোৰ ওচৰলৈ গৈ তাৰ চক্‌চকাই থকা গাৰ ছালত মোৰ হাত ফুৰাবৰ মন গ'ল। কোনোবাই ক'লে—"নুচুবা, তোমাৰ বাবে বগলা দেৱীৰ সন্মুখত বলি দিব আনিছে?" মই উঠি আহি মন্দিৰৰ চুক এটাত কুচি-মুচি বহিলো।

পূজা আৰম্ভ হ'ল।

চন্দন, তিল, কুশ, দুৰ্বা, ফুল, সেন্দূৰ, বস্ত্ৰ, বিল্বপত্ৰ একোৱেই বাকী নাছিল। মাই সকলো যোগাৰ কৰিছিল। মোৰ মন দেৱী আৰু পূজাত নেথাকিল। দূৰৈত নিশ্চিন্ত মনে ঘাঁহ খাই থকা পশুটোৰ বাবে হৃদয় ছট্‌ফটাবলৈ ধৰিলে...যেতিয়াই বলিকটা দাখন লৈ পূজাৰী এটাই বাহিৰলৈ ওলাই গ'ল তেতিয়াই মোৰ দুয়ো নয়নেৰে ধাৰাসাৰে লোতক বাগৰি পৰিবলৈ ধৰিলে।

কি হ'ল এয়া? একো গম নেপালো।

দেৱী মন্দিৰত মই হুক্‌হুকাই কান্দিবলৈ ধৰিলো। কোনোবাই আৰ্তনাদ কৰি উঠিল—"অমঙ্গল! অমঙ্গল!! এইবোৰ চব অমঙ্গলৰ পূৰ্বাভাস।"...কেঁচা তেজেৰে

যেতিয়া মোৰ কপালত ফোঁট দিলে মই এক অদ্ভুত উত্তাপ অনুভৱ কৰিলো।

।। আঠ।।

...বগলা দেৱীৰ পূজাৰ পাছতো মোৰ বিয়া নহ'ল। বহুদিনলৈ মই মোৰ কপালত কেঁচা তেজৰ উত্তাপ এটা অনুভৱ কৰি থাকিলো। কপালখন পিহি থকা মোৰ এটা অভ্যাসতে পৰিণত হ'ল।

এইখিনি সময়তো মোৰ মনৰ হতাশাৰ যন্ত্ৰণা প্ৰবল হৈ উঠিল। সাহিত্য চৰ্চাত মই সময় অতিবাহিত কৰিছিলো। এইখিনি সময়ৰ বাহিৰে বাকী সময়খিনি যেন এক অন্ধকাৰ সাম্ৰাজ্যত ঘূৰি ফুৰিছিলো।

একেবাৰেই অপৰিপক্ক লেখা আছিল সেইবোৰ। সামান্য জ্ঞান আৰু সামান্য পৰিপক্কতা লাভ কৰিবলৈ মই যেন লগা সময়তকৈ অনেক বেছি সময় লৈছিলো। তথাপি সংসাৰত থাকি মানুহে পৰিপক্কতা লাভ কৰিব পাৰেনে? কিমান পাৰে?...কিমান দূৰলৈ পাৰে?

*　　*　　*　　*

১৯৬২ চনৰ ব'হাগ মাহত এদিন মই মহীশূৰৰ ইঞ্জিনীয়াৰ মাধবেন ৰয়ছম আয়েঙ্গাৰক লগ পালো। তেওঁ হিন্দুস্থান কনষ্ট্ৰাকশ্বন কোম্পানীৰ ইঞ্জিনীয়াৰ হৈ ব্ৰহ্মপুত্ৰৰ শৰাইঘাট দলং বান্ধিবৰ বাবে অনেকৰ লগত গুৱাহাটীলৈ আহিছিল। আমাৰ ঘৰৰ একেবাৰে সন্মুখৰ ঘৰটোত আছিল বাবে বৰ সহজেই তেওঁৰ লগত মোৰ পৰিচয় ঘটিল।

বিশ্ববিদ্যালয়লৈ যাওঁতে নাইবা সঙ্গীতৰ ক্লাছলৈ যাওঁতে মই তেওঁক পদুলিমুখতে লগ পোৱা হ'লো।

গোটেই দিনটো মাধবেন ৰয়ছমে কাম কৰিছিল। গধূলি সময়ত তেওঁ হাতত কিতাপ এখন লৈ আৰামী চকী এখনত বহিছিল। জীপ চলাই ৰ্বাক ছাইটলৈ ওলাই যোৱা আৰু আৰামী চকীত কিতাপ লৈ বহি থকা—এনেবোৰ সময়ত মই তেওঁৰ লগত কেইবাবাৰো মুখামুখি হ'লো।

এদিন মোৰ ককাই, ভনী আৰু যিটো পৰিয়ালৰ লগত মাধবেন ৰয়ছমে বাস কৰিছিল সেই পৰিয়ালৰ সদস্যসকলে মিলি সোণাপুৰৰ পিনে বনভোজ খাবলৈ

গৈছিল। মাধবেন ৰয়ছমো আহিছিল।

কি নদী আছিল সেইখন? পাৰত এখন চাৰিকোণীয়া চালি আছিল। এই চালিখনৰ পৰা দূৰৈৰ নদীৰ শোভা বৰ্ণনাতীত আছিল। দুয়োপিনে আছিল অটব্য অৰণ্য। অৰণ্যৰ ছায়া পানীত পৰি এক অনন্য গভীৰতাৰ সৃষ্টি কৰিছিল। শৈশৱৰ পৰা প্ৰকৃতিৰ সৈতে মোৰ আত্মাৰ অনন্য সম্পৰ্ক থকা বাবে এই শোভা চাবলৈ মই সেই চালিখনৰ তলত গৈ থিয় হৈছিলো।

শৈশৱৰ ক্ৰিনোলিন ফল্‌ছৰ পানীৰ সেই দ অংশৰ দৰে বৰণ আছিল এই পানীৰ।

চালিখনৰ তলৰ পৰা নদীৰ সেই দৃশ্য চাই আছিলো। ঠিক এনে এটা সময়ত হঠাৎ দেখিলো চালিখনৰ ওচৰলৈ মাধবেন ৰয়ছম উঠি আহিছে। মই উঠি যাব খোজোঁতে তেওঁ ক'লে—"কিছুদিনৰ পৰা তোমাক এনেদৰে লগ পাবৰ ইচ্ছা কৰি আছো।"

"কিয়?"

একেবাৰে নিঃসঙ্কোচেৰে তেওঁ ক'লে—"সকলো মানুহৰ জীৱনত একোটা লক্ষ্য থাকিব লাগে। তোমাৰ লক্ষ্য কি?"

মই উত্তৰ নিদিলো। সঁচা কথা ক'বলৈ গ'লে এই প্ৰশ্নৰ মোৰ ওচৰত কোনো উত্তৰ নাছিল। মই যেন কেৱল কবৰস্থানৰ মাটিহে খান্দিব জানিছিলো।

তেওঁ যেন কিছু অভিভূত হৈ উঠিল। ক'লে—"তুমি জানানে তুমি কিমান সুন্দৰ মানুহ! (তেওঁ শাৰীৰিকভাৱে মোক কিয় ইমান ভাল দেখিছিল মই ক'ব নোৱাৰো। কিন্তু সেই সময়ত ভাব হৈছিল মোৰ কোনো শুভাকাংক্ষীৰ দৰে তেৰোঁ হয়তো মোৰ মনলৈ উৎসাহ আনিবলৈ চেষ্টা কৰিছিল। তেওঁ নিশ্চয় মই হস্পিতালত থাকি অহাৰ কথা গম পাইছিল।)

সেইদিনা মই উপলব্ধি কৰিলো যে আমাৰ সন্মুখৰ ঘৰত থাকি এই মানুহগৰাকীয়ে মোক যেন গভীৰভাৱে লক্ষ্য কৰি আছে।

* * * *

তিনিটা বছৰ পাৰ হৈ গৈছিল।

এই তিনি বছৰে মই মোৰ কপালত লগা বলিৰ তেজৰ উত্তাপ কঢ়িয়াই লৈ ফুৰিছিলো—মোৰ বিয়া ঠিক কৰিব নোৱাৰি মা এক প্ৰকাৰ অতিষ্ঠই হৈ উঠিছিল।

ইতিমধ্যে মই অসংখ্য গল্প লিখিছিলো। দলিত বঞ্চিতসকলৰ বিষয়ে লিখিব মই ভাল পাইছিলো। সেইবোৰৰ ভিতৰত ৰসোত্তীৰ্ণ গল্প হয়তো নাছিলেই। তথাপি লিখিছিলো। প্ৰশংসা নাইবা তিৰস্কাৰে একো কৰিব নোৱাৰিছিল। সাহিত্যত আশ্ৰয় লোৱা সময়খিনি শান্তিৰ সময় আছিল। বাকী সময়বোৰ অশান্তি আৰু অসন্তুষ্টিত মন ভৰি আছিল। স্নাতকোত্তৰ ছাত্ৰী আছিলো। পৰীক্ষাত ভাল কৰিবলৈ প্ৰাণপণে চেষ্টা কৰিছিলো। কিন্তু পৰীক্ষা পদ্ধতিসমূহৰ প্ৰতি লাহে লাহে এক ধৰণৰ ঘৃণাৰ ভাব আহিছিল।

...এই সময়ত কিছুদিনৰ কাৰণে মই মিশ্যনাৰী স্কুল এখনতো কাম কৰিছিলো। শিক্ষালয়ৰ একোণত থকা যীছুৰ ক্ৰুছবিদ্ধ শৰীৰে আকৌ মোক আকৰ্ষণ কৰিছিল। শুভ্ৰ বসনা নভিছসকলক মই ইয়াতেই লগ পাইছিলো। ভাব হৈছিল—সংসাৰৰ এই কাঁইটীয়া জংঘলত যদি নেথাকিলোহেঁতেন এই শুভ্ৰ বসনা 'নভিছ'সকলৰ লগত শাৰী পাতি মই নিশ্চয় শান্তি লাভ কৰিব পাৰিলোহেঁতেন।

*   *   *   *

১৯৬৩ চনৰ চ'ত মাহত মাধবেন ৰয়ছম আয়েঙ্গাৰে মোক বিয়াৰ প্ৰস্তাৱ দি ক'লে—"তোমাক মই ইয়াৰ পৰা লৈ যাব খোজো। তুমি মোৰ লগে লগে ব্ৰাঞ্চবোৰত ঘূৰি ফুৰি শ্ৰমিকৰ কাহিনী লিখিব পাৰিবা। সিহঁতক একেবাৰে ওচৰৰ পৰা চাব পাৰিবা।"

মই তেওঁৰ চকুলৈ মূৰ তুলি চালো। তেওঁ আকৌ ক'লে—"হয়। মই তোমাৰ বাবে অনেক দিন অপেক্ষা কৰিছো। যোৱা তিনি বছৰে মই তোমাৰ বাবে অপেক্ষা কৰিছো। আমাৰ বিয়াত তোমাৰ ঘৰৰ নিশ্চয় আপত্তি থাকিব। তথাপি মই তোমাৰ মাৰাক লগ ধৰিম।" মাধবেন ৰয়ছমে মাক লগ ধৰিছিল। মায়ে তেওঁক প্ৰচণ্ড তিৰস্কাৰ কৰি ওভতাই পঠিয়াইছিল।

*   *   *   *

এটা বছৰ আকৌ পাৰ হ'ল। মা একেবাৰেই অতিষ্ঠ হৈ উঠিল। এইবাৰ এনে কিছুমান ঘৰত সম্বন্ধ কৰাৰ চেষ্টা কৰিলে যে লাহে লাহে মোৰ ধৈৰ্যৰ বান্ধোন একেবাৰেই ছিঙি যোৱাৰ দৰে হ'ল।

প্ৰেমিকৰতো অভাৱ নাছিল। হিন্দু, মুছলমান, ব্ৰাহ্মণ, কায়স্থ। এইবোৰৰ মাজত নাছিল মাথোঁ শাৰীৰিক সম্বন্ধ। বৰ বিচিত্ৰ আছিল সেইবোৰৰ স্বভাৱ। কোনোবাই কবিতা লেখিছিল, কোনোবাই সুদীৰ্ঘ পত্ৰত ৰূপ-গুণৰ ব্যাখ্যা কৰিছিল; কোনোবাই ঘৰৰ আগেৰে অহা-যোৱা কৰিয়েই যেন আনন্দ লাভ কৰিছিল। এইবোৰৰ মাজৰ এটা মানসিক ৰোগী আছিল। সি ঘৰৰ সন্মুখত একেবাৰে উলঙ্গ হৈ ধৰ্ণা দি শুই আছিল। সন্মুখেৰে যোৱা প্ৰত্যেকটো মানুহক মোৰ নাম লৈ চিঞৰি কৈছিল—"এই ছোৱালীজনীয়ে মোৰ ভৰিত কাঁইট এডাল সুমুৱাই থৈছে,—তাইক মাতি দিয়া উলিয়াই দিয়ক।"

(এসময়ত কটন কলেজৰ পৰীক্ষা হলত এই মানুহটোৰ ভয়ত মই একেবাৰে পেঁপুৱা খাই আছিলো। চিঞৰ-বাখৰ কৰি সি এক দৃশ্যৰ সৃষ্টি কৰিলে। অধ্যাপকসকলে মোক কি ভাবিব এই কথা চিন্তা কৰি মই বিব্ৰত হৈছিলো। সি ক'ৰ পৰা আহিছিল কিয় এনে হ'ল মই নেজানিছিলো।)

শেষত টানি ধৰি নি তাক পুলিচক দিয়া দৃশ্যটো মোৰ মনত বৰ সজীৱ হৈ আছে।

অসমত লগ পোৱা এই প্ৰেমিকসকলৰ কাহিনী এক জীৱন্ত উপন্যাসৰ সমল হৈ মোৰ মনৰ মাজত সেউজী হৈ পৰি আছে।

এদিন বিয়াৰ বাবে চলোৱা মাৰ ব্যৱহাৰত অতিষ্ঠ হৈ মই আলিবাটেৰে অকলশৰে ওলাই আহিলো। মোৰ এক প্ৰেমিকে তেওঁৰ গাড়ীখন এঠাইত পাৰ্ক কৰাই ৰাখিছিলেই। তেওঁৰ গাড়ীত উঠি মই তেওঁৰ ঘৰলৈ আহিলো। উকিল এজনৰ সন্মুখত তেওঁ সাজু কৰি ৰখা বিবাহ-পত্ৰসমূহত চহী কৰিলো। আকৌ ঘৰলৈ উভতি আহিলো এই বুলিয়েই যে মই তেওঁৰ ওচৰলৈ সোনকালেই উভতি আহিম।

...মই এই মানুহগৰাকীক জনাৰ বৰ বেছি দিন হোৱা নাছিল। তেওঁৰ বৰ্ণ বেলেগ আছিল। তেওঁ ব্ৰাহ্মণ নাছিল। সুন্দৰ চেহেৰা আছিল, বিদেশৰ পৰা উভতি আহিছিল, অত্যন্ত ভাল চাকৰি কৰিছিল। কিন্তু কি নাছিল মানুহজনৰ? এৰা কি নাছিল? কিবা এটাৰ যেন বৰ অভাৱ আছিল।...আৰু কিছুদিন পাৰ হৈ গৈছিল।

এইজন মানুহৰ ওচৰত কিয় মই আত্মসমৰ্পণ কৰিব পৰা নাই? বিবাহৰ নথি-পত্ৰত চহী কৰি আহিছো, অথচ তেওঁৰ ওচৰত আত্মসৰ্মপণৰ মনোভাৱ নাই। এয়া কেনে ধৰণৰ মনোভাৱ? ঘৰৰ কোনেও এইদৰে বিবাহৰ নথি-পত্ৰত চহী কৰাৰ কথা নেজানে? অনুশোচনা, গ্লানি আৰু অন্তৰ্দন্দ্বতাই মোক এইবাৰ খুলি খুলি খাবলৈ ধৰিলে।

কেনেকৈ ইমান নিষ্ঠুৰ হ'ব পাৰিলো। সহৃদয়সকলক এয়া মই কেনে ধৰণে ব্যৱহাৰ কৰিলো? মহাপাপী লোকেও হয়তো এনে কাম নকৰে, নিজৰ মাতৃদেৱীক এনে ধৰণে বিশ্বাসঘাতকতা নকৰে।

...মোৰ হৃদয় ভাগি যেন চূৰমাৰ হৈ যাব ধৰিলে।

...তদুপৰি এয়া কেনে ধৰণৰ ভাব? 'ছেক্সন থাৰ্টিন্ অব্ চিভিল মেৰেজ এক্ট' অনুযায়ী যিগৰাকী লোকক গ্ৰহণ কৰা হৈছে তেওঁৰ বাবে হৃদয়ত কি কাৰণে কোনো ধৰণৰ অনুকম্পা হোৱা নাই? এই সময়ত এটা অদ্ভুত ভাব মনলৈ আহিছে। মই নহ'লেও এই ৰাজকুমাৰ চলি যাব পাৰিব। কিন্তু মাধবেন ৰয়ছম আয়েঙ্গাৰ?

...উঃ কাৰোবাৰ কেতিয়াবা এনে অৱস্থা হৈছেনে? বিবাহৰ নথি-পত্ৰত চহী কৰি অহা হৈছে এজনৰ বাবে আৰু দৰদ আৰু অনুকম্পা হৈছে আন এজনৰ বাবে।

এনে অৱস্থা কেতিয়াবা কাৰোবাৰ হৈছেনে?

মনৰ এক অস্থিৰ অৱস্থাত যেনে ধৰণে মই জীৱন সমাপ্তি কৰিব খুজিছিলো—এয়াও ঠিক তেনে ধৰণৰ এক অৱস্থা আছিল হয়তো।

* * * *

...মাজ ৰাতি ঘামি-জামি সাৰ পাই উঠা হ'লো। কি কৰা যায়? ব্ৰহ্মপুত্ৰৰ এটা কোণত এই মানুহজন ৰৈ আছে। মোক তেওঁ বৰ অনুৰাগেৰে পত্নী বুলি গ্ৰহণ কৰিছে, কিন্তু কিয় পৰা নাই মই তেওঁৰ ওচৰলৈ যাব?

সৌৱা দুৱাৰ খোলা আছে, সকলো নিঃপালি দি শুই আছে,—মই তেওঁৰ ওচৰলৈ এতিয়াই ওলাই যাব পাৰো। দেশৰ উচ্চ ন্যায়ালয়ৰ মোহৰ লগা কাগজত মই মোৰ এই হাতেৰেই তেওঁৰ পত্নীৰূপে স্বাক্ষৰ দি আহিছো...কি কাৰণে মই তেওঁৰ ওচৰলৈ যাব পৰা নাই? সৌৱা দুৱাৰ খোলা আছে।

* * * *

মানুহজন অতিষ্ঠ হৈ উঠিল। এয়া স্বাভাৱিক কথা। মোৰো বাহানাৰ যেন অন্ত নাছিল। কেতিয়াবা কৈছিলো ভাইটো বেমাৰ হৈ পৰি আছে—কেতিয়াবা কৈছিলো ভনীজনীৰ পৰীক্ষাৰ সময়। এই ঘটনাৰ পাছত পৰীক্ষাকে দিব নোৱাৰিব।

অনুশোচনা আৰু গ্লানিত মই পেঁপুৰা লাগি আছিলো। এই ঘটনা জনাজাত হোৱাৰ পাছত সিহঁতৰ বিয়া-বাৰু হ'ব পাৰিবনে? নাই নাই, মাই সিহঁতৰ বিয়া-বাৰুৰ ব্যৱস্থা কৰিব নোৱাৰিব। যাৰ পত্নীৰূপে দস্তখত কৰি আহিছো তেওঁৰ জাত আৰু আমাৰ জাত একেবাৰেই ভিন্ন। আৰু সমাজে জাতি ধৰ্মৰ এই কুৎসিত সীমাৰেখাৰ মাজত মানৱ ধৰ্মক একেবাৰেই পুতি থৈছিল।—কি কৰিব? কি কৰিব মোৰ মাতৃয়ে?

তেওঁ অচেতন হৈ বাগৰি পৰিব চাগৈ।

পিতাৰ মৃত্যুৰ পাছত আমি সকলোৰে তেওঁৰ ছত্ৰছায়াৰ তলত ডাঙৰ হৈছো। বিপদ আৰু দুঃখৰ সময়ত আমি তেওঁৰ বুকুত মূৰ সুমুৱাই কান্দিছো। তেওঁৰ অবিহনে আমাৰ জীৱনৰ যেন কোনো স্থিতিয়েই নাই।...আজি সেই মানুহজনীয়েও জনা নাই মই কি কাণ্ড কৰি আহিছো।

...ৰাতি মোৰ টোপনি একেবাৰেই নহা হ'ল।...কি কৰা যায়? মই বাটৰ একেবাৰে শেষৰ লাইট প'ষ্টৰ ওচৰলৈ গ'লো আৰু উভতিও আহিলো।

কিয় এই সকলো এৰি থৈ তেওঁৰ ওচৰলৈ যাব পৰা নাই? দুৱাৰ খোলা আছে। হয় দুৱাৰ খোলা আছে।

* * * *

এদিন বাটৰ মূৰত লগ পাই তেওঁ ক্ষোভেৰে চিঞৰি উঠিল—"আমাৰ বিয়া হৈ গৈছে—তুমি এতিয়াও এই কথা ঘৰৰ পৰা গোপনে ৰাখিছা। মই আৰু অপেক্ষা কৰি থাকিব নোৱাৰো, মই দুই-এদিনতে তোমাক ঘৰৰ পৰা টানি উলিয়াই আনিম।"

।।ন।।

বিবাহ-পত্ৰত চহী কৰাৰ কথা জনাজাত হৈছিল। ঘৰত কি হৈছিল সেয়া এক অত্যন্ত অপ্ৰিয় কাহিনী আছিল। সেই কাহিনীক কলম আৰু কাগজেৰে হুবহু ধৰি ৰাখিব পৰা নেযায়।

মই আকৌ ন্যায়ালয়ৰ মেজিষ্ট্ৰেট এগৰাকীৰ সন্মুখত থিয় হৈছিলো। মই মোৰ শুভাকাংক্ষী কিছুমানৰ লগত আহি 'ন্যায়ালয়'ত উপস্থিত হৈছিলো। তেওঁলোকে য'তেই কৈছিল তাতেই দস্তখত কৰিছিলো। কেনে ধৰণৰ কি আইন মতে দফা এঘাৰৰ বিবাহ অধিকাৰীৰ উক্তি..."They appeared before me and that each of them, in my presence, and in presence of three witnesses who have hereunder, made the declarations required "by section II and that a marriage under this Act solemnized in my presence."...ওফৰাই পেলাবলৈ মেজিষ্ট্ৰেটৰ ওচৰত কেনে ধৰণৰ চুক্তি-পত্ৰত চহী কৰিছিলো মই নিজেই নেজানিছিলো। সেই সময়ত মই যেন এক যন্ত্ৰচালিত মানুহলৈ ৰূপান্তৰিত হৈছিলো।

কাগজ-পত্ৰ পঢ়ি চাবলৈ মই মূৰ তুলিয়েই নেচাইছিলো। মুমূৰ্ষু মানুহৰ দৰে অৱস্থা আছিল।

আদালতৰ পৰা ওলাই আহি এক অন্য জগতত ভৰি দিছিলো।

* * *

দ্বিতীয় অধ্যায়

।। এক ।।

১৯৬৫ চনৰ অক্টোবৰ মাহত আমি জগলীয়াৰ পাৰৰ সত্ৰলৈ গৈছিলো। এই সত্ৰ বৰ প্ৰিয় আছিল।

এই সত্ৰতে সেই অক্টোবৰ মাহত মাধবেন ৰয়ছম আয়েঙ্গাৰৰ লগত মোৰ হিন্দু নিয়ম অনুসাৰে বিবাহ হৈছিল।

(তেওঁ ব্ৰাহ্মণ আছিল। তদুপৰি ঘটি যোৱা ঘটনাবোৰৰ পাছত বিবাহৰ প্ৰস্তাৱ লৈ কাৰোবাৰ ওচৰ চপা মাৰ বাবে আৰু সাহ নাছিল।)

...ইতিমধ্যে মই এম.এ. পাছ কৰিছিলো।

*　　*　　*　　*

এদিন মই মাধুৰ লগত গুজৰাটৰ কচ্ছ্ অঞ্চলৰ ৰাণ মৰুভূমিত পদাৰ্পণ কৰিলো। এই স্থানৰ নাম কোঁৰৰ বেদ। আৰৱ সাগৰৰ পানী এই স্থানলৈ আহি একো একোটা ডাঙৰ ডাঙৰ নিমখৰ পৰ্বত তৈয়াৰ কৰিছিল। গোটেইখন মৰুভূমিয়েই আছিল। এই মৰুৰ বুকুত থকা খাওদা গাঁৱৰ মানুহে জাক পাতি আহি বস্তাত ভৰাই এই নিমখ লৈ গৈছিল। ৰ'দ পৰিলে এই নিমখৰ স্তূপবোৰ ৰূপৰ গুড়িৰ দৰে জিলিকি উঠিছিল।

মাধবেন দলঙৰ 'ছুপাৰ ষ্ট্ৰাকচাৰ'ৰ বৰ সুদক্ষ ইঞ্জিনীয়াৰ আছিল। মৰুভূমিৰ মাজত এইখন দলং বান্ধিব লগীয়া হৈছিল বিশেষকৈ সীমা ৰক্ষা কৰি থকা সৈনিকসকলৰ বাবেহে। সাধাৰণ মানুহৰ বাবে নহয়।

সৈনিকসকলৰ বাবে বন্ধা এই দলঙৰ কাৰুকাৰ্য অদ্ভুত আছিল। শত্ৰু সৈন্যই আক্ৰমণ কৰিলে যাতে এই দলং উৰুৱাই দিব পৰা যায় তাৰ বাবে বিশেষ 'ডিমলিশ্যন চেম্বাৰ' বন্ধা হৈছিল। পীয়াৰ অৰ্থাৎ ৫০ ফিট ওখ ৩০ ফিট বহল পীলাৰৰ ওপৰত

২০ ফিট ওখ, ৫ ফিট বহল কিছুমান সুৰঙ্গ কাটি দিছিল যাতে সেইবোৰৰ ভিতৰত বাৰুদ থৈ যিকোনো সময়তে এই দলং উৰুৱাই দিব পৰা যায়।

...মাধুৰ লগত মই 'ৱাৰ্ক ছাইট'ত ঘূৰি ফুৰিবলৈ আৰম্ভ কৰিলো। প্ৰথমবাৰৰ বাবে মই অনুভৱ কৰিলো সেই ৰুক্ষ, কৰ্কশ ভাৱনাসমূহৰ পৰা মই মুক্ত হৈ গৈছো।...মই যেন একেবাৰেই মুক্ত আকাশ এখনৰ তলত থিয় হৈ আছো, মোৰ কোনো চিন্তা নাই, মোৰ কোনো ভয় নাই। জীৱনক অহৰহ খুলি খুলি খোৱা হতাশা আৰু নাই। এয়া কিহৰ শক্তি? প্ৰেম? প্ৰেমেই নে?...মাধুৰ ওচৰলৈ অহাৰ আগলৈকে প্ৰেমৰ এনে এক প্ৰচণ্ড শক্তি থকাৰ কথা মই জনা নাছিলো। মাধুৰে য'লৈকে গৈছিল তালৈকে এখন সৰু 'ভাগৱত' লগত লৈ গৈছিল।

প্ৰতিটো পুৱাই যেন এই কোঁৱৰ বেদৰ মৰুভূমিলৈ মোৰ বাবে এক নতুন ৰং লৈ আহিছিল।...ইমান দিনে মোৰ সঙ্গী হৈ থকা সেই মৃত্যুৰ ইচ্ছা? নাই নাই, এই কথা ভাবিবলৈও নোৱৰা হ'লো এই ভাবিয়েই যে এই মানুহজন মোৰ অবিহনে জীয়াই থাকিব পাৰিবনে?

...মানুহে নিজৰ বাবে নহয় আনৰ বাবেহে জীয়াই থাকিব লাগে এই মহৎ শিক্ষা মই কোঁৱৰ বেদৰ মৰুভূমিত লাভ কৰিছিলো।

*   *   *   *

আমি চাটাইৰ ঘৰত শ্ৰমিকসকলৰ লগতে বাস কৰিছিলো। সেই সময়ত মাধুৰে বৰ গুৰুত্বপূৰ্ণ কাম কৰিছিল যদিও মাজে মাজে তেওঁ 'ৱাৰ্ক ছাইট'ৰ পৰা আহি মোক চাই গৈছিল—এৰা কিজানি ঘৰৰ বংশ পৰিয়ালসকলক এৰি থৈ আহি এই মৰুভূমিৰ মাজত মই দুঃখ পাইছো? কিজানি মই কিবা কথাত কষ্ট পাই আছো।...কিন্তু তেওঁক কেনেকৈ বুজাম তেওঁ কেনে ধৰণৰ পৰিৱৰ্তন আনিছে মোৰ মানসিক জগতলৈ।

মানুহেই মানুহক অন্ধকাৰৰ পৰা পোহৰলৈ আনিব পাৰে—মানুহেই মানুহক নতুন জীৱন দান দিব পাৰে। পৃথিৱীত প্ৰেম আৰু মহানুভৱতাই এই কাম কৰিব পাৰে।

।।দুই।।

মৰুভূমিত সূৰ্য অস্ত যোৱাৰ দৃশ্য দেখুৱাবলৈ মাধুৰে মোক কেতিয়াবা কোঁৱৰ বেদৰ কাঁইটীয়া জোপোহা আৰু উটেৰে ভৰা খাওদা গাঁৱলৈ লৈ গৈছিল।

এই খাওদা গাঁৱতে মই প্ৰথমবাৰৰ বাবে মৰুভূমিত সূৰ্য অস্ত যোৱাৰ এক

অপূর্ব দৃশ্য দেখা পাইছিলো।...দূৰৈৰ উটৰ শাৰীক ক'লা ৰঙে আৱৰি ধৰিছিল। উটবোৰক একোখন জাহাজৰ দৰে দেখা গৈছিল। সূৰ্য উদয়ৰ সময়ত সাগৰত ভাহি থকা জাহাজৰ দৰে উটৰ শাৰী। অস্থিপুঞ্জৰ গুড়িৰ দৰে লগা বালিৰ ওপৰত থকা ভগ্ন দুৰ্গ কিছুমানত সূৰ্যৰ শেষ কিৰণ পৰা দৃশ্য কেনে আছিল ?...আহ্! যেন কৰ্ফলা খাই বাগৰি পৰিছিল সোণালী চুলিৰ ৰাজকুমাৰীহঁত, দেহত সিহঁতৰ মাংস নাই। অস্থি। অস্থিপুঞ্জ মাথোঁ। কাঁইটীয়া জোপোহা কিছুমান আছিল। সেইবোৰত সেউজীয়া সৰু সৰু পাত আছিল যিবোৰ উটৰ জাকে অহৰহ পাগুলি পাগুলি খাইছিল।...এই পাত খাই থকা উটৰ জাকবোৰে সূৰ্য অস্তৰ ছবিখন বহু বিচিত্ৰ কৰি তুলিছিল।

মই মাধুৰ লগত অহৰহ এই সূৰ্য অস্তৰ দৃশ্য চাবলৈ গাঁওখনলৈ গৈছিলো।

অনেক ঠাইত ঘূৰিছিলো কিন্তু এনেকুৱা ৰঙা আকাশ মই আৰু ক'তো দেখা নাছিলো।

শুকান মৰুভূমিক সূৰুযে নিজৰ ৰঙেৰে তিয়াব খোজা এই অনুপম প্ৰচেষ্টাৰ ছবিক কলম আৰু কাগজেৰে ভাষা দিব খোজা প্ৰচেষ্টা ব্যৰ্থ।

...কিছুমান অনন্য স্থান দেখুৱাবলৈ মাধুৱে মোক আৰু দূৰলৈ লৈ গৈছিল।

ভোজ ? ওখা, দ্বাৰকা, গান্ধীধাম ?

দেশ বিভাজনৰ সময়ত সৰ্বহাৰা হৈ ভাগি অহা লোকসকলে গান্ধীধামত বাস কৰিছিল। মাধু আৰু মই সিহঁতৰ মৰ্মস্পৰ্শী কাহিনী শুনিছিলো।

।। তিনি।।

কোঁৱৰ বেদৰ দলং সাগৰৰ 'Creck'-অৰ ওপৰত সজা হৈছিল। ইয়াত কাম কৰিবলৈ অহা বেছি ভাগ শ্ৰমিকেই 'পিচ ব্ৰাকাৰ' অৰ্থাৎ ঠিকাদাৰসকলৰ লগতে আহিছিল। বিশেষকৈ উৰিষ্যাৰ গাঞ্জাম আৰু মধ্যপ্ৰদেশৰ কাঠঘোৰাৰ পৰা সিহঁত আহিছিল। কোম্পানীৰ যিবোৰ পুৰণা বিভাগীয় শ্ৰমিক আছিল সেইবোৰ এক প্ৰকাৰ স্থায়ী শ্ৰমিকেই আছিল। কোম্পানীৰ এটা ব্ৰাঞ্চৰ পৰা আন এটা ব্ৰাঞ্চলৈ টাকুৰি ঘূৰাদি ঘূৰি ফুৰিছিল। অস্থায়ী অৰ্থাৎ ঠিকাদাৰৰ লগত অহা শ্ৰমিকসকলৰ কোনো ঠিকনা নাছিল। সিহঁতক ঠিকাদাৰে ফটা পুৰণা জোতাৰ দৰেই ব্যৱহাৰ কৰিছিল। কোম্পানীৰ পৰা ঠিকাদাৰে পইচা লৈছিল বেছি, কিন্তু লগত অনা শ্ৰমিকহঁতক পইচা দিছিল কম। এই শ্ৰমিকসকলৰ জীৱনৰ দৰিদ্ৰতাৰ নাঙঠ ছবি

মোৰ দৃষ্টিৰ সমুখত লাহে লাহে উদ্ভাসিত হৈ উঠিল। মাটি খন্দা, কন্‌ক্ৰিট মিক্স কৰি চাটাৰিঙত ঢলা, বালি জৰা, ক্ৰেইনত তেল দিয়া, মিক্সাৰ তোলা, ৰিম ফছ্‌মেণ্টৰ কাম অৰ্থাৎ লোহাৰ ৰ'দ কটা, বেঁকা কৰা ইত্যাদি কামত হাড়ভঙা পৰিশ্ৰম কৰি সিহঁতে দৈনিক মাত্ৰ তিনি টকা পঞ্চাশ পইচা লাভ কৰিছিল।

এদিন মোৰ চকুৰ আগত ক্ৰেইনৰ পৰা লোহাৰ ৰ'দ এদ'মৰ ওপৰত বাগৰি পৰিল এটা শ্ৰমিক। কিছু সময় ধৰ্‌ফৰাই থাকিল সি। সকলোৱে ধৰা-মেলা কৰি তাক কোম্পানীৰ চাটাইৰ চিকিৎসালয়খনলৈ লৈ আহিল। কোম্পানীৰ বুঢ়া কম্পাউণ্ডাৰে ক'লে—"ভোজৰ চৰকাৰী হস্পিতাললৈ নিব লাগিব।"

কোঁৱৰ বেদৰ পৰা ভোজৰ দূৰত্ব তিনি কুৰি মাইল। আধা ৰাস্তা কেঁচা।

...মাধুৱে এই মৃত্যুপথৰ যাত্ৰীটিক লৈ নিজেই গাড়ী চলাই ভোজৰ হস্পিতাললৈ ৰাওনা হ'ল।

দেশৰ অৱস্থা বেয়া আছিল। পাকিস্তানী সেনাই কোঁৱৰ বেদৰ ওচৰ চাপি এই দলং তচনচ কৰাৰ সপোন দেখিছিল। মই গোটেই ৰাতি বাহিৰত বহি মাধুৰ বাবে অপেক্ষা কৰিলো।

মোৰ আগেৰেই বি.এছ.এফৰ জোঙ্গা জীপবোৰ এখন-দুখনকৈ পাৰ হৈ গ'ল। দোভাগ ৰাতিলৈকে মই একেদৰেই বহি থাকিলো। 'ৱাৰ্ক ছাইট'ৰ ক্ৰেছাৰ আৰু ভাইব্ৰেটাৰৰ শব্দ কমি আহিছিল। সীমাৰ চৌকিত হোৱা গুলীয়াগুলিৰ শব্দ মই শুনিলো। ৰাতি পহৰা দিয়া চকিদাৰটোৱে মাজতে আহি কৈ গ'ল—

"সীমাত নিহত হোৱা চিপাহীবোৰকো আজি এইপিনেই লৈ গৈছে—যাওক আপুনি শুই থাকক গৈ, এতিয়াই ব্লেক আউট হ'ব—কোম্পানীৰ জেনেৰেটৰ বন্ধ হ'ব।"

...মই তাৰ কথা শুনিছিলো। কিন্তু একেদৰেই বহি আছিলো। মোৰ আগেৰেই এখন এখনকৈ 'আৰ্মি ইউনিট'ৰ জোঙ্গা জীপবোৰে হৰ্-হৰ্ শব্দ কৰি পাৰ হৈ গৈছিল। হঠাৎ এখন জীপ আহি মোৰ পৰা আঠ গজ দূৰৈত ৰৈ গ'ল। ধহ্‌মহ্‌কৈ দুটা সৈনিক গাড়ীৰ পৰা নামিল। মই গাড়ীৰ লাইটৰ পোহৰত সিহঁতৰ মজবুত চেহেৰা একেবাৰে স্পষ্টভাৱে দেখা পালো। কোবাকুবিকৈ ভিতৰলৈ সোমাই আহিলো। কিছু সময়ৰ পাছত জীপখন উভতি যোৱাৰ শব্দ শুনিলো।...এক ধৰণৰ ভয় আৰু আশঙ্কাত হৃদয় কঁপি উঠিল।...বহুদিনৰ মূৰত জীৱনলৈ এক ধৰণৰ মুক্তিৰ পোহৰ আহিছে। মই বাৰু এই পোহৰ ধৰি ৰাখিব নোৱাৰিমনে?

* * * *

ৰাতি পুৱাবলৈ আৰু বেছি সময় নাছিল। মই মাধুৰ জীপৰ শব্দ শুনা পালো।

জীপৰ পৰা নামি তেওঁ মোক আনদিনাৰ দৰে আজি সাৰটি ধৰিব কিন্তু নুখুজিলে। ইতিমধ্যে ব্লেক আউট আৰম্ভ হৈছিল। মই লেমৰ পোহৰত দেখিলো তেওঁৰ সাজ-পোছাক ধূলি আৰু তেজেৰে লেটি-পেটি হৈ আহিছে।

ক'লে—"মানুহটো মৰিল। পুলিচৰ লেঠা এতিয়াও শেষ হোৱা নাই। পুৱা আকৌ যাব লাগিব।"

* * * *

সেইদিনা ৰাতি মই এটা সপোন দেখিলো। ঠিকাদাৰৰ লগত অহা এজাক শ্ৰমিকক মই মৰুভূমিৰ কাঁইটীয়া জোপোহাবোৰৰ মাজে মাজে আগুৱাই অহা দেখিছিলো। এই দলটো মানুহ গুচি ভেড়ালৈ ৰূপান্তৰিত হৈছিল। ৱাৰ্ক ছাইট আৰু মৰুভূমিত কোনোবাই ভেড়াৰ ছালৰ দলিচা পাৰি থৈছিল। মৰুভূমিত গজা সেউজীয়া কেক্টাছবোৰ একো একোটা ক্ৰুছ চিহ্নলৈ ৰূপান্তৰিত হৈছে।

* * * *

...আকৌ এদিন মাধু ৱাৰ্ক ছাইটৰ পৰা অসন্তুষ্ট হৈ উভতি আহিল। ক'লে—"শুনা। কোনো কথা নাই বতৰা নাই ক্ৰেইন ড্ৰাইভাৰ হুকুম সিঙক কোম্পানীয়ে কামৰ পৰা বৰ্খাস্ত কৰিছে, কোনোবা এটা বগা চাহাবৰ 'চিফাৰিছ' লৈ কোম্পানীৰ আন এটা ক্ৰেইন ড্ৰাইভাৰ আহিছে। হুকুম সিঙে বৰকৈ কন্দা-কটা কৰিলে, নতুনকৈ বিয়া কৰাইছিল। এটা ছমহীয়া কেঁচুৱাও আছে।"

মুখ-হাত ধুই চাহৰ টেবুলত বহি মাধুৱে আকৌ ক'লে—"সি বিদায় ল'বলৈ আহিব। তোমাৰ হাতত যিমানখিনি টকা-পইচা আছে গোটেইখিনি তাক দি দিবা। তাৰ প্ৰয়োজন হ'ব।"

মই ক'লো—"মোৰ হাতত কিন্তু যথেষ্ট পইচা আছে গোটেইখিনিকে দিম নেকি?"

তেওঁ ক'লে—"গোটেইখিনি দি দিবা।"

মই আৰ্তনাদ কৰি উঠিলো—"কিন্তু গোটেইখিনি কিয় দিব লাগে?"

...মাধুৱে সেইদিনা কোনো উত্তৰ দিয়া নাছিল। কিছুদিনৰ পাছত মই গম পাইছিলো গুৰুদাসপুৰৰ ক্ৰেইন ড্ৰাইভাৰ হুকুম সিঙে মাধুক এবাৰ এটা ক্ৰেইন দুৰ্ঘটনাৰ পৰা ৰক্ষা কৰিছিল। অসমৰ ভলুকাডুবাৰ দলঙত ঘটিছিল সেই ঘটনা। 'ছুপাৰ ষ্ট্ৰাকচাৰ'ৰ

মুৰব্বী ইঞ্জিনীয়াৰ আছিল মাধু। ৱাৰ্ক ছাইটত লোহাৰ ৰ'দ কিছুমান ল'ড কৰাৰ কাম পৰিদৰ্শন কৰি আছিল। হঠাৎ ক্ৰেইনৰ হাতোৰাৰ পৰা লোহাৰ ৰ'দৰ বোজা তড়িৎ বেগেৰে আহি তলত কাম পৰিদৰ্শন কৰি থকা মাধুহঁতৰ মূৰৰ ওপৰত পৰিব খোজোঁতেই ক্ৰেইন ড্ৰাইভাৰ হুকুম সিঙে আচৰিত ধৰণৰ উপস্থিত বুদ্ধিৰে ক্ৰেইনৰ বুম ঘূৰাই দিলে। লোহাৰ এই বোজা মানুহৰ ওপৰত নপৰি বালিৰ দ'ম এটাৰ ওপৰত বাগৰি পৰিল। অকল মাধুৱেই নে, তলত কাম কৰি থকা সকলোৱে হুকুম সিঙৰ উপস্থিত বুদ্ধি দেখি স্তম্ভিত হৈ পৰিছিল।...আজি এই হুকুম সিঙক কোম্পানীয়ে ফটা জোতাৰ দৰে ব্যৱহাৰ কৰিলে।

কোনেও তাৰ হকে মাত মাতিব নোৱাৰিলে, কোনেও তাক ন্যায়ালয়ৰ দুৱাৰমুখলৈ লৈ যাব নোৱাৰিলে। ১৯৬৫ চনত এই বৃহৎ কোম্পানীৰ শ্ৰমিকহঁতৰ কোনো ইউনিয়ন নাছিল—সেয়ে এনেদৰে খেদি পঠোৱা সুদক্ষ কাৰিকৰৰ হকে শ্লোগান তুলি আকাশ-বতাহ কঁপাই তুলিব কোনেও নোৱাৰিছিল।

...হুকুম সিঙে বিদায় ল'বলৈ আহিছিল। ডাঢ়ি-গোঁফে ভোবোকাৰ চেহেৰা। মলিয়ন পাইজামা-কামিজ। ডিঙিত এখন মাফলাৰ। কথা কওঁতে সি কাহি আছিল। বোধহয় গা-ও ভাল নাছিল।

তাৰ চকুলৈ চোঁৱাৰ সময়ত মই হৃদয়ত এক অবৰ্ণনীয় যন্ত্ৰণা অনুভৱ কৰিছিলো। কোনোবাই যেন বুকুত হাতুৰিৰে কোবাই আছিল।

মৰুভূমিৰ কাঁইটীয়া জোপোহাৰ মাজে মাজে সি তাৰ সৰু বিছনাখন আৰু টিঙৰ ছুটকেচ এটা লৈ অদৃশ্য হৈ গৈছিল।

।। চাৰি ।।

ৰাণ মৰুভূমিৰ এই কোঁৱৰ বেদত মই জীৱনৰ এক অনন্য ৰহস্য আৱিষ্কাৰ কৰিছিলো।

ৰাতি প্ৰায়ে ধূলিৰ ধুমুহা হৈছিল। দিনত প্ৰচণ্ড গৰম আছিল, কিন্তু ৰাতি শীতৰ দিনৰ দৰে ঠাণ্ডা। মাজ ৰাতি সাৰ পাই এদিন মাধুৱে মোক সাৱটি ধৰি ক'লে—"তুমি মোৰ ওচৰলৈ আহিলা। মোৰ বাবে এয়া সপোন দিঠকত পৰিণত হোৱাৰ দৰে কথা হ'ল।"

তেওঁ মোৰ চুলিত হাত দি চালে,—ডিঙিত, গালত হাত ফুৰাই চালে...হয় হয়, এয়া ময়েই তেওঁৰ ওচৰত আছো...এই কথা তেওঁ যেন বিশ্বাসেই কৰিব নোৱাৰে।

...সেইদিনা আমি দোভাগ ৰাতি মৰুৰ বুকুলৈ ওলাই গৈছিলো। ব্লেক আউট

নাছিল। ৱাৰ্ক ছাইটত লাইটৰ মালাই জক্‌মকাই আছিল। কম্প্রেছাৰ আৰু ভাইব্রেটাৰৰ শব্দৰ বাহিৰে আৰু কোনো শব্দ নাছিল।

ওখ ওখ সৰু সৰু পাতৰ কেনে ধৰণৰ কাঁইটীয়া গছ আছিল সেইবোৰ? জোনাকত এই কাঁইটবোৰ ৰূপৰ মুদ্ৰাৰ দৰে জিলিকিছিল। খাওদা গাঁৱৰ ঘৰচীয়া উটবোৰে এই গছৰ পাতবোৰ এই জোনাক ৰাতিও খাই আছিল। মুগা বৰণীয়া শহা পহুবোৰে কাঁইটীয়া জোপোহাবোৰৰ আঁৰে আঁৰে ঘূৰি ফুৰিছিল।

...জোনাক ৰাতি মৰুভূমিৰ এক অনন্য শোভা মই দেখিছিলো। মাধুৰে কৈছিল—"তুমি চাগৈ দিনত এইবোৰ ঠাইত ঘূৰি ফুৰা নহয়নে? এতিয়ামানে তুমি লিখাৰ সমল নিশ্চয় অনেক পাইছা?"

মই উত্তৰ দিছিলো—"নাই, তুমি ছাইটত যোৱাৰ পাছত কিছুদিন মই আৰু ফুৰা নাই।"

আচৰিত হৈ মাধুৰে সুধিলে—"কিয়?"

"সেই জোঙ্গা জীপবোৰত উঠি ফুৰা মিলিটাৰীবোৰ? চায়েই থাকে সিহঁতে। সেইদিনা গাড়ী ৰখাই চাই আছিল। বৰ অস্বস্তি লাগে।"

ঢেক্‌ঢেকাই হাঁহিছিল মাধুৰে। কৈছিল—"মৰুভূমিৰ মাজত তোমাৰ দৰে মানুহজনী নোচাই কি চাব সিহঁতে? এই কাঁইটীয়া গছবোৰ? নে সৌ উটবোৰ? নে সৌ জিৰাফৰ দৰে মূৰ দাঙি থকা আমাৰ ৱাৰ্ক ছাইটৰ ক্ৰেইনবোৰ?...ভোজলৈ যোৱা পথত তুমি তম্বুবোৰ দেখিছা নহয়, তাত কেপ্টেইন মহম্মদ হাইদৰ, মেজৰ খান আৰু মেজৰ নাৰায়ণ ইত্যাদি থাকে। মেজৰ খানে বীৰচক্ৰ লাভ কৰিছে। কেনে অদ্ভুত বীৰত্ব দেখুৱাই মেজৰ খানে শত্ৰুপক্ষৰ টেংকবোৰ জয় কৰিছিল তুমি শুনিলে বৰ আচৰিত হ'বা। মই সিহঁতক এদিন নিমন্ত্ৰণ কৰিম। তুমি অনেক কথা জানিব পাৰিবা। তোমাৰ বাবেই সিহঁতক মই নিমন্ত্ৰণ কৰিম।"

জোনাকে মৰুভূমিক লাহে লাহে এক অপ্সৰাৰ ৰাজ্যলৈ ৰূপান্তৰিত কৰিছিল। এই অপ্সৰাৰ ৰাজ্যত আমি দুয়ো ঘূৰি ফুৰিছিলো।

জীৱনত এনে সৌন্দৰ্য সঁচাকৈয়ে থাকেনে? হতাশাৰ মাজত বেছিভাগ সময় থকাৰ বাবে এনে সৌন্দৰ্যক সঁচা বুলি ল'বলৈ দ্বিধা হৈছিল। অথচ চব কথা সত্য আছিল।

মৰুৰ মাজৰ ভগ্ন দুৰ্গৰ খণ্ডহৰত জোনাক পৰিছিল। নিমখৰ স্তূপত জোনাক পৰিছিল। আমাৰ দুয়োৰে শৰীৰ জোনাকে টৌৱাই পেলাইছিল।

* * * *

খাওদাৰ মিলিটাৰী কেম্পৰ পৰা মেজৰ খান আহিছিল। সীমান্তৰ 'চৌকি'ত পৰম বীৰত্বৰে যুদ্ধ কৰা এইগৰাকী বীৰ পুৰুষৰ বীৰত্বৰ কাহিনী মই তেওঁৰ ওচৰত বহি শুনিছিলো আৰু অভিভূত হৈছিলো। প্ৰায় ছয় ফুট ওখ, পৰিষ্কাৰ গাৰ ৰঙেৰে সৈতে মেজৰ খানৰ চেহেৰা আছিল অপূৰ্ব। বহু ৰাতিলৈকে তেওঁ মাধুৰ লগত বহি ডবা খেলিছিল।

কেপ্টেইন মহম্মদ হাইদৰ আৰু মেজৰ নাৰায়ণো আহিছিল। তেওঁলোকেও মাধুৰ সৈতে বহু ৰাতিলৈকে বহি ডবা খেলিছিল।

মেজৰ খানে তেওঁৰ যুদ্ধক্ষেত্ৰৰ কাহিনী শুনাই যেনেদৰে ৰং পাইছিল, তেনেদৰে কেপ্টেইন মহম্মদে গালিবৰ 'শ্বায়েৰী' শুনাই বৰ ভাল পাইছিল। কত কবিতা শুনাইছিল তেওঁ—

"হমকো উন্‌সে ওয়াফা কী হ্যায় উম্মিদ
যো নহী জানতে ওয়াফা ক্যা হ্যায়।"

(মই সেইসকলৰ ওচৰত বিশ্বাস আশা কৰো, যিসকলে নেজানে বিশ্বাস বস্তুটোৱেই বা কি।)

দিল আপকা দিল মে হ্যায়,
জো কুছ সো আপকা।
দিল লিজিয়ে মগৰ মেৰে আৰ্‌মা নিকালকে।

(এই হৃদয় তোমাৰ, হৃদয়ৰ মাজত যি আছে সকলো তোমাৰ। এই হৃদয় নিয়া, কিন্তু হৃদয়ৰ বাসনা বাহিৰ কৰি দিয়া।)

আৰু মেজৰ নাৰায়ণ? সৰহ ভাগ সময় তেওঁ মদিৰাৰ জালতেই মত্ত হৈ আহিছিল আৰু মোৰ চাদৰৰ আঁচলটো স্পৰ্শ কৰিবলৈ চেলু বিচাৰি ফুৰিছিল।

...ঘৰ-সংসাৰ এৰি এই মৰুভূমিত বাস কৰা এই সৈনিকসকলৰ বিচিত্ৰ মানসিক পৰিস্থিতিৰ লগত মোৰ পৰিচয় ঘটিছিল। সেই সময়ত তেওঁলোকৰ ত্যাগ আৰু বীৰত্বৰ ছবিয়ে মোক এক প্ৰকাৰ অভিভূতেই কৰি ৰাখিছিল। মই তেওঁলোকৰ কেম্পলৈ মাধুৰ সৈতে গৈছিলো। সকলোৱে সমস্বৰে কৈছিল—"মৰুভূমিৰ এই মিলিটেৰী কেম্পবোৰলৈ অহা আপুনিয়েই প্ৰথম মহিলা। মৰুভূমিৰ 'এনজেল'।"

।।পাঁচ।।

এদিন কোম্পানীৰ জেনেৰেল মেনেজাৰ বিল্লিমোৰীয়াই কোঁৱৰ বেদৰ দলং পৰিদৰ্শন কৰিবলৈ আহিল।

কোম্পানীৰ বিষয়াসকলে থৰকাছুতি হেৰুৱাই তেওঁৰ সম্বৰ্ধনাৰ আয়োজন কৰিলে।

...দুদিন ধৰি কোম্পানীৰ ব্ৰান্স মেনেজাৰ, ছিনিয়ৰ ইঞ্জিনীয়াৰ, জুনিয়ৰ ইঞ্জিনীয়াৰ, অভাৰচিয়াৰ, একাউণ্টটেণ্ট ইত্যাদিৰ সৈতে এটা বিচিত্ৰ তম্বুৰ তলত তেওঁৰ গোপন মিটিং বহিল। কামৰ প্ৰগতি তেওঁ বৰ মনোযোগেৰে নিৰীক্ষণ কৰিলে। তেওঁ দুই-তিনিবাৰ ৱাৰ্ক ছাইটলৈ গ'ল। কেইটামান জুনিয়ৰ ইঞ্জিনীয়াৰক কামৰ গাফিলতিৰ বাবে তেওঁ সকলোৰে সন্মুখত বহু অশ্লীল শব্দেৰে গালি-গালাজ পাৰিলে।

দোভাগ ৰাতিলৈকে মিটিং চলিল। চৰকাৰে কন্‌ট্ৰেক্টৰ বাহিৰেও কিছুমান নতুন কাম কোম্পানীৰ হতুৱাই কৰোৱাইছিল। সেইবোৰৰ কিন্তু পেমেণ্ট চৰকাৰে কৰা নাছিল। কোম্পানীৰ পৰা ঘোচ খাবলৈ এক্সিকিউটিভ ইঞ্জিনীয়াৰে বিলবোৰ জব্দ কৰি থৈছিল। এই লৈ বহু সময়লৈ বিল্লিমোৰীয়াই চিএঞৰ-বাখৰ কৰি থাকিল। শেষত যেনিবা এক্সিকিউটিভ ইঞ্জিনীয়াৰৰ ঘোচৰ পৰিমাণ নিৰ্ণয় কৰা হ'ল।

...মই বাহিৰৰ বাৰাণ্ডত বহি বিল্লিমোৰীয়া চাহাবৰ চিএঞৰ-বাখৰ শুনি থাকিলো। এই মানুহজনৰ বিষয়ে মই অনেক কথা শুনিছিলো। কামৰ প্ৰগতিৰ সামান্য ইফাল-সিফাল হ'লেই তেওঁ চিএঞৰ-বাখৰ কৰিছিল। পিন্ধা-উৰাত ইমান ফিট্-ফাট্ আছিল যে দুটা মানুহে তেওঁৰ কানি-কাপোৰ ইস্ত্ৰি কৰি তত নেপাইছিল। তেওঁৰ স্বভাৱ-চৰিত্ৰৰ বিষয়েও অনেক কথা প্ৰকাশ হৈছিল। সুন্দৰী তিৰোতাৰ প্ৰতি তেওঁৰ দুৰ্বলতাৰ কাহিনী সকলোৱে জানিছিল। সুন্দৰী তিৰোতাৰ গোন্ধ পালে তেওঁ সাধাৰণ চুপাৰ ভাইজাৰৰ ঘৰলৈ যাবলৈও পিছ নুহুঁহকিছিল। তেওঁ পানী নিমিহলোৱাকৈ মদ খাইছিল। চাৰি পেগ খায়ো তেওঁ কাট্-কুট্ নকৰাকৈ গাড়ী চলাব পাৰিছিল।

* * * *

বিল্লিমোৰীয়াই শেষৰ দিনা ইঞ্জিনীয়াসকলক তেওঁলোকৰ পৰিবাৰবোৰৰ সৈতে ৰাতিৰ ভোজৰ কাৰণে নিমন্ত্ৰণ কৰিলে।

...সকলোৰে লগত ময়ো সেইদিনা তম্বুৰ তলত কিছু পানীয় পান কৰিলো। মাধুৰ লগত একেবাৰে পিছৰ পিনৰ চকী এখনত বহি আছিলো। এই জেনেৰেল মেনেজাৰগৰাকীৰ প্ৰতি মোৰ এক ধৰণৰ ঘৃণা হৈছিল। ভাব হৈছিল—কেৱল কাম আৰু মুনাফাৰ বাহিৰে এই বিৰাট বপুৰ তপা মূৰৰ মানুহটোৰ যেন আৰু কোনো লক্ষ্য নাই। বৰ চাপৰ আছিল তেওঁ, মাংসৰ ভৰত শৰীৰ যেন দবিহে গৈছিল এনে ভাব হৈছিল। আমি সকলোৱে সেইদিনা একেলগে পানীয় পান কৰি আছিলো।...হঠাৎ

দেখিলো বিল্লিমোৰীয়া চাহাবে আমাৰ পিনে কোঁ-কোঁৱাই আগ বাঢ়ি আহিছে। মই মাধুৰ হাত এখন খামুচি ধৰিলো। কি কয়? কি কয় এই দানৱে? এৰা ক'লে—"মাধৱেন ৰয়ছম আয়েঙ্গাৰ—তুমি, তুমি কাশ্মীৰৰ চন্দ্ৰভাগাৰ দলঙলৈ যাব লাগিব অহা মাহত।"

আমি সেইদিনা ভোজ সভা এৰি আকৌ মৰুভূমিৰ মাজেৰে ফুৰিবলৈ গৈছিলো। আমাৰ আগেৰে উটৰ ওপৰত যোৱা সীমাৰক্ষী সেনাৰ কাফিলা এটা পাৰ হৈ গৈছিল। ক্ৰেছাৰ আৰু ভাইব্ৰেটাৰৰ শব্দৰ বাহিৰে আন একোৰে শব্দ নাছিল। বটল আৰু গিলাচৰ থাং-থুং শব্দও আৰু শুনা নগৈছিল।...বহু ৰাতিলৈ আমি দুয়ো কাঁইটীয়া জোপোহা এটাৰ ওচৰত বহি আছিলো। বৃদ্ধাৰ পকা চুলিৰ দৰে বৰণ লৈছিল কচ্ছৰ মৰুৰ এই বালিয়ে। আমাৰ চকুৰ আগত এক বৃদ্ধাৰ দৰে হামখুৰি খাই পৰি আছে এই বালিৰ জগৎ। কি লুকাই থৈছে এই বৃদ্ধাই নিজৰ বুকুৰ মাজত?

কাৰ বাবে কি লুকুৱাই থৈছে? বগা কাপোৰ, বগা চুলি, বগা বালি, বগা জোনাকৰ ৰং...চব একাকাৰ হৈ যেন এক অনন্ত ৰহস্যলৈ ৰূপান্তৰিত হৈছে।

হঠাৎ মাধুৱে চিঞৰি উঠিল—"বাঃ চন্দ্ৰভাগাৰ দলং!! দুহেজাৰ ফিট্ দীঘল বাৰটা স্পানৰ তেৰটা পীলাৰৰ সেইখন বৰ চেলেঞ্জিং দলং হ'ব।"

মই ক'লো—তোমাৰ কামত খুচি হৈ আনক নপঠিয়াই তোমাকেই বিল্লিমোৰীয়া চাহাবে বাছি লৈছে। এয়া বৰ আনন্দৰ কথা হৈছে।"

মোৰ দৃষ্টিত কল্পনাৰ কাশ্মীৰ বৰ জাক্‌জমক্‌ভাৱে উদ্ভাসিত হৈ উঠিল। এই জাক্‌জমক্ সৌন্দৰ্যৰ তুলনাত মোৰ সন্মুখত এই মৰুভূমিক একেবাৰেই কাঙালনীৰ দৰেই ভাব হ'ল। এৰা বগা কাপোৰ, বগা বালি, বগা চুলিৰ অন্তৰালত যেন লুকাই আছে এদ'ম অস্থিপুঞ্জ।

...তথাপি সৌৱা উটৰ শাৰী, কাঁইটীয়া লঠঙা গছ। ক্ৰুছচিহ্নৰ দৰে বগা কেক্‌টাছসমূহ...দূৰৈত ধৱল কুষ্ঠ ৰোগে সাঙুৰি লোৱা যুৱতীৰ নগ্ন বক্ষৰ দৰে লগা নিমখৰ স্তূপবোৰ।...হাতুৰিৰ কোবৰ দৰে সময়ে সময়ে শুনা সীমাৰক্ষী বাহিনীৰ ৰাইফলৰ আৱাজ? এই সকলোৰে লগত মই যেন এক সহৃদয়তাই স্থাপন কৰিছিলো। ইয়াতেই মই মাধুৰ লগত জীৱন আৰম্ভ কৰিছিলো...এই বাবেই হয়তো এই মৰুভূমি এৰি যাবলৈ এক যন্ত্ৰণা অনুভৱ কৰিছিলো।

* * *

তৃতীয় অধ্যায়

।। এক ।।

প্ৰচণ্ড ধুমুহাৰ মাজেৰে আহি আমাৰ জীপ ৰিয়াছীৰ ৱাৰ্ক ছাইটৰ চৰাইঘৰৰ সন্মুখত থিয় হ'ল। টিলা এটাৰ ওপৰত অৱস্থিত আছিল এই চৰাইঘৰ। কোম্পানীৰ চাহাবসকল আৰু ইন্‌ভেষ্টিগেশ্যন কৰিবলৈ অহা চৰকাৰী বিষয়াসকলে এই চৰাইঘৰত সময়ে সময়ে থকা-মেলা কৰিছিল।

আমি দুয়ো একেবাৰে তিতি-বুৰি আহিছিলো। লৰালৰিকৈ কাপোৰ-কানি সলাই খোৱা-বোৱা কৰিলো। আমি চন্দ্ৰভাগাৰ আনটো পাৰলৈ যাব লাগিব। কাৰণ ইঞ্জিনীয়াৰ আৰু শ্ৰমিকহঁতৰ কেম্প আনটো পাৰত আছিল। চন্দ্ৰভাগাৰ এই পাৰে মাথোঁ কোম্পানীৰ ষ্ট'ৰ আৰু চৰাইঘৰটোহে আছিল।

মোটা ৰায়াৰেদি কৰা এখন অস্থায়ী দলং আছিল। দুয়োকাষে দুটা মজবুত পীলাৰৰ ওপৰত বন্ধা আছিল এই দলঙৰ ৰচি। মানুহ উঠিলেই দলংখন কঁপে। তলত চন্দ্ৰভাগাৰ ভয়ানক স্ৰোত। এই দলংখনো মিলিটেৰীসকলেই তৈয়াৰ কৰিছিল যাতে এই পথেৰে সিহঁতে পুঞ্জ, ৰাজৌৰি, 'ঠাণ্ডা পানী তাবি' ইত্যাদিলৈ যাব পাৰে।

এই অস্থায়ী ৰচিৰ দলঙৰ কাষে কাষে কোম্পানীৰ বাৰটা স্পানৰ দলঙৰ কাম আৰম্ভ হৈছিল।

তলৰ ছাব ষ্ট্ৰাক্‌ছাৰৰ কাম আৰম্ভ হৈছিল। ক্ৰেইনৰ মজবুত হাতোৰাই চন্দ্ৰভাগাৰ বুকু খান্দি উলিয়াই আনিছিল জাবৰ-জোঁথৰ আৰু জলফাই বৰণীয়া ক'লা মাটি। কুৱা খন্দা কাম পূৰ্ণ উদ্যমেৰে চলি আছিল।

মাধুৰ বাহুত খামুচি ধৰি মই খুপি খুপি চন্দ্ৰভাগা পাৰ হ'লো। শিলনি এখন পাৰ হৈ আনটো পাৰত ভৰি দিয়াৰ লগে লগে হঠাৎ মোৰ চকুত পৰিল দূৰৈৰ হাবিত জ্বলিব লাগিছে কেইবাকুৰাও জুই। ভাইব্ৰেটৰ জেনেৰেটৰৰ শব্দৰ বাহিৰে ক'তো আৰু একোৰে শব্দ নাই। কিন্তু সেই জুইৰ পৰা যেন ধপ্ ধপ্-ফট্ ফট্ শব্দ

ভাহি উঠিছে। শ্ৰমিকসকলে এক নিৰ্দিষ্ট স্থানলৈ গতি কৰিছে আৰু উভতি আহিছে।

চাটাইৰে কৰা তিনি কোঠলীয়া ঘৰৰ দুৱাৰ মুখত থিয় হৈ মই মাধুক প্ৰশ্ন কৰিলো—"কিহৰ জুই সেইবোৰ?"

তেওঁ ইতিমধ্যে এবাৰ তলৰ অফিচৰ পৰা আহিছিল। সেইবোৰ কিহৰ জুই তেওঁ ভালদৰে জানিছিল। কিন্তু মোৰ কথাৰ উত্তৰ নিদি তেওঁ ঘৰৰ ভিতৰত বস্তু-বাহানিবোৰ পৰিপাটিকৈ থ'ব ধৰিলে। তেওঁৰ মুখৰ ভাব দেখি মই অনুমান কৰিলো কিবা কাৰণে তেওঁ অসন্তুষ্ট হৈ আছে।

গধূলি সময়ত মই গম পালো ৰেল চিঙ্কিং চলি থকাৰ সময়ত হঠাৎ পানীৰ লেভেলৰ তলত নাদ এটা বহি গ'ল। লগে লগে বাহিৰৰ পৰা পানী তলৰ নাদলৈ সোমাই গ'ল। নাদৰ তলত কাম কৰি থকা মানুহকেইটা আৰু ওলাই আহিব নোৱাৰিলে।

বিস্ময়কৰ! বিস্ময়কৰ!!

ইমান ডাঙৰ দুৰ্ঘটনা ঘটিল—হয়তো মেনেজমেণ্টৰ গাফিলতিৰ বাবেই...কিন্তু ইউনিয়নৰ শ্লোগান নাই। ক'ৰ পৰা থাকিব? আগেয়ে উল্লেখ কৰিছো ১৯৬৬ চনত হেজাৰ হেজাৰ শ্ৰমিকে কাম কৰা এনেকুৱা প্ৰাইভেট কোম্পানীবোৰৰ ইউনিয়নেই নাছিল। ইউনিয়ন আৰম্ভ হয় ১৯৭০ খ্ৰীষ্টাব্দত। এই ইউনিয়নৰ এক শক্তিশালী ৰূপ আৰু এই ইউনিয়নক খুলি খুলি খোৱা দুৰ্নীতিৰ এক নাঙঠ ৰূপো মই পিছলৈ দেখা পাইছিলো।

...মাধুৱে অলপো বিশ্ৰাম নোলোৱাকৈ ছাইটলৈ ওলাই গ'ল। কামৰ ক্ষেত্ৰত সেই সময়ত ইঞ্জিনীয়াৰ আৰু শ্ৰমিকৰ মাজত কোনো পাৰ্থক্য নাছিল। ৰেল চিঙ্কিঙৰ এই সময়ত মাধুৱে তিনিটা তিনিটা ছিফ্‌ট কাম কৰিব লাগিছিল।

...মাধু কামলৈ যোৱাৰ পাছত মই বাহিৰলৈ ওলাই আহিলো। চাটাইৰে কৰা এই ঘৰবোৰৰ পাছফালে শাৰী শাৰী বেৰেক আছিল। শ্ৰমিকৰ ইমানবোৰ বেৰেক মই আগে-পিছে দেখা নাছিলো। মাধুৱে কোৱা মতে এই শ্ৰমিকবোৰৰ বেছি ভাগেই উৰিষ্যাৰ গাঞ্জাম জিলা আৰু মধ্যপ্ৰদেশৰ ছত্তীছগড়ৰ মানুহ আছিল। কোম্পানীৰ বিভাগীয় খালাচীবোৰ পাঞ্জাৱৰ পৰা আহিছিল।

...বিস্ময়কৰ! বিস্ময়কৰ!! ছয়টা শ্ৰমিকৰ মৃতদেহ সৌৱা তিনিশ গজ দূৰত জ্বলিব লাগিছে অথচ কোনো হাই-উৰুমি নাই। ইঞ্জিনীয়াৰ ইনচাৰ্জৰ গাফিলতিৰ বাবে কোনেও তেওঁক বুকুত খামুচি ধৰি বাহিৰলৈ টানি অনা নাই।...চব মানি লৈছে নিৰ্বিবাদে! এৰা, ১৯৬৬ চনৰ চন্দ্ৰভাগাৰ শ্ৰমিকে চব মানি লৈছে।

।।দুই।।

চন্দ্ৰভাগাৰ ৱাৰ্ক ছাইটত শ্ৰমিকসকলক লৈ মই উপন্যাস লিখিবলৈ চেষ্টা কৰিলো। কামৰ হেঁচাত মাধুৰে দিনৰ দিনটো ৱাৰ্ক ছাইটতে থাকিব লাগে। একাউন্‌টেণ্ট, ছুপাৰ ভাইজাৰ, টাইমকিপাৰ আৰু ইঞ্জিনীয়াৰৰ পৰিবাৰসকলৰ লগত মোৰ বন্ধুত্ব ঘটিল। ওচৰে-পাঁজৰে থকা বজাৰ-হাট ইত্যাদিত আমি প্ৰায়ে ঘূৰি ফুৰিব আৰম্ভ কৰিলো। ৰাজৌৰিলৈ যোৱা আলিৰ ঘন জংঘলতো আমি কেতিয়াবা ফুৰিবলৈ গ'লো। চাৰিওফালে মাথোঁ জংঘল কটাৰ গোন্ধ আছিল। এক প্ৰকাৰৰ বিচিত্ৰ হালধীয়া লতাৰে এইবোৰ হাবি জাতিষ্কাৰ হৈ আছিল। তৰমুজৰ খেতিও আছিল। ওচৰৰ গাঁৱৰ মানুহে আহি এই খেতি কৰিছিল।

ৰাজৌৰিলৈ যোৱা আলিত পেট্ৰ'লৰ গোন্ধ এটা অহৰহ উৰি ফুৰিছিল।

জংঘলত এটা শ্বহীদ বেদী থকাৰ কথা সকলোৰে মুখে মুখে শুনা গ'ল। এই বেদীত ব্ৰিটিছৰ গুলীত নিহত হোৱা বিপ্লৱী এটাৰ হেনো সমাধি আছিল। সমাধিটোক মুছলমান পীৰ এগৰাকীয়ে সাৰি-মচি পৰিষ্কাৰ কৰি ৰাখিছিল। শুনা গ'ল এই পীৰগৰাকীয়ে মানুহৰ কপাল চায়ে ভৱিষ্যতৰ কথা ক'ব পাৰে। স্বাধীনতাৰ যুদ্ধত প্ৰাণ দিয়া খোৱাজপুৰৰ গৰ্ভৱতী মহিলা জান বেগম আৰু মোহল্লা জালাল চাহিবৰ বেগম বুহাৰুৰে ব্ৰিটিছ অফিচাৰ এটাৰ মুখলৈ এটা কাংৰি (কাশ্মীৰীসকলে কাপোৰৰ তলত লৈ ফুৰোৱা মাটি আৰু বেতৰ বাছকেট। এই বাছকেটত অঙঠা ৰখা হয় যাতে ই প্ৰচণ্ড শীততো শৰীৰ গৰম কৰি ৰাখিব পাৰে।) মাৰি পঠোৱা বাবে গুলীয়াই হত্যা কৰা শুনিছিলো। শ্ৰীনগৰৰ মুছলিম বজাৰৰ ফাজিল নামৰ মহিলা এগৰাকীকো গুলিয়াই হত্যা কৰা শুনিছিলো—কিন্তু ৰিয়াছীৰ হাবিৰ এয়া কোন শ্বহীদ আছিল নেজানিছিলো। কিয় জানো এই শ্বহীদ বেদীলৈ গৈ পীৰগৰাকীৰ ওচৰত বহি মোৰ ভৱিষ্যতৰ কথা শুনিবৰ মন গ'ল। মাধুৰে তিনিটা ছিপ্‌টত কাম কৰিছিল তদুপৰি ছাইটৰ মেনেজাৰে অহৰহ কাম পৰিদৰ্শন কৰিছিল, যুদ্ধৰ ভাবুকিৰ বাবে সতৰ্ক হৈ থাকিবলৈ চন্দ্ৰভাগাৰ এই দলং বৰ প্ৰয়োজন আছিল। গতিকে তেওঁক এই পীৰগৰাকীৰ ওচৰলৈ লৈ যাবলৈ ক'বৰ মোৰ সত নগ'ল। ছাইটৰ ইঞ্জিনীয়াসকলে ৰবিবাৰেও কাম কৰিব লাগিছিল। মোৰ নতুন বন্ধুসকলক সুধিলো, কিন্তু তেওঁলোকৰ কোনেও পীৰক চাবলৈ যাব নোখোজে। জংঘলৰ মাজত যাবলৈ ভয় কৰে।

শেষত নাকৈয়া নামৰ তেলেগু শ্ৰমিক এটা আৰু মোৰ বনকৰা উৰিয়া বুঢ়ী এজনীয়ে মোৰ লগত পীৰক চাবলৈ যাব সাজু হ'ল।

মাধুৰ পৰা অনুমতি ল'লে বাধা আহিব বুলি আমি তিনিও মাধুৱে দুপৰীয়াৰ ৱাৰ্ক ছাইটলৈ ওলাই যোৱাৰ লগে লগে কোবা-কুবিকৈ মুছলমান পীৰৰ শ্বহীদ বেদীলৈ গমন কৰিলো। পুঞ্চ আৰু ৰাজৌৰিলৈ সৈন্য বাহিনীয়ে অহা-যোৰা কৰিবলৈ এইপিনেই নতুন আলি কৰি দিয়া হৈছিল। পেট্ৰ'ল আৰু নতুন মাটিৰ গোন্ধ চাৰিওফালে উৰি ফুৰিছিল। আমি এই নতুন ৰাস্তা এৰি জংঘলৰ ভিতৰ সোমালো। ৰাতিপুৱাৰ পৰা বতৰ গোমা আছিল, সেইপিনে আমাৰ বৰ বেছি ভ্ৰূক্ষেপ নাছিল। লেংপেংকৈ ওখ এঙাৰতকৈও ক'লা বৰণৰ প্ৰায় চল্লিছ বছৰ বয়সীয়া নাকৈয়াই হাতত ছাতি এটা লৈ আগে আগে গৈ আছিল। মোৰ পিছে পিছে পদ্মাবাঈ। তাই বুঢ়ী আৰু কুঁজা অন্ধ্ৰৰ মানুহ। বৰণ বগা যদিও সমগ্ৰ মুখমণ্ডলত ক'লা ক'লা টেটো চিহ্নৰে ভৰা আছিল। আকাশত ভালকৈয়ে ডাৰৰ গোট খোৱা বাবে আমি বৰ কোবা-কুবিকৈ আগ বাঢ়িছিলো।

এই জংঘল যে বৰ জঁয়াল আছিল এনে নহয়। পাইন, ৱালনাট আৰু দুই-এডাল ওখ ওখ চেগুনৰ গছ আছিল। যদিও কাশ্মীৰ উপত্যকাৰ ওপৰৰ পিনে চেগুনৰ গছ এক প্ৰকাৰ নাছিলেই। হালধীয়া লতাই আৱৰি ধৰা সেই অচিনাকি জোপোহাও আছিল। এই জোপোহাবোৰ যিবোৰ ঠাইত আছিল সেইবোৰ ঠাইহে বৰ জঁয়াল যেন ভাব হৈছিল। লুংলুঙীয়া পথ এটাৰে আগুৱাই গ'লো। এই পথেৰেই উভতি অহা গুজ্জৰ গোৱাল কিছুমানক লগ পালো। (সাধাৰণতে ইহঁতে পৰ্বতত বাস কৰে, শীতৰ আগে আগে তললৈ নামি আহে। ওখ, পৰিষ্কাৰ বৰণৰ, বৰ মজবুত মানুহ সিহঁত।) নাকৈয়াই তাৰ বিচিত্ৰ হিন্দীৰে সিহঁতক প্ৰশ্ন কৰিলে—"পীৰ বাবা কা দেৰা কাহা?"

সিহঁতে ইটোৱে সিটোৰ মুখলৈ চালে আৰু কোনো উত্তৰ নিদিয়াকৈ কোবা-কুবিকৈ আগুৱাই গ'ল। আকাশত ডাৰৰ গোট খাইছিল বাবেই হয়তো সিহঁতে বৰ খৰখেদাকৈ আগুৱাই গ'ল।... আমিও আগুৱাই যাব ধৰিলো। পথ ঠিকেই আছিল। পদ্মাবায়ে আগেয়ে হেনো এবাৰ আহিও গৈছে। এইবাৰ তাই কোঁ-কোঁৱাই আগুৱাই গ'ল। নাকৈয়া আৰু মই তাইৰ পিছে পিছে আগ বাঢ়িগ'লো।

...হঠাৎ এটা ডাঙৰ জোপোহা খৰ্মৰাই উঠিল। লগে লগে জোপোহাটোৰ আঁৰৰ পৰা এটি নাৰী মূৰ্তি ওলাই আহিল।... মোৰ বিস্ময়ৰ সীমা নেথাকিল। তাই একেবাৰে নাঙঠ হৈয়ে আমাৰ সন্মুখত থিয় হ'ল। তাৰ পাছত জঁপিয়াই যোৱাৰ দৰে গৈ ওচৰতে খুলি থোৱা শতচ্ছিন্ন কাপোৰ এদ'মৰ ওচৰত হামখুৰি খাই পৰিল। লগে লগে ওলোটা পিনে দুটা মিলিটেৰীয়ে দপ্‌দপাই লৰি গ'ল। তিৰোতাজনীয়ে কাপোৰ-কানিখিনি

খচ্‌মচ্‌কৈ পিন্ধি আমাৰ আগেৰেই লৰ মাৰিলে।

আমি তিনিও একে ঠাইতে কিছু সময় স্তব্ধ হৈ থাকিলো। পদ্মাবায়ে তাইৰ অদ্ভুত উচ্চাৰণেৰে ক'লে—"তাই কোম্পানীৰ মানুহ। সাৰেংখাৰৰ দলঙত কুঁৱাত পৰি গিৰিয়েক মৰিছে। আমাৰ ঠিকাদাৰৰ লগত অহা মানুহ। তাইৰ ল'ৰা-ছোৱালী তিনিটাই খালাচীহঁতৰ লঙ্গৰে লঙ্গৰে ভিক্ষা কৰি ফুৰে।

মই আৰ্তনাদ কৰি উঠিলো—"কিন্তু এই জংঘলত মিলিটাৰীকেইটাৰ লগত?"

"বেশ্যা।"

"বেশ্যা?"...মই আৰ্তনাদ কৰি উঠিলো। সেইবাৰেই জীৱনত প্ৰথমবাৰৰ বাবে মই মোৰ চকুৰ আগত এজনী বেশ্যা দেখিলো। হাড়-ছাল ওলোৱা দেহত ট-টকৈ জিলিকি আছিল দুটা মাংসৰ লদা—সেয়া তাইৰ উন্মুক্ত স্তন। এৰা জেং খৰিৰ দ'ম এটাৰ ওপৰত কুণ্ডলী পকাই থকা এটা সাপ। তাইৰ স্তন।

...আমি আগুৱাই গ'লো। আকাশ ডাৱৰে ছাটি ধৰিলে। মই ইমান দূৰ বুলি জনা নাছিলো। লাহে লাহে মন আশঙ্কাৰে ভৰি আহিল। মাধুক কৈ নাহি যে বৰ বেয়া কৰিলো ঠিক এনে এটা ভাব মনলৈ আহিব ধৰিলে।...কঁঠালৰ পাতৰ দৰে বহল পাতৰ ৱালনাট গছৰ সৰু-সুৰা অৰণ্য এখনো আমি পাৰ হ'লো। বাৰে বাৰে বেশ্যাৰ সেই দেহ আৰু জেংখৰি এদ'মৰ ওপৰত কুণ্ডলি পকাই থকা সাপৰ দৰে লগা তাইৰ স্তনৰ কথা মনত পৰিল। আৰু এটা সময়ত আমি সঁচাকৈয়ে গৈ মুছলমান পীৰগৰাকীৰ আৱাসস্থানত উপস্থিত হ'লো। মই শ্বহীদৰ 'মাজাৰ' এটা দেখিলো। কিন্তু শ্বহীদগৰাকীৰ নাম-ঠিকনা একো নাই। যুদ্ধৰ খাৰ-বাৰুদ ৰখা ঘৰৰ দৰে লগা এটা পৰিত্যক্ত ঘৰৰ ভেটিত পীৰগৰাকীয়ে ত্ৰিপাল ইত্যাদি দি অস্থায়ী বাসস্থান কৰি লৈছে।

পীৰগৰাকীক আমি পদ্মাসন কৰি বহি থকা অৱস্থাত দেখা পালো। তেওঁ এটা 'ফিনা' জাতীয় মলিয়ন পাঞ্জাৱী পিন্ধি আছিল। ডাঢ়ি-চুলি দীঘল আৰু পকা, ভৰি দুখন একেবাৰে উদং। হাড়-ছাল ওলোৱা চেহেৰা। ডিঙিৰ ছাল কোঁচ খাই কেইবা তৰপো বান্ধিছে। তদুপৰি পীৰৰ গাল দুখনো একেবাৰে ভিতৰলৈ সোমাই গৈছে। তেওঁ এবাৰ চকু মেলি আমাৰ মুখলৈ মূৰ তুলি চালে। তাৰ পাছত আকৌ চকু মুদিলে। তেওঁৰ ওচৰত আঁঠু কাঢ়ি মই যেন ক'ব খুজিলো—'কোৱা, মাধু ভালে থাকিবনে?'

'কোৱা সৌ শ্ৰমিকবোৰ—সিহঁতক দাহ কৰা জুই মই যাতে আৰু কেতিয়াও চাব লগা নহয়। মাধুৰ লগত ব্ৰান্সে ব্ৰান্সে ঘূৰি ফুৰিলেও মই যাতে এই জুই চাব লগা নহয়।'

'কোৱা মোৰ মনলৈ আত্মহত্যাৰ ভাব যাতে আৰু কেতিয়াও নাহে।'

'মাধু?'

...নাই নাই তেওঁ মোৰ মুখলৈ চকু মেলি পৰ্যন্ত নেচালে? উঃ কি কৰা যায়?...কি কৰা যায়? তেওঁ মূৰ তুলি নেচায়।

পদ্মাবাঈ আৰু নাকৈয়া দুয়ো চেষ্টা কৰিলে। পীৰৰ সন্মুখত মূৰ দোঁৱাই নাকৈয়াই এক প্ৰকাৰ দীঘল দিয়ে থাকিল।

নাই পীৰে মুখ নুখুলিলে।

লাহে লাহে আকাশ একেবাৰেই ডাৱৰে ছাটি ধৰিলে। দুই-এটোপাল বৰষুণৰ পানী আমাৰ শৰীৰত পৰিব ধৰিলে। ভাব হ'ল পীৰ বাবাই সমাধিত বহিছে। এতিয়া মই মূৰ আফলিয়াই থাকিলেও বাবাই হয়তো মূৰ তুলি নেচাব।

নাকৈয়াই চিঞৰিব ধৰিলে—"জবৰদস্ত বাৰিষ আগেয়ী। জবৰদস্ত বাৰিষ আয়েগী!"

...আমি যেনেদৰে আহিছিলো তেনেদৰে কোবা-কুবিকৈ ছাইটৰ পথ ধৰিলো।

...হুৰ্হুৰ্কৈ বৰষুণ পৰিবলৈ ধৰিলে। নাকৈয়াই ছাতিটো মেলি ধৰিলে যদিও সি কোনো মতেই ছাতিটো থিৰেৰে ৰাখিব নোৱাৰিলে। আমি তিনিও তিতি একেবাৰে জুৰুলি-জুপুৰি হ'লো। তদুপৰি হঠাতে একেবাৰে অন্ধকাৰ হৈ অহা বাবে পদ্মাবাঈয়ে চকুৰে ভালদৰে দেখা নেপাইছিল। তাইৰ দৃষ্টিশক্তি একেবাৰে দুৰ্বল আছিল। তাই উজুটি খাই কেইবাবাৰো উফৰিয়ে পৰিব খুজিলে। অন্ধকাৰত লাহে লাহে আমাৰ সন্মুখৰ কোনো বস্তু নেদেখা হৈ আহিল।

গ্লানি আৰু ভয়ত মই থক্-থক্কৈ কঁপিবলৈ ধৰিলো। আমি তিনিও এটিয়ে আনটিক সাৱটি ধৰি খুপি খুপি আগুৱাই গ'লো।

ঠিক এনে সময়তে সন্মুখৰ পৰা এদল মানুহ আগুৱাই অহাৰ শব্দ শুনা গ'ল।

হুৰ্-হুৰ্ গপ্-গপ্ শব্দ কৰি টাঙোন ইত্যাদি লৈ এদল শ্ৰমিকৰ লগত হাতত টৰ্চ লৈ এটা মানুহ আগে আগে কোঁ-কোঁৱাই আগ বাঢ়ি অহা স্পষ্ট দেখা পালো। মোৰ বুজিবলৈ বাকী নেথাকিল সেয়া মাধু।...হয় হয় সেয়া হাতত টৰ্চ লৈ মাধু আগুৱাই আহিছে।

* * * *

কেম্পলৈ নিৰ্বিঘ্নে উভতি আহিলো যদিও পিছদিনা মোৰ তীৰকঁপে জ্বৰ উঠিল। বৰষুণ আৰু এই নতুন বতৰে মোৰ শৰীৰৰ ওপৰত এক অদ্ভুত প্ৰতিক্ৰিয়া কৰিবলৈ যেন আৰম্ভ কৰিলে।

নাকৈয়া আৰু বুঢ়ী পদ্মাবাঈৰ কিন্তু একো নহ'ল। ধূলি-বালি, ৰ'দ-বৰষুণ সহ্য কৰা সিহঁতৰ শৰীৰ আৰু মোৰ শৰীৰৰ প্ৰভেদ মই স্পষ্ট দেখা পালো।

দিনৰ দিনটো মাধুৰে গাধৰ দৰে পৰিশ্ৰম কৰে। ৰাতি আহি তেওঁ মোক বিছ্নাতে পৰি থকা দেখে।

এই সময়তে এদিন দোভাগ ৰাতি হঠাৎ সাৰ পাই দেখিলো মোৰ ভৰিৰ শিতানৰ পিনে মাধু বহি আছে। মই আৰ্তনাদ কৰি উঠিলো—"তুমি শোৱা নাই?"

মাধু নিৰুত্তৰ হৈ থাকিল।

"মোৰ এই সাধাৰণ জ্বৰৰ বাবে তুমি এনেদৰে বহি আছা?"

এইবাৰো মাধু নিৰুত্তৰ হৈ থাকিল। তেওঁৰ মুখ আৰু কপালৰ ৰেখা দেখি মোৰ চকু ভৰি আহিল। মই তেওঁৰ হাত এখনত ধৰি ক'লো—"মই কেতিয়াও আৰু তোমাক নোসোধাকৈ ঘৰৰ বাহিৰ নহওঁ। কোনোবাই যদি মোক স্বৰ্গৰ দুৱাৰ খোলা থকা বুলিও কয়, মই সেই দুৱাৰেদি তোমাক নোসোধাকৈ কেতিয়াও নেযাওঁ।

অন্ধকাৰৰ মাজতো মই অনুভৱ কৰিলো মাধুৱে যেন হাঁহিবলৈ চেষ্টা কৰিছে।

* * * *

কাশ্মীৰৰ ৰিয়াছীৰ চন্দ্ৰভাগা নদীৰ এই প্ৰান্তত তিনি হেজাৰ শ্ৰমিকে একেৰাহে নিৰ্বিবাদে কাম কৰা দেখিলো। ৱাৰ্ক ছাইটৰ কোৱাৰী, চাটাৰিং প্লেটৰ দ'ম, বালিৰ স্তূপত, ক্ৰেইনৰ হাকোটা...নাই নাই ক'তো ৰঙা পতাকাৰ ভিৰ নাই। শ্ৰমিকৰ বেৰেক, অফিচ, ইঞ্জিনীয়াৰ, অভাৰচিয়াৰ, ব্ৰাঞ্চ মেনেজাৰৰ কোৱাৰ্টাৰ?...নাই নাই ক'তো একো নাই। কোনেও কাৰো বিপক্ষে ক'তো শ্লোগান লিখি থোৱা নাই।

আনহাতে উৰিষ্যাৰ গাঞ্জামৰ আৰু মধ্যপ্ৰদেশৰ ছত্তীছগড়ৰ 'পিচৱাকাৰ'ৰ (ঠিকাদাৰৰ) লগত অহা শ্ৰমিকৰ দুৰ্দশাৰ ছবি মোৰ চকুৰ আগত দিনে দিনে স্পষ্ট হৈ আহিল। মই গম পালো কাশ্মীৰত সেই সময়ত 'ডেইলী পেইড'ৰ ৰেট আছিল তিনি টকা পঞ্চাছ পইচা কিন্তু শ্ৰমিকক দিয়া হৈছিল দুটকা পঞ্চাছ পইচা।

কোনেও মুখ খুলিব নোৱাৰিছিল। কোনোবাই মুখ খুলিলেও ঠিকাদাৰে একেবাৰে নাঙঠ কৰি কোম্পানীৰ পৰা খেদি দিয়াৰ ভাবুকি দিছিল। যিবোৰ গাঁৱৰ পৰা এই শ্ৰমিকহঁতক অনা হয় সেই গাঁৱৰ মুখিয়াল আৰু ঠিকাদাৰৰ মাজত গোপন জনা-বুজা হৈছিল। কিছু টকা আগতীয়াকৈ দিয়া হৈছিল। ঠিকাদাৰে আশাও দিছিল ৰেট বাঢ়িব বুলি। কিন্তু ৰেট কোনোদিনে নেবাঢ়িছিল। ঠিকাদাৰৰ সেই একেই কথা—কোম্পানীয়ে ৰেট বঢ়োৱা নাই। কিন্তু কোম্পানীৰ প্ৰকৃত কথা সিহঁতে জানিছিলনে? নাঙঠ হৈ

কোম্পানীৰ পৰা খেদা খোৱাৰ ভয়ত সিহঁতে কাৰো পিনে যেন ভালদৰে মূৰেই তুলি চাব নোৱাৰিছিল। সিহঁতক সঁচা কথাৰ উমান দিবলৈ লোকেল লীডাৰ পৰ্যন্ত নাছিল। নিজৰ নিজৰ কাৰ্ডত কি লিখা আছিল এই কথা কোনেও নেজানিছিল।

এয়া ১৯৬৫ চনৰ ভাৰতবৰ্ষৰ প্ৰাইভেট কনষ্ট্ৰাক্টশ্যন কোম্পানীবোৰৰ এটা নাঙঠ ৰূপ আছিল। ইউনিয়ন নোহোৱাকৈ কাম কৰা তিনি হেজাৰৰো অধিক শ্ৰমিকৰ কয়েদীৰ দৰে একে অৱস্থা আছিল। যি কয়েদীৰ কণ্ঠৰ পৰা প্ৰতিৰোধৰ কোনো শব্দই ফুটি নুঠিছিল। সিহঁতে ঠিকাদাৰৰ গোলামিৰ বাহিৰে আন একো নেজানিছিল।

* * * *

...১৯৬৬ খ্ৰীষ্টাব্দৰ অক্টোবৰ মাহত মাধুক কাশ্মীৰৰ মোঘলাৰ 'ঠাণ্ডা পানী তাবি'ৰ দলঙৰ ব্ৰান্স মেনেজাৰ কৰি চন্দ্ৰভাগাৰ পৰা 'ঠাণ্ডা পানী তাবি' নদীলৈ পঠিয়াই দিলে। একেবাৰে অকলশৰে এটা ব্ৰান্সৰ দায়িত্ব গ্ৰহণ কৰা মাধুৰ সেয়া প্ৰথম অভিজ্ঞতা।

...কাশ্মীৰৰ এই মোঘলা অৰণ্য আৰু প্ৰাকৃতিক দৃশ্যৰাজিৰ মাজৰ এখন তেনেই সৰু স্থান। 'ঠাণ্ডা পানী তাবি' নদীটিৰ স্ৰোত কম। কিন্তু এনেকুৱা পৰিষ্কাৰ পানী মই আগে-পিছে দেখা নাছিলো। শুনিছিলো জাপানৰ সুমিদা নদীৰ পানীত জাপানৰ সুন্দৰী গাইছাসকলে নিজৰ মুখ চাইছিল আৰু প্ৰসাধন কৰিছিল। কাশ্মীৰৰ 'ঠাণ্ডা পানী তাবি' নদীৰ পানীত মুখ চাই মই সেই কথা মানি লৈছিলো।

ৰাৰ্ক ছাইটৰ চাৰিওফালে পাক দি এই নদীয়ে পুঞ্চৰ পিনে গতি কৰিছে। নদীৰ বুকুত ডুব গৈ থকা মুগা বৰণীয়া, বগা, ছাই বৰণীয়া, বেগুণীয়া ইত্যাদি অনেক বৰণৰ অনেক আকৃতিৰ শিলৰ মাজে মাজে একো একোটি পানীৰ ঢৌৰ দৰে ট্ৰাউট মাছে ঘূৰি ফুৰে। সৰু ৰৌ আৰু কুঢ়ি মাছৰ পোৱালীৰ দৰে লগা ট্ৰাউট মাছবোৰে এক নৃত্যৰ লয়েৰেহে যেন শিলৰ ওপৰেৰে অহা-যোৱা কৰে। পানীৰ কল কল আৱাজ আকাশেৰে উৰি যোৱা এজাক মৌমাখিৰ আৱাজৰ দৰে শুনা যায়। ইমান নিশ্চিতভাৱে ঘূৰি ফুৰে এই মাছবোৰ। পানীত কেতিয়াবা মই এনেয়ে হাত পাতি থওঁ, মোৰ হাতৰ ওপৰেৰে মাছবোৰে অহা-যোৱা কৰি থাকে।

'তাবি'ৰ আনটো পাৰত 'গ্ৰীফ'ৰ অৰ্থাৎ জেনেৰেল ইঞ্জিনীয়াৰিং ফৰ্চৰ বেটেলিয়ন এটা থাকে। বেটেলিয়নটোৰ অধিকাৰী মেজৰ সিংহ নামৰ এজন অত্যন্ত সুদৰ্শন বিহাৰী যুৱক। তেওঁৰ তলত আছিল কেপ্টেইন, লেফ্‌টেনেণ্টকে আদি কৰি কেইবাজনো অফিচাৰ। এইটো তেওঁলোকৰ 'নন ফেমিলি ষ্টেশ্যন'। নিজৰ পৰিয়ালবৰ্গক তেওঁলোকে লগত ৰাখিব নোৱাৰিছিল। সেই বাবে আমি যেতিয়াই সময় উলিয়াই তেওঁলোকৰ

ওচৰত উপস্থিত হৈছিলো নাইবা তেওঁলোকে যেতিয়া আমাৰ ওচৰলৈ আহিছিল তেওঁলোক আনন্দত উৰ্দ্ধলীকৃত হৈ পৰিছিল।

মেজৰ সিংহই ইউনিটৰ ভিতৰত এখন বেডমিণ্টনৰ ক'ৰ্টো কাটি থৈছিল। তাত কিন্তু সাধাৰণ মানুহক খেলিবলৈ দিয়া নহৈছিল। এদিন মেজৰ সিংহই বৰ আগ্ৰহেৰে মোক নিমন্ত্ৰণ কৰিলে তেওঁৰ ক'ৰ্টখনত খেলিবলৈ। মাধুৱে মোৰ মনৰ ভাব জানি হাঁহি হাঁহিয়ে ক'লে—

"She will play if you allow the wives of junior engineer, overseer, foremen, and crane drivers to play in the same court."

...ক'ৰ্টখন সকলোৰে বাবে খুলি দিয়া হ'ল যদিও খেলিবলৈ এগৰাকী জুনিয়ৰ ইঞ্জিনীয়াৰৰ ঘৈণীয়েকৰ বাহিৰে কোনো নাহিল। ফ্লাশ্ব্ লাইটৰ বন্দৱস্ত হ'ল। আমি বহু ৰাতিলৈ খেলিবলৈ আৰম্ভ কৰিলো।...

...মেজৰ সিংহই এদিন মাধু আৰু মোক সেই ঠাই দেখুৱাই আনিলে যি ঠাইৰ পৰা পাকিস্তানী সেনাই অহা-যোৱা কৰা ট্ৰাকবোৰ একেবাৰে স্পষ্টকৈ দেখা যায়। ৱালনাট আৰু এবিধ সোণাৰু জাতীয় গছেৰে ভৰপূৰ এই পাহাৰ। গ্ৰীফৰ কেম্প ইয়ালৈ অহাৰ আগেয়ে বনৰীয়া ছাগলীৰ পাল এটাই ইয়াত ঘূৰা-ফিৰা কৰিছিল। কিন্তু গ্ৰীফৰ জোঙ্গাৰ হৰ্হৰণিৰ লগে লগে বনৰীয়া ছাগলীৰ খুৰাৰ শব্দও শেষ হৈ গ'ল। শুনা যায় এই বনৰীয়া ছাগলীৰ গতিৰ লগত হেনো ফেৰ মাৰিব পৰা কোনো পহুপক্ষী এই খণ্ডত নাই।

...এদিন মেজৰ সিংহই শত্ৰু সেনাৰ পৰা অধিকাৰ কৰি লোৱা এটা ক্ষত-বিক্ষত টেংক্ আমাক দেখুৱালে। আখনূৰৰ পথত পৰি আছিল এই টেংক্। বৰ গৌৰৱেৰে মেজৰে কৈছিল—

"এইখিনিতে মোৰ গুলীত তিনিটা সৈন্য মৰিছিল। মই মোৰ এই দুটা হাতেৰে সিহঁতৰ লাচ জোঙ্গাত তুলিছিলো।"

এই কথা কওঁতে গৌৰৱত তেওঁৰ চকু তিৰ্বিৰাই উঠিছিল। কিয় ক'ব নোৱাৰো, এই মৃত সৈনিককেইটাৰ প্ৰতি এক ধৰণৰ অনুকম্পাত মোৰ মন ভৰি আহিছিল...মোৰ প্ৰিয় কবি খলিল জিব্ৰানৰ কবিতাৰ শাৰী এটা কোনোবাই যেন গুণ্গুণাই কাণৰ ওচৰত গাই আছিল—

"Why do you invade my
country and try to
subjugate me for the
sake of pleasing those

who are seeking glory and
authority? Why do you leave
your wife and children
and follow to the distant land
for the sake of those
who buy glory with your
blood and high honour's with
your mother's tears? Is it an
honour for a man to kill
his brother."

...মেজৰ সিংহই কৈছিল—"কিছুমান লোকেল মোল্লাৰ অনুপ্রেৰণাত পাকিস্তানে আক্রমণ কৰিছিল সঁচা কথা কিন্তু আচৰিত কথা কি জানানে অনুপ্রেৰশকাৰীসকলক লোকেল মুছলমানসকলে সমৰ্থন কিন্তু নকৰিলে। এইসকল লোকে শুদ্ধ হৃদয়েৰে ভাৰত চৰকাৰকো সমৰ্থন নকৰে। অনুপ্রৱেশকাৰীসকল হতভম্ব হোৱাটো স্বাভাৱিক। যুদ্ধৰ সময়ত বেছিভাগ অনুপ্রৱেশকাৰীয়ে কাশ্মীৰী সাজ-পোছাক পিন্ধি আহিছিল।

মাধুৱে কৈছিল—"ভাৰতীয় সেনাক বিপাঙত পেলোৱাৰ ষড়যন্ত্র আছিল চাগৈ সেইবোৰ।"

"হয়! হয়! আমি বৰ বিবুদ্ধিত পৰিছিলো। তদুপৰি সিহঁতে কাশ্মীৰী ভাষাও শিকি আহিছিল। লোকেল কাশ্মীৰীসকলে সিহঁতক উচ্চাৰণত ধৰা পেলাব পাৰিছিল। নহ'লে উপায় নাছিল। ইয়াৰ ফলত কিছুমান সৎ আৰু প্রাচীন কাশ্মীৰীয়েও গুলী খাই মৰিব লগীয়া হৈছিল।"

মানুহৰ জীৱনৰ ক্ষণভঙ্গুৰতা, ক্রূৰতা ধূলিসাৎ হোৱা মানুহৰ গৌৰৱৰ স্বাক্ষৰ বহন কৰি আমাৰ মাজত পৰি আছিল বনৰীয়া হাতীৰ অস্থিপুঞ্জৰ দৰে এই টেংক্। আমেৰিকাৰ মোহৰ থকা পেটন্ টেংক্। আকৌ কৈছিল মেজৰ সিংহই—"আমি থিয় হৈ থকা পুঞ্চ ৰাজৌৰিক পাকিস্তানী সেনাই অধিকাৰ কৰি লোৱাৰ সময়তে এই খণ্ডৰ পৰা পঁয়সত্তৰ হেজাৰ পুৰণি মুছলমান বাসিন্দাই হিল-দ'ল ভাঙি পলাই গৈছিল। সেইদৰে এক লাখৰো অধিক হিন্দুৱে চাম্ব জুৰিয়ান ক্ষেত্রৰ পৰা পলাই যাব লগীয়া হৈছিল।"

আকৌ এবাৰ মই টেংক্‌টোলৈ মূৰ তুলি চালো।

হঠাৎ মেজৰ সিংহই মোক হাতত ধৰি টিলা এটাৰ পিনে লৈ গ'ল। আমাৰ পিছে পিছে মাধু আহি থাকিল। এই বীৰ পুৰুষ মেজৰ সিংহৰ স্পর্শত মই এক ধৰণৰ

উত্তেজনা অনুভৱ কৰিলো।

টিলাটোৰ ওপৰত থিয় হৈ মেজৰ সিংহই দূৰৈৰ পাকিস্তানৰ সীমালৈ আঙুলিয়াই দেখুৱালে। আমি পাকিস্তানী সেনাৰ কনভয় এটা মন্থৰ গতিৰে আগুৱাই যোৱা দেখা পালো।

...মেজৰ সিংহৰ লগত আমাৰ দুয়োৰে এক প্ৰকাৰ আত্মীয়তাই ঘটিছিল। ৰাজৌৰি পুঞ্চ আৰু আখনূৰৰ বিভিন্ন স্থানসমূহত সময় পালেই আমি তেওঁৰ জোঙ্গাত উঠি ঘূৰি ফুৰিছিলো। মেজৰৰ অসীম বীৰত্ব, পুৰুষত্ব আৰু তেওঁ মোৰ প্ৰতি দেখুওৱা অনুৰাগে সেই সময়ত মনৰ মাজত ক্ষন্তেকীয়া উত্তেজনাৰ সৃষ্টি কৰিছিল যদিও মনৰ ভাৱধাৰাৰ স্ৰোতে আকৌ কুচি-মুচি হৈ মাধুৰ হৃদয়ত স্থান লৈছিল। মাধুৱে মোৰ সমস্ত মানসিক জগৎ অধিকাৰ কৰি বহি আছিল। মোৰ বাবে তেওঁৰ হৃদয় পৃথিৱীৰ আটাইতকৈ নিৰাপদ স্থান আছিল। শিশুৰ বাবে মাতৃৰ কোলা যেনে নিৰাপদ, ঠিক তেনে ধৰণেই নিৰাপদ আছিল।

* * * *

মোঘলাৰ 'ঠাণ্ডা পানী তবি'ৰ দলং বান্ধি থকাৰ সময়তে মাধুক কোম্পানীয়ে বাৰামূলা জিলাৰ সাপানৰ দলং এখনৰ ইন্‌ভেষ্টিগেশ্যনৰ কাম কৰিবলৈ পঠিয়ালে। এই ইন্‌ভেষ্টিগেশ্যন এসপ্তাহৰ ভিতৰত সমাপ্ত হ'ব। ময়ো মাধুৰ লগত বাৰামূলালৈ গ'লো। এই ইন্‌ভেষ্টিগেশ্যনত দলং এখন বন্ধাৰ উপযুক্ত পৰিৱেশ আছে নে নাই তাক পৰীক্ষা কৰা হয়। বালি, শিল, লোকেল ডেইলী পেইড ৱাকাৰৰ ৰেট, কাঠ, ডিজেল, ইলেক্‌ট্ৰিচিটি ইত্যাদি অনেকৰ বিষয়ে অধ্যয়ন কৰি ইয়াৰ এটা ৰিপ'ৰ্ট জোনাল ডেপুটি জেনেৰেল মেনেজাৰলৈ পঠোৱা হয়।

...শীতৰ দিন আছিল। পুখুৰী নদী সকলো জমি বৰফ হৈ আছিল। ঘৰৰ চালত আইনাৰ টুকুৰাৰ দৰে বৰফ জমা হৈ আহিছিল। সৰু সৰু ধাবাবোৰৰ পৰা মাংসৰ কাবাবৰ গোন্ধ ভাহি আহিছিল।

...তেনেই সৰু গাঁও সাপান। চৰাইঘৰ এটাত বস্তুবাৰি থৈ আমি দুয়ো ইন্‌ভেষ্টিগেশ্যনৰ বাবে সাজু হ'লো। একেবাৰে মলিয়ন পাইজামা ফিৰ্নি আৰু টুৰ্কি টুপি পিন্ধা মুছলমান চকিদাৰ দুটাই আমাৰ কোঠাটো গৰম কৰি ৰাখিবলৈ কয়লাৰ বোখাৰি এটা থৈ গ'ল। দুয়োকো দুটা 'কাংৰি'ও আনি দিলে।

প্ৰচণ্ড শীত। তথাপি মাধুৱে কাংৰিটো তুলি নল'লে। মই 'কাংৰি'টো লৈ বৰফৰ মাজেৰে মাধুৰ পিছে পিছে আগ বাঢ়ি গ'লো। শীতত তেনেদৰে খুপি খুপি আগ বাঢ়ি

যোৰা বাবে মাধুৱে কিছু তিৰস্কাৰ কৰিয়ে ক'লে—"এই ঠাণ্ডাত তুমি ৰাজৌৰিতে থাকিব পাৰিলাহেঁতেন। মেজৰ সিংহহঁতে তোমাৰ খবৰ লৈ থাকিব বুলিও মোক কৈছিল। তদুপৰি এই ইন্‌ভেষ্টিগেশ্যনৰ কামত তিৰোতা মানুহ এনেদৰে নাহে। অলপ ঠাণ্ডা কমিলেই মই তোমাক শ্ৰীনগৰলৈ লৈ গ'লোহেঁতেন। এতিয়া তোমাৰ কষ্ট হৈছে—মই ধৰিব পাৰিছো।"

মই উত্তৰ নিদিলো। হাতত নোটাবহী আৰু কলম লৈ মই মাধুৰ পিছে পিছে আগুৱাই গ'লো। ফিৰ্নি আৰু টুৰ্কি টুপি পিন্ধি চকিদাৰটোৱে ক'লে—"কিছুদিনৰ আগেয়ে আৰু এটা চাহাব আহিছিল ইন্‌ভেষ্টিগেশ্যন কৰিবলৈ। বাহিৰত বৰফ দেখি বেচেৰাই ওলায়ে নগ'ল। বোখাৰিৰ ওচৰত বহি বহি হাত-মুখ একেবাৰে ক'লা কৰি টালি-টোপোলা বান্ধি গুচি গ'ল। তিৰোতা মানুহে এই চৰাইখানাত ভৰিয়ে দিয়া নাই।"

...মাধুৱে হন্‌হনাই আগ বাঢ়ি গৈছিল। মই তেওঁৰ পিছে পিছে আগুৱাই গৈছিলো।

*   *   *   *

উভতি অহাৰ পথত আমি শেষনাগ, পাহেলগ্ৰাম, শ্ৰীনগৰ ৰামবান্ধত সোমাই আহিলো। আখনূৰত আমাৰ বাবে অপেক্ষা কৰি আছিল মেজৰ সিংহই।

...মাধুক কথা দিয়া মতে মই ৰাজৌৰিত যুদ্ধৰ বিভীষিকাই ধ্বংস কৰা গাঁওবোৰ অকলশৰে ঘুৰ্মুটিয়াই ফুৰিব আৰু যোৱা নাছিলো।

*   *   *   *

১৯৬৭ চনৰ জানুৱাৰী মাহত মই প্ৰথমবাৰৰ বাবে মাধুৰ পূৰ্বপুৰুষসকলৰ বাঙ্গালোৰৰ ঘৰলৈ যাত্ৰা কৰিলো। মালেশ্বৰমত প্ৰকাণ্ড কম্পাউণ্ড এটাৰ সৈতে আছিল সেই ঘৰ। ইটাৰ চালৰ এই প্ৰাচীন ঘৰ এক প্ৰকাৰ জহি-খহিয়েই গৈছিল। মাধুৰ বৃদ্ধ ককায়েক এগৰাকীয়ে অৱসৰ লোৱাৰ পাছত ইয়াত বাস কৰিছিল। মাধু সকলোতকৈ সৰু আছিল, মাক-দেউতাক নাছিল। সকলোৰে বৰ আদৰৰ আছিল। মোক চাবলৈ ককায়েক-বৌয়েক-বায়েক সকলো আহিছিল। উৎসৱমুখৰ হৈ পৰিছিল ঘৰ। বৰ পছন্দ কৰিছিল সিহঁতে মোক। ঘৰৰ নীতি-নিয়মো বৰ কাঢ়া আছিল। আকৌ এবাৰ বিবাহৰ মন্ত্ৰমতা অনুষ্ঠান এটাৰ পাছতহে মই তেওঁলোকৰ পাকঘৰত সোমাব পাৰিছিলো। থকা-মেলাত তেওঁলোকৰ কোনো আড়ম্বৰ নাছিল যদিও সকলোৱে ৰূপৰ কাঁহীতহে খোৱা-বোৱা কৰিছিল। ইমানবোৰ ৰূপৰ কাঁহী-বাটি মই আগে-পিছে দেখা নাছিলো। আবেলি ঘৰৰ তিৰোতাবোৰে ফুলৰ মালা পিন্ধি মন্দিৰলৈ গৈছিল। নাকত সকলোৱে

পুৰ্বপুৰুষসকলে এৰি যোৱা হীৰাৰ নখ পিন্ধিছিল। মোকো এটা হীৰাৰ আঙঠি উপহাৰ দিছিল। আফ্ৰিকাৰ পৰা অনা এই মহামূল্যৱান হীৰা টুকুৰা পিছলৈ দিল্লী বিশ্ববিদ্যালয়ত মই হেৰুৱাইছিলো। পৰ্টিকত মাধুৰ দেউতাকৰ এখন পুৰণা বিবৰ্ণ ছবি আছিল। মূৰত ডাঙৰ পাগুৰি। পিন্ধা-উৰাত প্ৰাচীন মহীশূৰৰ সম্ভ্ৰান্ত পৰিয়ালৰ চিহ্ন। দেখিলে সন্মানত মূৰ দোঁ খাই পৰা চেহেৰা। মাধুৱে কৈছিল এবাৰ লণ্ডন ভ্ৰমণৰ সময়ত দেউতাকক দেখি অনেকেই হেনো ভাৰতৰ কোনো ৰাজপুত্ৰ বুলি ভুল কৰিছিল।

...অনেক স্থান ভ্ৰমণ কৰিলো। হৈসলা ৰজাসকলৰ স্মৃতিৰে ৰঞ্জিত বেলুৰ আৰু হাবেলী। অন্ধ্ৰৰ কনক দুৰ্গা মন্দিৰ। তিৰুমালাই পৰ্বতৰ তিৰুপতিৰ মন্দিৰ। মাধুৰ শৰীৰৰ ছাঁ হৈ মই মন্দিৰে মন্দিৰে ঘূৰি ফুৰিলো। মাধু য'তেই গৈছিল ত'তেই তেওঁ সেই শ্ৰীমদ্ভাগৱত গীতাখনো লগত লৈ গৈছিল।

* * *

চতুৰ্থ অধ্যায়

১৯৬৭ চনৰ মাৰ্চ মাহত আমি আকৌ কাশ্মীৰলৈ উভতি আহিলো। এইবাৰ কোম্পানীয়ে মাধুক চুইনা একোৰেডাক্টৰ মেনেজাৰ কৰি পঠিয়ালে। কোম্পানীয়ে মাধুক এই দায়িত্ব দি এক প্ৰকাৰ যেন নিশ্চিন্তই হ'ল। এই স্থান আছিল বৰ ভয়ঙ্কৰ। শিলৰ পাহাৰ কাটি কৰা বাট-পথবোৰো বৰ বিপদ-সঙ্কুল আছিল। চুইনা একোৰেডাক্টৰ ওচৰত এটা টানেলৰ কামো হৈ আছিল বাবে অহৰহ ব্লাষ্টিঙৰ হিৰ্‌হিৰণি লাগি আছিল। ব্লাষ্টিঙৰ ফলত ওচৰৰ গাঁও-ভূঁইৰ সৰু সৰু মাটিৰ ঘৰবোৰ এক প্ৰকাৰ ক্ষত-বিক্ষতই হৈ পৰিছিল। দুই-এটা মানুহৰ হাত-ভৰিও ভাগিছিল।

...পাঠানকোটৰ পৰা জম্মু, জম্মুৰ পৰা উধামপুৰলৈ যোৱা এই পথছোৱাত আমি অনেক মিলিটেৰী কনভয় পাৰ হৈ আহিব লগীয়া হ'ল। চাম্ব জুৰীয়ান ক্ষেত্ৰত বোধহয় আকৌ গুলীয়াগুলি হৈছিল।

১৯৬৭ চনৰ ফেব্ৰুৱাৰী মাহৰ এক তাৰিখে আমি উধামপুৰৰ পুৰণা চৰাইঘৰটোৰ পৰা চুইনা অভিমুখে ৰাওনা হ'লো।

...ক'ব নোৱাৰো কি কাৰণে জানো মোৰ চুইনালৈ অহাৰ আগ্ৰহ নোহোৱা হৈছিল। এই পথছোৱাৰ দৃশ্যও চকুত লগা নাছিল। নতুন আলি। কোনো কোনো ঠাইত বোকা আৰু শিলৰ এনে কিছুমান স্তূপ থিয় হৈ আছে যে আমি জীপৰ পৰা নামিহে সেইবোৰ পাৰ হ'ব লগা হৈছিল। তদুপৰি আলিৰ সোঁহাতে চাবই নোৱাৰিছিলো। প্ৰায় চাৰি-পাঁচশ ফিট দ খাৰৈ। তলেদি খৰস্ৰোতা চুইনা নদী বৈ গৈছে। নতুনকৈ কটা এই আলিৰ এফালে গছ-গছনি একো নাই, মাথোঁ সেই ভয়ঙ্কৰ খাৰৈ। আনটো ফালে কাঁইটীয়া জোপোহাৰে ভৰা লঠঙা পৰ্বত।

জীপৰ সন্মুখৰ ছিটত মাধুৰ সৈতে চুপ্‌চাপ্ বহি আছিলো। মনে মনে চিন্তা কৰিছিলো এই ভয়ানক আলিটোৰে মাধুৱে দিনত দুই-তিনিবাৰ অহা-যোৱা কৰিব লাগিব।...হঠাৎ মোৰ শৰীৰ স্পৰ্শ কৰি কিবা এটা উৰি যোৱা যেন অনুভৱ কৰিলো। চক্ খাই বাহিৰলৈ চাওঁতে দেখিলো এটা প্ৰকাণ্ড ফেঁচা জাতীয় চৰাই দুৰ্গম পথ্বেৰে

মন্থৰ গতিৰে যোৱা জীপৰ লগে লগে উৰি আহিছে। মই আৰ্তনাদ কৰি উঠিলো— "সেইটো প্ৰকাণ্ড ফেঁচা, চোৱা চোৱা, আমাৰ লগে লগে আহি আছে।"

এটা জোপোহাৰ পৰা আন এটা জোপোহাত পৰি আহি থকা চৰাইটোক মাধুৰে দেখা পালে।

মই ক'লো—"এইটো ফেঁচা নহয় হুদুহে। বৰ অমঙ্গলীয়া চৰাই।...উঃ আমাৰ লগে লগে আহি আছে।"

মাধুৰে ক'লে—"তুমি এজনী শিক্ষিতা ছোৱালী; এনে ধৰণৰ কথা নক'বা।"

সঁচা কথা ক'বলৈ গ'লে এনে ধৰণৰ অমঙ্গলীয়া কথা মই চিন্তা নকৰিছিলো। কিন্তু সৌৱা চকুৰ সন্মুখত এটা প্ৰকাণ্ড চৰায়ে জীপৰ গতিৰ লগত প্ৰতিযোগিতা কৰি আগ বাঢ়ি গৈছে। বিস্ময়কৰ। বিস্ময়কৰ।

* * * *

আচৰিত কথা এয়ে যে চুইনাৰ একেবাৰে ৱাৰ্ক ছাইটলৈ এই চৰাইটো আমাৰ লগে লগে আহি থাকিল।

...দুটা পৰ্বতৰ মাজত আছিল আমাৰ চাটাইৰ কোৱাৰ্টাৰ। পৰ্বতৰ ওপৰত এখন ডোগ্ৰী গাঁও আছিল। খিৰিকি খুলিলেই এই ডোগ্ৰী গাঁৱৰ লহ্‌পহাই থকা খেতি চকুত পৰিছিল। পাহাৰৰ তলত শ্ৰমিকসকলৰ বেৰেক। কোৱাৰ্টাৰৰ সন্মুখত কোম্পানীৰ গেষ্ট হাউছ। গেষ্ট হাউছৰ তলতেই আছিল ৱাৰ্ক ছাইট। আৰু চুইনা নদী? ঘৰৰ পাছফালৰ পাহাৰৰ গাৰে যোৱা এটি সৰু লুংলুঙীয়া পথেৰে গৈ আমি চুইনা নদীৰ পানী স্পৰ্শ কৰিব পাৰিছিলো।

কোম্পানীৰ খালাচীহঁতে জিলেগ্‌নাইট ষ্টিকত ডিটাৰনেটৰ লগাই পানীৰ মাজত ব্লাষ্টিং কৰি মাছ ধৰিছিল। বিস্ফোৰণত অচেতন হৈ ভাহি উঠা মাছবোৰ বাল্টিঙে বাল্টিঙে সিহঁতে বাহিৰলৈ তুলি আনিছিল। মাধুৰে কৈছিল—"অচেতন হৈ ভাহি উঠা মাছবোৰ এনেকৈ ধৰা বৰ পাশৱিক কাম।"

ময়ো ভাবিছিলো—হয়, এয়া অস্ত্ৰ নোহোৱা সৈনিকৰ লগত যুদ্ধ কৰাৰ দৰে কাম।

মাধুক সহায় কৰিবলৈ ইয়াত কোনো ইঞ্জিনীয়া নাছিল। চুইনা একোৱেডাক্টৰ সমস্ত দায়িত্ব তেওঁৰ মূৰৰ ওপৰত আছিল।

* * * *

গাৰ্ডাৰ কন্‌ক্ৰিটৰ কাম আৰম্ভ হ'ল। কিন্তু দুৰ্ভাগ্যক্ৰমে এই সময়তে সেই আবতৰীয়া বৰষুণো আৰম্ভ হ'ল।

কন্‌ক্ৰিটৰ প্ৰত্যেকটো প্ৰ'গ্ৰেমেই মাধুৰ নষ্ট হৈ যাব ধৰিলে।

মূৰৰ ওপৰৰ আকাশখন চাই থকা মাধুৰ যেন অভ্যাসতেই পৰিণত হ'ল।

...চতুৰ্থবাৰ গাৰ্ডাৰ কন্‌ক্ৰিটৰ কাম বৰষুণৰ বাবে বন্ধ কৰিব লগীয়া হোৱাত মাধু চিন্তিত হৈ উঠিল। চাটাৰিং লগোৱা হৈ গ'ল, ৰিংফ'ৰ্চমেণ্টো বন্ধা হৈ গ'ল; স্কাফণ্ডিং তৈয়াৰ কৰি ৰখা হ'ল। কন্‌ক্ৰিটৰ বাবে বালি, শিল, চিমেণ্ট চব তৈয়াৰ কৰি ৰখা হ'ল...কিন্তু দুঘণ্টা আগৰ পৰা আকৌ বৰষুণ আৰম্ভ হ'ল। কন্‌ক্ৰিটৰ বাবে চাটাৰিঙত লগোৱা তেলৰ পানী চাবোনৰ বুদ্‌বুদৰ দৰে তললৈ বৈ পৰিব ধৰিলে। চিমেণ্ট আৰু বালিৰ অৱস্থাও চাব নোৱৰা হ'ল।...শ্ৰমিকসকলে অ'ত-ত'ত জুপুকা মাৰি বহি থাকিব লগীয়া হ'ল।

...কোম্পানীৰ ইঞ্জিনীয়াৰ আৰু শ্ৰমিকৰ মাজত ব্যৱধান বৰ কম। তদুপৰি কোম্পানীয়ে চৰকাৰক এই একোৱেডাক্ট হেণ্ড অভাৰ কৰাৰ সময় বান্ধি দিছিল। সময়ৰ ইফাল-সিফাল হোৱা মানেই কোম্পানীয়ে লোকচান ভৰা।

গতিকে ইঞ্জিনীয়াৰ আৰু শ্ৰমিকে গাধৰ দৰে খাটি সময় মতে কাম উলিয়াবই লাগিব। ৰ'দ-বতাহ-বৰষুণ? নাই নাই, এইবোৰৰ অজুহাত যেন কোম্পানীয়ে মানিব নোখোজে।

...আমি দুয়ো পুৱা উঠিয়েই বাহিৰৰ আকাশখনলৈ চাওঁ। ডাৱৰে ভৰি থকা আকাশ। বৰষুণ কম। লগে লগে পাহাৰৰ ডাঙৰ ডাঙৰ বল্ডাৰবোৰৰ ওপৰত নাইপিয়া জীতায় সাপবোৰে আহি ডিঙি মেলি মেলি যেন ওপৰৰ আকাশখনহে চাব আৰম্ভ কৰে।...কিন্তু আকাশ গোমা হৈ থাকে। গাৰ্ডাৰ কন্‌ক্ৰিটৰ বাবে সাজু হ'বলৈ মাধুৰ সাহস নহয়। বৰষুণ আহে। আকৌ বৰষুণ আহে।

কি কৰা যায়?

...উধামপুৰৰ অফিচলৈ মাধুৱে অহা-যোৱা কৰিব ধৰিলে।...কিন্তু যিমানবাৰেই মাধু চুইনাৰ পৰা উধামপুৰলৈ গ'ল—সিমানবাৰেই বৰষুণৰ পানীয়ে একেবাৰে পিছল কৰি ৰখা সেই ভয়ঙ্কৰ কেঁচা আলি আৰু সীমা দি নৰখা চাৰি-পাঁচশ ফিট দ গড়খাৱৈৰ কথা ভাবি মোৰ বুকু কঁপি উঠিল।

* * * *

...এদিন দুপৰীয়া মাধু আকৌ উধামপুৰলৈ গ'ল। চেনাবৰ স্ৰোত নামৰ কিতাপখনৰ

শেষ অধ্যায়টো লিখিবলৈ মই বাহিৰৰ বাৰাণ্ডাতে কাগজ-কলম লৈ বহিলো।...হঠাৎ দেখিলো পৰ্বতৰ ওপৰৰ ডোগ্ৰী গাঁৱৰ পৰা গেৰুৱা কাপোৰ পিন্ধা এগৰাকী সন্ন্যাসী তললৈ নামি আহিছে। দীঘল চুলি, দীঘল ডাড়ি। হাতত ফুলৰ কৰণি।

সন্ন্যাসীগৰাকী আহি মোৰ বাৰাণ্ডাত থিয় হ'ল। আধাভঙা হিন্দী ভাষাত তেওঁ ক'লে—"আই। শুনিছোঁ তোমাৰ স্বামীয়ে গাৰ্ডাৰ কন্‌ক্ৰিট কৰিব নোৱাৰি বৰ বিপদত পৰিছে। সৌ পৰ্বতৰ ওপৰত মুৰুলীধৰৰ মন্দিৰ আছে। তুমি পূজা দি আহা, চব ঠিক হৈ যাব।"

"মুৰুলীধৰৰ মন্দিৰ?"

সন্ন্যাসীগৰাকীয়ে আঙুলিয়াই দেখুৱালে—"চোৱা, দুখোজ দূৰৈত সৌটো মন্দিৰ। মন্দিৰৰ বগা পতাকাখন সৌৱা উৰি আছে, চোৱা।"

মই মূৰ তুলি চালো। হয় এটা ভেটিৰ ওপৰত এখন বগা পতাকা উৰি আছে।

মই ভিতৰলৈ সোমাই আহিলো। গাৰুৰ তলৰ পৰা পইচাৰ বেগটো ল'ব খুজি দেখিলো সেই সৰু ভাগৰতখন নাই। কিন্তু সেইখনতো মাধুৰে কামৰ সময়ত লগত লৈ নুফুৰে—আজি সেইখন কিয় তেওঁ লগত লৈ গ'ল।...পূজা-পাতলত যে মোৰ বৰ গভীৰ বিশ্বাস আছিল এনে নহয়। কিন্তু এইবোৰ এনে কিছুমান মুহূৰ্ত আছিল—যি মুহূৰ্তত যেয়ে যি কৈছিল তাকে কৰিবৰ মন গৈছিল।

*   *   *   *

...মন্দিৰৰ পৰা উভতি আহোঁতে হঠাৎ মোৰ চকুত পৰিল এজাক মানুহ কোৱাৰ্টাৰৰ বাৰাণ্ডাত থিয় হৈ আছে। একেবাৰে অধৈৰ্য হৈয়ে থিয় হৈ আছে। মই আগুৱাই আহিলো। মোৰ বুকু ঢপ্‌ঢপাবলৈ ধৰিলে...কিয় থিয় হৈ আছে সিহঁত?

কোম্পানীৰ পাঞ্জাবী ফ'ৰমেন এটাই আগুৱাই আহি ক'লে—"এটা দুৰ্ঘটনা ঘটিছে—আপুনি এতিয়াই উধামপুৰৰ হস্পিতালত যাব লাগে। ৰাতি থাকিব লগাও হ'ব পাৰে—আপুনি কানি-কাপোৰো লগত লওক—তলত গাড়ী ৰৈ আছে।"

কোবা-কুবিকৈ মই ভিতৰলৈ সোমাই গ'লো। খপ্‌জপ্‌কৈ কি কানি-কাপোৰ ল'লো মোৰ মনত নাই।...জীপত উঠিলো। লগত আৰু কেইবাটাও মানুহ উঠিল।

গোটেই পথছোৱা কোনেও কথা পতা নাছিল। হঠাৎ মই আটাহ্ পাৰি উঠিলো—"কি দুৰ্ঘটনা?"

জীপ ড্ৰাইভাৰে ক'লে—"টানেলৰ ওচৰত জীপ এক্‌চিডেণ্ট। চাহাব জীয়াই আছে, ড্ৰাইভাৰটো মৰিছে...।"

'কিয় আহিছিলো আমি ইয়াত? নাই নাই চুইনাত আমি আৰু নেথাকো। মাধু হস্পিতালৰ পৰা ওলোৱাৰ লগে লগে আমি কোনো বেলেগ স্থানত যোৱাৰ ব্যৱস্থা কৰিব লাগিব।'—মই নিজকেই যেন এই কথা বাৰে বাৰে ক'লো।

কোনেও কথা কোৱা নাই। এনে অদ্ভুতভাৱে নীৰৱ হৈ আহিছে সকলো। এটা কথা পৰ্যন্ত পতা নাই দুৰ্ঘটনাৰ। কিয় এনে কৰিছে সিহঁতে? নাই নাই, ইয়াত আৰু নেথাকো। ক'ত যাম—দাক্ষিণাত্য? অসম?

অসমেই ভাল হ'ব। মাধুৱেও অসম ভাল পায়। মেজৰ সিংহই প্ৰশ্ন কৰিছিল এদিন—"কি নাম ৰাখিবা তোমাৰ পুত্ৰৰ?"

"প্ৰাগজ্যোতিষ! প্ৰাগজ্যোতিষ!!" উত্তৰ দিছিল মাধুৱে।

এইবাৰ বাঁওহাতে মই ভুমুকিয়াই চালো। ভয়ানক খাৰৈ। তলৰ চুইনা নদীৰ সামান্য জিল্‌মিলনিহে দেখা যায়।

হঠাৎ মোৰ দৃষ্টি সন্মুখৰ আলিৰ দাঁতিৰ জোপোহা এটাত পৰিল। বুকুত কোনোবাই যেন হাতুৰিৰেহে কোবাই দিলে—জোপোহা এটাত বহি গাড়ীৰ পিনে ট-টকৈ চাই আছে সৌজনী চৰাই—ফেঁচা নহয় হুদু? আহিবৰ দিনা গাড়ীৰ পিছে পিছে আহিছিল।...নাই নাই, আজি চৰাইজনী পিছে পিছে অহা নাই। তাই জোপোহাত বহি আছে।

* * * *

উধামপুৰৰ চৰকাৰী হস্পিতাল লোকে লোকাৰণ্য হৈ আছিল। সকলোৱে মই অহালৈ অপেক্ষা কৰি আছিল।

নাই নাই, ইয়াতো কোনেও এটা শব্দ পৰ্যন্ত কৰা নাই। কিয় এনেদৰে নীৰৱ হৈ আছে সকলো। ডাক্তৰগৰাকী আগ বাঢ়ি আহিল। ক'লে—"আপুনি মোৰ পিছে পিছে আহি থাকক।"

...হঠাৎ ইমাৰজেন্সি ৱাৰ্ডৰ দুৱাৰমুখলৈ গৈ তেওঁ থমকি ৰ'ল। মই একো বুজিব নোৱাৰিছিলো। তেওঁ যেন মোক ভিতৰলৈ সোমাবলৈ দিবলৈ বিব্ৰত হৈছে এনে ভাব দেখুৱালে।

মই আগুৱাই গ'লো। এইবাৰ মই কাৰো বাধা নেমানি আগুৱাই গ'লো। বিছনাৰ ওচৰলৈ আহি মই একেবাৰেই স্তব্ধ হৈ গ'লো...আৰু যেন আগুৱাই যোৱা নেযায়, আৰু যেন আগুৱাই যোৱা নেযায়—তেজ! তেজ!!

...তেজেৰে প্লাৱিত বিছনাত মাধু শুই আছে...মূৰত তেজ, বুকুত তেজ...তেওঁৰ

হাতখন মুঠি মাৰি ধৰিবলৈ মই আগুৱাই গ'লো।...হাতখন স্পৰ্শ কৰাৰ লগে লগেই মই চিঞৰি উঠিলো। বৰফৰ দৰে চেঁচা হাত।...

...মাধুৰ মৃত্যু হৈছে!

...মাধুৰ মৃত্যু হৈছে!!

* * * *

কত যুগ যেন মূৰৰ ওপৰেদি বাগৰি গ'ল, জীৱনৰ স্থিতিয়েই যেন ছাৰখাৰ হৈ গ'ল।

মাধুক দাহ কৰাৰ সময়ত মই উধামপুৰৰ শ্মশানঘাটত উপস্থিত আছিলো।

পিছদিনা পুৱাও কোনোবাই মোক সেই ঠাইলৈ লৈ আহিছিল। মাধুৰ দেহ পুৰি ছাই হৈ গৈছিল। তেতিয়াও জ্বলি থকা অঙঠা কিছুমানত পানী ছটিয়াই দি কোনোবাই মোক তেওঁৰ অস্থি বুটলিবলৈ দিছিল।...ছাইবোৰ খেপিয়াই খেপিয়াই উধামপুৰৰ শ্মশানত মই মাধুৰ অস্থি বুটলিছিলো।

* * * *

আজি কুৰি বছৰ পাছতো মাধুৰ অস্থিৰ ৰং একেই আছে। মই মাত্ৰ এই অস্থি ৰখা বাকচকেইটাহে সলনি কৰিছো।

* * *

२

প্ৰথম অধ্যায়

মাধুৰ মৃত্যুৰ পাছত অনেক দিন মই অ'ত-ত'ত ঘূৰি ফুৰিছিলো। গোৱালপাৰাৰ সৈনিক স্কুলতো কিছুদিন কাম কৰিছিলো।

আমাৰ ঘৰৰ মানুহবোৰ সহানুভূতিশীল আছিল। মাধুৰ ককায়েকহঁতো প্ৰতিষ্ঠিত লোক আছিল। মহীশূৰৰ মালেশ্বৰমত থাকিবলৈ তেওঁলোকে মোক মাতি পঠিয়াইছিল। তদুপৰি মালেশ্বৰমত মোৰ নিজৰো কিছু মাটি-বাৰী আছিল যিবোৰ পিছলৈ মই বেচি দিছিলো।

মনত এক অদ্ভুত প্ৰতিক্ৰিয়া আৰম্ভ হৈছিল। মাধু থাকোঁতে যি ভেনিটি বেগত সুগন্ধি আতৰৰ বটল আছিল এতিয়া সেই বেগত নিদ্ৰাৰ বড়ি এটা-দুটাকৈ গোট খালে। এনে এক মানসিক অৱস্থা লৈ সঁচাকৈয়ে জীয়াই থকা যায়নে?

গোৱালপাৰাৰ সৈনিক স্কুলৰ অধ্যক্ষ কৰ্ণেল চাহানীয়ে মোৰ বাবে যেন চাকৰিটো সৃষ্টি কৰিছিল এনেকুৱাই ভাব হৈছিল। তেওঁৰ পৰিবাৰেও আহি মোক সোঁৱৰাই দিছিল—

"কেনে সুন্দৰ চেহেৰা? কিয় এনে হ'ল? হোষ্টেলত খোৱা-বোৱা ভাল নেলাগে যদি মোৰ তাতেই খোৱা-লোৱা কৰিবা!"

'জুনিয়ৰ উইংছ'ৰ সৰু সৰু সৈনিকসকল থকা হোষ্টেলৰ একেবাৰে মূৰৰ কোঠা এটাত মই আছিলো। সোঁহাতে আছিল এখন শাল কাঠৰ প্ৰকাণ্ড অৰণ্য। এটা সেউজীয়া ৰঙৰে যে এনেকুৱা অনেক ভাগ থাকিব পাৰে মই এই অৰণ্য দেখাৰ আগেয়ে গম পোৱা নাছিলো।

দিনৰ দিনটো এই সৰু সৰু সৈনিকবোৰৰ লগত থাকি ৰাতি যেতিয়া হোষ্টেলৰ একেবাৰে মূৰৰ কোঠাটোত শুবলৈ গৈছিলো—মোৰ মনলৈ এটা অদ্ভুত ভাব আছিল—মাধুৰ কণ্ঠ কিজানি মই শুনা পাওঁ?

পাৰ্থিৱ শৰীৰ ছাই হৈ গ'লেও কিজানি মই তেওঁৰ আত্মাৰ কিবা এটা সঙ্কেত শুনা পাওঁ? কেতিয়াবা মই উঠি আহি খিৰিকিৰ ওচৰত থিয় হৈছিলো। ৰাতি অন্ধকাৰত

জিলিকা জোনাকী পৰুৱাৰ মাজত মই মাধুৰ কিবা এক অস্তিত্ব চকুৰে দেখো বুলি ঘণ্টাৰ পাছত ঘণ্টা ৰৈ আছিলো।

নাই নাই, একো বাকী নেথাকে। মৃত্যুৰ পাছত আৰু একো বাকী নেথাকে। বুকু ফালি ছিৰাছিৰ কৰিলেও, মৃতকে এই হৃদয়ৰ খবৰ ল'বলৈ আৰু উভতি নাহে। একে ৰাতিৰ ভিতৰতে সলনি হৈ যোৱা জীৱন-যাত্ৰাৰ প্ৰচণ্ড গতিপথ এটাৰ কাহিনী বৰ নিৰ্মম কাহিনী।

একেবাৰেই আচম্বিতে এনে অৱস্থাত পৰা মানুহ এজনীৰ মানসিক অৱস্থা কেনে হ'ব পাৰে? তেওঁৰ সুস্থ ছেক্‌চিউয়্যাল জীৱনৰ এনে আচম্বিত সমাপ্তিয়ে তেওঁৰ মানসিক জগতক কেনেদৰে প্ৰভাৱিত কৰিব পাৰে এয়া বৰ বিষম ৰহস্যৰ জাল। অনেক সময় এক নিৰ্মম বেদনাবোধে যৌন চেতনাক ডবাই হেঁচুকি এক অন্ধকাৰ ৰহস্যৰ গহ্বৰলৈ ঠেলি পঠিয়াইছিল। এই বাবেই হয়তো মাধুৰ মৃত্যুৰ পাছত এই সৈনিক স্কুলৰ একক কোঠা, নাইবা বৃন্দাবনৰ ভগ্ন মন্দিৰৰ তলৰ একক খুপৰি, ৰৌশনাৰা ৰোডৰ নিঃসঙ্গ 'বৰসাতী' আৰু মোৰ অজস্ৰ নিঃসঙ্গ যাত্ৰাত অনেক প্ৰেমিকক লগ পাইছিলো যদিও তেওঁলোকৰ লগত মই ৰাতি কটাব নোৱাৰিছিলো! এই সংক্ৰান্তত কেনেদৰে এবাৰ দিল্লীৰ পাৰ্লিয়ামেণ্ট হাউছৰ ওচৰত মোৰ কান্দিব লগীয়া অৱস্থা হৈছিল সেয়া এক নিদাৰুণ অভিজ্ঞতাৰ কাহিনী আছিল।

...পিছলৈ মই নেকান্দো বুলি এক প্ৰকাৰ প্ৰতিজ্ঞাই কৰিছিলো।—মাধুৰ মৃত্যুৰ পাছত মূৰৰ ওপৰৰ আকাশখন চোৱাৰ ভয়ত মই বাহিৰলৈ ওলাব নোৱাৰিছিলো। এই শূন্যতাৰ কাহিনীক কলমেৰে ঠিক বৰ্ণাব নোৱাৰি।

...সৰু কোঠাটোত সোমাই সোমাই কাশ্মীৰৰ ৱাৰ্ক ছাইটত আধা লেখি থোৱা উপন্যাসবোৰ লেখিবলৈ চেষ্টা কৰিলো। এয়া যেন মনৰ লগত এক প্ৰকাৰ যুদ্ধই আছিল। চকুৰ পানী আৰু বুকুৰ অদৃশ্য অংশেৰে বোৱা ৰক্তৰ ফোৱাৰাৰ যুদ্ধ!

বহু বছৰৰ পাছত ভাৰতৰ সুপ্ৰসিদ্ধ লেখিকা শ্ৰীমতী অমৃতা প্ৰীতমক তেওঁৰ হাউছ খাছৰ ঘৰত এটা প্ৰশ্ন কৰিছিলো—"মৃত্যুৰ পাছত এই একেটা জীৱন যদি তুমি আকৌ পোৱা, সুখী হ'বানে?"

চিগাৰেট এটা জ্বলাই অমৃতাই উত্তৰ দিছিল—"সুখী হোৱা-নোহোৱাৰ কথা একো নেজানো; কিন্তু মোৰ হাতত কলম থাকিব লাগিব। তেতিয়া চব ঠিক হৈ যাব!"

অমৃতাই তেওঁৰ জীৱনৰ কাহিনী 'The Revenue Stamp'-অত লেখিছিল—"The one thing that did not let me down during the most depressing times was may pen. Whether I wrote my own thoughts down or wrote about partition, my pen was as much a poet of me as the limbs of my body. The pen was the decisive factor in my life."

[পৃষ্ঠা ১৩৩]

অমৃতাৰ সেই উত্তৰ শুনি মোৰ নিজৰ কথা মনত পৰিছিল, কলম নথকাহেঁতেন মই কি কৰিলোহেঁতেন? অদৃশ্য হৈ থকা ৰক্তৰ ফোৱাৰাৰ লগত কি অস্ত্ৰেৰে যুদ্ধ কৰিলোহেঁতেন?

...মাধুৰ মৃত্যুৰ পাছতো একেদৰেই মই লেখি থাকিলো। 'চেনাবৰ স্ৰোত' নামৰ চন্দ্ৰভাগা নদীৰ দলঙৰ ৱাৰ্ক ছাইটত লেখিবলৈ লোৱা উপন্যাসখন মই সৈনিক স্কুলৰ এই জুনিঅ'ৰ উইংছৰ সৰু কোঠাটোতে শেষ কৰিলো। 'চেনাবৰ স্ৰোত'ৰ কাহিনী ভাগৰ গাঁথনি শক্তিশালী নহয়। মনৰ এক ভগ্ন বিশৃংখল অৱস্থাত এই কাহিনী শেষ কৰিছিলো। কিন্তু এই উপন্যাসৰ পটভূমি মই হুবহু একেদৰে ৰাখিছিলো। শ্ৰমিকৰ বেৰেক, চাটাৰিং প্লেট, ভাইব্ৰেটৰ সকলোবোৰৰ ছবি চেনাবৰ অৰ্থাৎ চন্দ্ৰভাগা নদীৰ দলঙৰ ৱাৰ্ক ছাইটৰ হুবহু ছবি আছিল।

১৯৬৮ চনত মনৰ অৱস্থা একেবাৰেই অদ্ভুত আছিল। কেতিয়াবা ভাব হৈছিল এই সৈনিক স্কুলত মই কাম কৰি থাকিব পাৰিম আৰু কেতিয়াবা ভাব হৈছিল মই ইয়াত এক মুহূৰ্তও থাকিব নোৱাৰিম।

শুভাকাংক্ষীসকলে দুৱাৰমুখলৈ আহি কৈ থৈ গ'ল।

"এই পৃথিৱীত তোমাতকৈ দুখী মানুহ অনেক আছে। দুখীজনৰ সেৱাত জীৱন উৎসৰ্গ কৰা!"

"পঢ়া! আৰু পঢ়া!!"

"এতিয়া তুমি মুক্ত! অনেক পথ খোলা আছে...!"

...এই সকলোবোৰ প্ৰশ্ন মই নীৰৱে শুনিছিলো। মানুহৰ প্ৰশ্নৰ উত্তৰ দিবলৈ মই এৰিয়ে দিছিলো। এক ধৰণৰ ক্ষোভৰ অগ্নি বুকুৰ মাজত উমি উমি জ্বলি আছিল। এবাৰ গুৱাহাটীৰ ঘৰত এক মাঙ্গলিক উৎসৱত এগৰাকী বিধৱাৰ লগত মোক একেলগে খোৱা দিওঁতে, মই সেই খোৱা এৰি থৈ আহিছিলো।

এবাৰ এগৰাকী ব্ৰহ্মচাৰী সন্ন্যাসীক মায়ে মোক আশীৰ্বাদ দিয়াৰ আশাত ঘৰলৈ নিমন্ত্ৰণ কৰি মাতি আনিছিল। মই অৱশ্যে এই সন্ন্যাসীগৰাকীৰ মুখলৈ মূৰ তুলি চাব নোৱাৰিলো। পদধূলি লোৱা দূৰৰ কথা আছিল।

মা বৰ ধৰ্মভীৰু আছিল। পুৰাণৰ মহাসতীসকলৰ কাহিনী মই যাতে পঢ়ো

আৰু শুনো তাৰ বাবে তেওঁ মনে মনে চেষ্টা কৰিছিল।

হৃদয়ৰ পৰিচ্ছন্নতাৰ বাহিৰে বাহ্যিক কঠোৰ আচাৰ-নীতিত মই বিশ্বাস নেৰাখিছিলো। এই আচাৰ-নীতিৰ বান্ধোনত দুৰূহ জীৱন যাপন কৰা কেইবাগৰাকীও ব্ৰাহ্মণ বিধৱাৰ জীৱনৰ ছবি মই শৈশৱত দেখা পাইছিলো। যোল্ল-সোতৰ বছৰ বয়সত বিধৱা হোৱা মোৰ পেহী এগৰাকীৰ এশাৰী কথা সদায়ে মোৰ কাণত বাজি আছিল। তেওঁ যিদিনা বিধৱা হৈছিল সেইদিনা হেনো খবৰ কৰিবলৈ যোৱা আন আন ব্ৰাহ্মণ মহিলাসকলে নিজৰ জীয়েকহঁতক আঁতৰি যাবলৈ চিঞৰি উঠিছিল।

"নুচুবি নুচুবি, লগতে (এতিয়াই) বিধৱা হৰা মানুহ! নুচুবি তাইক!!"

প্ৰথম অৱস্থাত আমতিৰ সময়ত তেওঁ উৰিয়াম কাঠৰ খাট এখনত উঠি তিনিদিন কটাইছিল। তদুপৰি তেওঁৰ উপবাসৰ অন্ত নাছিল। তেওঁ বিধুতিৰ সময়ত পালন কৰা নীতি-নিয়মবোৰো অকল যে নিষ্ঠুৰেই আছিল এনে নহয়, সেইবোৰ অস্বাস্থ্যকৰো আছিল। চাহ-তামোলৰ কথাই নাই, গোটেই দিনটোত তেওঁ মাত্ৰ এসাঁজহে ভাত খাইছিল। তেওঁ আছিল মোৰ বাবে নিজ চকুৰে দেখা বৈধব্য জীৱনৰ এক ভয়ঙ্কৰ নমুনা।

* * * *

হোষ্টেলত কেইবাগৰাকীও যুৱক অধ্যাপক আছিল। মই লক্ষ্য কৰিছিলো ইংৰাজী পঢ়ুওৱা অধ্যাপক এগৰাকীৰ মোৰ প্ৰতি অনুকম্পাৰ শেষ নাছিল।

তেওঁ ওখ, পাতল চেহেৰাৰ শিখ মানুহ। ডাড়ি-চুলি দীঘল। জোঙা নাক, চকুৰ দৃষ্টি গম্ভীৰ। সাজ-পোছাকো পৰিচ্ছন্ন।

* * * *

আগষ্টৰ মাহ। পুৱাৰ পৰাই বৰষুণ দি আছিল। কিছু সময় মই লেখা-পঢ়া কৰি আছিলো। তাৰ পাছত ডাইনিং হললৈ গৈ ছাত্ৰসকলৰ লগত খোৱা-বোৱাও কৰি আহিলো। প্ৰকাণ্ড ডাইনিং টেবুলখনৰ এটা মূৰত বহি শিখ অধ্যাপকগৰাকীয়ে মোৰ পিনে থৰ লাগি চাই থকা দেখিলো। অকল সেয়েই নে? ছিনিয়ৰ উইংছৰ ইংৰাজীৰ অধ্যাপক সিং?

ডাইনিং হলৰ পৰা অহাৰ পাছত আকৌ মনৰ সেই যন্ত্ৰণা আৰম্ভ হ'ল। অতিষ্ঠ হৈ মই আকৌ গাৰ্ডিনেলৰ চাৰিটামান বড়ি একেলগে গিলি থ'লো। মাদকদ্ৰব্য সেৱন কৰা মানুহৰ দৰে অৱস্থা হ'ল। টোপনি তথাপি নাহিল। এনে এক অৱস্থাত মই এই

জুনিয়ৰ উইংছৰ পাছফালে থকা তাঁৰৰ বেৰ দিয়া কৰিড'ৰৰ ওচৰলৈ উঠি আহিলো। মোৰ মূৰৰ চুলি অবিন্যস্ত আছিল। শৰীৰৰ কাপোৰ-কানিও অসংলগ্ন। মাধুৰ মৃত্যুৰ পাছত মোৰ চকুৰ তলত বৰ গভীৰভাৱে এটা দাগ বহি গৈছিল।

তাঁৰৰ বেৰৰ ওচৰত থিয় হৈ কিমান সময় আছিলো মনত নাই, হঠাৎ পুৰুষ কণ্ঠৰ আৱাজ এটাত উভতি চালো।

"মেডাম, ক্লাছ ল'বলৈ নাযায়?"

মই ক'লো—"নেযাওঁ!"

মানুহগৰাকী মোৰ একেবাৰে ওচৰলৈ আহিল। গাৰ্ডিনেলৰ বড়িৰ নিচাত মই একেবাৰেই আড়ষ্ট হৈ আছিলো। ভালদৰে চকু মেলি চাই দেখিলো সেয়া শিখ অধ্যাপক।

"মেডাম! মই এটা কথা ক'ব খুজিছিলো!"

মই ক'লো—"কোৱা!"

"আপোনাৰ কষ্ট মোৰ দ্বাৰা আৰু সহ্য হোৱা নাই। মই আপোনাক এক নতুন জীৱন দিব খোজো!"

(মাধুৰ মৃত্যুৰ পাছত মোক নতুন জীৱন দিব খোজা লোকসকলৰ ভিতৰত তেওঁৱেই প্ৰথম ব্যক্তি আছিল।)

...চব কথা সহজ কৰি এই মানুহটোক গ্ৰহণ কৰি মোৰ সাহিত্য সাধনাত ব্ৰতী থকা—এৰা, এই কথাই হোৱা উচিত—এই কথাই হোৱা উচিত! সৌৱা মোৰ পৰা চাৰি হাত দূৰৈত থিয় হৈ থকা মানুহটোক মই মোৰ হাত এখন আগ বঢ়াই দিয়া উচিত!

গাৰ্ডিনেলৰ নিচাত মগ্ন হৈ থকা মই এই মানুহজনীয়ে সেইদিনা অধ্যাপকক কি উত্তৰ দিছিলো মনত নাই।

* * * *

'জুনিয়ৰ উইংছ' আৰু 'ছিনিয়ৰ উইংছ'ৰ মাজত এখন অৰণ্য আছিল। কেতিয়াবা আবেলিৰ ৰ'দ অৰণ্যৰ মাজত ফুটুকা-ফুটুকি হৈ বাগৰি পৰে। ভাব হয় ওখ ওখ গছবোৰে তেতিয়া একোখন বাঘৰ ছাল শৰীৰত লৈ জকমকাই থাকে।

'জুনিয়ৰ উইংছ'ৰ পৰা 'ছিনিয়ৰ উইংছ'ৰ সভালৈ মই প্ৰায়ে গৈছিলো। তাতেই মই অনেক অধ্যাপকক লগ পাইছিলো। এইসকল অধ্যাপক চৰিত্ৰৱান আৰু উচ্চ শিক্ষিত আছিল।

* * * *

পুৱা সৰু সৰু সৈনিকসকলে বগা সাজ-পোছাক পিন্ধি 'কুচ্‌কাৱাজ' কৰিছিল। তাৰ পাছত শাৰী পাতি ডাইনিং হলত বহিছিল। নীৰৱে 'ব্ৰেক্‌ফাষ্ট' কৰিছিল আৰু শাৰী পাতি স্কুললৈ গৈছিল। পুৱাৰ সভাৰ পাছত সকলোৱে নিজৰ নিজৰ ক্লাছ ৰুমলৈ গৈছিল। পুৱাৰ সভা পৰিচালনা কৰিবলৈ কেতিয়াবা মোকো দিয়া হৈছিল। বৰ আড়ষ্ট হৈ আছিলো।

...আবেলি এই সৰু সৰু সৈনিকসকলে খেলা-ধুলা কৰিছিল। অধ্যক্ষ কৰ্ণেল চাহানীৰ অনুৰোধক্ৰমে ময়ো এই সৰু সৰু সৈনিকসকলৰ লগত খেলা-ধুলা কৰিছিলো।

স্কুলৰ উৎসৱবোৰত ?

চেৰিমনিয়েল পেৰেডসমূহৰ সময়ত ইষ্টাৰ্ণ কমাণ্ডৰ লেফ্‌টেনেণ্ট জেনেৰেল স্বাগত সিঙৰ উপস্থিতিৰ উৎসৱসমূহত আমি ভাগ ল'ব লগা হৈছিল।

এদিন স্কুল পৰিদৰ্শন কৰিবলৈ আহি লেফ্‌টেনেণ্ট জেনেৰেল স্বাগত সিঙে হঠাতে মই লৈ থকা ক্লাছ ৰুমটোত সোমাই কেনেদৰে মোক বিব্ৰত কৰি তুলিছিল এই কথা এতিয়াও মনত আছে। ১৯৭২ চনৰ পাকিস্তানৰ সৈতে হোৱা যুদ্ধত জেনেৰেল স্বাগত সিঙে বৰ পৰাক্ৰমেৰে যুদ্ধ কৰাৰ কথা শুনিছিলো। ১৯৮৬ চনত তেওঁৰ মৃত্যুৰ কথা শুনি মই বৰ কষ্ট অনুভৱ কৰিছিলো।

স্বাভাৱিকভাৱে সকলোৰে লগত মিলিছিলো যদিও 'জুনিয়ৰ উইংছ'ৰ হোষ্টেলৰ এই মূৰৰ কোঠাটোত সোমোৱাৰ লগে লগে আকৌ মই অন্ধকাৰৰ বুকুত ডুব গৈছিলো। কুৰুকি কুৰুকি এই মন সোমাই গৈছিল সেই ৰহস্যময় নৈৰাশ্যৰ বুকুলৈ।

সঁচাকৈয়ে মই মাধুৰ অবিহনে এনেদৰে জীয়াই থাকিব পাৰিমনে ? কেইবামাহো পাৰ হৈ গৈছে, কিন্তু এতিয়াও মই মূৰৰ ওপৰৰ আকাশখনলৈ মূৰ তুলি চাব পৰা নাই।

মোৰ টেবুলত ধৰ্ম সম্বন্ধীয় কিতাপবোৰ সজাই থোৱা আছিল মোৰ অনেক শুভাকাংক্ষীয়ে মোক ধৰ্ম সম্বন্ধীয় কিতাপ পঢ়িবলৈ দিছিল। তেওঁলোকৰ দৃঢ় বিশ্বাস আছিল ধৰ্মৰ পৰাই মই মনত সান্ত্বনা লাভ কৰিব পাৰিম। মোৰ এই সৰু কোঠাটোৰ প্ৰাচীৰত কোনো ধৰ্মনায়কৰ চিত্ৰ পোৱা নাই কাৰণে বহুতে আক্ষেপো কৰিছিল।

এইখিনি সময়ত মই অন্য ধৰণৰ গ্ৰন্থ কিছুমান পঢ়িছিলো। হেমিংৱেৰ কিতাপবোৰ আগেয়েও পঢ়িছিলো, এতিয়াও আকৌ এবাৰ উলিয়াই লৈছিলো। মই মোৰ পিতাৰ পুৰণি ডায়েৰী কিছুমানো এই সময়ত পঢ়িছিলো। এইবোৰ যাঠি বছৰ আগেয়ে লেখা আছিল।

মোৰ পিতা স্বৰ্গীয় উমাকান্ত গোস্বামী বৰ মেধাৱী আৰু চৰিত্ৰৱান পুৰুষ আছিল।

পিতাই অজস্ৰ স্বৰ্ণ আৰু ৰৌপ্য পদক লাভ কৰিছিল। মেট্ৰিকত অসমত প্ৰথম স্থান লাভ কৰা বাবে দত্তদেৱ গোস্বামী স্বৰ্ণ পদক; খগেন্দ্ৰ নাৰায়ণ স্বৰ্ণ পদক, হেমচন্দ্ৰ বৰুৱা ৰৌপ্য পদক আৰু হেমধৰ বৰুৱা ৰৌপ্য পদক লাভ কৰিছিল। আই.এ. পৰীক্ষাত ছাত্ৰবৃত্তি আৰু ডিপাৰু মেধী ৰৌপ্য পদক লাভ কৰিছিল। কলিতকাৰ প্ৰেছিডেন্সি কলেজৰ পৰা পাছ কৰা এম.এ. পৰীক্ষাত প্ৰথম শ্ৰেণীৰ প্ৰথম স্থান লাভ কৰোঁতে কলিকতা বিশ্ববিদ্যালয়ৰ পুৰস্কাৰ আৰু স্বৰ্ণ পদক লাভ কৰিছিল। শিক্ষাধিকাৰ হোৱাৰ আগেয়ে পিতাই কিছুদিন কটন কলেজৰ অধ্যক্ষৰ পদো লাভ কৰিছিল। গোটেই জীৱনছোৱা পিতাই মানুহৰ পৰা অশেষ শ্ৰদ্ধা লাভ কৰিছিল।

...পিতা কেনে ধৰণৰ নিৰ্মল চৰিত্ৰৰ আছিল এই কথা মই তেওঁ জীয়াই থাকোঁতে নহয় তেওঁৰ মৃত্যুৰ পাছত তেওঁৰ ডায়েৰী পঢ়ি বৰ গভীৰভাৱে হৃদয়ঙ্গম কৰিছিলো।

...সৈনিক স্কুলৰ জুনিয়ৰ উইংছৰ হোষ্টেলৰ একেবাৰে মূৰৰ কোঠাটোত জীৱনৰ আটাইতকৈ যন্ত্ৰণাময় দিনবোৰ অতিবাহিত কৰোঁতে মই নিজৰ মন অন্য পিনে ধাৱিত কৰিবৰ বাবে পিতাৰ পুৰণি ডায়েৰীবোৰ পঢ়িছিলো। এনেয়ে মোৰ মন অহৰহ অতীতৰ বুকুতে ঘূৰি ফুৰিছিল। পিতাৰ দিন-পঞ্জীসমূহে মোক আৰু দূৰলৈ লৈ গৈছিল। মই আকৌ উভতি গৈছিলো পিতাৰ লগত সত্ৰত ঘূৰি ফুৰা দিনবোৰলৈ।

বয়স পাঁচ বছৰৰ বেছি নাছিল। পিতাই লতাশিল স্কুলত নাম লগাই দিছিল। মোৰ দাদাও একেখন স্কুলতে পঢ়িছিল। কিন্তু বিদ্যা-বুদ্ধিত মোতকৈ মোৰ দাদা বেছি ভাল আছিল। ক'লা চেপেটা মূৰৰ আঁঠু লেটিয়াই ধুতি পিন্ধা বাঁহীৰাম দাস নামৰ কামৰূপৰ শিক্ষক এগৰাকী মোৰ ঘৰুৱা শিক্ষক আছিল। তেওঁ স্কুলতো মোক পঢ়ুৱাইছিল। পাৰিতোষিক হিচাপে তেওঁ পিতাৰ পৰা কি লৈছিল মই নেজানো। দুপৰীয়া ভাতসাঁজ তেওঁ আমাৰ ঘৰতে খাইছিল। কৃষ্ণকান্ত ভাগৱতী বোলা কামৰূপৰ গুইমাৰাৰ ব্ৰাহ্মণগৰাকীয়ে খৰিৰ চৌকাত ভাত ৰান্ধিছিল। ঘৰত অনেক মানুহ আছিল যদিও দাদা, মই আৰু বাঁহীৰাম দাসে মজিয়াত পীৰা পাৰি ভাত খাইছিলো। এদিন ভাতৰ লগত বাঁহীৰাম মাষ্টৰে এটা সিকি পাইছিল। এদিন দাইলৰ লগত তামোলৰ বাকলি। ইয়াৰ বাবে ৰান্ধনি বাপুৱে পিতাৰ পৰা কি গালি খাব লগীয়া হৈছিল সেই কথা মোৰ মনত নাই।

লতাশিল স্কুলত কি পঢ়িছিলো?

নাই নাই সেইবোৰ একো মনত নাই। কিন্তু পঢ়াশালিৰ ক্লাছ ৰুমত বাঁহীৰাম মাষ্টৰে অনা শকত কিতাপ এখনৰ কথা কিন্তু একেবাৰে ফট্‌ফটীয়াকৈ মনত আছে। তেওঁ সেইখনৰ পৰা সাধু কিছুমান পঢ়ি শুনাইছিল। এক ৰাজপুত্ৰই কেনেকৈ এটা

সন্দেশ খাবলৈ ইচ্ছা কৰিছিল আৰু সেই সন্দেশটো কেনেদৰে পিপৰাই খাই শেষ কৰি তেওঁৰ আশা চূৰমাৰ কৰিছিল এই কাহিনীটো মোৰ মনত শিলৰ ৰেখাৰ দৰেই বহি গৈছিল। সেইটোৱেই হয়তো মই জীৱনত শুনা প্ৰথম সাধুকথা আছিল। সেই সময়ত মোৰ দাদাৰ লগত সুখ্যাত সমালোচক অধ্যাপক ডক্টৰ হীৰেন গোহাঁইদেৱেও পঢ়িছিল। সেই শিশু অৱস্থাতে হীৰেন গোহাঁয়ে ইংৰাজী কাগজ এখন ফট্‌ফটীয়াকৈ পঢ়ি মোৰ খুৰা স্বৰ্গীয় ৰত্নকান্ত গোস্বামী আৰু স্বৰ্গীয় চন্দ্ৰকান্ত গোস্বামীক বিস্ময়ত অভিভূত কৰি তোলাৰ কথা মোৰ স্পষ্ট মনত আছে।

লতাশিলৰ পাছত মই পাইন মাউণ্টত পঢ়িছিলো। দুয়োখন স্কুলৰ পাৰ্থক্য আছিল সীমাহীন। লতাশিললৈ আহিছিল শতচ্ছিন্ন সাজ-পোছাক পিন্ধা ডাল-দৰিদ্ৰ মানুহৰ ল'ৰা-ছোৱালী। অৱস্থাপন্ন মানুহৰ ল'ৰা-ছোৱালীও যে নাহিছিল এনে নহয়। কিন্তু ইয়াত ডাল-দৰিদ্ৰ আৰু অৱস্থাপন্ন মানুহৰ ল'ৰা-ছোৱালীৰ মাজত কোনো বিশেষ প্ৰভেদ নাছিল।

সৰু সৰু চৰিত্ৰবোৰ সৰু সৰু মুখৰ ছবিবোৰ একেবাৰেই স্পষ্ট হৈ আছে মানসপটত। আচৰিত কথা এয়ে যে এই বয়সতো মোৰ এটা প্ৰেমিক আছিল। তাৰ নাকেৰে অহৰহ এটা সেঙুনৰ সুঁতি বৈছিল। শৰীৰৰ বৰণ এঙাৰৰ দৰে ক'লা আছিল। ট-টকৈ অহৰহ সি মুখৰ পিনে চাই আছিল। আনবোৰ ল'ৰা-ছোৱালীয়ে হাত চাপৰি বজাই খিল্‌খিল্‌কৈ হাঁহিছিল। কেতিয়াবা চৰতীয়া এটা হাতত গোজা মাৰি দি সি কৈছিল—"যোৱা, নকুলদানা খোৱাগৈ।"

শিক্ষকসকল? হয় হয়, ওখ পাখ মজবুত চেহেৰাৰ, পৰিষ্কাৰ বৰণৰ প্ৰধান শিক্ষক চৌধুৰীদেৱৰ কথাও মোৰ স্পষ্ট মনত আছে।

পাইন মাউণ্টৰ মিছ নীলৰ দৰে তেৰোঁ অপৰাধ কৰা ছাত্ৰ-ছাত্ৰীক বেতেৰে কোবাইছিল। দুয়োৰে মাজত পাৰ্থক্য আছিল এয়ে যে পাইন মাউণ্টৰ মিছ নীলে পঢ়া নোৱৰাৰ বাবে বেতেৰে নোকোবাইছিল অন্য ডাঙৰ অপৰাধতহে কোবাইছিল। কিন্তু লতাশিলৰ চৌধুৰীদেৱে পঢ়া নোৱাৰিলে বেতেৰে কোবাইছিল।

মই কোব খাইছিলোনে?

নাই নাই, এই কথা মনত নাই। বোধহয় বেতৰ কোব খাব পৰা বয়সো হোৱা নাছিল। বানপানীৰ সময়ত এগৰাকী শিক্ষকে নিজৰ সংসাৰখন তুলি আনি শ্ৰেণী এটা অধিকাৰ কৰি কিছুদিন থকাৰ কথাও মনত পৰে।

শিক্ষা আৰম্ভ কৰা এই প্ৰাইমেৰী স্কুলত মই এদিন এটা ভয়ানক দৃশ্য দেখিছিলো। দুটা ল'ৰাৰ মাজত দুৰ্বাদল কাজিয়া লাগিল। এটাই কাঠৰ ফ্ৰেম নোহোৱা

শ্লেট এখন আন এটাৰ মূৰলৈ মাৰি পঠিয়ালে। লগে লগে ল'ৰাটোৰ মূৰৰ পৰা ধাৰাসাৰে তেজ ববলৈ ধৰিলে। অলপ সময়ৰ ভিতৰতে তাৰ কামিজটো একেবাৰে ৰাঙলী হৈ পৰিল। এই দৃশ্য মই চাই থাকিব নোৱাৰিলো। শ্ৰেণীৰ পৰা কোন টলকত বাহিৰ হৈ তৰা-নৰা ছিঙি ঘৰ পালোগৈ ক'ব নোৱাৰো।

...সৈনিক স্কুলৰ 'জুনিয়ৰ উইংছ'ৰ এমূৰৰ কোঠাটোত পিতাৰ ডায়েৰী পঢ়ি থকা সময়ত মোৰ এই স্কুলৰ কথা মনত পৰিছিল। কাৰণ এই স্কুলত পিতাই মোক কেতিয়াবা থ'বলৈ গৈছিল। তেওঁ নিজেই মোৰ মূৰ ফণীয়াই দিছিল। জোতাৰ ফিতাও তেওঁ নিজেই বান্ধি দিছিল।

...দুদিনমান গাঁৱৰ জুপুৰী ঘৰ এটাত বহা স্কুল এখনলৈ আমি গৈছিলো। কি স্কুল আছিল সেইখন? তাৰ শিক্ষকসকল কোন আছিল? এই কথা মোৰ মনত নাই। শ্ৰেণীৰ ভিতৰত সকলোৱে ঢাৰি-পাটী লৈ বহিছিল। দাদা আৰু মোক দুটা লগুৱাই লৈ গৈছিল। আমি দুয়ো বহিবৰ বাবে সিহঁতে সৰু সৰু ঢাৰি দুখনো লগতে লৈ গৈছিল। এই বিচিত্ৰ পঢ়াশালিৰ অৰ্ধনগ্ন আৰু একেবাৰে সম্পূৰ্ণ নগ্ন ছাত্ৰ-ছাত্ৰীৰ ভিৰৰ মাজত এই লগুৱা দুটাই আটাহ্ পাৰি উঠিছিল—"নুচুবি! নুচুবি! গুচ, হেলৈ গুচ, গহাইৰ বাপু আৰু মাইচানা আহিছি, নুচুবি! নুচুবি!" সত্ৰৰ এই স্কুলখনলৈ পিতাই বোধহয় আমাক এনেয়ে মাজে-সময়ে সত্ৰলৈ গ'লে পঠিয়াইছিল।

সৈনিক স্কুলৰ 'জুনিয়ৰ উইংছ'ৰ এই মূৰৰ কোঠাটোত পিতাৰ পঞ্চাশ-ষাঠি বছৰ আগৰ ডায়েৰী পঢ়ি, সেই সময়ৰ এক অনন্য পৰিৱেশৰ লগত মই মুখামুখি হৈছিলো।

পিতাই লিখিছিল—

"১, ১, ১৩

পুৱা সাত বজাত উঠি হাত-মুখ ধুই ফুৰি আহোঁ। তাৰ পাছত অমৰাৰ্থ চন্দ্ৰিকা আৰু কৌমুদী পঢ়ি মিতাৰ (?) লগত পাগ কৰিব যাওঁ। ১২ বজাত ভাত খাই উঠি কাগজ কিনি বহী বান্ধো! পাছত দেব আহোনাৰ লগত ফাঁসি বজাৰলৈ গৈ ৵১০ দি এখন আৰু ১৴০ দি আন এখন ধুতি কিনি আনো। আদি ।০ দি এক দিস্তা double fullscape কাগজ আনি কাৰ্জন হলৰ দপ্তুৰীক ডায়েৰী বহী কৰিবৰ নিমিত্তে এটা বহী বান্ধিব দি আহো।

৩-১-১৩ শনিবাৰ

আজি পুৱা উঠি নিত্ত নৈমিত্তিক কাম কৰি 'অমৰ কৌমুদী' পঢ়ি ঘৰলৈ দি পঠাবলৈ কাপোৰ কানি আনি বান্ধো। আজি আমাৰ অসমীয়া ল'ৰাবোৰে হেডমাষ্টাৰৰ

উপাধি প্ৰাপ্তি উপলক্ষে মেঘনাদ বধ অভিনয় কৰিব ঠিক কৰিলো। কিন্তু শেষত 'পাৰ্থ পৰাজয়'হে কৰাৰ ঠিক কৰিলো। মোক শ্ৰীকৃষ্ণৰ পাৰ্ট দিয়ে। মনে মনে লবৰো ইচ্ছা। নোৱাৰিম বুলি মনতো সন্দেহ।...

৫-১-১৩ ৰবিবাৰ

...অমৰ কৌমুদী পঢ়ো। পাছত মোৰ পাঠটো লিখি থওঁ। ভাটিবেলা কিছুমান পাঠ মুখস্থ কৰো। পাছত কাৰ্জন হলৰ পৰা উভতি আহি দেখো যে চব কথা 'উল্‌টি' আছে। পাৰ্থ পৰাজয়ৰ সলনি পুনৰায় মেঘনাদ বধ কৰাৰ ঠিক কৰে। মোৰ মূৰৰ পৰা এটা বোজা যায়। তথাপিও পাঠ লৈ বাহাদুৰি কৰাৰহে ইচ্ছা। ঈশ্বৰে যি কৰে ভালৰ নিমিত্তেহে কৰে। হে দয়াময় সদায়ে নিজৰ অৱস্থাত সন্তুষ্ট থাকিবলৈ শক্তিমান কৰা।...আজি খুৰাই প্ৰমোচন পোৱা খবৰ পাই বৰ আনন্দ লাগে। বোৰ্ডিঙত ল'ৰাহঁতক ২।।০ অনাৰ মিঠাই খুৱাওঁ।

১০-১-১৩

...গধূলি আতা হাতীয়েদি আহে। তেওঁ মিৰ্জাপুৰৰ পৰা আহে। কুঁহিয়াৰ আৰু কমলা টেঙা আনে।

১১-১-১৩

হাতী আহি পায়। আমাৰ পুখুৰীৰ পাৰত মৰা বাঘটোৰ ছালখন শিবোই দেখাব লৈ আহে। নাহৰফুটুকী, মজলিয়া ধৰণৰ বাঘ।...গধূলি ঘৰলৈ যাবলৈ জাহাজ ঘাটলৈ যাত্ৰা কৰো। আজি জাহাজ নাহে। খোজ কাঢ়ি ঘৰলৈ (গুৱাহাটীৰ পৰা আমৰাঙ্গালৈ) যোৱা মস্কিল।...

১০-৫-১৩

আজি পুৱা ৫।।বজা মানত ফুৰি আহি The Toad to Success পঢ়ি সকলোৰে লগত গল্প কৰিলো। আজি স্কুলত সকলোৱে গান গায়। স্কুল সজায়। আহিবৰ সময়ত হেড্ মাষ্টৰে উপদেশ দিয়ে। আৰু পঢ়ি আহিব কয়।...খেলি আহি দেখো যে আমাক নিবলৈ ঘৰৰ পৰা হাতী পঠিয়াই দিছে।...হাতীটোক বৰগছৰ ঠানি খাব দিওঁ আৰু পেহী আহোনাৰ তাৰ পৰা দুডালমান কল আনি দিওঁ।...ৰাতি এঘাৰ বজাত ঘৰ (আমৰাঙ্গা) বুলি যাওঁ। বাটতে হাতীটোৱে অলপ 'দাঁতি' কৰে খুব লাহে লাহে যায়। বাটত গাদী সোলকাওঁ। দুবাৰমান নামি বান্ধো। চহৰলৈ হাতী আনিলে তৰুণ ফুকনে অলপ বেয়া পাই বুলি আতাৰ মুখত শুনো।..."

...আমাৰ সত্ৰৰ ঘৰৰ হাতীটোৰ নাম ৰাজেন্দ্ৰ আছিল। লতাশিল স্কুলত পঢ়ি

থাকোঁতে কেতিয়াবা আমৰাঙ্গা সত্ৰৰ পৰা এই হাতী আমাৰ উজান বজাৰৰ ঘৰলৈ আহিছিল। হাতী চাবলৈ অহা ল'ৰা-ছোৱালীৰে ঘৰ ভৰি পৰিছিল।

শৈশৱত মই ৰাজেন্দ্ৰৰ দুটা ভোটা দাঁতহে দেখিছিলো। অথচ মানুহে কয় আতাই এনে এযোৰ দাঁত থকা হাতীৰ ওপৰত উঠি আহিছিল যাৰ কাহিনী শুনিলে সাধুকথাৰ দৰেহে ভাব হয়। এই হাতীৰ দাঁতযোৰত হেনো ঝুলনাৰ দৰে এখন পীৰা বন্ধা আছিল। এই পীৰাত বহি আতাই আমৰাঙ্গাৰ পৰা গুৱাহাটী চহৰলৈ আহিছিল। পিতাৰ দিন-পঞ্জীত মই কিন্তু এনে কোনো বৰ্ণনা পোৱা নাছিলো। এয়া আনৰ মুখত শুনা কথা। ৰাজেন্দ্ৰক গা-ধুৱাবলৈ নিলে কেতিয়াবা মই তাৰ পিঠিত উঠি জগলীয়ালৈ গৈছিলো। গা-ধুই উঠি আহোঁতে তাৰ পিঠিত লাগি ধৰা ডাঙৰ ডাঙৰ জোকবোৰ কাল্টু মাউতে টানি উলিয়াইছিল। মই বৰ কৌতূহলেৰে এই জোকবোৰ নিৰীক্ষণ কৰিছিলো।

ৰাজেন্দ্ৰক কেতিয়াবা নতুন হাতী ধৰাবলৈ কুন্‌কি কৰি গাৰো পাহাৰৰ অটব্য অৰণ্যলৈ পঠোৱা হৈছিল। ৰাণীত হাতীৰ মহল আছিল। নতুনকৈ ধৰা হাতীক কেনেদৰে শিক্ষা দিয়ে দেখুৱাবলৈ পিতাই আমাক ৰাণীলৈ লৈ গৈছিল। পাঁচ-ছয় বছৰ বয়সতে মই বনৰীয়া হাতীক কেনে এক পাশৱিক ক্ৰিয়াৰে ঘৰচীয়া কৰা হয় এই দৃশ্য চাইছিলো। মোৰ একেবাৰে ফট্‌ফটীয়াকৈ মনত আছে বনৰীয়া জুৰি এটাৰ দাঁতিৰ জাৰ্মান বনৰ জোপোহাৰ আঁৰত থিয় হৈ মই সেই দৃশ্য চাইছিলো।

কাঠৰ ৰেলিং দিয়া বাৰাণ্ডাত থিয় হৈ থাকোঁতে এদিন মই তেনেই ওচৰৰ পৰা ৰাজেন্দ্ৰৰ বিৰাট পেটটোৰ আশে-পাশে থকা কিছুমান ঠৰঙা ঠৰঙা নোম দেখা পাইছিলো। হাতীয়ে এই সৰু সৰু নোমবোৰ টানিলে যন্ত্ৰণা পাব নে বাৰু? যদি যন্ত্ৰণা পায় কেনে ধৰণৰ যন্ত্ৰণা হ'ব এয়া?

এডাল-দুডালকৈ মই তাৰ পেটৰ নোম টানিবলৈ ধৰিলো। কিন্তু ক্ষন্তেকলৈহে। এক প্ৰচণ্ড শব্দ কৰি সি কাঠৰ খুঁটাটোত খুন্দা মাৰি দিলে। ভূমিকম্পৰ দৰে মই এটা কঁপনি অনুভৱ কৰিলো। তাৰ পাছত সেই ঠাইৰ পৰা পলাই পত্ৰং দিলো।...নাদৰ পাৰৰ উৰিয়াম গছে ছাঁ দি থকা কোঠাত পিতা আৰু খুৰাই এদিন সাজ-পোছাক পিন্ধিছিল। [কাপোৰ-কানিৰ প্ৰতি পিতা আৰু খুৰাক কোনোদিনে মই সজাগ দেখা নাছিলো। তেওঁলোকৰ বোধহয় দুযোৰ মানহে কাপোৰ আছিল।] মৈধিপাৰাৰ কোনোবা মহাজনৰ ঘৰৰ বিয়ালৈ যাবলৈ তেওঁলোক সাজু হৈছিল। অনেক মানুহে লণ্ঠন জ্বলাই কোঠাটোত কোঢ়াল কৰি আছিল। পাছ চোতালত ৰাজেন্দ্ৰ থিয় হৈ আছিল। তাকো সজাইছিলনে? নাই নাই, এহ কথা মনত নাই। বৰ সৰু আছিলো। বয়স চাৰি-পাঁচ বছৰৰ নিশ্চয় বেছি নাছিল।

পিতাৰ মুখত শুনিছিলো সত্ৰখনৰ আধা মানুহ কানিৰ গ্ৰাসত লিপ্ত হৈ আছিল। পিতাহঁতৰ চেষ্টাত হেৰামদোত কানিয়াসকলৰ চিকিৎসা কেম্প সজা হৈছিল। হাতীৰ মাউত কাল্টু কানিয়া আছিল। সত্ৰত সি আমাৰ অত্যন্ত প্ৰিয় চৰিত্ৰ আছিল। কানি সেৱন কৰি থকা সময়ত মই কেতিয়াবা তাৰ ওচৰত উপস্থিত হৈছিলো। বৰ যত্নেৰে সি পাণ কিছুমান মিহি মিহিকৈ কাটি লৈ খোলাত ভাজিছিল। এই পাণৰ লগত কানিৰ বড়ি পেলাই দি সি শলা এডালেৰে বহু সময় ভাজিছিল। তাৰ পাছত এইবোৰৰ সৰু সৰু টিকিৰা কৰি মাটিৰ ধোঁৱা খোৱা এটাত লৈ হুঁপিছিল। কানি ভজা পাণৰ ধোঁৱা আৰু জুইৰ ধোঁৱাই এক অদ্ভুত দৃশ্যৰ সৃষ্টি কৰিছিল। মাজে মাজে হোঁপা মৰাৰ পাছত সি হাতেৰে কিবা এটা বস্তু খেপিয়াইছিল। কি খেপিয়াইছিল? নিগনিৰ দৰে পুৰি থোৱা সেয়া পেটা কচু আছিলনে? নে আন কিবা আছিল? কানি হোঁপাৰ পাছত অলপ সময় সি জলকা লগা মানুহৰ দৰে ইফালে-সিফালে চাইছিল। তাৰ পাছত পুৰি থোৱা সেই বস্তুটোত একামোৰ মাৰিছিল। তাৰ মুখলৈ মই বৰ হেঁপাহেৰে চাই আছিলো। কেতিয়াবাহে সি মোৰ মুখলৈ মূৰ তুলি চাইছিল। তাৰ পাছত অনুকম্পাত গদ গদ হৈ কৈছিল—"খাবি নেকি, মাইচানা?"

মই তাৰ সেই বিচিত্ৰ চিলিমত হোঁপা মাৰিছিলো। কাহি কাহি আধ্যা হোৱাৰ কথা মনত আছে...তেতিয়াহ'লে মই নিশ্চয় হোঁপা মাৰিছিলো?

অকল কাল্টুৱেই কানি খাইছিলনে? সেই সময়ত দক্ষিণ পাৰৰ হাতী মহলৰ প্ৰায় সকলোবোৰ কানিয়াই সম্ভৱ কানি খাইছিল। ১৯২৭ চনতে ৰেজিষ্টাৰভুক্ত কানিয়াৰ সংখ্যা হেনো আঠান্নবৈ হাজাৰ আছিল। ৰেজিষ্টাৰভুক্ত নোহোৱাৰ সীমা-সংখ্যা নাছিল। সত্ৰৰ কাষৰে গাৰো পাহাৰত চোৰাং কানিৰ দহৰম চলিছিল। কাল্টুৱে 'কুন্‌কি' চলাব পাৰে বুলিও শুনিছিলো। মেলা চিকাৰত যোৱা হাতী সম্বন্ধীয় পুৰণা চৰকাৰী কাগজ-পত্ৰবোৰৰ মাজত ডেপুটি কন্‌জাৰ্‌ভেটৰ অব্ ফৰেষ্টৰ উক্তি লাইচেন্সৰ লগতে কাগজ আছিল—'কুন্‌কিদাৰবিলাকে চেপ্টেম্বৰ মাহৰ পহিলা তাৰিখে সিহঁতৰ কুন্‌কিবিলাকৰ এখন লিষ্টি, বৰ্ণনা আৰু সিহঁতৰ মানুহবিলাকৰ নাম মোক দিব লাগিব। যদি কোনো কানিয়া মানুহ থাকে, সিহঁতক মাহে কিমান কানি লাগে তাক লিখিব লাগিব, আৰু কানিয়াবিলাকে সিহঁতৰ লগত গভৰ্ণমেণ্টৰ লাইচেন্স আনিব লাগিব। লাইচেন্স নহ'লে সিহঁতে কানি নেপাব।"

অকল এয়ে নে? আৰু অনেক বিচিত্ৰ কথা লেখা আছিল।

"গড়ৰ পাঁচ অনীয়া এটা অংশ যাৰ মহলত বা যাৰ হাতীয়েই বনৰীয়া হাতী ধৰক তাৰ বিচাৰ নকৰি অংশ অনুসৰি সকলো কুন্‌কিদাৰবিলাকৰ ভিতৰত ভাগ হ'ব।"

"যিবিলাক কুন্‌কি বেমাৰত পৰে সেইবিলাক পৰ্যবেক্ষণ কৰিবৰ কাৰণে মোৰ আগত হাজিৰ কৰিব লাগিব আৰু মই দেখিম যে কুন্‌কিৰ চিতটো কাটিব লাগিব নে পশু চিকিৎসকে চিকিৎসা কৰিব লাগিব।"

"ব্ৰহ্মপুত্ৰৰ দক্ষিণ পাৰত থকা কুন্‌কিদাৰবিলাকে সিহঁতৰ হাতীবিলাক সাতোৰাই পাৰ কৰোতে গোৱালপাৰাতহে সুবিধা হ'ব।"

"গভৰ্ণমেণ্টৰ পৰা অলপতে পলাই যোৱা হাতী জাহাঙ্গীৰ আৰু ৰত্নমালা যদি গড়ত পৰে, তেতিয়া হ'লে বিনা খৰচত গভৰ্ণমেণ্টলৈ যাব।"

* * * *

...হাতীত উঠি ওচৰে-পাঁজৰে থকা গাঁওবোৰতো কেতিয়াবা মই আৰু মোৰ দাদা ফুৰিবলৈ গৈছিলো। ৰাজেন্দ্ৰৰ কান্ধত খুৰ্পীয়ে কৰা ঘাৰ গোন্ধ এতিয়াও যেন মোৰ নাকত লাগে। ৰাণীৰ হাতীৰ মহলৰ ওচৰত নতুনকৈ ঘৰচীয়া হ'বলৈ শিকোৱা বনৰীয়া হাতীবোৰৰ শৰীৰৰ পৰা অহা এক নিষ্ঠুৰতাৰ গোন্ধ মই শৈশৱতে পাইছিলো।

...শুনা যায় সৈমান হ'ব নোখোজা বনৰীয়া হাতীক শিক্ষা দিয়াৰ সময়ত অসহনীয় যন্ত্ৰণা বহন কৰি কেতিয়াবা দুই-এটা হাতীয়ে দেহত্যাগ কৰিছিল। উত্তৰ কামৰূপৰ মহলবোৰৰ আশে-পাশে মাটি খান্দিলে নিশ্চয় এনেকৈ মৰা হাতীৰ অস্থিপুঞ্জ পোৱা যাব। অথচ সেই সময়তো মেলা চিকাৰ কৰিবলৈ দিয়া লাইচেন্সত স্পষ্টভাৱে লেখা আছিল—

"...nothing in this license shall be deemed to exempt you, if any, your servants, agents, and employees from the consequences, of breach of any law under Prevention of Cruelty to Animals Act 1890 (X of 1890). The wild Birds and Animals protection Act 1912 (VIII of 1912). The Assam Forest Regulation 1891 (VII of 1891) or any other law in force in the area under this license and this license may, at the description of the Deputy Commissioner be cancelled for breack of any of the above laws."

আমাৰ হাতী ৰাজেন্দ্ৰক বশ কৰা অৱশ্যে কষ্টসাধ্য আছিল। অলপ খঙাল প্ৰকৃতিৰ আছিল। এবাৰ সন্মুখেৰে যোৱা পোহাৰী কিছুমানৰ পিনে চোঁচা ল'ব খোজা দৃশ্য মই নিজেই দেখিছিলো।

* * * *

কি হৈছিল ৰাজেন্দ্ৰৰ শেষলৈ? এৰা, শেষলৈ ভয়ঙ্কৰ কাণ্ড ঘটিল। এদিন সি ভৰিৰ শিকলি ছিঙি উত্তৰ কামৰূপৰ কোনোবা এখন গাঁৱত সোমাই ধানৰ খেতি তচ্‌নচ্‌ কৰি পেলালে। গৰুৰ গাড়ীৰে সেইপিনে যোৱা খেতিয়ক এটাকো ভৰিৰে গচকি একেবাৰে নেফানেফ কৰি পেলালে। চাৰিওফালে আতঙ্কৰ ছায়া বিয়পি পৰিল। চৰকাৰৰ পৰা ইস্তাহাৰ আহিল। মদমত্ত হৈ মানুহ হত্যা কৰা হাতীক গুলীয়াই মাৰিবলৈ নিৰ্দেশ দিয়া হ'ল।

ৰাজেন্দ্ৰক গুলীয়াই মৰাৰ দিনাৰ কথা মোৰ বৰ ভালদৰে মনত আছে। সেইদিনা গুৱাহাটীৰ ছাত্ৰ-ছাত্ৰীসকলে কিবা এখন থিয়েটাৰ কৰিছিল। ময়ো এটা ভাও লৈছিলো। গধূলি ঘৰলৈ উভতি আহিছিলো। মোৰ মুখত ৰং, ওঁঠত ৰং আৰু চুলিত শুকাই যোৱা ফুলৰ মালা তেতিয়াও বন্ধা আছিল। আমাৰ চেনিকুঠিৰ ঘৰৰ ছিৰিৰ ওচৰত মোৰ পেহাৰ বৰপুত্ৰ—আমাৰ প্ৰিয় দাদা নিশিকান্ত গোস্বামী থিয় হৈ আছিল। মোক দেখি তেওঁ ক'লে—"তহঁতৰ হাতী ৰাজেন্দ্ৰক আজি দুপৰীয়া গুলীয়াই মাৰিলে।"

...থিয়েটাৰ কৰি অহা ৰংচঙীয়া সাজ-পোছাকেৰে পিতা আৰু খুৰা চন্দ্ৰকান্ত গোস্বামীৰ ওচৰত থিয় হ'ব পৰা নাছিলো। তেওঁলোক দুয়ো পিতাৰ শোৱনি কোঠাত বহি আছিল।

ৰাজাপুখুৰীৰ পুৰণা মাউত এটাই কৈছিল—"একেবাৰে শেষলৈকে পিতাৰে হাতীটো বচাবলৈ চেষ্টা কৰিছিল। মদমত্ত হোৱা হাতীক আমাৰ উত্তৰ পাৰৰ অনেক ফান্দীয়ে বশলৈ অনাৰ কথা পিতাৰে জানিছিল।"

মই বোধহয় কৈছিলো—"তেতিয়াহ'লে কিয় বচাব নোৱাৰিলে?"

ৰাইজ! এৰা ৰাইজ!! ৰাইজে একেবাৰে বেৰি ধৰিলে। ক'লে—হাতী যদি মাৰিব নিদিয়ে আপোনাৰ গাড়ী ভাঙি ছাৰখাৰ কৰি পেলাম। কিছুমানে শিল দলিয়াবলৈ হেনো আৰম্ভই কৰি দিলে।

(সেই সময়ত পিতাৰ এখন সুন্দৰ প্লাইমাউথ গাড়ী আছিল। যুদ্ধৰ সময়তো পিতাৰ পুৰণা মডেলৰ ফৰ্ড এখন আছিল। বাৰিষা গাঁৱলৈ গ'লে সেইখনক আধা ৰাস্তা ৰাজেন্দ্ৰই টানি নিছিল।)

ৰাইজৰ ভয় স্বাভাৱিক আছিল। মদমত্ত হৈ পৰা হাতীয়ে ইতিমধ্যে এটা মানুহ মাৰি খেতি-পথাৰ তচনচ কৰি ফুৰিছে আৰু এশটা মানুহ মৰাত কিমান সময়?

বহুদিনলৈকে মৰা হাতীটোৰ এটা দাঁত মায়ে আনি মোৰ বিছনাৰ তলত থৈ দিছিল।

*　*　*　*

সৈনিক স্কুলৰ হোষ্টেলৰ বিছনাত পৰি পৰি অতীতৰ ৰহস্যময় গভীৰ গহ্বৰলৈ যেন কুৰুকি কুৰুকি সোমাই গৈছিলো। সময়ে সময়ে যেন মৃতকসকলৰ সাম্ৰাজ্যলৈ আগুৱাইহে গৈছিলো। তাম বৰণীয়া, ৰহস্যময় অতীতৰ বুকুত মৃতকসকলৰ লগত যেন ঘূৰা-ফিৰা কৰিছিলো।

পিতাৰ ডায়েৰী পঢ়িছিলো আৰু তেওঁৰ লগত দক্ষিণ কামৰূপৰ সত্ৰৰ বাটে-ঘাটে যেন ঘূৰি ফুৰিছিলো। ধূলি লগা চুলি, চুটি ফ্ৰক। বোকাত লাগি ধৰা পুৰণা ফ'ৰ্ড গাড়ীক হাতী ৰাজেন্দ্ৰই টানি নিছিল। এৰা তেতিয়া মোৰ এই প্ৰিয় চৰিত্ৰবোৰ জীয়াই আছিল।

আতাৰ শ্ৰাদ্ধ আৰু সভা হৈছিল। খুৰাই খটিয়ামাৰি, ৰাজাপুখুৰী, ঝাৰোবাৰী, পলাশবাৰী ইত্যাদিত থকা 'ভাগী'সকলক এই উৎসৱত চামিল হ'বৰ বাবে মতাই আনিছিল। ঘৰৰ কোঠা, আগচোতাল, পাছচোতাল সকলোতে মানুহে গিজ্‌গিজাইছিল। পাতল চেহেৰাৰ অহৰহ তামোল মুখত লৈ থকা চিৰপ্ৰফুল্লিত কবিৰাজ বাবুৱে 'কাজ'ৰ ভোজৰ তদাৰক কৰিছিল। কবিৰাজ বাবু বৰিহাটৰ মানুহ। আমাৰ পৰিয়ালৰ সদস্যৰ দৰেই আছিল। তেওঁ ৰসিক ব্যক্তি আছিল। উৎসৱত কাম কৰা ৰান্ধনি বামুণৰ পৰা আৰম্ভ কৰি লগুৱাহঁতলৈ সকলোকে তেওঁ আনন্দত ৰাখিবলৈ চেষ্টা কৰিছিল। মানুহ, মানুহ, চাৰিওফালে অসংখ্য মানুহ। 'খৰম থোৱা কোঠা'ত দৈৰ কাটাৰ গোন্ধ, কলহে কলহে আনি থোৱা জুলীয়া মিঠৈৰ গোন্ধ চৌদিশে মল্‌মলাই আছিল।

...তুলসীৰ ঢাপৰ ওচৰত শ্ৰাদ্ধৰ যা-যোগাৰ কৰা ভাগৱতীপাৰাৰ পুৰোহিতসকলৰ ওচৰতো মই থিয় হৈছিলো। সূৰ্য পুৰোহিত পাতল শৰীৰৰ ওখ মানুহ আছিল। পাতল চুলিৰ মাজত এডাল টিকনিও আছিল। টিকনিত ঘণ্টাকৰ্ণ ফুল এটা মাজে-সময়ে গাঁথি থৈছিল। দোনা, চাউল, ফুল-তুলসীৰ ওচৰত থিয় হ'লেই তেওঁ আটাহ্ পাৰি উঠিছিল— "মাইচানা গাও পাও ধুই আহিছানে? ভৰিত সেইমখা দেখো পেক্!"

সেই ঠাইৰ পৰা আঁতৰি বাৰীৰ পাছৰ ৰবাব টেঙাজোপাৰ তলত ভিৰ পতা মানুহবোৰৰ ওচৰলৈ গৈছিলো। সিহঁতে পাঠা মাৰিবলৈ গাঁত খান্দিছিল। তিনি চাৰিটা মানুহে ধৰি এই গাঁতৰ ভিতৰত পাঠাৰ মূৰটো সুমুৱাই দিছিল। তাৰ পাছত মাটি জাপি মূৰটো একেবাৰেই পুতি পেলাইছিল। এই দৃশ্য মাহঁতে ল'ৰা-ছোৱালীবোৰক চাবলৈ নিদিছিল। তথাপি মই এটা সময়ত ৰবাব টেঙাৰ তলত উপস্থিত হৈছিলো।

বিস্ময়ত অভিভূত হৈ সেই মাৰাত্মক যন্ত্ৰণাৰ দৃশ্য চাইছিলো। হৃদয়ৰ মাজত এই যন্ত্ৰণাৰ ছবি শিলৰ ৰেখাৰ দৰে অঙ্কিত হৈ ৰৈছিল।

...তিনি-চাৰিটা ৰান্ধনি বামুণে ভোজ ৰান্ধিছিল। সিহঁতৰ পিঠিৰে ঘামৰ জোল

বৈছিল। মাটি খান্দি কলৰ চটিয়া বান্ধি দি কৰা সেই প্ৰকাণ্ড প্ৰকাণ্ড ভাতৰ খোৰোংবোৰ ভৰপূৰ হৈ পৰিছিল...খৰিকাজাঁই ফুলৰ দৰে আছিল এই ভাতৰ ৰং।

দুপৰীয়া এটা সময়ত পিতাহঁতে জগলীয়াত পিণ্ড দিবলৈ গৈছিল। খুৰা আৰু পিতাৰ মূৰৰ ওপৰত চাটিনৰ কাপোৰৰ প্ৰকাণ্ড ছাতিটো কোনোবা এটা 'বান্ধা'ই মেলি ধৰিছিল। সত্ৰৰ তিৰোতাবোৰেও গীত গাই গাই পিছে পিছে গৈছিল, গোসাঁইৰ তিৰোতাসকলো গৈছিল। চাৰিটামান 'বান্ধা'ই এখন প্ৰকাণ্ড কাপোৰ চক্ৰাকাৰ কৰি টানি ধৰিছিল। ওখ তিৰোতাবোৰৰ মূৰবোৰ এই কাপোৰে ঢাকি ৰাখিব নোৱাৰিছিল। বৰ বিচিত্ৰ ভঙ্গীৰে খোজ কাঢ়ি কাপোৰৰ বেহুৰ মাজৰ গোসাঁই ব্ৰাহ্মণৰ তিৰোতাবোৰ আগুৱাই গৈছিল। পিছে পিছে কাউৰীয়া বুঢ়াই কালি বজাই আগুৱাই গৈছিল। তাৰ উদং গা। কান্ধত নতুন 'মুকচা'।

...গধূলি পিতা আৰু খুৰা বাৰাণ্ডাত বহিছিল। দুয়োৰো সন্মুখত দুখন ডাঙৰ ঠগী। শিষ্যসকলে তেওঁলোকৰ ভৰি চুই আঁতৰি গৈছিল। যাবৰ সময়ত তেওঁলোকে সাধ্য অনুসাৰে যেয়ে যি পাৰে ৰাখি থৈ গৈছিল। এটা সময়ত তেওঁলোকৰ সন্মুখত বটা ভঙা পইচাৰে ভৰি পৰিছিল। মাজে-সময়ে চিলনিয়ে থাপ মাৰি নিয়াৰ দৰে আহি বটাৰ ভঙা পইচা মুঠি মাৰি লৈ মই সেই ঠাইৰ পৰা আঁতৰি গৈছিলো। ৰাতিপুৱা ৰবাব টেঙাৰ তলত উপস্থিত হৈছিলো। আগদিনা মৰা পাঠাৰ ছালখন কোনোবাই তাত শুকুৱাবলৈ ওলোমাই থৈছিল। তামোলৰ ঢকুৱাৰ দৰে বৰণ লোৱা ছালখনত তেতিয়াও তেজৰ ছিটিকনি লাগি আছিল। ছালখন বতাহত দুলিছিল। ৰবাব টেঙাজোপাৰ তললৈ হাওলি অহা ঠানি এটাত মাজে মাজে বাজি মৃদু শব্দ কৰিছিল।

* * * *

খুৰাৰ লগত চাইকেলত উঠি বৰিহাটলৈ গৈছিলো। উভতি আহোঁতে আলিকেঁকুৰি মূৰত গাঁৱৰ পৰা বিতাড়িত কুষ্ঠৰোগী এটাক লগ পাইছিলো। শতচ্ছিন্ন কাপোৰ এদ'মৰ মাজত জৰ্জৰিত অৱস্থাত সি পৰি আছিল। মোৰ বাবে এই দৃশ্য বৰ বিস্ময়কৰ আছিল। মানুহে মানুহক এনেদৰে ব্যৱহাৰ কৰে? গছৰ তললৈ আঁতৰাই পঠিয়ায়? বেমাৰ হোৱা বাবে? মাত্ৰ বেমাৰ হোৱা বাবে? অসহায় হোৱা বাবে!...

কি প্ৰশ্ন কৰিছিলো মই খুৰাক? নাই নাই, একো মনত নাই। তেনেই কম বয়স আছিল।

* * * *

ক'ত আছে সিহঁত? যশোদা, জয়ন্তী, দেহ, সতৰী! জীৱন যুদ্ধই শৰীৰৰ কাপোৰ-কানি পৰ্যন্ত আঁজুৰি সৰ্বহাৰা কৰা সতৰীক মাজে-সময়ে মই লগ পাওঁ। তাই কয়—"আজিকালি ভিক্ষা কৰি খাওঁ! 'ফিছাৰি'ৰ বিষয়া এটাই কেনেকৈ বুকুত কামোৰ মাৰি খালে জানানে? মোৰ মানুহটো মৰাৰ পাছত মাটি-বাৰীসোপাও শগুণহঁতে লণ্ডভণ্ড কৰি খালে!" ফাটি ছিৰাছিৰ হোৱা ভৰি এখন তাই মোৰ চকুৰ আগত মেলি ধৰিছিল। এইখন মানুহৰ ভৰিনে?

আৰু যশোদা? কোনোবাই কৈছিল তাইৰ গিৰিয়েক যক্ষ্মা হৈ মৰিল। বেমাৰী পাটীত পৰি থকা এই মানুহজনক মই লগ ধৰিব পাৰিছিলোনে? আতাৰ দিনত অনেক বান্দী-বেটী আছিল। (পিছলৈ 'উঁয়ে খোৱা হাওদা' নামৰ উপন্যাসখন লেখাৰ সময়ত পিতাৰ আতাকৰ উইল এখনৰ কপি এটা মোৰ হাতত পৰিছিল। এই উইলত—(Admissible under the act XVI of 1903, exempted from stamp duty under Government of India's notification No.707 dated 24 January 1870) সা-সম্পত্তি ইত্যাদিৰ মূল্যৰ কথাও লেখা আছিল। যেনে পিতলৰ দৰ্জা এক যোৰাৰ দাম কুৰি টকা, হাতীত লৈ ফুৰোৱাৰ বৰঘণ্টা চাৰিটাৰ দাম পঞ্চাশ টকা, ৰূপৰ দহৰ চাৰিটাৰ দাম বাৰ টকা আৰু জানেকী, মহিমাকে ধৰি প্ৰত্যেকজনী বান্দীৰ বাৰ টকা দহ অনা হিচাপে ধৰা হৈছিল।

আমাৰ পূৰ্বপুৰুষসকলৰ দৰে আৰু এক গোসাঁই পৰিয়ালত এনে ধৰণৰ চাৰি কুৰিৰ ডেওনা পাৰ কৰা এক বুঢ়ী বান্দীক ঘৰৰ এচুকত বেমাৰী শগুণৰ দৰে পৰি থকা দেখিছিলো। কোনোবাই মন গ'লে তাইক কলৰ পাৰলৈ নি গা-ধুৱাই দিছিল।

* * * *

ধৰ্মগ্ৰন্থ পঢ়া নাছিলো। কোনো ধৰ্ম নায়কৰ ছবিও মোৰ কোঠাৰ প্ৰাচীৰত নাছিল।...পিতাৰ পুৰণি ডায়েৰী পঢ়িছিলো আৰু অতীতৰ ধূলিৰে ধূসৰিত চোতালেৰে যেন অহা-যোৱা কৰিছিলো। অহৰহ।

যাত্ৰা পাৰ্টিৰ ৰজাই অভিনয় কৰি গুচি যায়। আন্ধাৰে পোহৰে উঠি আগ চোতালত সিহঁতৰ সাজ-পোছাকৰ পৰা খহি পৰা মণি বিচৰা সেইবোৰ দিন? এৰা সেই চোতাল, য'ত আতাই নিজ হাতেৰে বাহকাৰ ঠানি খাৰ বাৰুদেৰে পূৰাই কৰা আতচবাজিৰ শব্দত সত্ৰৰ অন্ধকাৰ ৰাতিৰ নীৰৱতা এদিন ভঙ্গ হৈছিল। সেই চোতাল, য'ত যাঠিৰে খুঁচি অনা জালপেহীয়া সাপ চাবলৈ ৰাইজ ভৰি পৰিছিল। সেই চোতাল, য'ৰ এচুকত জুই পুঁৱাই বহি থাকোঁতে বিধৱা পেহীগৰাকীৰ কাপোৰ চুই কুকুৰনেচীয়া বাঘ পাৰ হৈ

গৈছিল। সেই চোতাল, য'ত 'গোলোকধাম' লৈ টনা-আঁজোৰা কৰোঁতে...

...হয় হয়, পিতাৰ ডায়েৰী পঢ়ি মই এই চোতালখনত ঘূৰি ফুৰিছিলো। শৈশৱৰ পৰা এখোজ আঁতৰ হ'ব খোজা নাছিলো।

কিয় এনে হৈছিল। যি সময়ত ধৰ্মগ্ৰন্থ পঢ়ি মনত সান্ত্বনা লোৱাৰ সময় আছিল সেই সময়ত পিতাৰ ডায়েৰী পঢ়িছিলো। মাধুৰ মৃত্যুৰ শোক পাহৰিবলৈ অতীতৰ সেই পুৰণা চোতালত যেন অহা-যোৱা কৰিছিলো।

* * * *

ইতিমধ্যে কেইবাটাও মাহ বাগৰি গৈছিল। কিবা কাৰণে গোৱালপাৰাৰ সৈনিক স্কুলৰ অধ্যক্ষ কৰ্ণেল চাহানী গোৱালপাৰা স্থানীয় মানুহবোৰৰ অপ্ৰিয়ভাজন হৈ পৰিছিল। স্কুলৰ প্ৰাচীৰসমূহ এইগৰাকী মানুহৰ কুৎসা ৰটনাৰে ভৰি পৰিছিল।

শেষত তেওঁ এদিন গোৱালপাৰা এৰি যাবলৈ সাজু হৈছিল। কৰ্মযোগী যেন লগা চৰিত্ৰৱান এইগৰাকী লোকক এনেদৰে হেৰুৱাব লগীয়া হোৱা বাবে মই এক প্ৰকাৰ কষ্টই অনুভৱ কৰিছিলো। গোৱালপাৰাৰ এই সৈনিক স্কুলখন প্ৰথম স্থাপন কৰাৰ ক্ষেত্ৰত এইগৰাকী লোকৰ কিমানখিনি বৰঙণি আছিল মই বৰ ভালদৰে বুজি পাইছিলো। এনে এজন মানুহ একেবাৰে যোৱাৰ পাছতহে মানুহে তেওঁৰ প্ৰকৃত গুণৰ কথা জানিব পাৰিছিল। শেষলৈ তেওঁৰ শত্ৰুৱেও তেওঁক প্ৰশংসা কৰাৰ কাহিনী মই শুনিছিলো।

প্ৰশংসা আৰু সমবেদনাই যেন হাত ধৰাধৰিকৈ থাকে।

* * * *

মাধুৰ মৃত্যুৰ পাছত যি সময়ত অতীতৰ সেই চোতালখনত এদল মৃত মানুহৰ লগত অহৰহ বিচৰণ কৰি ফুৰিছিলো ঠিক এই সময়তে সৈনিক স্কুলৰ অধ্যক্ষৰ পদ শোভিত কৰিবলৈ নৌ বিভাগৰ পৰা এগৰাকী নতুন বিষয়া আহি উপস্থিত হয়। এইগৰাকী মানুহৰ কিছুমান অদ্ভুত গুণ আছিল। অকল ছাত্ৰসকলেই নহয় নিম্ন স্তৰৰ কৰ্মচাৰীসকলৰ সুখ-সুবিধাৰ প্ৰতিও তেওঁ অহৰহ চকু দিছিল। ভাৰতৰ আদিবাসী কিছুমানৰ লগত থাকি আহি তেওঁলোকৰ বিষয়ে গ্ৰন্থ লেখিছিল। এই ব্যক্তিগৰাকীক মই এদিন একেবাৰেই নিঃকিন বৃদ্ধ কৰ্মচাৰী এগৰাকীৰ জুপুৰিৰ পৰা ওলাই অহা দেখিলো। পিছত জানিব পাৰিছিলো কৰ্মচাৰীগৰাকী অসুস্থ আছিল। সেয়ে ব্যক্তিগতভাৱে তেওঁ খবৰ কৰিবলৈ গৈছিল।

* * * *

যি সময়ত মূৰৰ ওপৰত আকাশলৈ মূৰ তুলি চাব নোৱাৰিছিলো, সেই সময়ত স্কুলৰ কামত সম্পূৰ্ণৰূপে গা-ঢালি দিয়া সম্ভৱ নাছিল।

পুৱা শুই উঠি অনুভৱ কৰা কঠোৰ নৈৰাশ্যত এনে ধৰণে মন ভাগি পৰিছিল যে মাধুক লগ পোৱাৰ পাছত মনৰ পৰা সম্পূৰ্ণৰূপে আঁতৰি যোৱা আত্মহত্যাৰ ইচ্ছাই আকৌ মনৰ গোপন কক্ষত ফেঁটী সাপৰ দৰে যেন ফণা তুলি উঠিল।

মাধুৰ মৃত্যুৰ পাছত এয়া সঁচাকৈয়ে জীয়াই থাকিব পাৰিমনে?

আবেলি প্ৰায়ে মই ৰিক্সা এখনত উঠি বজাৰলৈ গৈছিলো। বিহৰ দৰে কাম কৰা গাৰ্ডিনেলৰ বড়িবোৰ বৰ আটোম-টোকাৰিকৈ মই গোটাই থৈছিলো। যাতে একেলগে এইবোৰ বড়ি খাই এই জীৱন শেষ কৰিব পাৰো।

ৰিক্সাত উঠি বজাৰলৈ যোৱা আৰু এই গাৰ্ডিনেলৰ বড়িবোৰ জমা কৰা এয়ে হৈছিল মোৰ কাম। যি ভেনিটি বেগত মাধু জীয়াই থকা সময়ত লিপষ্টিক, ৰুমাল আৰু আতৰৰ বটল আছিল সেই ভেনিটি বেগত লাহে লাহে এই নিদ্ৰাৰ ভয়ানক বড়িবোৰ এটা-দুটাকৈ গোট খালে। এই নিদ্ৰাৰ বড়িবোৰৰ তলত অৱশ্যে মোৰ সৰু নোটবহীখন একে ভাঁজে আছিল। এই নোটবহীত মই অনেক কথা টুকি ৰাখিছিলো। গোটেই জীৱন মই নোটবহী কঢ়িয়াই লৈ ফুৰিছিলো, আৰু যেতিয়াই সুযোগ পাইছিলো তেতিয়াই নতুন নতুন অভিজ্ঞতাৰ কথা এই নোটবুকত টুকি ৰাখিছিলো। দুই-এটা শাৰীৰে কথাবোৰ এনে ধৰণে টুকি ৰাখিছিলো যাতে মোৰ বাহিৰে এই কথা আৰু কোনেও বুজি নাপায়। এৰা, যি সময়ত মূৰৰ আকাশখন ভালদৰে চাব নোৱাৰিছিলো, যি সময়ত পিতাৰ পুৰণা ফ'ৰ্ডে উৰোৱা ধূলিৰ স্মৃতিয়ে সন্মুখৰ জীৱনৰ আলিৰ নাম-নিচান পৰ্যন্ত ধূসৰিত কৰি ফুৰিছিল সেই সময়তো এই নোটবুকত কথা টুকি ৰাখিবলৈ নেপাহৰিছিলো।

* * * *

...এবাৰ 'ছিনিয়ৰ উইংছ'ৰ পৰা 'জুনিয়ৰ উইংছ'লৈ অহা পথছোৱাত মই ইংৰাজী অধ্যাপক সিঙৰ লগত আহিছিলো। শালগছ, বনচোন, আৰু জাৰ্মান বনৰ বাহিৰে একেবাৰে ঘন জংঘলৰ দৰে আছিল এইছোৱা পথ। বনৰীয়া ফুলৰ সুবাসেৰে এই পথ সকলো সময়তে মলমলাই আছিল। এবিধ দীঘল বিষাক্ত চেলা জাতীয় কীটে আলিৰ মাজত ঘূৰা-ফিৰা কৰি ফুৰিছিল। তদুপৰি এই খণ্ড নানা ধৰণৰ সাপৰ স্বৰ্গৰাজ্যও আছিল।

আলিটোৰ বুকুৰে অধ্যাপক সিঙৰ লগত মই আগুৱাই গৈছিলো।

হঠাৎ হাত এখন আগুৱাই দি অধ্যাপক সিঙে ক'লে—"মানুহে মাথোঁ কবৰ খান্দি জীয়াই নেথাকে। তুমি কিয় এক নতুন জীৱন আৰম্ভ কৰিব নোৱাৰিবা!"

মই তেওঁৰ প্ৰাণৰ কথা বুজি পাইছিলো। কিন্তু তেওঁক স্পষ্ট উত্তৰ দিব নোৱাৰিছিলো।

তেওঁৰ এক অতীত আছিল। সেই বাবেইনে?

কিন্তু সকলো বিপদসঙ্কুল পথ অতিক্ৰম কৰি তেওঁ মোক এক নতুন জীৱন দিবলৈ সাজু হৈছিল।

মাধুৰ মৃত্যুৰ পাছত প্ৰথমবাৰৰ বাবে মই তেনে এক নিঃসঙ্গ পথত এক অন্য পুৰুষৰ লগত খোজ কাঢ়ি আহিছিলো। এই নিঃসঙ্গ অন্ধকাৰময় পথত অতি সহজেই তেওঁ মোক আলিঙ্গন কৰিব পাৰিলেহেঁতেন, নাইবা ময়ো হয়তো সেই তৰুণ বয়সত শেষ হৈ যোৱা সুস্থ বৈৱাহিক জীৱনৰ দুখ আৰু গ্লানিৰ জুইত ব্যভিচাৰ কৰিব পাৰিলোহেঁতেন।

হয় হয়, এই শাল, বনচোম আৰু জাৰ্মান বনে ৰহস্যময় কৰি ৰখা নিঃসঙ্গ পথছোৱাত যিকোনো ব্যভিচাৰেই সম্ভৱ হ'লহেঁতেন। কাৰণ সেই সময়ত কামনা-বাসনা যে মই জয় কৰিছিলো এই কথাও সত্য নহয়। দেহৰ ভিতৰত এইবোৰ জীয়াই আছিল।

সেইদিনা সিং চাহাবৰ পিনে মই হাত আগ বঢ়াই দিয়া নাছিলো। সিং চাহাবেও আৰু দ্বিতীয় প্ৰশ্ন কৰিবলৈ সাহ কৰিব নোৱাৰিলে।

'জুনিয়ৰ উইংছ'ৰ এই পূবফালে থকা সৰু কোঠাটোলৈ উভতি আহি মই মুখ হাত ধুইছিলো। বিছনাৰ মূৰ শিতানত থকা খিৰিকি খুলি আকাশত মই অজস্ৰ তৰা দেখা পাইছিলো। কিন্তু ক্ষন্তেকলৈহে। আকাশ যেন হৰিণা পহুৰ ছাল হৈ পৰিল আৰু সেই তৰাবোৰ? এয়া যেন যাঠিৰ খোঁচ! তৰা নহয় এইবোৰ হৰিণা পহুৰ ছালত যাঠিৰ খোঁচ। মোৰ এক অন্য দেহ যেন সেইদিনা শালনিৰ মাজৰ এক নিঃসঙ্গ আলিত এৰি থৈ আহিছিলো।

মূৰৰ ওপৰৰ আকাশ চাব নোৱৰা অৱস্থা কেতিয়াবা কাৰোবাৰ হৈছেনে?

ভেনিটি বেগত গোট খোৱা নিদ্ৰাৰ বড়িবোৰ মই এটা-দুটাকৈ হিচাপ কৰিছিলো—আহ্ কেনে অদ্ভুত দিন আছিল সেইবোৰ! যি সময়ত মূৰৰ ওপৰৰ আকাশখনলৈ মূৰ তুলি চাব নোৱাৰিছিলো...পিছলৈও পাৰিছিলোনে?

বহু বছৰ পাছত?

অকল ভাৰতবৰ্ষত কিয় ? ভাৰতৰ বাহিৰত ? দক্ষিণ-পূব এছিয়াৰ দেশসমূহত...

পেনাঙ্গৰ সৰ্প মন্দিৰৰ ওচৰত ওলমি থকা গভীৰ নীলা আকাশখন চাব পাৰিছিলোনে ?

হংকঙৰ সেই প্ৰখ্যাত চীনা বজাৰৰ ওপৰত চন্দ্ৰতাপৰ দৰে ওলমি থকা আকাশ চাব পাৰিছিলোনে ?

ছিঙ্গাপুৰৰ বৃহত্তম পোতাশ্ৰয়ৰ আশে-পাশে ভ্ৰমণ কৰাৰ সময়ত আৰু এসময়ত জলদস্যুৱে মৰা মানুহৰ লাওখোলা প্ৰদৰ্শন কৰি থোৱা বিচিত্ৰ দ্বীপ ছেনটচাৰ ওপৰত দেখা সদ্যজাত সন্তানৰ চকুৰ নীলাভ ৰঙৰ দৰে লগা সেই কোমল আকাশ চাব পাৰিছিলোনে ?

সুমিদা নদীত মুখ চাই চুলি বন্ধা সুন্দৰী গাইছাৰ ধ্বংসপ্ৰাপ্ত স্মৃতি বহন কৰা টকিঅ'ৰ মাটচুবায়া 'গাইছা হাউছ'ত থিয় হৈ মেপ্‌ল্ গছৰ শাখা-প্ৰশাখাৰে লুকা-ভাকু খেলা সেই আকাশ চাব পাৰিছিলোনে ?

থেম্‌ছ্ নদীৰ পাৰৰ ৱাটাৰ্‌লু ব্ৰীজৰ পৰা মই ধোঁৱাৰে ধূসৰিত আকাশ চাব পাৰিছিলোনে ?

ফ্লৰিন্সৰ ৰহস্যময় আকাশ ? ৰোমৰ বিচিত্ৰ আকাশ ?...নাই নাই অকল ভাৰততে নহয় বিদেশলৈ যোৱাৰ সময়তো মনৰ অৱস্থা একেই আছিল।

অহৰহ হৃদয়ত এক সংজ্ঞাহীন বোজা কঢ়িয়াই এনে এক অৱস্থা হৈছিল যে বহু বছৰ পাছতো কিবা এক আনন্দৰ খবৰ আহিলেও মই হৃদয় ভৰা আনন্দেৰে সেই খবৰ গ্ৰহণ কৰিব নোৱাৰিছিলো।

* * * *

'জুনিয়ৰ উইংছ'ৰ পূব দিশৰ সেই অকণমানি কোঠাটোত বহি মই কিছুমান চুটিগল্পও লেখিছিলো। সেইবোৰ গল্পৰ সাহিত্যিক মূল্য হয়তো বৰ বেছি নাছিল। অসমীয়া ভাষাত সেইবোৰ প্ৰকাশ হোৱাৰ পাছত সেইবোৰৰ এটা ৰেকৰ্ড ৰাখি থোৱাৰ জোখাৰে মোৰ উৎসাহ পৰ্যন্ত নাছিল।

[দিল্লীলৈ অহাৰ পাছত মই অৱশ্যে আকৌ চুটিগল্প লেখিবলৈ আৰম্ভ কৰিছিলো। মোৰ দুটা গল্প ইংৰাজী ভাষালৈ অনুবাদ হোৱাৰ পাছত ভাৰতৰ বিভিন্ন ভাষাৰ কিছুমান মুৰব্বী লেখকে লেখা চিঠি কিছুমানে মোক কিছু সজাগ কৰি দিছিল। উদাহৰণ স্বৰূপে গুজৰাটৰ প্ৰখ্যাত লেখক গোলাব দাস ব্ৰোকাৰে 'Indian Literature'-অত প্ৰকাশ হোৱা 'Offspring' নামৰ গল্পটো পঢ়ি ব'ম্বেৰ পৰা লেখিছিল—

23 May, 1986 : "I have gone through the story–'The Offspring' very carefully, and I have felt the power compressed in it. The last part is devastating in its effect. It is a story one cannot forget for years. You are a bold woman and a bold writer."

পাঞ্জাবৰ প্ৰখ্যাত লেখক ডক্টৰ হৰভজন সিঙে লেখিছিল—

18.4.86 : "It is an eminently readable narrative with profusion of lovely images weaved in. I have enjoyed both the story and the poetry. You have a sensitive mind and a competent pen... You will contribute handsomely to Indian literature."

ভাৰতৰ বিখ্যাত সংস্কৃত পণ্ডিত ডক্টৰ কমলা ৰত্নমৰ চিঠিয়ে অভিভূত কৰিছিল। তেওঁৰ লেখা যথেষ্ট দীঘলীয়া আছিল।

ভাৰতৰ প্ৰখ্যাত লেখিকা অমৃতা প্ৰীতমে মোৰ শেহতীয়া গ্ৰন্থ 'Shadow of the Dark God and the Sin' ১৯৮৬ চনত তেওঁ পঢ়া এখন শ্ৰেষ্ঠ কিতাপ বুলি প্ৰকাশ কৰিছিল। (Gentleman; December, 1986)

...জীৱন আৰু নিজৰ লেখাৰ বিষয়ে কটু সমালোচনা শুনাত অভ্যস্ত মই মানুহজনীয়ে এনেবোৰ কথা শুনি কিছু অভিভূত হৈছিলো।]

* * * *

শিখ অধ্যাপকগৰাকীয়ে 'জুনিয়ৰ উইংছ'ত ইংৰাজী পঢ়ুৱাইছিল। মোৰ প্ৰতি অনুকম্পাৰ শেষ নাছিল। এদিন মই ধেমালি কৰি সুধিছিলো—"মোৰ প্ৰতি তোমাৰ ইমান আগ্ৰহ! মোৰ বাবে তুমি তোমাৰ ধৰ্মও ত্যাগ কৰিব পাৰিবানে?"

বহুত সময় তলমূৰ কৰি সি সন্মুখৰ কাঠৰ চকী এখনত বহি আছিল। মোৰ চকুলৈ মূৰ তুলি নোচোৱাকৈয়ে কৈছিল—"আমি ধৰ্মক সকলোতকৈ উচ্চত স্থান দিওঁ।"

১৯৬৯ চনত মই বৃন্দাবনলৈ যোৱাৰ পাছত পাঞ্জাবৰ কপূৰথলাৰ পৰা বাট কুৰি বাই আহি বৃন্দাবনৰ গোপীনাথ বজাৰৰ দশৰথ আখাৰাৰ কাষত থকা আমাৰ মন্দিৰত সি উপস্থিত হৈছিল। ক'ব নোৱাৰো কি কাৰণে মন্দিৰৰ তলৰ অন্ধকাৰ পুৰণা খুপৰিটোত মোক দেখি তাৰ দুয়ো নয়ন ভৰি আহিছিল। এই ওখ মজবুত মানুহটোৰ পাতল পৰিষ্কাৰ চাৰ্ট ঘামেৰে তিতি গৈছিল।

সি হয়তো মোক কপূৰথলালৈ নিব আহিছিল। কি উত্তৰ দিছিলো মই? হয় হয়, মন্দিৰৰ এই খুপৰিটো ইমান সৰু আছিল যে মই তাক ভিতৰলৈ মাতি আনি বহুৱাবলৈও

সঙ্কোচ কৰিছিলো। তদুপৰি মোৰ গুৰুস্বৰূপ অধ্যাপক লেখাৰুদেৱে মন্দিৰৰ ওপৰৰ কোঠাৰ কাঠৰ দুৱাৰ খুলি তললৈ ভুমুকিয়াই চাইছিল। এক ধৰণৰ সঙ্কোচৰ ভাবে মোক একেবাৰেই বিব্ৰত কৰি তুলিছিল। কিয় আহিল সি মোক বিচাৰি?

...বহিবলৈ দিয়া দূৰৈৰ কথা, সেইদিনা মন্দিৰৰ দুৱাৰ মুখৰ পৰা তাক ওভতাই পঠিয়াইছিলো। ৰামায়ণৰ সেই পুৰণা ভুজপত্ৰ আৰু সাঁচিপাতবোৰৰ মাজত নিজকে হেৰুৱাই পেলাবলৈ এক প্ৰকাৰ সাধনাতেই যেন ব্ৰতী হৈ পৰিছিলো।

* * * *

'জুনিয়ৰ উইংছ'ৰ এই কোঠাটোত মোক লগ পাবলৈ অনেক শুভাকাংক্ষী মানুহৰ সমাগম হৈছিল। কাশ্মীৰৰ ৰামবান্ধ ব্ৰীজৰ মুৰব্বী ইঞ্জিনীয়াৰ কাইকাউছ বৰ্জোৰ সতাৰাৱালাও আহিছিল। তেওঁ পাৰ্চী ধৰ্মাৱলম্বী লোক আছিল। মাধুৰ অন্ত্যেষ্টিক্ৰিয়াৰ সকলো কামৰ তদাৰক তেওঁ কৰিছিল। তেওঁ মোলৈ অজস্ৰ চিঠি লেখিছিল আৰু ব্যক্তিগতভাৱে দেখা কৰিবলৈ আহিছিল। কাশ্মীৰৰ পৰা গোলাৱপাৰালৈ এই সুদীৰ্ঘ পথ অতিক্ৰম কৰি তেওঁ আহিছিল।

গোৱালপাৰাত এইদৰে অকলশৰে থাকোঁতে মই কিছুমান বৰ বিচিত্ৰ ধৰণৰ মানুহক লগ পাইছিলো। এইবোৰ পুৰুষ আছিল। অকলশৰীয়া তিৰোতাৰ লগত সময় কটোৱাৰ সুযোগ তেওঁলোকে বিচাৰি ফুৰিছিল। শুভাকাংক্ষী বুলি নিজকে পৰিচয় দিয়া এনে এগৰাকী পুৰুষে এদিন মোৰ পঢ়া টেবুলৰ ওপৰত এনে কিছুমান উলঙ্গ ছবি আনি সিঁচৰতি কৰি থ'লে যিবোৰত দৃষ্টি পৰাৰ লগে লগে সমস্ত পুৰুষ চৰিত্ৰৰ প্ৰতি মোৰ এক ঘৃণাৰ ভাব মনলৈ আহিছিল। অৱশ্যে এটা বা দুটা এনে ধৰণৰ উদাহৰণৰ পৰা পুৰুষ চৰিত্ৰৰ বিষয়ে মতামত দিয়া মূখামি; কিন্তু পুৰুষ চৰিত্ৰৰ মাজত যে নাৰী চৰিত্ৰতকৈ পশু প্ৰকৃতি সৰহ এই বিষয়ে মোৰ এক বদ্ধমূল ধাৰণা হৈছিল। জ্ঞানী-গুণী পুৰুষে এই প্ৰকৃতিৰ ৰূপান্তৰ ঘটাব পাৰে এই বিষয়েও যেন সন্দেহ নাছিল।

* * * *

এদিন মই লেখাৰু ছাৰৰ পৰা বৃন্দাবনলৈ যাবলৈ চিঠি পালো। সৈনিক স্কুল এৰি যাবলৈ সাজু হ'লো। চিঠি পোৱাৰ লগে লগে টালি-টোপোলা এক প্ৰকাৰ বান্ধি ইস্তফা পত্ৰও লেখিলো।...দীঘল বাৰাণ্ডাখন পাৰ হৈ 'জৰমিষ্ট্ৰি'বোৰলৈ গৈ মই সৰু সৰু সৈনিকবোৰক চাই আহিলো। একেবাৰে নতুনকৈ চোৱাৰ দৰে।

হৃদয়ত এক আঘাত অনুভৱ কৰিলো।

সৈনিক স্কুলত মই প্ৰায় এবছৰ আছিলো। এই সৰু সৰু সৈনিকবোৰৰ লগত মোৰ অজানিতে এক প্ৰকাৰ যেন আন্তৰিক সম্বন্ধই স্থাপিত হৈছিল। এই কথা ইমান দিনে মোৰ অজ্ঞাত আছিল। যেতিয়া এৰি থৈ যোৱাৰ কথা চিন্তা কৰাৰ লগে লগে সিহঁতৰ সুন্দৰ সুন্দৰ ছবিয়ে যেন হৃদয়ৰ মাজত লুকা-ভাকু খেলিবলৈ ধৰিলে। সৌৱা তৌফিক, বকুল, অবিশ্বনী, অতুল, যুগল? স্কুল এৰাৰ সঙ্কল্পৰ কথা শুনি তৌফিক ভাগিয়েই পৰিল। তাৰ দুয়ো নয়নেৰে ধাৰাসাৰে লোতক বাগৰি আহিবলৈ ধৰিলে।

আৰু বকুল-অশ্বিনী-যুগলহঁত?

(সেই সময়ত একেলগে থকা এই ছাত্ৰসকলৰ এক অনন্য মানসিক জগতৰ-ছবি মই দেখা পাইছিলো। সিহঁতৰ কিছুমানে গল্প কবিতা লেখিছিল। মোৰ টেবুলত সিহঁতৰ কোমল হাতৰ গল্প কবিতাই ভৰি পৰিছিল। সেই সময়ত প্ৰকাশ হোৱা 'অসম বাতৰি' নামৰ কাগজখনত মাজে-সময়ে মই সিহঁতৰ এই কবিতাবোৰৰ প্ৰকাশ কৰোৱাইছিলো। সেই সময়ৰ এই কাগজৰ সম্পাদক শ্ৰীমহন্ত মোৰ শুভাকাংক্ষী বন্ধু আছিল। সৰু সৰু ছাত্ৰ-ছাত্ৰীসকলৰ লগত ৰাতি দিন আছিলো কাৰণেই হয়তো কেতিয়াবা উঠি অহা ল'ৰাবোৰৰ মনত একোটা অদ্ভুত প্ৰতিক্ৰিয়া জাগিছিল। সেইবাবেই হয়তো যোল্ল, সোতৰ বছৰ পাছত হঠাৎ কেতিয়াবা এই ছাত্ৰৰ মাজৰ দুই একোটাই মোৰ দিল্লীৰ বাসস্থানত আবিৰ্ভাৱ হৈ কিছুমান আচৰিত প্ৰশ্ন সুধিছিল।)

* * * *

ইস্তফাৰ চিঠিখন মোৰ হাতত আছিল। বনচোম আৰু জাৰ্মান বনেৰে ভৰপূৰ হাবিখনৰ কাষেৰে যোৱা আলিটোৰে মই আগুৱাই গৈছিলো।

ইমান দিনে মই মৰা মানুহবোৰৰ লগত অতীতত দিন কটাইছো।

মাধুৰ মৃত্যুৰ এই এবছৰ মৰা মানুহৰ লগতেই মই কল্পনাত সৰহ সময় অতিবাহিত কৰিছো। অহৰহ দেখি থকা এই অৰণ্যখনৰ পিনেও মই যেন ভালদৰে মূৰ তুলি চোৱা নাছিলো।

সৌবোৰ সেউজীয়া ৰঙা আৰু হালধীয়া পাতৰ সমাৰোহ? ভাব হয় এই অৰণ্যই এখন নাহৰফুটুকী বাঘৰ ছালহে যেন পিন্ধি আছে।

নাহৰফুটুকী বাঘৰ ছাল?

গছৰ গুৰি সাৰটি ওলমি পৰা লতাবোৰৰ ফাঁকেৰে দেখা এই অৰণ্যৰ এক নতুন

শোভা মই যেন আৱিষ্কাৰ কৰিলো।

কুঁৱলীয়ে ঢাকি থোৱা নদীৰ বুকুত ধীৰে ধীৰে উদ্ভাসিত হোৱা জাহাজৰ মাস্তুলৰ দৰে ভাব হ'ল এই হাবিৰ ৰহস্যঘন প্ৰাচীন গছৰ গুৰিসমূহ!

অহৰহ মৰা মানুহবোৰৰ লগত এক ৰহস্যময় কল্পনা ৰাজ্যত ঘূৰি ফুৰা কাৰণে আশে-পাশে থকা প্ৰকৃতিৰ এই অনন্য শোভাৰ পিনে মই যেন এবাৰো ভালদৰে নিৰীক্ষণেই কৰা নাছিলো।

অধ্যাপক সিঙৰ সৈতে এই পিনে আহোঁতে নাইবা গুৰুচৰণহঁতৰ সৈতে আহোঁতে? নাইবা চেৰিমনিয়েল পেৰেডত বেণ্ড মাষ্টাৰসকলৰ সৈতে আহোঁতে? নাইবা মুষ্টিযুদ্ধ শিকাবলৈ অহা থাপা চাহাবৰ পৰিয়ালৰ লগত আহোঁতে? এৰা কেতিয়াও এই সৌন্দৰ্যৰ পিনে মূৰ তুলি চোৱা নাছিলো। মোৰ হাতত ইস্তফাৰ পত্ৰখনে যেন খোঁচা-বিন্ধা কৰিব ধৰিলে।

তদুপৰি বৃন্দাবন?

সেই স্থানৰ বিষয়ে মোৰ কোনো সুস্থ ধাৰণা নাই। ভয়, শংকা আৰু এক ধৰণৰ অনিশ্চয়তাৰ ভাবে হৃদয়ৰ মাজত মেৰ খাই থকা এখন নতুন বিৱৰ্ণ দস্তাবেজ যেন মকুলি কৰি দিলে।...বৃন্দাবন মুৰুলীধৰ শ্ৰীকৃষ্ণৰ ৰম্যভূমি। ভাগৱতৰ মণি-মাণিক্যখচিত শব্দসমূহৰ লগত মোৰ শৈশৱৰ পৰা সম্বন্ধ আছে। পণ্ডিতসকলে দৃঢ় কণ্ঠেৰে কৈ গৈছিল—"কুৰুক্ষেত্ৰৰ পাৰ্থ-সাৰথি কৃষ্ণক ধূলিৰে ধূসৰিত কৰা ৰাধা আৰু গোপাঙ্গনা পৰিবৃত বৃন্দাবনৰ মুৰুলীধৰ কৃষ্ণই ভাৰতীয় চিত্ত অধিকাৰ কৰি বহি আছে।"

কিন্তু মোৰ চিত্ত অধিকাৰ কৰি বহি আছেনে? এই প্ৰশ্নৰ স্পষ্ট উত্তৰ মোৰ হৃদয়ত নাই। কিন্তু আঢ়ৈ হাজাৰ বছৰৰ অধিক কাল ভাৰতীয় সাহিত্যৰ বুকুত নানা ৰূপেৰে উদ্ভাসিত হোৱা শ্ৰীৰামচন্দ্ৰৰ চৰিত্ৰই মোক পিছলৈ প্ৰভাৱিত কৰিছিল। (পিছলৈ ৰামায়ণৰ ওপৰত গৱেষণা কৰি থকাৰ সময়ত ফাকুহাৰ, গ্ৰাউছ, ফাদাৰ কামিল বুল্কে, হিন্দী পণ্ডিত শ্ৰীৰামচন্দ্ৰ শুক্ল, পণ্ডিত মাতাপ্ৰসাদ গুপ্ত, ডক্টৰ ৰামদত্ত ভৰদ্বাজ, শংকৰ ৰাজু নাইডু ইত্যাদি অনেক পণ্ডিতৰ ৰামায়ণৰ সম্বন্ধে লিখা কিতাপ মই পঢ়িছিলো।) ৰামায়ণ সাহিত্যৰ বিদগ্ধ পণ্ডিত বেলজিয়ামৰ ফাদাৰ কামিল বুল্কেৰ লগত মোৰ সহৃদয়তা গঢ়ি উঠিছিল। ৰাঁচী আৰু দিল্লীত মই কেইবাবাৰো তেওঁক লগ পাইছিলো। দস্তাবেজৰ তৃতীয় অধ্যায়ত এইগৰাকী পণ্ডিতে মোৰ মানসিক জগতত কৰা প্ৰভাৱৰ বিষয়ে বহলাই আলোচনা কৰা হৈছে।

বেলজিয়ামৰ এই জেছুইট ফাদাৰ কামিল বুল্কেৰ গ্ৰন্থৰ পৰা শ্ৰীৰামচন্দ্ৰৰ পৰম পবিত্ৰ চৰিত্ৰৰ বিষয়ে মোৰ মনত জগা অনেক শংকা দূৰ হৈছিল। কাৰণ তেওঁ চালি-

জাৰি এই চৰিত্ৰত চেঁকা লগাব পৰা কিছুমান ঘটনা সম্পূৰ্ণ প্ৰক্ষেপ আছিল বুলি প্ৰমাণৰ সৈতে আঙুলিয়াই দিছিল। উদাহৰণস্বৰূপে শম্বুক বধ প্ৰসঙ্গ প্ৰধান আছিল। য'ত ব্ৰাহ্মণ পুত্ৰ এগৰাকীৰ মৃত্যুৰ কাৰণ হৈছিল এগৰাকী শূদ্ৰৰ তপস্যা। শূদ্ৰৰ তপস্যাৰ অধিকাৰ নাই। সেয়ে শ্ৰীৰামচন্দ্ৰই তেওঁক বধ কৰিছিল। পদ্মপুৰাণ, ৰঘুবংশ, আনন্দ ৰামায়ণ, ভাৱাৰ্থ ৰামায়ণ, জাভাৰ সেৰত-কাণ্ড, শ্যাম দেশৰ 'ৰামকিয়েন' ইত্যাদিত এই কাহিনীয়ে কেনে ৰূপ লৈছে আৰু এই কাহিনী কিয় প্ৰক্ষিপ্ত ইত্যাদি বিষয়ে বুল্কে চাহাবে বহলাই আলোচনা কৰিছিল। অকল শম্বুক বধৰ প্ৰসঙ্গই নহয়, সমস্ত বালকাণ্ড আৰু উত্তৰাকাণ্ড সীতাৰ অগ্নিপৰীক্ষা, কনক মৃগ ইত্যাদি প্ৰসঙ্গ কেনেদৰে প্ৰক্ষিপ্ত এই কথা তেওঁ আলোচনা কৰিছে।

নানা ব্যক্তি নানা সম্প্ৰদায়ে এই অনন্য চৰিত্ৰ ৰামচন্দ্ৰক কেনেদৰে নিজৰ মনৰ সংকীৰ্ণ ভাৱ প্ৰকাশৰ বাহন কৰিব পাৰিছিল সেই কথা মই ভালদৰে অনুভৱ কৰিব পাৰিছিলো। শ্ৰীৰামচন্দ্ৰই বিভিন্ন যুগত পিন্ধা অৱতাৰবাদৰ বিভিন্ন পোছাক আঁজুৰি আঁজুৰি খুলি মই সূৰ্যবংশী ৰজাৰ মানৱ পুত্ৰ শ্ৰীৰামচন্দ্ৰক চাব বিচাৰিছিলো।

ফাৰ্ছী কবি ফিৰদৌচিয়ে লেখা বুলি প্ৰচলিত পংক্তিসমূহে অহৰহ যেন কাণৰ ওচৰত গুণ্‌গুণাই আছিল ঃ

"ওসকে মৰনে পৰ হোঠ ৰহ বাত
কহ নহী সকতে।
ওসকা বতানা তব-হোতা হ্যে জব
ৰহ জল জাতী হ্যেয়।
কহনে কো স্ত্ৰী হ্যায়, লেকিন বড়ে
বড়ে বাহাদুৰোঁ সে বঢ় কৰ হ্যায়।

[তেওঁৰ (সীতাৰ) মৃত্যুৰ পাছতো ওঁঠত সেই শব্দ ফুটি নুঠে। জ্বলি ছাই হৈ গ'লেহে ওঁঠে সেই কথা কয়। নামত স্ত্ৰী, কিন্তু ডাঙৰ ডাঙৰ বীৰ বাহাদুৰকো পিছ পেলাই থৈ যায়।]

"সীতাজী কে শৰীৰ কো কিসীনে
বস্ত্ৰহীন নহী দেখা,
জৈসে আত্মা শৰীৰ কে অন্দৰ ৰহতী হ্যায়।
পৰন্তু আত্মা কো কিসীনে নহী দেখা।"

(সীতাৰ শৰীৰকতো কোনেও কেতিয়াও বস্ত্ৰহীন হোৱা দেখা নাই। যেনেদৰে

আত্মা শৰীৰৰ ভিতৰত থাকে, কিন্তু আত্মাক কোনেও কেতিয়াও দেখা নাই।)

বৃন্দাবনত থাকোঁতেহে এই ৰামচন্দ্ৰক নিজ ৰূপেৰে আৱিষ্কাৰ কৰিছিলো। সকলো পুৰুষৰ মাজত মই শ্ৰীৰামচন্দ্ৰৰ ছায়া বিচাৰিবলৈ যোৱা এক প্ৰকাৰ মূৰ্খামি বুলি মই ভাবিবলৈ লৈছিলো। এই ৰামচন্দ্ৰই একক আৰু শ্বাশ্বত হৈ মনৰ এক গোপন কক্ষত পিছলৈ অহৰহ বাস কৰিছিল।

* * * *

মোৰ হাতৰ ইস্তফাৰ পত্ৰখন লাহে লাহে ঘামেৰে তিতি গ'ল। মোৰ অন্তৰাত্মা কঁপি উঠিল এই ভাবিয়েই যে বৃন্দাবনতো যদি মই থাকিব নোৱাৰো আৰু ইয়াতো যদি মোৰ ইস্তফা-পত্ৰ গ্ৰহণ কৰি লয় তেতিয়াহ'লে কি কৰিম? গুৱাহাটী? আকৌ গুৱাহাটী? ভেনিটি বেগ খুলি ৰুমাল উলিয়াই কপালৰ ঘাম মচি ল'লো। নিদ্ৰাৰ বড়িবোৰ খৰ্‌খৰাই উঠিল। এই হাবিতলীয়া বাটটোৰে একেবাৰে অকলশৰে আগুৱাই গৈছিলো। ছাঁ আৰু পোহৰে আলিবাটত এখন বিচিত্ৰ ৰহস্যময় জালৰ সৃষ্টি কৰিছিল। ছাঁ আৰু পোহৰৰ টুকুৰাবোৰ শৰীৰতো আহি পৰিছিল, আৰু মূৰৰ ওপৰৰ আকাশখন? মাধুৰ মৃত্যুৰ পাছত মূৰ তুলি চাব নোৱৰা এই আকাশখন?

কিবা ক'বনে মাধুৱে। এয়া মই একেবাৰে অকলশৰে আহিছো। এই মুহূৰ্তত? হয় হয়, এই মুহূৰ্তত মাধুৱে মোক কিবা ক'বনে? মাধুৰ আত্মাই? এয়া মই একেবাৰে অকলশৰে আহিছো। মোৰ হাতত এয়া ইস্তফা-পত্ৰ। কিবা ইঙ্গিত দিবনে মই এই ইস্তফা-পত্ৰখন অধ্যক্ষৰ হাতত দিয়া-নিদিয়াৰ বিষয়ে? জীৱনকালত মোৰ প্ৰতি ইমান বেছি টান থকা এই মানুহটোৱে মৃত্যুৰ পাছত মোক কোনো ইঙ্গিতেই নিদিবনে?

* * * *

হাবিতলীয়া পথ পাৰ হৈ মই মুকলিত ভৰি দিলো। 'ছিনিঅ'ৰ উইংছ'ৰ ওচৰ পোৱাৰ লগে লগে অধ্যক্ষৰ চেহেৰা মানসপটত ভাস্বৰ হৈ উঠিল। তেওঁ মোৰ ইস্তফা গ্ৰহণ কৰিবনে? নিশ্চয় নকৰে। কৰ্ণেল চাহানীৰ দৰে সহানুভূতিশীল হৈ তেওঁ নিশ্চয় ক'ব—'বৃন্দাবনত থাকিব পাৰিবা নে নোৱাৰা আগেয়ে চাই লোৱা? যদি পাৰা তেতিয়াহ'লে এই ইস্তফা-পত্ৰ দিবা।"

শৰীৰ আৰু মন সেই সময়ত সম্পূৰ্ণৰূপে ভাৰাক্ৰান্ত হৈ আছিল। এবাৰ মাল-পত্ৰ লৈ যোৱাৰ পাছত আকৌ উভতি অহাৰ জোখাৰে কোনো প্ৰকাৰৰ উৎসাহ

হয়তো আৰু নেথাকিব।

কিন্তু দেহ আৰু মনৰ এক গভীৰ ৰহস্যময় গহ্বৰত পোত গৈ থকা এক অনন্য দস্তাবেজৰ কাহিনী এই মুহূৰ্তত যেন নিজেই পঢ়িবলৈ পালো।

মই এই স্থানৰ পৰা সঁচাকৈয়ে যাব খুজিছোনে? হৃদয়ত এক বদ্ধমূল ধাৰণা হ'ল—এই ইস্তফা-পত্ৰ দিব খুজিলেও অধ্যক্ষ নৌ বিভাগৰ কমাণ্ডাৰ চাহাবে নিশ্চয় এই ইস্তফা-পত্ৰ গ্ৰহণ নকৰিব।

* * * *

তেওঁৰ লগত মোৰ ভালদৰে পৰিচয়ে হোৱা নাছিল।

মুখামুখিকৈ বহি মই কোনো দিনে তেওঁৰ লগত কথা পতা নাছিলো।

অফিচ ৰুমৰ দুৱাৰমুখত থিয় হৈ দেখিলো তেওঁ ব্যস্ত হৈ কাগজ-পত্ৰ চাই আছে। সুন্দৰ চেহেৰা। এনেকুৱা ব্যক্তিত্বসম্পন্ন পুৰুষৰ সৈতে কেতিয়াবাহে মুখামুখি হোৱা যায়।

কিছু সময় একেবাৰে দোধোৰ-মোধোৰ অৱস্থাত পৰি মই দুৱাৰ মুখত থিয় হৈ থাকিলো। তাৰ পাছত দুৱাৰ টুকুৰিয়াই মই ভিতৰলৈ সোমাই গ'লো। তেওঁক অভিবাদন কৰি মই তেওঁৰ সন্মুখত থিয় হ'লো।

এৰা, এইবোৰেই সেই দিন আছিল যি সময়ত অতীতৰ কল্পনাৰে ধূসৰিত দিনৰ এজাক মৃত লোকৰ সৈতে ঘূৰা-ফিৰা কৰিছিলো। মাধুৰ মৃত্যুৰ পাছত এই অতীতৰ সেই অদ্ভুত ৰাজ্যত বিচৰণ কৰি ফুৰিছিলো। এই আঘাতৰ ঘাবোৰ তেতিয়াও তেনেই কেঁচা আছিল; সময়ে সময়ে সেই ঘাৰে যেন ৰক্তৰ ফোৱাৰাহে বৈছিল! এয়া ঠিক তেনে এক সময় আছিল!

অধ্যক্ষ কমাণ্ডাৰ চাহাবে, তেওঁৰ সন্মুখত থকা চকী এখন আগ বঢ়াই দিলে।

কিছু সঙ্কোচ অনুভৱ কৰি কিছু সময় মই বহি থাকিলো। তাৰ পাছত ইস্তফাৰ পত্ৰখন মই তেওঁৰ পিনে আগ বঢ়াই দিলো।

লগে লগে ভাব হ'ল মোৰ শৰীৰৰ ওপৰেৰে এছাটি গৰম বতাহ পাৰ হৈ গৈছে। কোনোবা কবৰস্থানৰ অস্থিপুঞ্জত চুই আহিছে যেন বতাহে!

কমাণ্ডাৰ চাহাবৰ কপালত কিছুমান বিচিত্ৰ ৰেখা ফুটি উঠিল। এই ৰেখা খণ্ডৰেই নে অসন্তুষ্টিৰে মই ধৰিব নোৱাৰিলো। কিন্তু এই ইস্তফা-পত্ৰখনে যে তেওঁক যথেষ্ট চিন্তাত পেলালে এই কথা মই গম পালো। মোৰ মুখৰ পিনে চাই যন্ত্ৰচালিত মানুহৰ দৰে তেওঁ ক'লে—"এটা-দুটাকৈ শিক্ষকবোৰে স্কুলখন এৰি যাব ধৰিছে। তোমাৰ

ঠাইত হঠাতে এগৰাকী অভিজ্ঞ শিক্ষয়িত্ৰী পোৱা টান হ'ব। কিন্তু এক 'স্পেচাল কেছ' হিচাপেই তোমাৰ দৰ্খাস্ত মই মঞ্জুৰ কৰিছো! তোমাৰ যি প্ৰাপ্য পাওনা ইত্যাদি আছে তুমি লৈ যাব পাৰা।"

কিছু সময় ৰৈ আকৌ ক'লে তেওঁ—"এই স্কুলত তোমাৰ 'ডিগ্‌নিফাইড্ ছাৰ্ভিচৰ কথা সকলোৱে মনত ৰাখিব।"

...এক মুহূৰ্তৰ ভিতৰত যেন এটা মাৰাত্মক ঘটনা ঘটি গ'ল। কবৰস্থানৰ হাড়-মূৰ চুই অহা সেই বতাহে মোৰ অন্তৰাত্মা আকৌ এবাৰ কঁপাই তুলিলে। কোনো প্ৰশ্ন নাই এয়া মোৰ সন্মুখত বহি থকা এই মানুহটোৰ।

কিয় তুমি যাব ওলালা?

কি দুঃখ তোমাৰ?

ক'ত তোমাৰ ঘৰ?

নাই নাই, কোনো প্ৰশ্নয়ে নাই। এয়াতো বৃদ্ধ কৰ্ণেল চাহানী নহয়? আন শিক্ষকসকলৰ অনেকেই হয়তো এইগৰাকী মানুহৰ লগত চিনাকি হৈ গ'ল। মই কিন্তু 'জুনিঅ'ৰ উইংছ'ৰ সেই সৰু কোঠাটোত মূৰৰ ওপৰত আকাশখন চাবলৈ ভয় কৰিয়েই যেন সোমাই থাকিলো। কোনোদিনে অনুভৱ নকৰা এক ধৰণৰ গ্লানিত মন ভৰি পৰিল। সঁচাকৈয়ে মই বৃন্দাবনলৈ যাবলৈ সাজু হৈছিলোনে?

* * * *

অলপ আগেয়ে পৰম ৰহস্যময় যেন লগা সেই অৰণ্যৰ জনশূন্য পথেৰে আকৌ উভতি আহিলো। এক কঠোৰ বাস্তৱৰ লগত মুখামুখি হৈ প্ৰথমবাৰৰ বাবে মোৰ ধাৰণা হ'ল আকৌ যে জীৱনৰ পথ অচিনাকি হৈ আহিছে। অলপ আগেয়ে শাল কাঠ জাৰ্মান বন ইত্যাদিৰ যিখন অৰণ্যই মোৰ মনলৈ এক ৰহস্যময় সংবাদ কঢ়িয়াই আনিছিল এতিয়া এই মুহূৰ্তত ভাব হ'ল এই অৰণ্য পুৰি ছাই হৈ গৈছে। মই এই ছাইৰ ওপৰেৰে খোজ কাঢ়িছো।

উভতি আহি মই অধ্যক্ষক এবাৰ ফোন কৰিও চালো কিবা কাৰণে যদি মই আকৌ উভতি আহো আকৌ কামত জইন কৰিব পাৰিমনে? তেওঁ স্পষ্ট উত্তৰ দিলে—"উভতি অহাৰ প্ৰয়োজন নাই।"

ৰাতি দিনাৰৰ পাছত মোক বিদায় দিবৰ বাবে স্কুলৰ মজিয়াত এখন সভা বহিছিল। হিন্দীৰ অধ্যাপক দীক্ষিতে ভাষণ দি কৈছিল—"তেওঁ ধুমুহাৰ দৰে আহিছিল আৰু ধুমুহাৰ দৰে যাবগৈ!" পাঞ্জাবী ছাত্ৰ হৰপালে (এই ছাত্ৰটিক গুৱাহাটীত মই মোৰ মাৰ

ওচৰত কিছুদিন ৰাখিছিলো) আধাভঙা অসমীয়াত এটা শুৱলা বক্তৃতা দিছিল। প্ৰিয় ছাত্ৰ অতুলেও এটা বক্তৃতা দিছিল।

বাছত তুলি দিবলৈ মোৰ চাইকেল ৰিক্সাৰ পাছে পাছে পাঞ্জাবী শিল্পী মনমীতে চাইকেল চলাই আহিছিল। (সেই সময়ত মনমীত এক প্ৰকাৰ অঘৰী শিল্পী আছিল। তাৰ পখিলাৰ দৰে 'মোছ' আৰু কাপোৰ-কানি সকলোৱেই বিচিত্ৰ আছিল। মোক সহায় কৰি দিবলৈ সি আন্ধাৰে-পোহৰে উঠি আহিছিল। বেচেৰা বৰ সহানুভূতিশীল আছিল। স্কুল এৰি যোৱাৰ যোল্ল বছৰ পাছতো এবাৰ হঠাতে সি মোৰ গুৱাহাটীৰ শৰণীয়াৰ ঘৰত আহি দেখা কৰিছিল আৰু অভিভূত হৈ পৰিছিল।)

*　　*　　*　　*

শাল কাঠৰ অৰণ্যৰ মাজেৰে যোৱা পথেৰে বাছ চলিছিল। পুৱাৰ কুঁৱলীয়ে অৰণ্যৰ বুকু অন্ধকাৰ কৰি ৰাখিছিল। আলিৰ একেবাৰে দাঁতিত এটি সুগৰী পহুৱে ঘাঁহ খাই থকা দেখিলো। অনেক মুখ মানসপটত জিলিকি উঠিল। মাধুৰ মৃত্যুৰ পাছতেই মই ইয়ালৈ আহিছিলো। বহু সময় মানসিক বিকাৰগ্ৰস্ত ৰোগীৰ দৰে হয়তো মানুহৰ লগত ব্যৱহাৰ কৰিছিলো।

* * *

দ্বিতীয় অধ্যায়

জীৱনত ঘটি যোৱা অনেক নাটকীয় ঘটনাৰ দৰে বহু বছৰৰ পাছত দিল্লীত কমাণ্ডাৰ চাহাবক লগ পোৱাও এক নাটকীয় ঘটনা আছিল।

বৃন্দাবনৰ পৰা গৱেষণা সমাপ্ত কৰি মই দিল্লীলৈ উভতি আহিছিলো। (সুদীৰ্ঘ কাল বৃন্দাবনত থাকি মোৰ কেনে ধৰণৰ এক অভিজ্ঞতা হৈছিল সেই কথা মই 'দস্তাবেজ'ৰ অন্য এক অধ্যায়ত বৰ্ণনা কৰিছো।)

১৯৭১ চনৰ পৰা মই দিল্লী বিশ্ববিদ্যালয়ৰ আধুনিক ভাৰতীয় ভাষা বিভাগত অধ্যাপনাৰ কাম কৰিছিলো। সেই সময়ত মই দিল্লীৰ প্ৰাচীন ধ্বংসস্তূপবোৰ চাই এক প্ৰকাৰ ঘুৰ্মুটিয়াই ফুৰিছিলো। ৰৌশনাৰা ৰোডৰ 'বৰসাতী' এটাত অকলশৰে বাস কৰিছিলো। দিল্লীৰ আধুনিক স্থানসমূহে মোক তেনেদৰে আকৰ্ষণ কৰা নাছিল যেনেদৰে কৰিছিল ইতিহাসক বুকুত লৈ শুই থকা এই স্থানসমূহে।

বিশ্ববিদ্যালয়ৰ ওপৰতে আছিল পুৰণা দিল্লীৰ সেই প্ৰখ্যাত Ridge বন্যভূমি। হালধীয়া ফুলেৰে সৈতে থকা কাঁইটীয়া জোপোহাই অনেক স্থান আগুৰি আছিল। বগৰীৰ জোপোহা আৰু অচিনাকি গছ কিছুমানৰ তলত শুই আছিল এখন অন্য দিল্লী। অনেকে কয় এই Ridge আৰাবলী পৰ্বতৰে নেজ স্বৰূপ। ইয়াতেই আৰাবলী পৰ্বত শেষ হৈছে। এই স্থানতে গোড়া মতাৱলম্বী ফিৰোজ শ্বাহে মিৰাটৰ পৰা এক প্ৰকাণ্ড অশোক স্তম্ভ আনি তেওঁৰ চৰিত্ৰৰ আন এখন বন্ধ দুৱাৰ মুকলি কৰি দিছিল। মোৰ এই অকলশৰীয়া 'বৰসাতী'টোৰ তেনেই ওচৰতে আছিল এই অনন্য ভূমি। ফিৰোজ শ্বাহ চুলতানৰ নাহৰফুটুকী বাঘ আৰু হৰিণা চিকাৰৰ ভূমি। দিল্লীৰ তিনিওখন দৰবাৰ এই স্থানতেই সম্পন্ন হৈছিল। সাম্ৰাজ্যবাদীসকলৰ এক নগ্ন বীৰত্বৰে যেন উলঙ্গ প্ৰকাশ আছিল এই দৰবাৰসমূহ। মহাৰাণী ভিক্টোৰিয়াক 'কাইজাৰ ই হিন্দ' অৰ্থাৎ 'ভাৰতৰ সাম্ৰাজ্ঞী' পতা ১৮৭৭-ৰ দৰবাৰো হেনো বৰ বিচিত্ৰ আছিল (লণ্ডনৰ বাৰ্কিংহাম পেলেচৰ সন্মুখত থকা ভিক্টোৰীয়াৰ অনন্য মূৰ্তি এটা দেখি মোৰ ভাব হৈছিল সেই সময়ৰ ভাৰতৰ যদি প্ৰকৃত অৱস্থাৰ কথা জানিলেহেঁতেন, তেতিয়াহ'লে

হয়তো এই দৰবাৰবোৰত তেনেদৰে নির্মমভাৱে অর্থ ব্যয় কৰা কাৰণে মহাৰাণী ভিক্টোৰীয়াই বিষয়াইঁতক চৰম দণ্ড দিলেহেঁতেন।)

ইতিহাসৰ এই ধূলিৰে ধূসৰিত সাজ-পোছাক পিন্ধা স্থানসমূহ মোৰ ঘৰৰ ওচৰতে আছিল।

ফিৰোজ শ্বাহ টোগলকে স্থাপিত কৰা অশোক স্তম্ভ!

দৰবাৰৰ স্মৃতি স্তম্ভ!

ফ্লেগষ্টাফ টাৱাৰ্!

কিংছৱে কেম্প্!

["Imperial policy of British India" (1876-1880)। বোলা গ্ৰন্থত অসমৰ পৰা অহা লোকৰ বাবে হোৱা খৰচৰ খতিয়ান পঢ়িছিলো।

Assam Imperian Assemblage 822 পাউণ্ড, Assam rejoicing and Durbar's ১১৮৪ পাউণ্ড আৰু Assam Durbar presentsত ৩৯২ পাউণ্ড খৰচ হৈছিল বুলি লিখা আছিল। বঙ্গ, নৰ্থৱেষ্ট প্ৰভিন্স ইত্যাদিত এই খৰচ আৰু বেছি আছিল। ভাৰতৰ ৰজা-মহাৰজাসকলৰ বাহিৰেও ১৪ হেজাৰ বৃটিছ ফৌজ আৰু আঠষষ্ঠী হেজাৰ দৰ্শক এই স্থানলৈ আহিছিল। বিভিন্ন মতামত দিছিল। এই গ্ৰন্থখনিতে পঢ়িছিলো 'দি পায়োনিয়াৰ', 'দি কোৱাৰ্টাৰলি ৰিভিউ' ইত্যাদিয়ে হেনো নিজৰ নিজৰ বিচিত্ৰ মতামত দিছিল? লিটনৰ দৰবাৰ বক্তৃতাৰ প্ৰচণ্ড সমালোচনা কৰি 'দ্য ফ্ৰেণ্ডছ অফ ইণ্ডিয়াই' লেখিছিল—"He gives false promises and hopes to Indians and by such promises it was held, the Government of India played the part of sweetlipped, honeytongued mistress, throwing caressind arms round the neck of India and murmuring love speeches and transcendental promises...It had been mainly asso-ciated with sentments and fireworks, and not with the problems of the people." *(12th January 1977)*

হিন্দুস্থানৰ ৰজা-মহাৰজাসকলৰ ঐশ্বৰ্য আৰু আনুগত্য প্ৰকাশৰ লজ্জাজনক প্ৰদৰ্শন হৈছিল। লেডী বালফাৰ বেটীয়ে ইন্দোৰৰ ৰজা হোলকৰে কোৱা কথাৰ উদ্ধৃতি দিছিল তেওঁৰ গ্ৰন্থ Lytton's Indian Administrationত—। হোলকৰে হেনো কৈছিল—

"India has been till now a vast heap of stons. Some of them big, some of them small. Now the house is built, and from roof to basment each stone of it is its right place" *(p. 123)*

...কত কথা শুনিছিলো আৰু পঢ়িছিলো এই দৰবাৰবোৰৰ! ৬০০টা কমেমোৰেটিভ মেডেল দিয়ালৈ লগা দবৰাদবৰি! কাশ্মীৰ মহাৰাজৰ কনিষ্ঠ পুত্ৰক লিটনৰ আলধৰা লগুৱা কৰোঁতে ভাৰতীয়সকলে পোৱা অপমান! ইত্যাদি অনেক বিচিত্ৰ কথা শুনিছিলো। পঢ়িছিলো। একেবাৰে ভাঙি পৰা মানসিক অৱস্থাৰ পৰা নিজকে ৰক্ষা কৰিবলৈ মই নানা ধৰণৰ গ্ৰন্থ পঢ়িছিলো। Imperial Policy of British India, নামৰ গ্ৰন্থখন মই সেই সময়তে পঢ়িছিলো।]

আনকি কৰ'নেশ্বন পীলাৰো ওচৰতে আছিল। ইতিহাসৰ এই প্ৰাচীন খণ্ডসমূহৰ প্ৰতি মোৰ এক কৌতূহল আছিল। গতিকে দিল্লীলৈ আহি মই এই 'খণ্ডহৰ'বোৰ বিচাৰি ফুৰিছিলো। অকলশৰীয়া সময়খিনি তেতিয়াও মই এজাক মৃত লোকেৰে সৈতে অতিবাহিত কৰিছিলো।

*   *   *   *

এদিন Ridge-অৰ এনে এক 'খণ্ডহৰ'ৰ ওচৰত থিয় হৈ থাকোঁতে দেখিলো মোৰ সন্মুখেৰে এখন জীপত কমাণ্ডাৰ চাহাব পাৰ হৈ গৈছে। ইতিমধ্যে কেইবা বছৰো পাৰ হৈ গৈছিল। তথাপি মই স্পষ্টভাৱে ধৰিব পাৰিলো সেয়া কমাণ্ডাৰ চাহাবেই আছিল।

পুৰণা ছাত্ৰবোৰৰ মুখে শুনিলো তেওঁ 'কোটা হাউছ'ত থাকে। মাজে-সময়ে তেওঁ সিহঁতক মোৰ কথা সোধে। কেনেদৰে থাকো মই ? ক'ত থাকো মই ?

*   *   *   *

এদিন মই 'কোটা হাউছ'ৰ খট্‌খটী বগাই এখন মজবুত আৰু কাৰুকাৰ্য খচিত কাঠৰ দুৱাৰৰ ওচৰত থিয় হৈছিলো। এই কোটা হাউছ এসময়ত কোটাৰ ৰজাবাহাদুৰে সম্ভৱ সজাইছিল। দিল্লীৰ ওচৰে-পাঁজৰে থকা প্ৰাচীন ৰজা-মহাৰজাৰ অনেক প্ৰাসাদ আছে। কিছুমান প্ৰাসাদ এতিয়া জাক্‌জমক্ হোটেললৈ ৰূপান্তৰিত হৈছে। কিছুমানে আদালতৰ মেৰপাকত ধ্বংসস্তূপলৈ ৰূপান্তৰিত হৈছে।

বাট্‌লাৰ ষ্ট্ৰীটত !

মজনুটিলাৰ আশে পাশে !

বাংলো ৰোডৰ দাঁতিত। মেহৰোলিত ?

ৰামকিশোৰ ৰোডৰ একাষে আৰু শ্যামনাথ মাৰ্গত এনে ধৰণৰ অনেক ভগ্ন প্ৰাসাদ দেখিছিলো। মাৰ্বলৰ মজিয়া ছিৰাছিৰ হৈ পৰি আছে, 'শ্যানডেলিয়া'ৰ আইনাৰ টুকুৰা একোণত দ'ম হৈ পৰি আছে আৰু সেই গম্বুজসমূহ ? হয় এই গম্বুজবোৰত মই আবেলিৰ ৰ'দ পৰা দেখিছিলো আৰু বৰষুণত সিহঁতৰ শৰীৰেৰে গলি পৰা ধূলি দেখিছিলো। 'কোটা হাউছ' অৱশ্যে এনেকুৱা নাছিল। ইয়াৰ কাঠৰ চিৰিবোৰত পলিচ লগোৱা আছিল। ডাঙৰ ডাঙৰ হলবোৰ পৰিষ্কাৰ-পৰিচ্ছন্ন আছিল। বেৰত ওলোমাই থোৱা ছবিবোৰৰ আইনাও পৰিষ্কাৰ আছিল।

কাঠৰ দুৱাৰখনৰ ওচৰত মই কিছু সময় থিয় হৈ আছিলো। তেওঁ ঘৰত

নাছিল। মই এখন চিঠি লেখিলো—

“আজিকালি মই দিল্লীতে থাকো। তলত মোৰ ঠিকা দিলো। সময় পালে এবাৰ আহি যাব।”

‘কোটা হাউছ’ৰ পৰা উভতি আহি বৰ অনুতপ্ত হৈ পৰিলো। কিয় সেই চিঠি দি আহিলো। তেওঁৰ সেই নির্মম ব্যৱহাৰৰ কথা তেতিয়াও মোৰ হৃদয়ত অঙ্কিত হৈ আছিল। কি বাবে এনে কাম কৰিলো? মানুহক জনাৰ বিষয়ে? মানুহৰ শৰীৰ আৰু মনৰ গোপন ৰহস্য জনাৰ বিষয়ে? মোৰ মনৰ মাজত সেইদিনা কোনো সঠিক উত্তৰ মজুত নাছিল। তেতিয়াও মই মূৰৰ ওপৰৰ আকাশখনলৈ মূৰ তুলি চাব পৰা নাছিলো। ক'ব নোৱাৰো—? মই হয়তো সকলো মানুহৰ মাজত মাধুক বিচাৰিছিলো...।

*   *   *   *

কমাণ্ডাৰ চাহাব আহিল। পিছদিনাই আহিল। মোৰ বিস্ময়ৰ সীমা নাছিল। ক'ত তেওঁৰ সেই সুন্দৰ স্বাস্থ্য? মূৰৰ সেই ঘন সুন্দৰ চুলি ক'ত? ঠৰঙা ঠৰঙা চুলিবোৰ। পৰিপাটিকৈ কটা আছে। যিগৰাকী মানুহে অতদিন একেলগে থকা সত্ত্বেও মোৰ সৈতে মুখামুখিকৈ বহি এষাৰ কথা পৰ্যন্ত পতা নাছিল—আজি সেইগৰাকী মানুহে মোৰ পৰা এটা ইঙ্গিত পোৱাৰ লগে লগে দুৱাৰমুখত আহি হাজিৰ হৈছে। বিচিত্ৰ চৰিত্ৰ মানুহৰ। সাগৰৰ অতল গৰ্ভলৈ মানুহ গৈছে; কিন্তু মানুহৰ চৰিত্ৰৰ অন্ধকাৰ আৰু ৰহস্যময় গৰ্ভলৈ কেতিয়াবা কোনোবাই যাব পাৰিছেনে? চেষ্টা কৰাও যেন বৃথা?

কমাণ্ডাৰ চাহাবৰ পদোন্নতি হৈছিল। তেওঁ ১৯৭৫ চনত উচ্চ পদত অধিষ্ঠিত আছিল। এই সময়তে ভাৰত চৰকাৰে নিস্বাৰ্থ সেৱাৰ বাবে ‘পৰম বিশিষ্ট সেৱা পদকে’ৰে তেওঁক সন্মানিত কৰিছিল। এই সন্মান পোৱাৰ কিছুদিন পাছতেই তেওঁ বিজয় চৌকত হোৱা ‘বিটিং দ্যা ৰিট্ৰি’ত চাবলৈ মোক নিমন্ত্ৰণ কৰিছিল। মই তেওঁৰ ওচৰত বহি সেইদিনা ভাৰতৰ প্ৰখ্যাত বেণ্ডবাদকসকলৰ অনুপম প্ৰদৰ্শন চাইছিলো।...লাহে লাহে পৰম আত্মীয় মিত্ৰৰ দৰে তেওঁ মোৰ ঘৰলৈ আহিছিল। ময়ো ‘কোটা হাউছ’লৈ গৈছিলো।

কোটা হাউছৰ ওপৰ মহলাৰ খোলা খিৰিকিৰ ওচৰত মই বহিছিলো। তেওঁ মোৰ ওচৰত থিয় হৈ কথা পাতিছিল। এইখিনিৰ পৰা তলৰ গুলমোহৰৰ গছবোৰ

মই দেখিছিলো। ৰঙা গুলমোহৰৰ ৰঙে ওপৰৰ আকাশখনো যেন ৰঙা কৰি পেলাইছিল। মই এই আকাশ তেতিয়াও চবা পাৰিছিলোনে? নাই নাই, তেতিয়াও মনৰ কোনো পৰিৱৰ্তন হোৱা নাছিল।

তেওঁ মোৰ ওচৰত থিয় হৈ অনেক কথা কৈছিল। মই অনুভৱ কৰিছিলো ব্যক্তিগত জীৱনত সেই সময়ত কমাণ্ডাৰ চাহাব বৰ নিঃসঙ্গ ব্যক্তি আছিল।

এই কমাণ্ডাৰজনৰ লগত মই মোৰ জীৱনৰ বাকীছোৱা কটাব পাৰিমনে? এই অলপ দিনৰ ভিতৰতে তেওঁ পৰম আগ্ৰহ দেখুৱাইছে, মোৰ এনে ধৰণৰ আগ্ৰহ আছে বুলি তেওঁৰ এক বদ্ধমূল ধাৰণা হৈছে। তেওঁ পুৰণা প্ৰেমিকৰ দৰে ব্যৱহাৰ কৰিবলৈ আৰম্ভ কৰিছে।

পুৱা শুই উঠি তেতিয়াও এনে এক নৈৰাশ্যৰ যন্ত্ৰণা ভোগ কৰিছিলো। যি যন্ত্ৰণাক ব্যাখ্যা কৰা মোৰ বাবে সহজ নাছিল। মই ঠিক তেনে ধৰণৰ শক্তিশালী লেখিকা নাছিলো। এই নৈৰাশ্যৰ কুঁৱলী ফালি এক সুস্থিৰ জীৱন পথ তৈয়াৰ কৰা সহজ কথা নাছিল। মানুহৰ প্ৰতি মোৰ ব্যৱহাৰ কেতিয়াবা ৰুক্ষ হৈ পৰিছিল। অসংখ্য বন্ধু-বান্ধৱ আছিল যদিও মনৰ এই অশান্তিৰ কথা কেতিয়াও কাৰো আগত প্ৰকাশ কৰিব নোৱাৰিছিলো। এই ক্ষেত্ৰত মই...একেবাৰে নিঃসঙ্গ ব্যক্তি আছিলো।

...এনে এক অশান্তিকৰ মানসিক অৱস্থাত পৰি থাকোঁতে নিজৰ সকলো কাম-কাজ এৰি এদিন হঠাৎ কমাণ্ডাৰ চাহাব হাজিৰ হ'ল। মই শুই আছিলো। উঠি দুৱাৰ খুলি দিলো। মনৰ এই অশান্তিময় অৱস্থাত আৰু এনে এক মুহূৰ্তত তেওঁক দেখি মই মুঠেই ভাল নেপালো। সেইদিনা তেওঁৰ প্ৰতি মোৰ ব্যৱহাৰ বেয়া হ'ল। এনে ব্যৱহাৰ তেওঁৰ বোধহয় কল্পনাৰ অতীত আছিল। কাৰণ মোৰ ঘৰলৈ অহাৰ পথ মই তেওঁক নিজেই দেখুৱাই দিছিলো। তেওঁ হয়তো আচৰিত হৈছিল। পিছদিনা ৰবিবাৰ মাৰ্চ, ১৯৭৮-অত কোটা হাউছৰ পৰা লেখিলে তেওঁ ঃ

"I hurried all the way just to give you a surprise.

But then you gave me greater surprise. What I had gone there for to tell you remaind in my pocket. On return, the whole of this evening I have suffered. It seems you had already made up your mind.

...May God bless you. I know you have already suffered much in life. I would never like to be the cause of any suffering or unhappiness to you."

তেওঁক তেনেই ওচৰৰ পৰা লগ পোৱাৰ পাছত ভাব হৈছিল—এই মানুহজন

সাধু হ'ব নোৱাৰে। মাধুৰ লগত যেন সকলো আনন্দ-অনুভূতি শেষ হৈ গৈছে। প্ৰিয় লোকসকলৰ লগত অহৰহ বিচ্ছেদ হ'ব লগীয়া হোৱা বাবেই হয়তো বিশ্বাসৰ ভেটি যেন দুৰ্বল হৈ আহিছিল। এই মানুহজনক মই বৃন্দাবনৰ পৰা আহিহে ভালদৰে লগ পাইছিলো। বৃন্দাবনত মই সুদীৰ্ঘ কাল কটাইছিলো। দিল্লী বিশ্ববিদ্যালয়ত কাম কৰাৰ পাছত সুযোগ পালেই মই বৃন্দাবনলৈ গৈছিলো। অধ্যাপক লেখাৰুৰ লগত মই গোপীনাথ বজাৰৰ মন্দিৰ এটাত বাস কৰিছিলো। বৃন্দাবনত থকাৰ সময়ত হোৱা মোৰ বিচিত্ৰ অভিজ্ঞতাৰ কথা দস্তাবেজৰ তৃতীয় অধ্যায়ত বৰ্ণনা কৰা হ'ল।

* * *

൭

ঈশ্বৰৰ নগৰীত

প্ৰথম অধ্যায়

।। এক ।।

১৯৬৯ চনৰ আগষ্ট মাহত মই বৃন্দাবলৈ ওলালো। ইতিমধ্যে মোৰ শিক্ষাগুৰু স্বৰ্গীয় অধ্যাপক উপেন্দ্ৰ নাথ লেখাৰুদেৱে বৃন্দাবনৰ পৰা কেইবাখনো চিঠি আৰু টেলিগ্ৰাম দিছিল—তেওঁৰ তলত গৱেষণা কৰিবলৈ আমন্ত্ৰণ জনাই। মাধুৰ মৃত্যুৰ পাছত মনৰ এক অদ্ভুত অৱস্থা হৈছিল। কাৰণ কাষত কোনোবাই অহৰহ যেন গুণ্‌গুণাই আছিল—এনেদৰে বহি থাকিলে জীৱন বৰফৰ দৰে গোট মাৰি যাব। যুদ্ধ কৰা আৰু আগুৱাই যোৱা। যুদ্ধ কৰা আৰু আগুৱাই যোৱা।...

বৃন্দাবনৰ নাম শুনি পৰিয়ালৰ মানুহবোৰ বৰ সুখী হোৱা নাছিল। শ্ৰীযুতা মায়ে মোৰ বান্ধৱী এগৰাকীৰ লগত কিছু যোগাযোগ কৰি মই লণ্ডনলৈ যোৱাৰহে ইচ্ছা প্ৰকাশ কৰিছিল। তেওঁৰ হয়তো ভাব হৈছিল লণ্ডনত মই পঢ়া-শুনা কৰাৰ বাহিৰেও অজস্ৰ মানুহ লগ পাম। নষ্ট হৈ যোৱা জীৱনৰ স্ৰোত মই আকৌ বিচাৰি ল'ব পাৰিম। [বহু বছৰ পাছত অৰ্থাৎ ১৯৮৬ চনৰ অক্টোবৰ মাহতহে কিছুদিন থকাকৈ মই লণ্ডনলৈ গৈছিলো।

এই ঐতিহ্যময় বৃটেইনলৈ মই অৱশ্যে প্ৰায় কুৰি বছৰ আগেয়ে যোৱাৰ কথা আছিল। কিন্তু সেইবাৰ বৃটেইনলৈ নগৈ হিন্দু ধৰ্মৰ প্ৰাণকেন্দ্ৰ বৃন্দাবনলৈ গৈছিলো।]

o o o o

গোৱালপাৰাৰ সৈনিক স্কুলৰ কাম ইস্তফা দি অহাৰ পাছত মনৰ অৱস্থা একেবাৰেই বেয়া আছিল। তদুপৰি লেখাৰু ছাৰৰ চিঠিৰ কথা জানি দুই-এগৰাকী ব্যক্তিয়ে ঘৰলৈ

আহি মাক জনালে—“বৃন্দাবনত থকা ঠিক নহ’ব। তদুপৰি এদিন দুদিনো নহয়, সুদীৰ্ঘকাল অৰ্থাৎ তাত গৱেষণা নোহোৱালৈকে থকা একেবাৰে অসম্ভৱ কথা!”

দুই-এগৰাকীয়ে ঠাট্টা কৰিও ক’লে—“পকা মজিয়াত থকা মানুহে ভগ্ন মন্দিৰত এনেদৰে সুদীৰ্ঘ কাল থাকিব পাৰিবনে?”

[পিতাহঁত কিছু অৱস্থাপন্ন মানুহ আছিল যদিও আমি যে তেনেই সাধাৰণভাৱে জীৱন-যাপন কৰিছিলো, এই কথা অনেকেই নেজানিছিল। আমি লাহ-বিলাহত উঠা মানুহ বুলিয়েই অনেকেই ভুল কৰিছিল।]

এইবোৰ কথাই মাৰ মন একেবাৰে ভাঙি পেলাইছিল।

আগষ্টৰ মাহ। মই বস্তুবাৰি বান্ধি সাজু হ’লো। তাত কোনো ছাত্ৰী নিবাস নাই। নিজেই ৰান্ধি-বাঢ়ি খাব লাগিব বুলিও জানিলো। সেই বাবে মালপত্ৰ যথেষ্ট হ’ল। মই যোৱাৰ দিনা পুৱাই গুৱাহাটীৰ বাহিৰত কাম কৰা দাদাই আহি মাল-পত্ৰৰ টোপোলাটোৰ পৰা প্ৰায় আধামান বস্তু উলিয়াই ক’লে—“একেবাৰে অকলশৰে যোৱা হ’ব যেতিয়া এইবোৰ বস্তু কঢ়িয়াই নিয়া বৰ কষ্টকৰ হ’ব।”

এযোৰ কাঁহী-বাটি, আৰু ৰন্ধা-বঢ়া কৰা কিছু সৰঞ্জাম দাদাই নিজে বান্ধি দিলে।

এক অনিশ্চয় ভৱিষ্যতৰ বুকুলৈ যে আগ বাঢ়ি গৈছো এই কথা যেন সকলোৱে জানিছিল। সেয়ে পৰিবাৰৰ সকলোৱে এক গধুৰ হৃদয়েৰে মোক বিদায় দিবলৈ সাজু হৈছিল।

গুৱাহাটী ষ্টেশ্যনত মই অনেক চিনাকি মুখ দেখিছিলো। বৰ বিৱৰ্ণ আছিল সকলোৰে মুখ।

o o o o

প্ৰথম শ্ৰেণীৰ কম্পাৰ্টমেণ্ট এটাত একেবাৰে অকলশৰে গৈছিলো। কিছুমান মানুহ কিছু সময়লৈ সহযাত্ৰী হৈছিল যদিও সেইবোৰ এটা সময়ত নামি গৈছিল।...পুৱা শুই উঠি এটা সময়ত মই আকৌ নিজকে একেবাৰে অকলশৰীয়াভাৱে আৱিষ্কাৰ কৰিলো। কুৰি বছৰ আগেয়ে প্ৰথম শ্ৰেণীৰ কম্পাৰ্টমেণ্টবোৰত আজিকালিৰ দৰে সিমান ভিৰ নাছিল। খিৰিকি খুলি আধা আন্ধাৰ আধা পোহৰত মই কিছুমান ডাল-পাতহীন লঠঙা গছ দেখিলো। আমি বোধহয় শিলিগুড়িৰ ওচৰ পাইছিলো।

এক দুৰ্দমনীয় বেদনাত বুকুখন ফালি যেন দুফাল হৈ আহিব ধৰিলে। নিয়ৰত তিতি থকা এই লঠঙা গছবোৰ একো একোডাল চোকা অস্ত্ৰ হৈ যেন বুকুৰ ভিতৰত সোমাই যাব ধৰিলে। কোনো মতেই যেন মই মোৰ মনক সান্ত্বনা দিব নোৱাৰিলো।...এৰা, ক’লৈ আহিছো মই? মাধুৰে কিয় মোক এনেকৈ এৰি থৈ গ’ল!

কি কৰিম মই? পঢ়া-শুনা কৰিবলৈ মোৰ মনক মই সংযত কৰি ল'ব পাৰিমনে?

যিসকলৰ অৱস্থা মোৰ দৰে হৈছে—সেইসকলে আত্মহত্যা কৰিছেনে? সকলো জীয়াই আছে। কাঁইটৰ আঁচোৰ খায়ো, ক্ষত-বিক্ষত হৈও জীয়াই আছে। দুঃখ নকৰো বুলি নয়নেৰে ধাৰাসাৰে লোতক বাগৰি আহিব ধৰিলে। বৃন্দাবনলৈ অহা এই পথছোৱাত কোনো মতেই মই মোৰ অন্তৰাত্মাক সান্ত্বনা দিব পৰা নছিলো।

বহু দূৰলৈকে কম্পাৰ্টমেণ্টটোত একেবাৰে অকলশৰেই আছিলো। কোনোবা এটা পৰিয়াল যাতে মোৰ কম্পাৰ্টমেণ্টটোলৈ আহে তাৰ বাবে মই বৰ আশা কৰি আছিলো। কিন্তু গধূলিলৈকে কোনো নাহিল। গধূলি লাহে লাহে মোৰ ভয় লাগি আহিব ধৰিলে। পিছলৈ মই দেশ-বিদেশলৈ অজস্ৰ নিঃসঙ্গ যাত্ৰা কৰিছো যদিও গুৱাহাটীৰ পৰা বৃন্দাবনলৈ যোৱা সেই যাত্ৰাই আছিল মোৰ প্ৰথম অকলশৰীয়া যাত্ৰা। গতিকে ভয় আৰু শঙ্কা থকা বোধহয় একেবাৰে স্বাভাৱিক কথা আছিল।...হঠাৎ কোনোবা এটা ষ্টেশ্যনত ট্ৰেইনখন ৰ'ল। মোৰ এই কম্পাৰ্টমেণ্টটোলৈ ধহ্‌মহ্‌কৈ সোমাই আহিল এক মিলিটেৰী যুৱক। কোনোপিনে নোচোৱাকৈ সি তাৰ মালবস্তুবোৰ পৰিপাটিকৈ থ'লে। সকলোবোৰ বস্তুবাৰি ঠিক্-ঠাক্কৈ লোৱাৰ পাছতহে সন্মুখলৈ চাই সি মোক দেখা পালো। ময়ো তাক সন্মুখৰ পৰা ভালদৰে দেখা পালো। ওঁঠৰ তলত চুটিকৈ কটা গোঁফ। পেশীবহুল মজবুত শৰীৰ। সি মিলিটেৰীৰ কেনে ধৰণৰ বিষয়া এই বিষয়েও মই একো গম নেপালো। যিহেতু নিজেই সি মোৰ কোনো পৰিচয় নুসুধিলে—সেই বাবে ময়ো পৰিচয় দিবলৈ সঙ্কোচ কৰিলো। বয়স কম আছিল। তদুপৰি দুঃখ, গ্লানি আৰু এক ধৰণৰ ভয়ত মই কুচি-মুচি বহি আছিলো। এইবাৰ ৰাস্তাত পঢ়িবলৈ নিয়া কিতাপ এখন মেলি ল'লো। এক ধৰণৰ অসন্তুষ্টিৰ ভাবো মনলৈ আহিল। এই মানুহটোৰ লগত যদি তাৰ পৰিয়ালটো আহিলহেঁতেন!...নাই নাই, বিয়া চাগৈ কৰোৱাই নাই। একেবাৰে তৰুণ যুৱক।...মাজতে এবাৰ মই বাহিৰৰ কৰিড'ৰটোৰ ওচৰলৈ গৈ আকৌ উভতি আহিলো। তিনিটামান কম্পাৰ্টমেণ্ট খালী হৈ আছে, বাকীকেইটা মিলিটেৰীৰে ভৰি গৈছে। তিৰোতা মানুহ ক'তো নাই।...লাহে লাহে ৰাতি হৈ আহিল। মই 'টি-টি'লৈ বাট চালো যাতে পৰিয়াল থকা কম্পাৰ্টমেণ্ট এটাত মোৰ ৰাতি শোৱাৰ বন্দৱস্ত কৰি দিব পাৰে। নাই টি-টিৰ কোনো খবৰ নাই।

মিলিটেৰী অফিচাৰটিয়ে ইতিমধ্যে বিছনা-পত্ৰ ঠিক কৰি ল'লে। বিয়েৰাৰে তেওঁক ভাত-পানী আনি দিলে।

...লাহে লাহে ৰাতি হৈ আহিল। এই একে ভঙ্গীৰে কিতাপ পঢ়ি বহি থাকিলো আৰু মিলিটেৰী অফিচাৰে মোৰ পৰা দুহাত দূৰৈত শোৱাৰ ভঙ্গী কৰি বহি থাকিল।

কি কৰা যায়? খালী হৈ পৰি থকা কম্পাৰ্টমেণ্টটোলৈ বিছনা-পত্ৰ লৈ উঠি যাওঁ নেকি? দুহাত দূৰৈত থকা সৌ মাত-বোল নকৰা মিলিটেৰীটোৰ লগত এনেদৰেতো মই একে কম্পাৰ্টমেণ্টত থাকিব নোৱাৰো! হায় হায়, কি পৰিস্থিতি এয়া? নিজৰ অৱস্থাক ধিক্কাৰ দি মই কিতাপখন লৈ পঢ়িয়ে থাকিলো।

এয়া বাৰটা বাজিল।...আৰু এয়া ৰাতি এটা বাজিল।

...হঠাৎ সন্মুখৰ মানুহটো উঠি বহিল। গল্‌গলীয়া কণ্ঠেৰে সি ক'লে—"আজি আপুনি নুশুব যেন পাইছো! আৰু কি কাৰণে শুব পৰা নাই সেই কথাও মই বুজি পাইছো।" তাৰ পাছত দম্‌দম্‌কৈ সি বিছনাখন মেৰুৱাই ল'লে। মোৰ পিনে কেৰাহিকৈ চাই সি এটা অদ্ভুত কথা ক'লে—"আমি মাইকী মানুহবোৰ কোন কেনেকুৱা চিনি পাওঁ। সকলো মানুহকে গুণ্ডা মানুহ বুলি ভবা ভাল কথা নহয়।"

তাৰ পাছত বিছনাখন লৈ সি কোঁ-কোঁৱাই ওচৰৰ খালী হৈ পৰি থকা কম্পাৰ্টমেণ্টটোলৈ ঢাপলি মেলিলে। যাবৰ সময়ত মোক লাজত একেবাৰে ম্ৰিয়মাণ কৰি আৰু এষাৰ কথা কৈ গ'ল—"ভিতৰৰ পৰা দুৱাৰৰ খিলিটো ভালকৈ মাৰি ল'ব। মই ৰাতিপুৱা উঠি বস্তুবাৰিবোৰ লৈ যাম। মই লক্ষ্ণৌত নামিম।"

মই কিবা উত্তৰ দিয়াৰ আগেয়ে সি বিছনাখন লৈ কম্পাৰ্টমেণ্টটোৰ পৰা ওলাই গ'ল।

গোটেই ৰাতি মোৰ টোপনি নাহিল। নিজৰ ওপৰতে ধিক্কাৰ জন্মিল। আমি মানুহক চিনি নেপাওঁ। মানুহ চিনি নোপোৱাকৈ আমি অনেক সময়ত একোটা সিদ্ধান্ত লৈ বহি থাকো। পৰিস্থিতিয়ে মানুহক এনে অৱস্থা কৰে।

...ৰাতিপুৱা লক্ষ্ণৌত উপস্থিত হোৱাৰ আগেয়ে সি উভতি আহিল। এইবাৰ সহজ হৈ কম্পাৰ্টমেণ্টত সোমাল।

আমি দুয়ো পুৱাৰ চাহ-জলপান একেলগে খালো। লক্ষ্ণৌত আমি একেলগে নামিলো। মোৰ মথুৰা জংচনলৈ যোৱা ট্ৰেইন যিহেতু ৰাতি আছিল সেই বাবে মই বিশ্ৰাম গৃহত দিনটো কটোৱাৰ ব্যৱস্থা কৰিলো। মোৰ মাল-পত্ৰ ইত্যাদি অফিচাৰগৰাকীয়ে ধৰা-মেলা কৰি নমালে। বিদায় লোৱাৰ সময়ত মই অন্তৰেৰে কৃতজ্ঞতা জ্ঞাপন কৰিলো।

o o o o

আচৰিত কথা এয়ে যে মথুৰা জংচনৰ অভিমুখে ব'ম্বে মেইলত উঠোঁতেও মই আকৌ নিজকে একেবাৰে অকলশৰীয়াভাৱেই কম্পাৰ্টমেণ্টটোত আৱিষ্কাৰ কৰিলো। এইবাৰো আচৰিত কথা এয়া যে প্ৰথম শ্ৰেণীৰ গোটেই বগীটোতে কাকো দেখা

নাপালো। কম্পার্টমেণ্টৰ পৰা বাহিৰলৈ ওলাই আহি দেখিলো কৰিড'ৰৰ মূৰত এটা বুঢ়া গার্ডে টোপনিয়াই বহি আছে। বৰ বিচিত্ৰ চেহেৰা। তেওঁৰ শৰীৰত ভালুকৰ সাঙিৰ দৰে লগা এটা ঢিলা ক'লা কোট। নাকৰ ওপৰত বজৰুৱা পুৰণা ফ্ৰেমৰ চছ্মাযোৰ বাৰে ব্যাৰে তললৈ সৰি পৰিব খুজিছে। কঁকালৰ বগা পেণ্টটো যেন লগাতকৈও বেছি ঢিলা। কোলাত পৰি আছে এখন বিৱৰ্ণ বহী।

মই ওচৰলৈ গৈ মাত লগালো। তেওঁ ধহ্মহ্কৈ উঠি থিয় হ'ল। এইবাৰ ভালদৰে চাই দেখিলো, তেওঁৰ মুখত বসন্তৰ দাগৰ দৰে কিছুমান দাগ। এটা চকুৰ মণিটোও একেবাৰে বগা পৰি গৈছে।

মই ক'লো—"এই কম্পার্টমেণ্টটোত মই একেবাৰে অকলশৰে আছো। কোনোবা পৰিয়ালৰ লগত যদি লগ লগাই দিয়ে বৰ ভাল হ'ব।"

তেওঁ মোৰ মুখলৈ মূৰ তুলি চালে। তাৰ পাছত 'চাই আহো বাৰু' এনে ধৰণৰ কিবা এটা মুখৰ ভিতৰতে কৈ ষ্টেচন এটাত নামি গ'ল। তেওঁ যি গ'ল গ'লেই। উভতি নাহিল।

লক্ষ্ণৌৰ মহিলাৰ 'বিশ্ৰাম গৃহটি'ত গোটেই দিনটো বিশ্ৰাম লওঁতে কেইগৰাকীমান মহিলাই কৈছিল—লক্ষ্ণৌৰ পৰা কাচগঞ্জৰ এইছোৱা পথ অতি ভয় লগা। মাত্ৰ কিছুদিন আগেয়ে ৰে'লৰ ভিতৰতে এটা ভয়ানক হত্যাকাণ্ড ঘটি গৈছে। তুমি কম্পার্টমেণ্টত অকলশৰে নেথাকিবা।

...মোৰ ডিঙি শুকাই কাঠ হৈ গ'ল। ৰাতি গভীৰ হৈ অহাৰ লগে লগে মোৰ মনৰ অৱস্থাও কাহিল হৈ আহিব ধৰিলে।...মই সেই সময়ত এনেকুৱা অকলশৰীয়া যাত্ৰাৰ বিষয়ে একেবাৰেই অনভিজ্ঞ আছিলো! সেয়ে ভয়ত অস্থিৰ হৈ দুৱাৰমুখত আহি থিয় হ'লো। যাতে লম্পট নাইবা ডকাইতৰ দলক দেখিলেই মই চলন্ত ৰে'লৰ পৰা জঁপিয়াই পৰিব পাৰো। কুৰি বছৰ আগেয়ে ভাৰতৰ কিছুমান স্থানলৈ যোৱা ৰে'লৰ প্ৰথম শ্ৰেণীৰ ডবাবোৰ কোনো কোনো সময়ত কেনে ধৰণে নিঃসঙ্গ হৈ পৰিছিল এতিয়া ভাবিলে বৰ বিস্ময়কৰ যেন লাগে।

...প্ৰায় দুঘণ্টামান মই দুৱাৰৰ ওচৰত তেনেদৰে থিয় হৈ আছিলো। তাৰ পাছত ভয়ে ভয়ে মই কম্পার্টমেণ্টলৈ উভতি আহিছিলো।

শেষ ৰাতি মোৰ চিল্মিল্কৈ টোপনি আহিছিল। এইখিনি সময়তে মই এটা সপোন দেখিছিলো। সোঁশৰীৰে মাধু মোৰ ওচৰত উপস্থিত হৈছে। তেওঁ কোনো কথা উচ্চাৰণ কৰা নাই। কিন্তু তেওঁৰ দুয়ো নয়নেৰে দুধাৰী লোতক বাগৰি আহিছে। মৃত্যুৰ পাছত এয়ে প্ৰথম মই মাধুক সপোনত দেখিছিলো।

o o o o

মথুৰা জংচনতহে মই নামিব লাগিছিল। কাৰণ মোৰ গুৰু শ্ৰীলেখাৰু মহোদয়ে মোক নিবলৈ অসমৰ তেজপুৰৰ পিনৰ শৰ্মা উপাধিৰ এগৰাকী বৈষ্ণৱ সাধকক পঠিয়াই দিছিল। তেওঁ টাঙ্গা এখন বন্দৱস্ত কৰি মোৰ বাবে অপেক্ষা কৰি ৰৈ আছিল। মথুৰা জংচনৰ পৰা বৃন্দাবনলৈ দূৰত্ব প্ৰায় সাত মাইল। কিন্তু মই একো উৱাদিহ নেপাই মথুৰা কেণ্টন্‌মেণ্টত নামি চাৰিওফালে ঢপলিয়াই ফুৰি দেখিলো। নাই, মোক নিবলৈ কোনো অহা নাই। শ্ৰীলেখাৰু ছাৰে জানে যে মই একেবাৰে অকলে আহিছো। সেই বাবে চিঠি এখনত তেওঁ মোক ষ্টেচনলৈ মানুহ পঠিয়াব বুলিও লেখিছিল। কেণ্টন্‌মেণ্ট আৰু ষ্টেচনৰ পাৰ্থক্যৰ কথা নেজানি যে বৰ মূৰ্খামি কৰিলো এই কথা বৰ বেয়াকৈ অনুভৱ কৰিলো।

মালে-বস্তুৱে মোক বিবুদ্ধিত পৰা দেখি কেইবাটাও টাঙ্গাৱালাই বেৰি ধৰিলে। শেষত চৈধ্য টকাত এখন টাঙ্গা বন্দৱস্ত কৰি মই মাল-বস্তু লৈ বৃন্দাবন অভিমুখে যাত্ৰা কৰিলো।

সেই সময়ত বোধহয় ছোৱালী মানুহে এনেদৰে মাল-বস্তু লৈ একেবাৰে অকলশৰে বৰ বেছি ঘূৰা-পকা নকৰিছিল। সেয়ে টাঙ্গাত মোক তেনেদৰে দেখি বাটত অনেকেই ঘূৰি ঘূৰি চাব ধৰিলে।

মথুৰা চহৰৰ এক বিচিত্ৰ গলি পাৰ হৈ টাঙ্গা আহি গীতা মন্দিৰৰ দুৱাৰমুখত থিয় হ'ল। টাঙ্গাৱালাই এইবাৰ ঘোঁৰাক পানী খুৱাই ল'লে। সি মোক ক'লে যে মাল-পত্ৰ সকলোৰে তদাৰক সি কৰিব। মই ইতিমধ্যে মন্দিৰ দৰ্শন কৰি আহিব পাৰিম।

মন্দিৰ দৰ্শনত মোৰ কোনো আগ্ৰহ নাছিল। কোনো মতে মই ৩৪৩ নম্বৰ ব্ৰহ্মকুণ্ড অৰ্থাৎ লেখাৰু মহোদয়ৰ ওচৰ পালেই যেন ৰক্ষা।

...টাঙ্গাই এইবাৰ বৃন্দাবনৰ সেই অনন্য সুন্দৰ নিৰিবিলি পথেৰে খট্ খট্ শব্দ কৰি গতি কৰিলে। পথৰ দুয়োপিনে কাঁইটীয়া জোপোহা জামু আৰু বাবুল গছ। কিছুমান জোপোহাই এনে ধৰণে পথৰ দুয়ো দিশ ছাটি ধৰিছে যে দিনতেই সেইবোৰ ঠাই অন্ধকাৰ হৈ পৰাৰ দৰে ভাব হৈছে। কিছুমান ভগ্ন মন্দিৰৰ খণ্ডহৰ অ'ত-ত'ত সিঁচৰতি হৈ পৰি আছে। কিছুদিন আগেয়ে মই পঢ়িছিলো এই অঞ্চলত বৌদ্ধ বিহাৰ কিছুমানৰ ধ্বংসস্তূপ পোৱা গৈছে। ভগৱান বুদ্ধই অবন্তিপুত্ৰৰ ৰাজত্বকালত এবাৰ এই ব্ৰজধামলৈ আহিছিল। মথুৰাৰ নৰেশে বৌদ্ধ ধৰ্মত আশ্ৰয় লৈছিল। বুদ্ধৰ আগমন কালত মথুৰাৰ ভূমি শুকান আৰু উচ্ছন্ন আছিল। কাঁইটৰ অৰণ্যত ৰাংকুকুৰে ঘূৰি ফুৰিছিল। বৌদ্ধ ভিক্ষুকসকলে ভিক্ষা নেপাইছিল। ধূলি-বালিৰ অত্যাচাৰ ভিক্ষুসকলে সহ্য কৰা কঠিন হৈ পৰিছিল। ক্ষণভঙ্গুৰতা, জীৱনৰ শূন্যতা ইত্যাদিৰ স্বাক্ষৰ বহন কৰি সেইবোৰ মন্দিৰৰ

নহয় যেন মানুহৰহে দেহৰ খণ্ড খণ্ড অঙ্গ-প্ৰত্যঙ্গ অ'ত-ত'ত সিঁচৰতি হৈ পৰি আছে ঠিক এনে এক ভাব হৈছিল।

মন্দিৰ নে বৌদ্ধ বিহাৰ?

এৰা, মন্দিৰ নে বৌদ্ধ বিহাৰ? পাঁচশ বছৰ আগেয়ে আউৰঙ্গজেৱে ধ্বংস কৰি থৈ যোৱা মন্দিৰসমূহৰ অৱশেষ এতিয়াও আছেনে?

কোনোবাই কৈছিল খান্দি যোৱা বৃন্দাবনৰ মাটিৰ তলত মন্দিৰৰ ভগ্ন চূড়া, ভগ্ন স্তম্ভ, নাইবা ভগ্ন গম্বুজৰ কিবা এটা অংশ তোমাৰ হাতত পৰিবই। নৃত্যৰতা গোপিনীৰ ভৰপূৰ বক্ষৰ টুকুৰা এটা, মুৰুলীধৰ কৃষ্ণৰ হাতৰ বাঁহীৰ টুকুৰা এটা। এৰা, কিবা এটা?

...ঘোঁৰাৰ খুৰাৰ খট্ খট্ শব্দই যেন আশে-পাশে থকা সকলো শব্দকে মষিমূৰ কৰি আগুৰাই যাব ধৰিলে।

এই পথৰ দুয়ো পিনে এসময়ত অটব্য অৰণ্য আছিল। প্ৰাচীন গছবোৰৰ ওপৰত ৰজা, মহাৰজা আৰু নৱাবসকলৰ চিকাৰ কৰা মাচানবোৰ ওলমি আছিল। আৰু এই পথ এবাৰ হেনো মানুহৰ তেজেৰে ৰাঙলীও হৈছিল। শুনিছিলো আউৰঙ্গজেৱে জীয়াই জীয়াই পুতি থোৱা পুৰোহিতৰ অস্থিপুঞ্জও এদিন আৱিষ্কৃত হৈছিল। ১০১৮ খ্ৰীষ্টাব্দৰ ধ্বংসলীলাৰ কাহিনীৰ কথা হেনো মুখেৰে কোৱা নেযায়।... আৰু সিকন্দৰ লোডীৰ সময়ৰ কাহিনী? চাৰে চাৰিশ বছৰ আগৰ সিকন্দৰ লোডীৰ কাহিনী? কি কৰিছিল তেওঁ? মথুৰাৰ সমস্ত মন্দিৰ ধ্বংস কৰি সেইবোৰৰ ঠাইত কচাইৰ দোকান বহুৱাই দিলে। বিগ্ৰহৰ ভগ্ন খণ্ডবোৰ মাংস ওজন কৰা 'দগা' কৰিবলৈ আদেশ দিলে।

মাংস ওজন কৰা দগা?

খট্! খট্! খট্!

খট্! খট্! খট্!

...চাৰিওফালৰ এক অনন্য দৃশ্যৰাজি চাই মই মোৰ হৃদয়ৰ এক অসহনীয় যন্ত্ৰণা পাহৰিবলৈ চেষ্টা কৰিছিলো। কিন্তু যিমানেই বৃন্দাবন অভিমুখী হৈ টাঙ্গাই গতি কৰিব ধৰিলে সিমানেই যন্ত্ৰণা বাঢ়ি আছিল।

মই সঁচাকৈয়ে সুদীৰ্ঘ কাল ইয়াত থাকিব পাৰিমনে? খট্ খট্ খট্!! খট্! খট্! খট্!!

এইবাৰ ৰাস্তাৰ ওপৰত গেৰুৱা কাপোৰ পিন্ধা সাধু-সন্ন্যাসীৰ ভিৰ দেখা পালো। সম্ভৱ 'ঝুলন' উৎসৱৰ বাবে এইসকল লোকব্ৰজধামলৈ আহিছে। ক'ৰ পৰা আহিছে সিহঁত?

উত্তৰকাশী? বৰসানা? নন্দগ্ৰাম? অযোধ্যা?

ৰাস্তাৰ মানুহে ডিঙি মেলি মেলি চাইছিল। এনেদৰে অকলশৰে এবোজা মাল-বস্তুৰ লগত টাঙ্গাত উঠি যোৱা এই দৃশ্য বহুতৰ বাবে যেন বৰ কৌতূহলৰ আছিল। সেই সময়ত যিহেতু ঝুলন উৎসৱ চলি আছিল সেই বাবে অকট্রয় প'ষ্টত আহি 'চুঙ্গি কৰ' দিবলৈ টাঙ্গাবোৰ ৰ'ল। চাৰিওফালে চাই দেখিলো মেট মৰা বোজা লৈ ব্রজধামলৈ অহা অনেক ম'হৰ গাড়ী আৰু টাঙ্গা অকট্রয় প'ষ্টত থিয় হৈ আছে। গেৰুৱা ধুতি, জক্‌মকীয়া গলাবন্ধ আৰু টিকনিত চামেলি ফুল বান্ধি চিকাৰীৰ দৰে যাত্রীক হাত কৰিবলৈ উদ্‌গ্রীৱ হৈ বহি আছে কিছুমান পাণ্ডা। এটা সুৰুঙা উলিয়াই মোৰ এই চালাক-চতুৰ টাঙ্গাৱালাই কনিষ্টবল এটাৰ হাতত কিবা এটি গুঁজি দি টাঙ্গাখন কায়দা কৰি পাৰ কৰাই লৈ গ'ল। এক মুর্হূতৰ ভিতৰতে সি এইফেৰা কাম কৰিলে। মই ভালদৰে একো ধৰিবই নোৱাৰিলো। কনিষ্টবলটোৰ হাতত টকা সিকিয়েই বোধহয় সি গুঁজি দিলে।

ইতিমধ্যে বিহাৰীজী মন্দিৰৰ ফুলে-ফলে ভৰা বাগিচা এখন পাৰ হৈ আহিলো।

মৃদংগ, ঢোলক আৰু বিভিন্ন সুৰৰ ভজনৰ কলৰৱেৰে মুখৰ হৈ পৰিছে এই সৰু চহৰ। যিমানেই আগ বাঢ়ি আহিছো সিমানেই যেন আৰু বেছি কলৰৱ মুখৰ হৈ পৰিছে।

...এইবাৰ শ্রীসম্প্রদায়ৰ ৰঙ্গজী মন্দিৰৰ ধ্বজস্তম্ভৰ চিক্‌মিকনি চকুত পৰিল। লগে লগে বুকুৰ মাজত যেন পুৰণা কষ্ট এটাই ছট্‌ফটাই উঠিল। এই মন্দিৰটি মাধবেনৰ বৰ প্রিয় আছিল। ডেৰশ বছৰ পুৰণি এই মন্দিৰলৈ তেওঁ কিশোৰ অৱস্থাতে দেউতাকৰ লগত কেইবাবাৰো আহিছিল। প্রায়ে কৈছিল—"তুমি আৰু মই শ্রীৰঙ্গজীলৈ একেলগেই যাম। ৰঙ্গজীৰ বাগিচাত থকা ময়ূৰ নৃত্য তুমি বৰ ভাল পাবা। ৰাধাবাগৰ মাটি শৰীৰত ঘঁহিলে..."

অনেক কণ্ঠই একেলগে হৃদয়ৰ মাজত গুঞ্জায়িত হৈ উঠিল।

মাধবেনৰ মৃত্যু হোৱা ডেৰ বছৰ পাৰ হৈ গৈছে। পিছলৈ শ্রীৰঙ্গজীৰ কত স্থানত মই কল্পনাতে তেওঁৰ কণ্ঠৰ প্রতিধ্বনি শুনিছো—গে'টৰ গম্বুজৰ ওচৰত; ধ্বজস্তম্ভৰ মুকলি মজিয়াত, ৰথগৃহৰ দুৱাৰমুখত...আৰু মন্দিৰৰ পৰা ৬৯০ গজ দূৰৈত অৱস্থিত শ্রীৰঙ্গজীৰ বাগিচাৰ কদমৰ তলত বহি সেই কণ্ঠ শুনিছো। সেই সময়ত এই স্মৃতি ঠিক প্রেৰণা হৈ আহিব পৰা নাছিল। স্মৃতি এক সহনীয় যন্ত্রণা আছিল। এই স্মৃতিক নিজৰ প্রেৰণা কৰি ল'বলৈ মোৰ সুদীর্ঘ চৈধ্য পোন্ধৰ বছৰৰ প্রয়োজন হৈছিল।

টাঙ্গা আগুৱাই গ'ল? শ্রীৰঙ্গজী আৰু গোবিন্দ মন্দিৰৰ ওচৰত মই এখন বিচিত্র মেলা দেখা পালো। শাৰী শাৰী অস্থায়ী তম্বু। এনে এক অস্থায়ী তম্বুৰ মাজত বৰ

অদ্ভুত চিৰিয়াখানা এটা চকুত পৰিল। হৰিণা পহু আৰু ভালুককে আদি কৰি কিছুমান জন্তু গড়ালৰ মাজত বন্ধ কৰি থোৱা দেখিলো। ওচৰতে এক ভেষজ ব্যৱসায়ীয়ে ঘঁৰিয়ালৰ ছাল, সাপৰ মোট, গাহৰিৰ দাঁত, বাঘৰ তেল, শুকাই কৰ্কৰীয়া মৰা নাইপিয়া আৰু গুঁইসাপ ইত্যাদিৰ এখন বিচিত্ৰ পোহাৰ মেলি বহি আছে। ৰঙ্গজী আৰু গোবিন্দ মন্দিৰৰ দুৱাৰ মুখেৰে খট্ খট্ শব্দ কৰি টাঙ্গা আগুৱাই গ'ল। লোকে লোকাৰণ্য। খোৱা বস্তু আৰু ফল-মূলৰ দোকানৰ সীমা-সংখ্যা নাই। অস্থায়ী জলপান গৃহবোৰ নাৰ্জিফুলৰ মালা আৰু চিঁচাপাতেৰে সজোৱা। তিনি চাৰিটা লাউড স্পীকাৰৰ কোলাহলে কাণ তাল মাৰি ধৰিলে।

গোবিন্দ মন্দিৰৰ প্ৰাঙ্গণত আৰু ৰঙ্গজীৰ দুৱাৰ মুখৰ পৰা একেবাৰে ভিতৰৰ গোপূৰমলৈকে শাৰী পাতি বহি থকা এজাক অৰ্ধনগ্ন কুষ্ঠৰোগীকো দেখা পালো। জিৰাফৰ দৰে শৰীৰৰ ছাল। হাড়-ছাল ওলোৱা দেহ। ভাব হ'ল অলপ আগেয়ে যেন সিঁহতৰ মূৰৰ ওপৰেৰে এটা ধূলিৰ ধুমুহা পাৰ হৈ গৈছে। প্ৰায় ডেৰশ বছৰ আগেয়ে সদাগৰ লক্ষ্মীচন্দ্ৰৰ দুই ভাতৃদ্বয়ে ৰঙ্গজীৰ মন্দিৰ বন্ধাৰ সময়ত কেতিয়াবা ভাবিছিলনে যে তেওঁলোকৰ এই মানস মন্দিৰৰ বিশাল প্ৰাঙ্গণত অহৰণ এই কুষ্ঠ ৰোগীহঁতে ভিৰ পাতি থাকিব? গুৱাহাটীৰ পৰা আহিবৰ সময়ত মই বৃন্দাবনৰ বিষয়ে য'তেই যি পাইছিলো পঢ়ি আহিছিলো। এতিয়া সৌৱা মোৰ চকুৰ আগত ৰঙ্গজী আৰু গোবিন্দ মন্দিৰৰ দুৱাৰ উন্মুক্ত হৈ পৰিছে কিন্তু মোৰ নিজৰ আগ্ৰহ ক'ত? মই সঁচাকৈয়ে এই স্থানত সদীৰ্ঘ কাল থাকিব পাৰিমনে?

লাউড স্পীকাৰ আৰু মানুহৰ কোলাহলে কাণ জ্বলা-কলা কৰি পেলালে। ভিৰ ঠেলি ঠেলি আমাৰ এই টাঙ্গা আগুৱাই যোৱা এক প্ৰকাৰ কষ্টকৰেই হৈ পৰিল। তিনি আলি এটাৰ ওচৰত গোটেইবোৰ টাঙ্গা আহি থিয় হ'ল।... ইয়াৰ পৰা লাহে লাহে এলানি টাঙ্গা বিহাৰীজী অভিমুখে ৰাওনা হ'ল আৰু আন এটা লানিয়ে গোপীনাথ বজাৰৰ পিনে গতি কৰিলে। এইবাৰ টাঙ্গা গোপীনাথ বজাৰৰ এক অনন্য ভিৰৰ মাজত সোমাই পৰিল। এইখিনিত মই ভজন আশ্ৰমৰ পৰা অহা সঙ্গীতৰ ধ্বনি শুনা পালো। বৃদ্ধা বিধৱাবোৰৰ ভঙা ভঙা কণ্ঠৰ এয়া। হাতত খঞ্জৰী আৰু তাল। উন্মুক্ত দুৱাৰেৰে মই সিহঁতৰ মলিয়ন বস্ত্ৰৰ একো একো অংশও দেখা পালো। বৰ যে মনোযোগেৰে সিহঁতে গীত গাই আছে এনেও নহয়, সিহঁতৰ দৃষ্টি মাজে মাজে বৈ আহি তলত শাৰী পাতি থকা শাক-পাচলিৰ বজাৰত পৰিছে। এই গোপীনাথ বজাৰতেই প্ৰথমবাৰৰ বাবে মই এইজাক ঠেৰুছিগা বিধৱাৰ সৈতে মুখামুখি হ'লো।

ভিৰ ঠেলি ঠেলি আগ বাঢ়ি যোৱা টাঙ্গাৰ বাবে অসম্ভৱ কথাই হৈ পৰিল।

ঝুলন উৎসৱৰ বাবে এই সৰু চহৰখন একেবাৰেই উৎসৱমুখৰ হৈ পৰিছে। এই উৎসৱৰ ৰঙৰ লগত মোৰ প্ৰাণৰ কোনো সম্বন্ধ নাই।

কিয় আহিলো?

কেৰ্ কেৰ্, ঘেৰ্ ঘেৰ্ শব্দ কৰি টাঙ্গা আগুৱাই গৈছে। বজাৰৰ তিনি আলিৰ ওচৰত আকৌ আহি টাঙ্গা ৰৈ গ'ল। ঠিকনা বিচাৰি উলিয়াওঁতে গাড়োৱানে আকৌ গণ্ডগোল লগাইছে। লেখাৰু মহোদয়ৰ ঠিকনাটো আছিল ৩৪৩ নম্বৰ গোপীনাথ বজাৰ, ব্ৰহ্মকুণ্ড! লেখাৰুৰ নামটো মানুহে ধৰিব নোৱাৰিলে, কিন্তু যেতিয়া মই ক'লো তেওঁ অসমৰ অধ্যাপক, সকলোৱে সমস্বৰে চিঞৰি উঠিল—"অসমকে বাবা! আগে গলি সে দায়ে মোড়কৰ দশৰথ আখাৰাকে পাস..."

টাঙ্গাই সোঁহাতেৰে সোমাই একেবাৰে দশৰথ আখাৰাত উপস্থিত হ'ল। খোলা নৰ্দমাৰ দুৰ্গন্ধ আহি মোৰ নাকত লাগিল।

দশৰথ আখাৰাৰ দৰজাৰ ওচৰৰ পৰা আকৌ টাঙ্গা উভতি আহিল। এই বৃহৎ দৰজাবোৰ একো একোখন তোৰণৰ দৰে। দৰজাৰ ভিতৰৰ খুপৰিতো দুটামান ভিখাৰী দেখা পালো।

কিছুদূৰ পিছুৱাই আহি দেখিলো আখাৰৰ গাতে লাগি আছে অসমৰ মন্দিৰ। ৩৪৩ নম্বৰ ব্ৰহ্মকুণ্ড। এয়া পুৰণি দালান। ইটা আৰু শিলেৰে তৈয়াৰী। চিমেণ্টৰ সলনি সুৰখিৰেই ব্যৱহাৰ হৈছিল।

মন্দিৰৰ আগফালৰ কাঠৰ দুৱাৰখন বন্ধ হৈ আছে। মই টাঙ্গাৰ পৰা নামি দুৱাৰ ঢকিয়াব ধৰিলো। ওপৰ মহলাৰ কাঠৰ খিৰিকি খুলি লেখাৰু মহোদয়ৰ পৰিবাৰ শ্ৰীযুতা প্ৰেমদা লেখাৰুৱে (পিছলৈ মই তেওঁক মাহীদেউ বুলিয়েই মাতিছিলো) তললৈ ভুমুকিয়াই চালে। তলৰ দুৱাৰ খুলি দিবলৈ খপ্‌জপ্‌কৈ তললৈ নামি আহিল। তেওঁৰ শৰীৰ ভালে নাছিল। পুৰণা মুগাৰ মেখেলা আৰু ৰিহাৰ মাজেৰে প্ৰকট হৈ পৰা তেওঁৰ পাতল দেহটো একেবাৰেই দুৰ্বল যেন দেখা গ'ল। টাঙ্গাৰ ওচৰলৈ নামি আহি তেওঁ মোৰ মাল-পত্ৰবোৰ নিজেই নমাবলৈ চেষ্টা কৰিলে। আৰু ক'লে—"আমি টাঙ্গা এখন দি শৰ্মাক পঠিয়াই দিছিলো, তুমি বোধহয় ভুলতে মথুৰা কেণ্টত নামিলা। ইস্ ইস্ বৰ চাগৈ অসুবিধা ভোগ কৰি আহিলা!"

ইতিমধ্যে মোৰ পৰম পূজনীয় গুৰু উপেন্দ্ৰ চন্দ্ৰ লেখাৰুদেৱ তললৈ নামি আহিল। থিয় আৰু ঠেক চিৰিৰে তেওঁ খুপি খুপি নামি আহিল। ছাৰক দেখি মোৰ হৃদয় ভক্তি আৰু শ্ৰদ্ধাত ভৰি পৰিল। কটন কলেজত পঢ়ি থাকোঁতে মই তেওঁৰ ছাত্ৰী আছিলো। তেতিয়া তেওঁ বেছ থুলন্তৰ পুৰুষ আছিল। এতিয়া পুৰণা চেহেৰাৰ

মাথোঁ স্মৃতিহে যেন বাকী আছে। শৈশৱত গুৱাহাটীৰ উজান বজাৰৰ ঘৰত ছাৰক দুদিনমান দেখাৰ কথা মোৰ মনত আছে। চাইকেলৰ কেৰিয়াৰত পুথি-পাঁজি কিছুমান বোজাই কৰি তেওঁ মোৰ পিতাক দেখা কৰিব আহিছিল। স্বৰ্গীয় মাধৱ বৰদলৈ ডাঙৰীয়াই নতুনকৈ প্ৰকাশ কৰা কন্দলীৰ ৰামায়ণ সম্পাদনা কৰাৰ সময়ত সম্ভৱ ছাৰেও সহায় কৰিছিল। এই ৰামায়ণৰ এটা দীঘলীয়া পাতনি মোৰ পিতাই লেখিছিল।

আগুৱাই গৈ মই তেওঁৰ পদধূলি মূৰত ল'লো। তেওঁ ক'লে—"মন্দিৰৰ তলতে তোমাৰ বাবে এটা খুপৰিত মই নিজেই এই দুই হাতেৰে চূণ-তেল দি থৈছো।" ছাৰে হাত দুখন মোৰ সন্মুখত দাঙি ধৰিলে।

আমি সকলোৰে গৈ এইবাৰ কোঠাটোৰ ভিতৰত সোমালো।

কোঠাটোত সোমায়ে মোৰ মূৰটো আচন্দ্ৰাই কৰাৰ দৰে লাগিল। একেবাৰেই অন্ধকূপ। ওপৰলৈ চাই দেখিলো কাঠৰ উঁয়ে খোৱা চিলিংখন মূৰত লগাৰ দৰে অৱস্থা। ওপৰেদি পোহৰ নাইবা বতাহ আহিব পৰা কোনো ধৰণৰ ব্যৱস্থা নাই। কাঠৰ সৰু খিৰিকি এখন আছে, যিখন অহৰহ বন্ধ হৈ থাকে। কাৰণ দশৰথ আখাৰাৰ শৌচালয় এলানি তেনেই ওচৰতে আছে। গতিকে খিৰিকিখন অহৰহ বন্ধ কৰিয়েই থোৱা হয়। কোঠাটোত সোমায়ে মই খিৰিকিখন খুলি দিলো। দেখিলো কিছু মুকলি স্থানো আছে। কাঁইটীয়া বাবুল গছৰ জোপোহা আৰু ডালিমৰ গছ কিছুমান মোৰ চকুত পৰিল।

এক অনন্য যন্ত্ৰণা আৰু দুঃখত মোৰ হৃদয় ফাটি ছিৰাছিৰি হোৱাৰ উপক্ৰম হ'ল। মাধুৰ মৃত্যুৰ পাছত এক যন্ত্ৰণা আৰু নৈৰাশ্যক মই অহৰহ কঢ়িয়াই লৈ ফুৰিছিলো। এতিয়া এই মুহূৰ্তত এই যন্ত্ৰণা আৰু ভয়াৱহ হৈ উঠিল। মোৰ গুৰু আৰু গুৰুপত্নীৰ পৰা মোৰ এই অৱস্থাক আঁতৰাই ৰাখিবলৈ মই প্ৰাণপণে চেষ্টা কৰিলো।

ছাৰে ক'লে—"তোমাৰ বাবে ঠিক কৰি থোৱা এই কোঠাত মই নিজ হাতেৰে চূণ-তেল দিওঁতে দুদিন লগালো।"

মই ছাৰক মূৰ দোঁৱাই কৃতজ্ঞতা প্ৰকাশ কৰিলো। তথাপি সকলোৰে পৰা আঁতৰ হৈ এঠাইত বহি মোৰ হুক্‌হুকাই কান্দিবৰ মন গ'ল। নাই নাই, ইয়াত মই থাকিব নোৱাৰিম। কোনোপধ্যেই থাকিব নোৱাৰিম। কি কৰা যায়? কি কৰা যায়? মাধুৰ লগত কটোৱা কাশ্মীৰৰ অনুপম দিনবোৰৰ স্মৃতি বাৰে বাৰে মনলৈ আহিব ধৰিলে। স্মৃতিয়ে যে এক মাৰাত্মক অস্ত্ৰ হৈ মানুহক এনেদৰে আঘাত কৰিব পাৰে এই কথা মই নেজানিছিলো।

লেখাৰু মহোদয় আৰু গুৰুপত্নীয়ে মোক সন্তুষ্ট কৰাত কোনো ত্ৰুটি নকৰিলে। মোৰ হৃদয়ৰ ধুমুহাৰ কথা তেওঁলোকে নেজানিছিল।

ছাৰে ক'লে—"তুমি বহুদূৰ যাত্ৰা কৰি আহিছা—আগেয়ে গা-পা ধুই লোৱা তাৰ পাছত ওপৰলৈ আহি খোৱা-বোৱা কৰি ল'বা। তুমি চিঠিত নিজেই ৰন্ধা-বঢ়া কৰি খোৱা-লোৱাৰ ব্যৱস্থা কৰিবা বুলি কৈছিলা। সেই ব্যৱস্থা দুদিনমান পাছত কৰাই ভাল হ'ব।"

...মই কানি-কাপোৰ লৈ গা-ধোৱা খুপৰিটোত সোমালো। এই খুপৰিটোৰ পৰা এটা একেবাৰেই উন্মুক্ত নলা চোতালেৰে গৈ বাহিৰৰ আৰু এটা খোলা নৰ্দমাত পৰিছে। চহৰৰ প্ৰায়বোৰ আলিয়েদি খোলা নৰ্দমা বাগৰি গৈছিল। এইবোৰৰ পৰাও অহৰহ প্ৰচণ্ড দুৰ্গন্ধ ভাহি আহিছিল।

মই কানি-কাপোৰ লৈ সোমাই গ'লো হয়, কিন্তু কানি-কাপোৰ থ'বলৈ ঠাই নাই। দুৱাৰখনৰ ওপৰত কাপোৰবোৰ দ'মাই থ'লো। জহি যোৱা আৰু শেলুৱৈয়ে ধৰা চৌবাচ্চাটোৰ পৰা পানী আনি গা ধুব ধৰাৰ লগে লগে মোৰ চকুৰেও ধাৰাসাৰে লোতক বব ধৰিলে। মোৰ অন্তৰ আত্মাই চিঞৰি উঠিল—"নাই নাই, মই ইয়াত থাকিব নোৱাৰিম। মই ইয়াত কোনোপধ্যেই থাকিব নোৱাৰিম।"

সেইদিনা ছাৰৰ ঘৰতো ঝুলনৰ বাবে অনেক যাত্ৰীৰ ভিৰ হৈছিল। কলিকতাৰ পৰা বঙালী পৰিয়াল এটাও আহিছিল। মোক তেওঁলোকে নানা প্ৰশ্ন কৰিব ধৰিলে—"ইস্ এই বয়সত বিধৱা! পৰ্বতৰ দৰে একোটা দিন পাৰ কৰিবা কেনেকৈ?"

গুৰুপত্নী মাহীদেৱে তেওঁলোকৰ এই কথা বৰ ভাল পোৱা নাছিল। মানুহবোৰ উঠি যোৱাৰ পাছত তেওঁ মোক ক'লে—"তোমাৰ দুৰ্ঘটনাবোৰৰ কথা কাকো একো ক'ব নেলাগে। তেনে ধৰণৰ প্ৰশ্ন কোনোবাই কৰিলেও এৰাই ফুৰিবা। তুমি আমাৰ নিজৰ ছোৱালীৰ দৰেই থাকিবা?"

...পিছলৈ মই তেওঁৰ কথা মানি চলিছিলো। এনেও মই নিজৰ ব্যক্তিগত কথা কাৰো আগত প্ৰকাশ কৰি ভাল নেপাইছিলো। সৰুৰে পৰা নিজৰ মাজত থকাটো মোৰ এক প্ৰকাৰৰ স্বভাৱতে পৰিণত হৈছিল।

সেইদিনা ৰাতি ছাৰ আৰু মাহীদেৱে নিজেই ওচৰত থাকি মোৰ খোৱা-বোৱা তদাৰক কৰিছিল। ছাৰৰ আনন্দ আৰু আগ্ৰহৰ যেন সীমা নাছিল আৰু মই মনৰ অস্থিৰতা লুকুৱাবলৈ যেন যুদ্ধহে কৰিছিলো।

ভাত-পানী খাই মই মন্দিৰৰ তলত মোৰ বাবে ৰখা কোঠালিটোলৈ নামি আহিলো। ছাৰে আকৌ এবাৰ মোৰ লগত তললৈ নামি আহিল। তেওঁ মোৰ বিছনা-পত্ৰ খুলি দিয়াত সহায় কৰিলে।

...এটা সময়ত মই এই অন্ধকূপত একেবাৰে অকলশৰীয়া হৈ পৰিলো। বাহিৰত

ঝুলন উৎসৱৰ যি হৰ্তগোল চলি আছিল সেই হৰ্তগোল লাহে লাহে কমি আহিল। ঝুলনৰ মেলাত বজা লাউড স্পীকাৰৰ শব্দ আৰু মন্দিৰৰ ঘণ্টাও ক্ষীণ হৈ আহিল। এটা সময়ত কোনো এক ৰামায়ণীৰ কণ্ঠৰ গল্‌গলীয়া শব্দৰ বাহিৰে আৰু একো শুনা নগ'ল।

...প্ৰচণ্ড গৰম। ফেনৰ কোনো বন্দৱস্ত নাই। খুপৰিটোক এইবাৰ মোৰ এটি বন্ধ কফিনৰ দৰে লাগিল। বতাহ আহিবলৈ দশৰথ আখাৰাৰ পিনে মুখ কৰি থকা খিৰিকিখন খুলি থ'বলৈও মোৰ ভয় লাগিল। প্ৰচণ্ড গৰমত ৰ'ব নোৱাৰি মই বিছনাৰ পৰা নামি মজিয়াতে গাৰুটো লৈ কুচি-মুচি পৰি ৰ'লো। মজিয়াত এনেদৰে পৰি থাকি মই চিলিঙৰ কাঠৰ সেই কট্ কট্ শব্দ শুনিলো। (বহু বছৰ আগেয়ে মই আমাৰ সত্ৰৰ পুৰণা হাউলিটোত উঁয়ে খোৱা কাঠৰ এনে ধৰণৰ কট্ কট্ শব্দ শুনিছিলো। এয়া ঠিক সেই একে ধৰণৰে শব্দ। ওপৰলৈ চকু মেলি চাবলৈ মোৰ ভয় লাগিল। ঠিক ওপৰতে মুৰুলীধৰৰ মন্দিৰ।)

মানসিক যন্ত্ৰণাত মই ছট্‌ফটাব ধৰিলো। নাই নাই, মই ইয়াত থাকিব নোৱাৰিম। সুদীৰ্ঘ কাল মই ইয়াত কেতিয়াও থাকিব নোৱাৰিম।

এইবাৰ মজিয়াত মই চকুলো টুকিব ধৰিলো। লগে লগে গুৱাহাটীলৈ উভতি যাবলৈও সাজু হ'লো। কিন্তু মইতো অকলে উভতি যাব নোৱাৰিম। বৃন্দাবনলৈ অকলে অহাৰ অভিজ্ঞতাও বৰ ভাল নহয়। হঠাৎ মোৰ মনত পৰিল ব্ৰহ্মপুত্ৰৰ পাৰত থকা মোৰ এগৰাকী মহালৈ। সৰুৰে পৰা তেওঁ আমাক বৰ মৰম কৰিছিল। মই মাতি পঠিয়ালে তেওঁ নিশ্চয় আহিব, আৰু মোক ইয়াৰ পৰা লৈ যাব। মই এক প্ৰকাৰ এটা সিদ্ধান্ততে আহিলো।

...বৃন্দাবনৰ এই প্ৰথম ৰাতিৰ যন্ত্ৰণাৰ কথা মই ঠিক কাগজ-কলমেৰে লেখি প্ৰকাশ কৰিব নোৱাৰিম। কিছুমান ভাৱনাৰ হুবহু প্ৰকাশ কাগজ-কলমে কৰিব নোৱাৰে। অনেক ৰাতিলৈকে মই উদং মজিয়াতে বহিয়ে কটালো। সেইদিনা এই পৃথিৱীৰ পৰা মোক এৰি থৈ যোৱা মানুহবোৰ যেন এজন এজনকৈ আহি মোৰ সন্মুখত উপস্থিত হৈছিল।—পিতাও আহিছিল—সেই পিতা যিয়ে মই ৰাজআলিটো পৰ্যন্ত ঠিক মতে পাৰ হ'ব পাৰিম নে নোৱাৰিম এই বিষয়েও সন্দেহ কৰিছিল।... খুৰা, যিয়ে মই মহাৰাণীৰ দৰে অহৰহ দুমহলীয়া ঘৰৰ খটখটিৰে উঠা-নমা কৰি থাকিম বুলি কল্পনা কৰিছিল তেৰোঁ যেন মোৰ পিনে স্তব্ধ হৈ চাই আছিল। আৰু মাধু? মাধু? মই এনেদৰে মজিয়াত পৰি আছো?

...একেবাৰে শেষ ৰাতি মোৰ বোধহয় চিল্‌মিল্‌কৈ টোপনি আহিছিল। কিন্তু

আকৌ মই সাৰ পালো। এই শেষ ৰাতি কোনোবা এটা মন্দিৰৰ পৰা অহা ঘণ্টাৰ ক্ষীণ ধ্বনি এটা মোৰ কাণত পৰিল। ওচৰতে ব্ৰহ্মকুণ্ড মন্দিৰ আছিল চাগৈ।

দশৰথ আখাৰাৰ পিনে থকা খিৰিকিখন মই খুলি দিলো। লগে লগে অজস্ৰ তৰাৰে ভৰি থকা আকাশখন মোৰ চকুত পৰিল। সাপৰ নেজৰ দৰে লগা ক্ষীণ ধ্বজা এখনো মোৰ চকুত পৰিল। এয়া শ্ৰীৰঙ্গজী মন্দিৰৰ ধ্বজা। কিছু সময়ৰ পাছত শ্ৰীৰঙ্গজী মন্দিৰৰ সুপ্ৰভাতৰ সঙ্গীতৰ ধ্বনি মোৰ কাণত পৰিল।

মই বাহিৰলৈ ওলাই আহিলো। শৰীৰ আৰু মন একেবাৰেই ভাগি পৰিছিল। সেই ঘুট্‌মুটীয়া গা ধোৱা ঘৰটোলৈ গৈ মই গা ধুলো। পুৱাই গা ধোৱা মোৰ অভ্যাস। তাৰ পাছত খটখটিৰে উঠি গৈ মই ছাৰৰ লগত পুৱাৰ চাহ-জলপান খালো। মোৰ মনৰ গোপন সংঘৰ্ষৰ কথা ছাৰৰ আগত প্ৰকাশ কৰিব নোৱাৰিলো। এৰা, কেনেকৈ প্ৰকাশ কৰো যে মই বৃন্দাবনত ভৰি দিয়েই উভতি যাবলৈ সাজু হৈছো। ছাৰে ক'লে—"আমি ঠিক এঘাৰটা বজাত ভাত-পানী খাই সাজু হ'ম। তুমি আমাৰ 'ইন্সটিটিউট অব্ অৰিয়েণ্টেল ফিল'ছ'ফি' চাই আহিবা। এই ইন্সটিটিউটৰ ৰেক্টৰ স্বামী বনমহাৰাজৰ সাক্ষাৎ লাভ কৰিব পাৰিবা। তোমাৰ হাতত মেট্ৰিকৰ পৰা একেবাৰে এম.এ.লৈকে পৰীক্ষা পাছ কৰা চাৰ্টিফিকেটবোৰ আছে নহয়, সেইবোৰো হাতত ল'বা। বিধিৰ কেনে ধৰণৰ বিধান চোৱাচোন! গুৱাহাটী বিশ্ববিদ্যালয়ৰ শিক্ষক এগৰাকীয়ে বৃন্দাবনলৈ এটি বেলেগ ছাত্ৰ আনিব লাগে বুলি বৰ জোৰ দিছিল। আমিও ছাত্ৰটি লৈ আহিব লাগে বুলি লেখি পঠিয়ালো, সিও আহিব বুলি চিঠি লেখিলে।—কিন্তু এই শেষ মুহূৰ্তত সি আহিব নোৱাৰিম বুলি চিঠি লেখিলে। লগে লগে মই তোমালৈ খবৰ দিলো।"

...মই একেবাৰেই বোবা মানুহৰ দৰে হৈ পৰিছো। মনৰ সংঘৰ্ষৰ কথা ছাৰক জনাওঁ কেনেকৈ?

...তললৈ নামি আহি মই মোৰ নথি-পত্ৰবোৰ বিচাৰিব ধৰিলো। সেইবোৰ যে ক'ত শোট-মোট খাই পৰি আছিল ভালদৰে মনতেই নাছিল।...কাগজ-পত্ৰ ইত্যাদি ঠিক মতে থোৱাত মই কোনোদিনেই পৰিপাটি নাছিলো। দুখনমান কাগজ মোৰ হাতত পৰিল। এই কাগজবোৰৰ ভিতৰত সৈনিক স্কুলত কাম কৰি থাকোঁতে প্ৰখ্যাত কবি সমালোচক মহেন্দ্ৰ বৰাদেৱে মোৰ চুটিগল্প কিছুমান পঢ়ি দিয়া চাৰ্টিফিকেট এখনো আছিল। মই কাগজসমূহ বিচাৰিছিলো যদিও কোনো কথাৰ বাবে মোৰ আৰু উৎসাহ নাছিল। যন্ত্ৰচালিত মানুহৰ দৰে মই কাগজ-পত্ৰসমূহ খদ্দৰৰ বেগ এটাত ভৰাই ল'লো। 'ইন্সটিটিউট অব্ অৰিয়েণ্টেল ফিল'ছ'ফি'লৈ যাবলৈ মই এযোৰ পাটৰ পুৰণা মেখেলা-

চাদৰ পিন্ধিলো। মই যেন নিজৰ বুকুৰ ঢপ্‌ঢপনি নিজে শুনা পালো। ছাৰক কি স'তেৰে কওঁ—মই গুৱাহাটীলৈ উভতি যাবলৈহে ওলাইছো। সুৰুঙা পালেই প'ষ্ট অফিচলৈ গৈ মোৰ মহা শুভচন্দ্ৰ বৰুৱালৈ টেলিগ্ৰাম কৰিম এয়ে মনৰ ভাৱ! হৰি হৰি, কিয় হ'ল মনৰ এনে ভাৱ? গুৱাহাটীৰ পৰা আহোঁতে তো মনৰ ভাৱ এনে নাছিল। বাৰে বাৰে চকুৰ লোতক সৰি পৰিব খোজে। কি কৰা যায়?

...এটা সময়ত খট্ খট্ শব্দ কৰি বাহিৰত টাঙ্গা আহি থিয় হ'ল। ধুতি-পাঞ্জাবী আৰু হাতত ছাতি লৈ ছাৰো আহি মোৰ দুৱাৰৰ ওচৰত থিয় হ'ল। খুপৰিটোৰ পৰা ওলাই আমি মই ছাৰৰ লগত টাঙ্গাত উঠিলো।

আমাৰ টাঙ্গা ব্ৰহ্মকুণ্ডৰ দশৰথ আখাৰা পাৰ হৈ গোপীনাথ বজাৰৰ মাজেৰে আগুৱাই গ'ল। বজাৰৰ বাঁওহাতে অনেক ভগ্নপ্ৰায় দালান। প্ৰত্যেকটো দালানত এটা এটা মন্দিৰ। সোঁফালে খুপৰি জাতীয় ঘৰৰ শাৰী আৰু মন্দিৰ। এটা ভজন আশ্ৰমো চকুত পৰিল। এই আশ্ৰমৰ পৰা ঢোলক আৰু সংকীৰ্তনৰ শব্দ ভাহি আহিছে। ছাৰে ক'লে—"এয়া হাড়বাড়ি, ইয়াত অজস্ৰ আশ্ৰয়হীনা বিধৱা থাকে। তিনিআলি এটা পাৰ হৈ আমি আৰু এটা ভজন আশ্ৰম পালো। অসংখ্য বিধৱাই তাত ভজন গাই আছে। হঠাৎ মোৰ দৃষ্টি খোলা নৰ্মদা এটাৰ কাষত মুমূৰ্ষু অৱস্থাত পৰি থকা অৰ্ধনগ্ন মানুহ এটাৰ ওপৰত পৰিল। সি তাৰ অস্থিচৰ্মসাৰ হাত দুখন ওপৰলৈ তুলি কিবা যেন ক'ব খুজিছে, তাৰ সৰ্বশৰীৰত পৰি ভেনা মাখিয়ে ভেন্ ভেন্ কৰি আছে।

মই আৰ্তনাদ কৰি উঠিলো—"উস্ মানুহটোৱে বোধহয় পানী খাব বিচাৰিছে। ইমানবোৰ সেৱা আশ্ৰম ইত্যাদি ইয়াত থকা বুলি শুনিছিলো!"

ছাৰে ক'লে—"সিহঁতক কোনেও তুলি নিদিয়ে। ব্ৰজধামৰ পবিত্ৰ মাটিত লীন হ'ব খোজা এনেকুৱা মানুহ তুমি অনেক দেখা পাবা। বহুদূৰ বাট কুৰি বাই সিহঁতে ব্ৰজধামৰ মাটিত শেষ নিশ্বাস পেলাব আহিছে!"

মই আৰ্তনাদ কৰি উঠিলো—"ছাৰ, সি বোধহয় পানী বিচাৰিছে, মই নামি গৈ দি থৈ আহোগৈনে?"

ছাৰে গাড়োৱানক টাঙ্গা ৰখাব ক'লে, আমি দুয়ো আহি মানুহটোৰ ওচৰত থিয় হ'লো; কিন্তু নাই, মানুহটোৱে একো বিচৰা নাই। এয়া বোধহয় তাৰ শেষ অৱস্থা। কাৰণ মুখত পৰা ভেনা মাখিবোৰো সি আঁতৰাবলৈ চেষ্টা কৰা নাই। নৰ্দমা দুৰ্গন্ধ আহি মোৰ নাকত লাগিল। ভজন আশ্ৰমৰ পৰা অহা সংকীৰ্তন আৰু মোৰ বুকুৰ ধপ্‌ধপনি যেন এক হৈ মোৰ কাণত বাজিব ধৰিলে।

আমি আকৌ উভতি আহি টাঙ্গাত উঠিলো। এইবাৰ টাঙ্গা আহি ঘোঁৰা ৰখা

আস্তাৱলৰ দৰে ঠাই এটুকুৰাত উপস্থিত হ'ল। ইয়াত অজস্ৰ টাঙ্গাৰ ভিৰ। ইয়াতেই আছে ঘোঁৰাৰ বাবে দানা-পানীৰ ব্যৱস্থা। ঝুলন উৎসৱৰ বাবেই হয়তো ঘোঁৰাবোৰক বৰ মনোমোহাকৈ সজোৱা হৈছে। সিহঁতৰ মূৰত বিচিত্ৰ শিৰস্ত্ৰাণ। ...এইবাৰ আমি গোপীনাথ বজাৰৰ প্ৰধান আলিৰে আগুৱাই গ'লো। আলিৰ দুয়োপিনে অজস্ৰ দোকান। অষ্টধাতুৰ মূৰ্তি, গোপী চন্দন, ৰুদ্ৰাক্ষৰ মালা, কাপোৰৰ দোকান, মিঠাইৰ দোকান, তমালৰ পাতৰ দোকান ইত্যাদি অজস্ৰ দোকান আৰু অ'ৰ-ত'ৰ সেই ৰহস্যময় গলিসমূহ! ক'ত যে আৰম্ভ হৈছে আৰু ক'ত যে শেষ হৈছে এই গলিবোৰ!

...আকৌ এটা তিনি আলিত উপস্থিত হোৱাৰ পাছত ছাৰে ক'লে—"সোঁহাতে বাঁকে বিহাৰীৰ মন্দিৰ। আজি সেইপিনে বৰ ভিৰ হ'ব। অন্য এটা আলিৰেই বনমহাৰাজৰ কলেজলৈ যোৱা ভাল হ'ব। [ছাৰে ইন্সটিটিউট অব্ অৰিয়েণ্টেল ফিল'ছ'ফিক বনমহাৰাজৰ কলেজ বুলিয়েই কৈছিল।]

আমি এইবাৰ এটা অলপ নিৰিবিলি ধৰণৰ আলিৰে আগ বাঢ়িলো। আলিৰ দুয়োপিনে নিম, জামু, আৰু বাবুল গছৰ জোপোহা ভৰি আছিল। সেইবোৰৰ মাজে মাজে ম'ৰা চৰাই এজাক ঘূৰি ফুৰিছে। মন্দিৰৰ খণ্ডহৰ আৰু জহি খহি যোৱা ছত্ৰী কিছুমানত ভিৰ পাতি থকা সন্ন্যাসীসকলকো দেখা পালো। হাতত বাদ্য-যন্ত্ৰ লৈ কিছুমানে গীত গাই আছে। কিছুমানে ধপাত হুঁপি আছে। কিছুমানে সম্পূৰ্ণ উলঙ্গ হৈ শৰীৰত ছাই ভস্ম সানি ঘূৰি ফুৰিছে। ভেৰাৰ নোমৰ দৰে বৰণ সিহঁতৰ মূৰৰ জঁটাৰ। এই আলিটো মোৰ ভাল লাগিল। ইয়াত দুৰ্গন্ধ নাই। মানুহৰ ভিৰো নাই।

বনমহাৰাজৰ এই কলেজ অৰ্থাৎ 'ইন্সটিটিউট অব্ অৰিয়েণ্টেল ফিল'ছ'ফি' এটা তেনেই প্ৰাচীন দালানৰ ওপৰত প্ৰতিষ্ঠিত। ইয়াত মুখামুখিকৈ আছে দুটা ডাঙৰ ভৱন। সন্মুখৰ ভৱনটোত সভা-সমিতি বহে। প্ৰায় দহ বিঘা মাটি জুৰি আছে ইন্সটিটিউট কম্পাউণ্ড। দূৰৈত এটি সৰু ছাত্ৰাবাসো অৱস্থিত।

ছাৰে মোক স্বামী বনমহাৰাজৰ কোঠালৈ লৈ গ'ল। আহল-বহল কোঠা। কাঠৰ চকী এখনত স্বামী বনমহাৰাজ বহি আছিল। পিছলৈ শুনিছিলো এই গৰাকী স্বামীয়ে মাটিৰ তলত গাঁত খান্দি সেই গাঁতৰ ভিতৰত বহুদিন ধৰি সাধনা কৰিছিল। জীৱনৰ বেছিভাগ সময় তেওঁ জাৰ্মান দেশত কটাইছিল। স্বামীজীৰ পিন্ধনত গেৰুৱা ধুতি, চাদৰ আৰু পাঞ্জাবী। মূৰৰ চুলি পাতল। বৰণ মিঠা। হাত-ভৰি আটিল। চকুৰ দৃষ্টি গভীৰ, স্বামীজীৰ বয়স কিমান ধৰা মস্কিল। মই লগ পোৱাত ১৯৬৯ চনত স্বামীজীৰ বয়স বোধহয় ষাঠিমানহে আছিল। ছাৰে সোঁৱৰাই দিলে—"যোৱা, স্বামীজীৰ পদধূলি মূৰত লোৱা।"

মই আগ বাঢ়ি গৈ তেওঁৰ ভৰি স্পৰ্শ কৰিলো।

তেওঁ মূৰ তুলি চালে। এটা মধুৰ হাঁহি তেওঁৰ ওঁঠৰ ওপৰেৰে বাগৰি গ'ল। ক'লে—"এম.এ. পৰীক্ষাত কেনেকুৱা কৰিছিলা?"

মই ক'লো—"দ্বিতীয় শ্ৰেণীহে পাইছো। [কেনেকৈ স্বামীজীক কওঁ—পৰীক্ষা ব্যৱস্থাবোৰৰ প্ৰতি মোৰ কোনো আস্থা নাই। মোৰ লগৰ যি দুই-এগৰাকীয়ে প্ৰথম শ্ৰেণী পাইছিল সেই কেইগৰাকীতকৈ মই নিজকে কম মেধাৱী বুলি ভাবিব নুখুজিলো। সেয়ে ছাত্ৰ-ছাত্ৰীৰ ভাগ্য নিৰ্ণয় কৰা ডিগ্ৰী-পত্ৰসমূহ আনিছিলো আৰু বাকচৰ এচুকত পেলাই থৈছিলো। কিন্তু কেতিয়াবা এই পত্ৰসমূহৰ প্ৰয়োজন হয়। এই পত্ৰসমূহক বাদ দি এখোজ আগ বঢ়াও মস্কিল হৈ পৰে।)

স্বামীজী বনমহাৰাজ অৱশ্যে বৰ সন্তুষ্ট হোৱা যেনেই ভাৱ হ'ল। তেওঁ ক'লে—"যোৱা, আমাৰ ইন্সটিটিইউট চাই লোৱা। পুথিভঁৰালো চাই লোৱা, অনেক প্ৰাচীন কিতাপ-পত্ৰ পাবা।"

আমি তেওঁৰ পৰা বিদায় লৈ পুথিভঁৰালৰ পিনে আগুৱাই গ'লো। এই পুথিভঁৰালতেই প্ৰথমবাৰৰ বাবে মই দাশগুপ্ত আৰু ৰাধাকৃষ্ণণৰ দৰ্শন সম্বন্ধীয় কিতাপবোৰ দেখা পালো। তেওঁলোকৰ সাধনাৰে সৈতে প্ৰথমবাৰৰ বাবে যেন এয়া মুখামুখিয়েই হ'লো।

ওপৰ মহলাত ছাৰে কাম কৰা কোঠাটোলৈও লৈ গ'ল। এই কোঠাত একেবাৰেই পুৰণা কাঠৰ চকী-মেজ এযোৰ আছে আৰু তাতোকৈ পুৰণা এটা কাঠৰ আলমাৰি আছে। তাত ঠাহ খাই আছে কিছুমান পুৰণা কিতাপ। কোঠাৰটোৰ বন্ধ থকা খিৰিকি এখন খুলি মই বৃন্দাবনৰ কিছুমান ৰমণীয় স্থান দেখা পালো। বিচিত্ৰ কাঁইটীয়া জোপোহা কিছুমানত ভৰি ভৰি লাগি আছে বেগুনীয়া আৰু ৰঙা ফুল। বাবুলৰ কাঁইটীয়া জোপোহাবোৰেও হৰিণা পহুৰ শিঙৰ দৰে ৰূপ ধাৰণ কৰি আছে। নৰ্দমাৰ দুৰ্গন্ধ আৰু ভিৰেৰে পৰিপূৰ্ণ সেই স্থানৰ পৰা এই স্থান বহু দূৰৈত। খিৰিকিৰ ওচৰত থিয় হৈ থাকোঁতেই দেখিলো কেৰ্কেটুৱা কেইটামানে গাৰ কাযেৰে জঁপিয়াই আহি ছাৰৰ কিতাপ থোৱা টেবুলত উঠিল।

ছাৰে ক'লে—"মই ইয়াত পঢ়া-শুনা কৰি থাকো বাবে এই কেৰ্কেটুৱাবোৰো মোৰ চিনাকি হৈ গৈছে। আজিকালি কি কৰে জানানে সিহঁতে? মোৰ গাৰ ওপৰত উঠে... মোৰ মূৰৰ চুলি শেষেই হৈ গৈছে—যি কেইডাল বাকী আছে সেইকেইডাল খুঁটি খুঁটি চায়।"

বিস্ময়ত মই অভিভূত হ'লো। প্ৰাচীন ঋষি-মুনিৰ লগত বন্য পশু-পক্ষীয়ে মিতিৰালি পতাৰ কথা মই শুনিছিলো। ছাৰো বোধহয় তেনে ধৰণৰে মানুহ।

ইন্সটিটিউটত মই অনেক ধৰণৰ পণ্ডিতক লগ পালো। চতুৰ্বেদী বোলা এগৰাকীয়ে সাধাৰণতে সংস্কৃতেৰেই কথা-বতৰা পাতে। ইয়াত স্নাতকোত্তৰ শ্ৰেণীত পঢ়ি থকা সৰহভাগ ছাত্ৰ-ছাত্ৰীয়েই বৃন্দাবনৰ বাসিন্দা। দুই-এটি ওচৰৰ গাঁৱৰ পৰাও আহে। ইন্সটিটিউটটি আগ্ৰা বিশ্ববিদ্যালয়ৰ লগত এফিলিয়েটেড।

ছাৰৰ লগত মন্দিৰলৈ উভতি আহিলো এটা অন্য ৰাস্তাৰে।

এটা সময়ত আমি আহি ব্ৰহ্মকুণ্ডৰ তিনিশ তিয়াল্লিশ নম্বৰৰ ভগ্ন দালানৰ সন্মুখত থিয় হ'লো। দীঘলীয়া কৰিড'ৰটো পাৰ হোৱাৰ লগে লগে দেখিলো মাহীদেউ প্ৰেমদা লেখাৰুৱে খপ্‌জপ্‌কৈ তললৈ নামি আহিছে। তেওঁ আথে-বেথে সুধিলে—"কেনে লাগিল তোমাৰ?"

যদিও মই অলৌকিক ঘটনা ইত্যাদিত বৰ বিশ্বাস নেৰাখো—এইখিনি সময়ত মোৰ মনৰ প্ৰতিক্ৰিয়াক যেন কোনো এক ঐশ্বৰিক শক্তিয়েহে নিয়ন্ত্ৰণ কৰিলে ঠিক একে ধৰণৰ এক ভাৱ হ'ল।

ছাৰৰ লগত ইন্সটিটিউটলৈ যোৱাৰ সময়ত মোৰ মনত কোনো প্ৰকাৰৰ আগ্ৰহ নাছিল। মই গুৱাহাটীলৈ উভতি যোৱাৰ সংকল্প কৰিয়েই ছাৰৰ লগত ইন্সটিটিউটলৈ গৈছিলো। কিন্তু বিস্ময়কৰ কথা এয়ে যে এতিয়া মনৰ সেই অৱস্থা নাই। সঁচাকৈয়ে এক ঐশ্বৰিক শক্তিয়েহে যেন মোৰ মনৰ ওপৰত প্ৰতিক্ৰিয়া আৰম্ভ কৰিছে। মই মোৰ মহা শ্ৰীশুভচন্দ্ৰ বৰুৱাক মাতি অনাৰ কথা আৰু তেওঁৰ লগত গুৱাহাটীলৈ উভতি যোৱাৰ কথা সম্পূৰ্ণৰূপে পাহৰি গৈছো। (হৃদয়ত পোৱা আঘাত নাইবা যন্ত্ৰণাৰ কথা মই কেতিয়াও নেপাহৰিছিলো। জীৱনত ঘটি যোৱা কিছুমান যন্ত্ৰণাৰ কাহিনী গোটেই জীৱন মই যেন মৰাশ কঢ়িয়াই লৈ ফুৰাৰ দৰে কঢ়িয়াই ফুৰিছিলো কিন্তু যোৱা ৰাতিৰ যন্ত্ৰণাৰ পাছত অনেকেই মোক বৃন্দাবনত থাকোঁতে আধ্যাত্মিক অভিজ্ঞতাৰ সৈতে কেতিয়াবা মুখামুখি হৈছিলো নে নাই সেই প্ৰশ্ন কৰিছিল। আনকি এবাৰ সুপ্ৰসিদ্ধ লেখিকা শ্ৰীমতী অমৃতা প্ৰীতমেও এই প্ৰশ্ন সুধিছিল। মই তেওঁলোকক বৃন্দাবনৰ অভিজ্ঞতাৰ কাহিনী কৈছিলো। কি কাৰণে মই গুৱাহাটীলৈ উভতি যোৱাৰ কথা পাহৰি গ'লো এই কথা মোৰ মনত পাছলৈ সদায়ে এক প্ৰশ্ন হৈয়ে ৰৈছিল।)

এটা-দুটাকৈ দিন বাগৰি যাবলৈ ধৰিলে।

০ ০ ০ ০

মন্দিৰৰ তলৰ এই খুপৰিটোত মই নিজেই ৰন্ধা-বঢ়া কৰিছিলো। ললিতা দাসী নামৰ বুঢ়ী এজনীয়ে বাচন-বৰ্তন ধুই খুপৰিটো পৰিষ্কাৰ কৰি থৈ গৈছিল।

মোৰ এই খুপৰিটোৰ সন্মুখত আৰু এটা কোঠা আছিল। তাত মই মোৰ পঢ়া টেবুল আৰু কাঠৰ চকী মেজ এযোৰ থৈছিলো, যাতে কোনোবা আহিলে বহিব পাৰে।

লাহে লাহে সকলো কথা অভ্যস্ত হৈ আহিল। গ্ৰীষ্মৰ দিনত ব্যৱহাৰৰ বাবে ফেন ইত্যাদিৰ কোনো ব্যৱস্থা নাছিল বাবে গৰমত ৰ'ব নোৱাৰি বিছনাৰ অভ্যাস এৰি মই উদং পকা মজিয়াত শোৱাৰ অভ্যাস আৰম্ভ কৰিছিলো।

o o o o

অসমীয়া ৰামায়ণ সাহিত্যৰ বিষয়ে লেখাৰু ছাৰৰ যথেষ্ট জ্ঞান আছিল। মোৰ বোধেৰে মাধৱ কন্দলীৰ ৰামায়ণৰ সৌন্দৰ্য আৰু ইয়াৰ গুৰুত্ব পোন প্ৰথমবাৰৰ বাবে লেখাৰু ছাৰেই আৱিষ্কাৰ কৰিছিল। তেওঁৰ 'ৰামায়ণ সাহিত্য' নামৰ পুথিখনে অসমীয়া ৰামায়ণ সাহিত্যৰ বিষয়ে অধ্যয়নৰ দুৱাৰ সকলোৰে বাবে যেন মুকলি কৰিছিল। কেইবাগৰাকীও বিদেশী পণ্ডিতে এই কিতাপখনৰ কথা উল্লেখ কৰাৰ কথা মই জানিব পাৰিছিলো। পিছলৈ মই যেতিয়া ৰামায়ণ সাহিত্যৰ মহাপণ্ডিত ফাদাৰ কালিম বুল্কেক প্ৰথমবাৰৰ বাবে ৰাঁচী চহৰত লগ পাইছিলো তেওঁ এই কিতাপৰ কথা উল্লেখ কৰিছিল।

।।দুই।।

ৰাধেশ্যামীসকলক মই যেনেদৰে জানিছিলো ঃ

...লাহে লাহে বৃন্দাবনত মোৰ সকলো কথা অভ্যস্ত হৈ আহিল। আমাৰ এই মন্দিৰৰ আশে-পাশে অনেক ৰাধেশ্যামীয়ে অৰ্থাৎ ভজন কৰি খোৱা বিধৱাই বাস কৰিছিল। সৰু সৰু খুপৰি জাতীয় ঘৰ কিছুমানত তেওঁলোকে দিন অতিবাহিত কৰিছিল। সৰহভাগেই পূৰ্ববঙ্গৰ দিনাজপুৰ, ৰাজসাহী ইত্যাদিৰ মানুহ। কিছুমানে ভক্তি ভাৱত গদ্ গদ্ হৈ এই স্থানলৈ আহিছিল যদিও বেছিভাগেই পাৰিবাৰিক অশান্তিত থাকিব নোৱাৰি ব্ৰজধামত আশ্ৰয় লৈছিল। সৰহভাগৰ কাহিনী বৰ নিৰ্মম আৰু যন্ত্ৰণাদায়ক আছিল। মোৰ লগত পিছলৈ এক প্ৰকাৰ আন্তৰিকতাই স্থাপন কৰা ৰাজসাহীৰ বৃদ্ধা ৰাধেশ্যামী এগৰাকীয়ে কেনেদৰে ঔষধ আৰু চিকিৎসাৰ অভাৱত অন্ধকাৰ খুপৰি এটাত তিল্‌তিল্‌কৈ মৃত্যুবৰণ কৰিছিল সেই দৃশ্য মই দেখিছিলো। তাই ভাল অৱস্থাত

দশৰথ আখাৰাৰ নাদ এটালৈ পানী নিবলৈ থৰক্-বৰক্কৈ আহিছিল। কেতিয়াবা মই পানীৰ কলহটো তাইৰ হাতৰ পৰা কাঢ়ি লৈ অন্ধকূপটোত থৈ আহিছিলো। মাজে মাজে মই তাইক খোৱা বস্তু দিব খুজিছিলো। এই পানীত হাঁহ নচৰা অৱস্থাতো তাই আত্মসন্মানৰ কথা ভাবিছিল; আৰু মই দিব খোজা খোৱা বস্তু ল'বলৈ কিছু সঙ্কোচ প্ৰকাশ কৰিছিল। মৰমৰ মীনা বজাৰ, মৰমৰ মীনা বজাৰ এনে ধৰণৰ শব্দ এটা তাই অহৰহ উচ্চাৰণ কৰিছিল। মৃত্যুৰ দুদিন আগেয়ে তাই মোক মাতি আনি ক'লে—"তোমাৰ হাতেৰে মই গোবিন্দজী মন্দিৰৰ সন্মুখৰ ব্ৰজবাসীহঁতে ভজা আলুৰ বড়া খাব খোজো!"

গধূলি মই তাইলৈ আলুৰ বড়া লৈ খুপৰিটোত উপস্থিত হ'লো, তাই মৃত্যু শয্যাত পৰি আছে। কেৰাচিনৰ চাকি এটা টিমিক্-টামাক্কৈ জ্বলি আছে। বমি আৰু শৌচ-প্ৰস্ৰাৱৰ দুৰ্গন্ধ মোৰ নাকত লাগিল। তাই মূৰ দাঙি মোৰ পৰা তমালৰ পাতেৰে মেৰুৱা বড়াৰ ঠোঙাটো গ্ৰহণ কৰিলে। ওচৰে-পাঁজৰে থকা ৰাধেশ্যামীহঁতে আহি দুৱাৰমুখত ভিৰ পাতিলেহি। সিহঁতে ক'লে—"এতিয়া আৰু উঠিব নোৱাৰিব, কাপোৰে-কানিয়ে শৌচ-প্ৰস্ৰাৱ কৰিব ধৰিছে। এতিয়া আৰু উঠিব নোৱাৰিব!" দুদিনৰ পাছত তাইৰ মৃত্যু হৈছিল।

০ ০ ০ ০

১৮৭৬ চনত কুন্দল লাল শাহে সজা বিহাৰীৰ মাৰ্বলৰ মন্দিৰৰ দুৱাৰমুখত মই অহৰহ এজাক কুষ্ঠ ৰোগীক বহি থকা দেখিছিলো। সিহঁতৰ ওচৰে-পাঁজৰে ছায়াৰ দৰে থিয় হৈ থাকে এই ৰাধেশ্যামীসকল। ভক্তসকলে কুষ্ঠ ৰোগীহঁতলৈ দলিয়াই দিয়া দুই-এটা মুদ্ৰা কিজানি সিহঁতৰ আঁচলতো আহি পৰে? বজাৰৰ একোণে থকা শাহজী মন্দিৰৰ ওপৰ মহলাৰ কৃষ্ণৰ নৃত্যৰতা সখীসকলৰ মাৰ্বলৰ মূৰ্তিসমূহ চাব যাওঁতে এই মন্দিৰৰ কাষেৰে একেবাৰে যমুনালৈ যোৱা গলিটোত লাংখা-লিংখি বস্তু আৰু ফাটি-ছিৰি জলৌলৌৱা হোৱা বিছনা এখন সাৱটি বহি থকা আন এগৰাকী বৃদ্ধা ৰাধেশ্যামীৰ লগত এদিন সাক্ষাৎ ঘটিল। সুধিছিলো—"কি হৈছে? কিয় ইয়াত পৰি আছা?"

লাংখা-লিংখি বস্তু আৰু ফটা কাপোৰৰ দ'মৰ মাজত একেবাৰেই পাখি ভঙা শগুণৰ দৰে পৰি থকা বৃদ্ধাই মুখৰ ভিতৰত কিবা এটা ভোৰ্ভোৰালে, মই ভালদৰে একো ধৰিব নোৱাৰিলো।

যমুনাত গা ধুবলৈ যোৱা আৰু এদল ৰাধেশ্যামী আহি বুঢ়ীৰ ওচৰত গোট খালে। তাৰে এগৰাকীয়ে বঙালী ভাষাৰে মোক বুজাই দিলে—"কাৰোবাৰ লগত আছিল। বহুদিনৰ পৰা যাব লাগে যাব লাগে বুলি কৈ আছিল। আজি টানি আনি টালি টোপোলাৰ সৈতে ৰাস্তাত থৈ গৈছে।"

"কিয় এনে কৰিলে?"

"ঔৰ্ধ্বদৈহিকৰ বাবে পইচা নাই। বুঢ়ীৰ ভৰি ফুলি ভিণ্ডাকাৰ হৈ গৈছে। মধুমেহকে ধৰি এশ এটা বেমাৰ! সেয়ে আজি ৰাস্তাত পেলাই থৈ গৈছে।"

বিস্ময়ত বাঙ্ময় হৈ মই একে ঠাইতে কিছু সময় থিয় হৈ থাকিলো। পিছলৈ মই অনেকৰ মুখত শুনিছিলো ঔৰ্ধ্বদৈহিকৰ বাবে পইচা নেথাকিলে অনেকেই এই বুঢ়ীবোৰক খুপৰি দিব নোখোজে। সকলোৰে ভয় মৃত্যু হ'লে সিহঁতৰ দাহক্ৰিয়াৰ বাবে কোনে খৰচ বহন কৰিব। অনেকবাৰ প্ৰখৰ ৰ'দত লাম-লাকটু লৈ আলিবাটত বহি থকা বিধৱা মোৰ চকুত পৰিছিল আৰু অনেকবাৰ বৰষুণত তিতি-বুৰি জুৰুলি-জুপুৰি হৈও আলিবাটত পৰি থকা বৃদ্ধা বিধৱাৰ সৈতেও মই মুখামুখি হৈছিলো।

০ ০ ০ ০

অন্নকূট উৎসৱত মই সমগ্ৰ বৃন্দাবন মুখৰিত হৈ উঠা দেখিছিলো। এই উৎৰসত মন্দিৰৰ বিগ্ৰহৰ সন্মুখত নানা ধৰণৰ ব্যঞ্জন ৰখা হৈছিল। বৃন্দাবনৰ মন্দিৰসমূহে যেন প্ৰতিযোগিতাহে কৰিছিল। সুন্দৰ চাউলৰ ভাত পৰ্বতসদৃশ কৰি সজাই থৈছিল। সেই ভাত পেস্তা, বাদাম ইত্যাদিৰে অলঙ্কৃত কৰা হৈছিল। ক্ষীৰ আৰু বেচনেৰে কৰা মিঠাই আৰু নানা ধৰণৰ পৰমান্নই মুৰুলীধৰ শ্ৰীকৃষ্ণ আৰু বত্ৰিছ অলঙ্কাৰেৰে শোভিত ৰাধাৰ সন্মুখত লোভ লগাকৈ জাতিষ্কাৰ হৈ পৰিছিল। ১৬৪৭ চনত ৰজা মান সিঙে তৈয়াৰ কৰা ভব্য মন্দিৰ গোবিন্দজী। গৌড়ীয় গোস্বামীসকলে কালীয়দহ হ্ৰদৰ ওপৰত সজা শ্ৰীমদনমোহন মন্দিৰ। নিধুবনত মানস প্ৰতিমাক পাই বাঁকে বিহাৰী মন্দিৰত প্ৰতিষ্ঠা কৰা হৰিদাস স্বামীৰ মন্দিৰ বাঁকে বিহাৰী, আৰু ১৮০৮ চনত ৰামানুজ সম্প্ৰদায়ে সজোৱা ভব্য মন্দিৰ ৰঙ্গজীৰ সন্মুখত খাদ্যদ্ৰব্য ভৰি পৰিছিল। শতচ্ছিন্ন সাজ-পোছাকেৰে গৈ ৰাধেশ্যামী বৃদ্ধাহঁত থিয় হৈছিল এই খাদ্য সম্ভাৰৰ সন্মুখত।

সিহঁতে বিগ্ৰহৰ সন্মুখৰ এই সুস্বাদু খাদ্য সম্ভাৰৰ তালিকাখন আঙুলিৰ মূৰত গণিবৰ চেষ্টা কৰিছিল। যিবোৰ ৰাধেশ্যামীয়ে নিজে আহিব নোৱাৰিছিল, সেইবোৰক দুই-তিনিজনীয়ে ধৰি-মেলি এই উৎসৱ দেখুৱাবলৈ লৈ আহিছিল। বিগ্ৰহৰ ওচৰত পাহাৰৰ দৰে দ'ম হৈ পৰি থকা খাদ্য সম্ভাৰক সিহঁতে অত্যন্ত লোভনীয় দৃষ্টিৰে

চাইছিল। এই লোভ ভক্তিমিশ্রিত আছিলনে? মই ধৰিব নোৱাৰিছিলো। মোৰ মনত অৱশ্যে এটা অদ্ভুত ধাৰণা হৈছিল। সুযোগ পালেই যেন এই আধাপেটীকৈ থকা ৰাধেশ্যামীহঁতে বিগ্ৰহৰ সন্মুখৰে এই খাদ্য সম্ভাৰৰ ওপৰত জঁপিয়াই পৰিব। এক মুহূৰ্তৰ ভিতৰত যেন সকলো লণ্ড-ভণ্ড হৈ পৰিব। ঠিক এনে ধৰণৰ এটা ভাৱ হৈছিল।

০ ০ ০ ০

ৰাধেশ্যামীসকলৰ দলৰে ললিতা দাসীয়ে মোৰ বজাৰ-হাট কৰি দিছিল। লেখাৰু ছাৰৰ ঘৰতো তাই কাম কৰিছিল। দিনৰ দিনটো টাকুৰি ঘূৰাদি ঘূৰিছিল। সময় পালে গোপীনাথ বজাৰৰ ভজনাশ্ৰমত বহি গীত গাই আধাদিনৰ হিচাপ মতে আঠ অনা পইচা সংগ্ৰহ কৰিছিল। তাই ইষ্ট ইণ্ডিয়া কোম্পানীৰ দিনতে সজা লালাবাবুৰ মন্দিৰৰ প্ৰাঙ্গণত ভিক্ষা কৰাও দেখিছিলো। মোৰ ওচৰলৈ আহি কেতিয়াবা তাই ৰাধেশ্যামীসকলৰ জীৱনৰ কিছুমান অদ্ভুত কাহিনীৰ কথা কৈছিল। এদিন তাই আহি ক'লে—"যোৱা ৰাতি গোপীনাথ বজাৰৰ 'সোৱাং' (সঙ্গীত সভা) চাবলৈ মধুবন, গোৱৰ্ধন, বৰসানা, নন্দগাঁও আৰু মথুৰাৰ ভক্ত এসোপাৰ লগত গুণ্ডা কিছুমানো আহিছিল। ৰাতি দুটামানে ভাং আৰু মদ খাই মন্দিৰৰ পৰা উভতি যোৱা দুগৰাকী বুঢ়ী ৰাধেশ্যামীৰ ওপৰত জঁপিয়াই পৰিল। সিহঁতৰ কাপোৰ-কানি আঁজুৰি আঁজুৰি খুলিলে। সিহঁতৰ হাড়-ছাল ওলোৱা দেহক নগুৰ-নাগতি কৰি যোল্ল বছৰীয়া ছোৱালীৰ তেজৰ উত্তাপ বিচাৰিব ধৰিলে। দুয়োজনীৰ পকা চুলিৰ বান্ধ খুলি পৰিল। কানি-কাপোৰ দূৰলৈ ছিটিকি পৰিল।..."

...বিস্ময়কৰ! বিস্ময়কৰ!! ললিতা দাসীৰ পৰা মই আৰু যিবোৰ কথা শুনিলো সেইবোৰ ঠিক লেখি বৰ্ণাব নোৱৰা কথা।

০ ০ ০ ০

গোপীনাথ বজাৰৰ ব্ৰহ্মকুণ্ডৰ আমি থকা মন্দিৰৰ সন্মুখত আৰু এটা মন্দিৰ আছিল। ইষ্ট ইণ্ডিয়া কোম্পানীৰ দিনতে কোনোবা বঙালী ভক্তই এই মন্দিৰটোৰ নামেৰে এটা ট্ৰাষ্ট খুলি দিছিল। এগৰাকী ওখ, হটঙা, পৰিষ্কাৰ বৰণৰ বঙালী পূজাৰীয়ে মন্দিৰৰ পূজা পৰ্ব চলাইছিল। পূজাৰীৰ লগত একেটা কোঠাতে আৰু এগৰাকী ৰাধেশ্যামী থাকে। তাই বয়সীয়া তিৰোতা। পূজাৰীক ভাত-পানী ৰান্ধি দিয়ে। বিগ্ৰহৰ

ভোগো ৰান্ধে। পিছলৈ জানিছিলো দুয়োৰে বিয়া-বাৰু হোৱা নাই। তেনেদৰে অনেকেই থাকে। তাই মোক এদিন বৰ যত্নেৰে মন্দিৰৰ মজিয়াত পীৰা পাৰি এসাঁজ ভাত খুৱাইছিল। ক'ব নোৱাৰো কি কাৰণে মোৰ ভাব হৈছিল বিয়া-বাৰু নোহোৱাকৈ এনেকৈ থকাত যেন কোনো পাপ নাই। এই বয়সত এটিয়ে আনটোৰ এনে ধৰণৰ সহায় হোৱা যেন বৰ পুণ্যৰ কাম! ...ঠিক এনে ধৰণৰ এটা ভাব মোৰ মনলৈ আহিছিল। খোলা দুৱাৰেৰে মই ফটা কাপোৰেৰে মেৰুৱাই থোৱা দুয়োৰে বিছনা দুখন দেখিছিলো। মোৰ এই ধাৰণা লাহে লাহে বদ্ধমূল হৈ আহিছিল।

০ ০ ০ ০

বৃন্দাবনলৈ অহা তিনিমাহ পৰা হ'ল।

শ্ৰীৰঙ্গজী মন্দিৰৰ সুপ্ৰভাতৰ সঙ্গীত আৰম্ভ হোৱাৰ আগেয়ে আৰু ৰাধাবল্লভ, ৰাধাদামোদৰ মন্দিৰৰ পুৱাৰ আৰতিৰ ঘণ্টাৰ শব্দ শুনাৰ আগেয়ে মই শুই উঠিছিলো। শীতৰ দিনো আৰম্ভ হ'ল। মন্দিৰৰ চূড়াবোৰক কুঁৱলীয়ে সাৱটি ধৰিলে। যমুনাৰ ঘাটবোৰলৈ তেতিয়াও মই অকলশৰে যাব পৰা নাছিলো। এদিন লালাবাবুৰ মন্দিৰৰ সন্মুখৰ প্ৰকাণ্ড গছ এজোপাৰ পকাৰে বন্ধোৱা গুৰিটোত লাংখাই পৰি থকা মানুহ এটা দেখিলো। দুগৰাকীমান তিৰোতাই মূৰে গায়ে কাপোৰ লৈ মানুহটোৰ শৰীৰত কিবা-কিবি খেপিয়াই আছিল। আচৰিত কথা এয়ে যে মই সেই ঠাইত উপস্থিত হোৱাৰ লগে লগে ফৰিং ফুটাদি সিহঁতে তাৰ পৰা ছিটিকি পৰিল। কি নিব আহিছিল? আধা মৰা মানুহৰ শৰীৰৰ মাজত সিহঁতে কি বিচাৰিছিল? ...এই ধৰ্মক্ষেত্ৰত এনে দৃশ্য দেখি বিস্ময়ত অবাক হৈ একে ঠাইতে মই কিছু সময় স্তম্ভিত হৈ থিয় দি আছিলো।

০ ০ ০ ০

লাহে লাহে শীতৰ প্ৰকোপ বাঢ়ি আহিল। মন্দিৰৰ চূড়াবোৰ যেন কুঁৱলীৰ আঁচলৰ তলত সম্পূৰ্ণৰূপে ডুব যাব ধৰিলে। যমুনাৰ পৰা যেন এক শীতল বতাহ এই জনপদলৈ উঠি আহিছিল। এই বতাহৰ আঘাতত অস্থিচৰ্মসাৰ ৰাধেশ্যামীহঁতৰ শৰীৰৰ হাড়বোৰে কট্ কট্ শব্দ কৰিছিল। ধৰমশালাবোৰৰ বিনামূলীয়া চিকিৎসালয়বোৰত, গোপীনাথ বজাৰ আৰু বিহাৰীজীলৈ যোৱাৰ পথত থকা কবিৰাজী দোকানবোৰত এই বিধৱাবোৰে ভিৰ পাতিছিল। সিহঁতৰ ভৰিবোৰ উখহি ভিণ্ডাকাৰ হৈছিল। শীতৰ দিনত বেছিভাগ ৰাধেশ্যামীৰে এই ভৰি উখহা বেমাৰ মই দেখিছিলো। এটা-দুটাকৈ নিজৰ ঔৰ্ধ্বদৈহিকৰ

বাবে জমা কৰা পইচা সিহঁতে ঔষধৰ বাবে খৰচ কৰিব নুখুজিছিল। ঘণ্টাৰ পাছত ঘণ্টা ধৰি বিনামূলীয়াকৈ দিয়া ঔষধৰ আশাত সিহঁতে চিকিৎসালয়ৰ চিৰিত বহি অপেক্ষা কৰিছিল।

এই কথা সঁচা আছিল যে এচাম ৰাধেশ্যামীক এই ব্ৰজভূমিলৈ গঁতিয়াই পঠোৱা হৈছিল। কিন্তু এচামে ভক্তি ভাৱনাত অধীৰ হৈ আছিল। এয়া আছিল কৃষ্ণ ভক্তি। কোন আছিল এই কৃষ্ণ?

খ্ৰীষ্টপূৰ্ব বাৰশ শতিকাত এই ঠাইত কৃষ্ণৰ জন্ম হৈছিল—এই কথা সঁচানে? এই কৃষ্ণ সঁচাকৈয়ে এশ বছৰ জীয়াই আছিলনে? প্ৰবল প্ৰতাপী কংস আৰু জৰাসন্ধৰ হাতৰ পৰা তেওঁ হেনো জন্মভূমিক ৰক্ষা কৰিছিল। জৰাসন্ধৰ লগত অহা এক বিদেশী শক্তিৰ লগতো হেনো তেওঁ মোকাবিলা কৰিছিল। জৰাসন্ধৰ লগত অসমৰ ভগদত্তয়ো আহি মথুৰাৰ দুৱাৰমুখত হুঙ্কাৰ দিছিল... কুৰুক্ষেত্ৰ যুদ্ধৰ সময়ত হাড় ভঙা পৰিশ্ৰম কৰি এই মানৱ কৃষ্ণ ভাগৰি পৰিছিল। শেষলৈ গৃহ কন্দলত তেওঁৰ বংশ কুটুম্বসকলে এটিয়ে আনটিৰ ৰক্তপান কৰিবলৈ উদ্যত হৈছিল।...বাৰ্ধক্য আৰু মানসিক অশান্তিত জৰ্জৰিত শ্ৰীকৃষ্ণই আন আন মানুহৰ দৰে মৃত্যুবৰণ কৰিছিল।

o o o o

এই সময়ত বৃন্দাবনৰ ভক্তসকলক যেন সেই ঐতিহাসিক কৃষ্ণৰ প্ৰয়োজন নাই। কুৰুক্ষেত্ৰৰ যুদ্ধত হাড় ভঙা পৰিশ্ৰম কৰি ভাৰাক্ৰান্ত হোৱা কৃষ্ণক ইয়াত যেন কোনেও চিনি নেপায়। দিনাজপুৰ, ৰাজসাহী, বৰসানাৰ অজস্ৰ ৰাধেশ্যামীৰ হৃদয়ৰ মণিকোঠত এই কৃষ্ণই এক অভিনৱ ৰূপ লৈ বহি আছে।...এই শ্ৰীকৃষ্ণই চিৰহৰণ ঘাটত যেন প্ৰেমিক হৈ দেখা দিছে। কেশীঘাটত দানৱৰ হাতৰ পৰা উদ্ধাৰ কৰি যেন এইচাম ৰাধেশ্যামীক পিতৃ হৈ আশ্ৰয় দান কৰিছে, আৰু 'শৃঙ্গাৰকুঞ্জ'ত?...

...এক অদৃশ্য ৰহস্যময় শক্তিৰ ওচৰত এইচাম ৰাধেশ্যামীয়ে আত্মসমৰ্পণ কৰিছে।

সেই ঐতিহাসিক কৃষ্ণ ধূলিৰে ধূসৰিত হৈ গৈছে। পিতৃ, প্ৰেমিক আৰু বন্ধু হৈ অভিনৱ কৃষ্ণই এইচাম ৰাধেশ্যামীৰ হৃদয় জয় কৰি বহি আছে।

o o o o

বৃন্দাবনত সুদীৰ্ঘ কাল বাস কৰি ৰহস্যময় শ্ৰীকৃষ্ণৰ অস্তিত্বৰ সম্ভেদ ক'ৰবাত পাওঁ নেকি জানিবলৈ মোৰ মন সজাগ হৈ আছিল। কিন্তু বাৰে বাৰে মোৰ হৃদয়ে

ঐতিহাসিক কৃষ্ণৰ আত্মাৰ ওচৰতহে মূৰ দোঁৱাইছিল। এনেয়েও মই মৃত মঙ্গলময় ব্যক্তিসকলৰ আত্মাকহে পূজা কৰিছিলো। আত্মাৰ বিষয়েও অনেক সন্দেহ আছিল— কিন্তু এই সন্দেহেৰে পূৰ্ণ ৰহস্যৰ ওচৰত মই মূৰ দোঁৱাইছিলো!

শিক্ষাগুৰু উপেন্দ্ৰ চন্দ্ৰ লেখাৰুদেৱৰ লগত অহৰহ পঢ়া-শুনা কৰিয়েই কটাইছিলো। বৃন্দাবনৰ বাটে-পথে ঘূৰি ফুৰিছিলো। মাধুৰ স্মৃতিৰ পৰা কোনো মতেই মুক্ত হ'ব পৰা নাছিল।

মাধুৰ মৃত্যু হোৱা দুবছৰ পাৰ হৈছিল।

* * *

দ্বিতীয় অধ্যায়

মই খিৰিকিৰ ওচৰত আঁঠু কাঢ়ি বহি বৃন্দাবনৰ আকাশলৈ চোৱাৰ চেষ্টা কৰিছিলো। মাধুৰ মৃত্যুৰ পাছত মূৰৰ ওপৰৰ আকাশ চাব নোৱাৰিছিলো। মাধুৰ সৈতে মোৰ বিয়া হোৱাৰ তিনি বছৰ পাৰ হৈ গৈছিল।

অন্ধকাৰ খুপৰিটোৰে কেতিয়াবা কেতিয়াবা মই বৰ বিচিত্ৰ আকাশ দেখিছিলো। মন্দিৰৰ ওপৰৰ এই আকাশত কেতিয়াবা ধোঁৱাবৰণীয়া আৰু ৰঙা মেঘে ভৰি পৰিছিল। ভাব হৈছিল সেইবোৰ যেন ধোঁৱাবৰণীয়া মেঘ নহয়, সিকন্দৰ লোডী আৰু আউৰঙ্গজেৱে ধ্বংস কৰি যোৱা ব্ৰজৰ মন্দিৰৰ ধ্বংসাৱশেষ। সিঁচৰতি হৈ পৰি থকা ক'লা মেঘৰ টুকুৰাবোৰ খণ্ড খণ্ড হৈ ভাঙি পৰা মূৰ্তিৰ দেহৰ টুকুৰা, আৰু ৰঙা মেঘবোৰ? মন্দিৰৰ ভগ্ন দুৱাৰেদি বৈ অহা পূজাৰীৰ কেঁচা তেজৰ স্ৰোত।

...কেতিয়াবা আকৌ ভাব হৈছিল মন্দিৰৰ ওপৰৰ এই আকাশ এখন গুলীবিদ্ধ পহুৰ ছাল। ৰঙা মেঘবোৰ গুলীবিদ্ধ পশুৰ তেজৰ স্ৰোত। বৰ বিচিত্ৰ ভাব হৈছিল সেই সময়ত। কেতিয়াবা ডাৱৰৰ মাজত লুকা-ভাকু খেলা আকাশৰ চন্দ্ৰকো দেখিছিলো। কছাইৰ দোকানত ওলমাই থোৱা মঙহ এটুকুৰাৰ দৰে মন্দিৰৰ ওপৰত ওলমি আছিল।

ৰামায়ণ সাহিত্যত গৱেষণা কৰাৰ সময়ত মই হিন্দী ভাষা শিকিব লগীয়া হৈছিল। কাৰণ মোৰ গৱেষণাৰ বিষয়-বস্তু আছিল তুলসী দাস আৰু মাধৱ কন্দলিৰ ৰামায়ণৰ তুলনামূলক অধ্যয়ন। শ্বিলঙৰ পাইন মাউণ্টত পঢ়োঁতে মই কিছু হিন্দী শিকিছিলো।

লাহে লাহে মই 'ৰামচৰিত মানস' পঢ়িব পৰা হ'লো। এই ৰামায়ণৰ ভাষাৰ সৌন্দৰ্য দেখি মই অভিভূত হ'লো। হৃদয়ৰ গভীৰ ভক্তিৰ ভাবে যে এনেদৰে অনন্য সাহিত্য সৃষ্টি কৰিব পাৰে এই বিষয়ে মোৰ ধাৰণা নাছিল। তুলসীৰ উপমা আৰু ৰূপকবোৰ অনন্য আছিল। এঠাইত আক্ষেপ কৰি এই মহাকবিগৰাকীয়ে কৈছিল— "কি উপমাৰে সীতাৰ ৰূপ বৰ্ণনা কৰো? সকলো উপমাই যে বাহী হৈ গৈছে।"

তুলসী দাসৰ জীৱনৰ চৰম দুৰ্দশাৰ কাহিনীৰ বিষয়ে মই পঢ়িছিলো। এই মহান

কবিগৰাকীয়ে শৈশৱত মানুহৰ ঘৰে ঘৰে ভিক্ষা কৰি ফুৰিছিল। তেওঁ নিজেই লেখি গৈছিল যে মানুহে তেওঁক সেই সময়ত নানা ককৰ্থনা কৰিছিল। মোৰ নিজস্ব বিচাৰেৰে তেওঁ এগৰাকী বিফল প্ৰেমিক আছিল। নিজৰ পত্নীয়েও তেওঁ বিচৰা প্ৰেম তেওঁক দিব নোৱাৰিছিল। পিতৃয়ে তেওঁক ত্যাগ কৰিছিল এই বাবেই যে তেওঁ এক অশুভ নক্ষত্ৰত জন্ম লাভ কৰিছিল। প্ৰণয়ৰ বিষয়ে তেওঁৰ যি গোপন কল্পনা আছিল তাক তেওঁ শ্ৰীৰামচন্দ্ৰ আৰু সীতাৰ পূৰ্ব্বৰাগৰ বৰ্ণনাৰ মাজেৰে প্ৰকাশ কৰাৰ কথা অনেক পণ্ডিতে লেখি গৈছে।

তুলসী দাসে ‘ৰামচৰিত মানস’ত নাৰীৰ চৰিত্ৰক খোলা-খুলিভাৱেই নিন্দা কৰিছিল। অনেক হিন্দী ভাষী পণ্ডিতে এই নিন্দাৰ অনেক কাৰণ উলিয়াইছিল যদিও মোৰ বদ্ধমূল ধাৰণা হৈছিল, নাৰীৰ বিষয়ে উৎসাহ আৰু প্ৰেৰণাপূৰ্ণ কথা লেখিবলৈ নিজৰ জীৱন অভিজ্ঞতাৰ পৰা বুটলি ল'ব পৰা সমল তেওঁৰ বৰ কম আছিল।...সঁচা কথা লেখিবলৈ গ'লে, এই মহান কবিগৰাকীৰ ৰচনাতকৈও তেওঁৰ জীৱন কাহিনীয়ে মোক সেই সময়ত বৰকৈ অভিভূত কৰিছিল। তেওঁৰ জীৱন কাহিনীৰ পৰা মই এক ধৰণৰ প্ৰেৰণা লাভ কৰিছিলো।

সৰযূ নদীৰ পাৰত এবাৰ তুলসী দাসে ৰঘুবংশী বীৰ শ্ৰীৰামচন্দ্ৰৰ সাক্ষাৎ লাভ কৰা বুলিও এক কিম্বদন্তি শুনিছিলো। এই সাক্ষাৎ তুলসী দাসৰ ভক্তিয়ে কৰা এক কাল্পনিক সাক্ষাৎ আছিল যদিও এই সাক্ষাতৰ কল্পনা কৰি মোৰ বৰ ভাল লাগিছিল। মৃত্যু হোৱা মহান পুৰুষসকলৰ আত্মাৰ ওচৰত মই মূৰ দোঁৱাইছিলো।

নৈৰাশ্যৰ ভয়াৱহ যন্ত্ৰণাৰ পৰা পলাই সাৰিবলৈ সৰহভাগ সময় মই পঢ়া-শুনা কৰিছিলো। লাহে লাহে এনেদৰে পঢ়া-শুনা কৰা মোৰ অভ্যাসত পৰিণতি হৈছিল।

ৰাতিপুৱা শুই উঠি কেতিয়াবা মই জঠৰ হৈ একে ঠাইতে বহি আছিলো। চকুৰে সৰ্‌সৰ্‌কৈ পানী সৰি পৰিবলৈ আৰম্ভ কৰিছিল। এনেদৰে সঁচাকৈয়ে জীয়াই থাকিমনে? কি আছে ভৱিষ্যতৰ বুকুত? আৰু মাধুৰ এই স্মৃতি এক ধৰণৰ কষ্টকৰ যন্ত্ৰণা হৈ দেহ-মন ছাটি ধৰি আছে। এই যন্ত্ৰণাৰ পৰা ৰক্ষা পাবলৈ কৰা হেজাৰ যুদ্ধ খোলাকটিৰ তাললৈ ৰূপান্তৰিত হৈ পৰিছে। কি কৰা যায় এনে এক মন লৈ? দোভাগ ৰাতি সাৰ পাই কেতিয়াবা এই অদ্ভুত যন্ত্ৰণাত ৰ'ব নোৱাৰি মই দুৱাৰ খুলি বাহিৰলৈ ওলাই আহিছিলো। মন্দিৰৰ তলত কোনো নাছিল। অন্ধকাৰ খুপৰিসমূহত যেন অন্ধকাৰেহে ঠাহ খাই আছিল। প্লাষ্টাৰ খহি যোৱা বেৰবোৰৰ ইটাবোৰ মৰা জন্তুৰ অস্থিপুঞ্জৰ দৰে পৰি আছিল।

...আৰু মূৰৰ ওপৰৰ সৌ ৰাতিৰ আকাশখনে যেন মোক এখন শ্মশানৰ মাজত থিয় কৰাই দিছে, ঠিক এনে এক ধাৰণা হৈছিল।

এক দোভাগ ৰাতি সাৰ পাই ঘুৰ্মুটিয়াই এটা খুপৰিৰ পৰা আন এটা খুপৰিলৈ গৈছিলো। শেষত ছাৰৰ কোঠালৈ উঠি যোৱা ওখ চিৰিৰ ওপৰত আহি থিয় হৈছিলো। মানসিক যন্ত্ৰণাত ৰ'ব নোৱাৰি মোৰ ভাব হৈছিল মই ছাৰৰ ভৰিৰ ওচৰত গৈ পৰি থাকিম। তেতিয়া কিজানি মোৰ ভাল লাগিব? তেতিয়া কিজানি মোৰ মনে শান্তি লাভ কৰিব?...নাই নাই, ছাৰৰ ভৰিৰ ওচৰলৈ মই যাব পৰা নাছিলো। মই আকৌ মোৰ খুপৰিলৈ উভতি আহিছিলো।

দেবৰিয়া সন্ন্যাসীৰ দৰ্শন ঃ

ৰাতিপুৱা মই কিতাপ-পত্ৰ লৈ বহিছিলো। ৰাতি ঘটি যোৱা মনৰ ধুমুহাৰ কথা মোৰ নিজৰ মাজত লুকুৱাই ৰাখিবলৈ চেষ্টা কৰিছিলো। যেন দেহৰ মাজত গোপন ঘা এটুকুৰাহে কোনেও নেদেখাকৈ লুকুৱাই থ'বলৈ চেষ্টা কৰিছিলো।

লেখাৰু মহোদয়ে মোৰ মানসিক অৱস্থা গোপনে লক্ষ্য কৰিছিল বুলি পিছলৈ মই গম পাইছিলো। তেওঁ এদিন মোৰ পঢ়া টেবুলৰ ওচৰলৈ আহিল, আৰু মোৰ চুলিৰ মাজেৰে হাতখন বুলাই ক'লে—"অনৱৰত পঢ়ি থাকিব নেলাগে; মাজে মাজে সৰু সৰু ল'ৰা-ছোৱালীৰ লগত খেলা-ধূলাও কৰিব লাগে। আজি তুমি পঢ়িব নেলাগে। আমি দেবৰিয়া বাবাৰ দৰ্শন লাভ কৰিবলৈ যমুনাৰ আনটো পাৰলৈ যাম।"

খৰমেৰে খট্ খট্ শব্দ কৰি ছাৰ বাহিৰলৈ ওলাই গ'ল। মোৰ পৰা তেওঁ আৰু কোনো উত্তৰ শুনিব খোজা নাছিলো।

ময়ো চটৰ ওপৰলৈ উঠি গ'লো। আকাশৰ অ'ত-ত'ত দুই-এটুকুৰা বগা মেঘ সিঁচৰতি হৈ পৰি আছে। এই আকাশক বংশীবটৰ তলত মৃত্যুৰ বাবে অপেক্ষা কৰি পৰি থকা এটি কুষ্ঠ ৰোগীৰ দৰে লাগিল। এই আকাশৰ মোক দিবলৈ যেন একো নাছিল। মন্দিৰৰ ওপৰত লাং খাই পৰি আছিল এই আকাশ। সময়ত দেবৰিয়া সন্ন্যাসীৰ মাচান অভিমুখে আমি অৰ্থাৎ লেখাৰু মহোদয়, তেওঁৰ পৰিবাৰ প্ৰেমদা লেখাৰুৰ সৈতে মই আগ বাঢ়িলো।

আমাৰ বাসস্থান এই মন্দিৰ ব্ৰহ্মকুণ্ডৰ প্ৰাচীন সৰোবৰৰ ওচৰতে অৱস্থিত। সেয়ে বংশীবট হৈ যমুনালৈ যোৱাৰ সময়ত আমি ব্ৰহ্মকুণ্ডৰ ওচৰত আহি কিছু সময় থিয় হ'লো। ব্ৰহ্মকুণ্ডৰ পানী একেবাৰেই লেতেৰা। কোনোবা এসময়ত এই পানী পৰিষ্কাৰ আছিল নে নাই ক'ব নোৱাৰো; এতিয়া এই পানী সেউজীয়া হৈ গৈছে।

কুণ্ডটোৰ পাৰ ঘাঁহ আৰু কাঁইটীয়া বগৰীৰ জোপোহাৰে ভৰি গৈছে। এই জোপোহাবোৰত টোকোৰা চৰাইৰ বাহ ওলমি আছে। ছাৰে ক'লে—"কিম্বদন্তি মতে ইয়াত ব্ৰহ্মাই শ্ৰীকৃষ্ণ মহাপ্ৰভুৰ সখীসকল আৰু গো বৎসসমূহ হৰণ কৰিছিল। এসময়ত এই স্থান ইমান বেছি জংঘলেৰে পূৰ্ণ আছিল যে দিন দুপৰতে বাঘৰ মাত শুনা গৈছিল, চিকাৰীয়ে এই ঠাইত মাচান সাজি চিকাৰ কৰিছিল।" কুণ্ডটোৰ পাৰত ভগ্নপ্ৰায় এটা উদং দালান দেখা পালো।

প্ৰেমদা লেখাৰু মাহীদেৱে ক'লে—"এই দালানটো পাঁচ হেজাৰ টকাত বিক্ৰী হ'ব। তুমি ইচ্ছা কৰিলে কিনিব পাৰিবা। (মাধুৰ মৃত্যুৰ পাছত মোক হিন্দুস্থান কন্‌ষ্ট্ৰাক্টশ্যন কোম্পানীয়ে কিছু টকা ক্ষতিপূৰণ হিচাপে দিছিল। তদুপৰি মাধুৰ জীৱন বীমাৰ পৰাও মই কিছুসংখ্যক টকা পাইছিলো।)

আমি তিনিও এই ভগ্ন দালানটোৰ ভিতৰলৈ সোমাই গৈ চালো। ওপৰৰ চট চিৰি আৰু দুৱাৰৰ কাৰুকাৰ্য সুন্দৰ। কোনে বান্ধিছিল এই দালান? ১৯৭২ চনৰ মথুৰাৰ জিলাধীশ হিন্দু ধৰ্মৰ ভক্ত এফ. এছ. গ্ৰাওছৰ দিনৰে আছিলনে এই ঘৰ? ১০৩৪ খ্ৰীষ্টাব্দত মহমুদ গজনীয়ে যেতিয়া হিন্দু মন্দিৰবোৰ ধ্বংস কৰি ৰাধাকৃষ্ণৰ ধাতুৰ দেহৰ অঙ্গ-প্ৰত্যঙ্গসমূহ কছাইৰ দোকানত মাংস বেচা দগা পাল্লাৰে ওজন কৰি বিক্ৰী কৰিছিল সেই সময়ত এই স্থান কেনে আছিল?

১২১২ খ্ৰীষ্টাব্দত ফীৰোজ টোগলকৰ সময়ত নাইবা কৃষ্ণৰ জন্মভূমি ধূলিসাৎ কৰি পেলোৱা সিকন্দৰ লোডীৰ সময়ত? গো-বধ আৰু জিজিয়া কৰ বন্ধ কৰা মহামতি আকবৰৰ সময়ত এই স্থান কেনে আছিল।...অনেক কল্পনা মোৰ মনলৈ আহিছিল।

...আমি তিনিও ওপৰলৈ উঠি গৈ ঘৰটো চাই আহিলো। ইটাৰ চিৰিবোৰ একেবাৰেই জহি-খহি গৈছে। আমি খুপি খুপিহে ওপৰলৈ উঠি গ'লো। ওপৰৰ চটৰ পৰা ব্ৰহ্মাকুণ্ডৰ সেউজীয়া পানী আৰু কাঁইটীয়া বগৰীৰ জোপোহাত ওলমি থকা টোকোৰা চৰাইৰ বাহবোৰ স্পষ্টকৈ দেখা গ'ল। কুণ্ডৰ পানী যদি লেতেৰা নহ'লহেঁতেন, তেতিয়া হয়তো এই দালানৰ পৰাই মই মোৰ নিজৰ প্ৰতিবিম্ব দেখিলোহেঁতেন। ছাৰে ক'লে—"দেখিছা নে সৌ সন্ন্যাসীকেইটাই এই ব্ৰহ্মকুণ্ডৰ পাৰতে ব্ৰহ্মাৰ কিম্ভূত কিমাকাৰ মূৰ্তি কিছুমান লৈ বহি আছে। চোৱা, সৌৱা চোৱা। মানুহে দুই-এক পইচা দি সেৱাও কৰি গৈছে। দিনে দিনে পাবত গজা মন্দিৰ কিছুমান বাঢ়ি আহিছে। আগেয়ে হেনো বৃন্দাবনত পাঁচ হেজাৰ মন্দিৰ আছিল। এতিয়া বাঢ়ি আহি দহ হেজাৰমান মন্দিৰ হৈছে চাগৈ।"

মোৰ মন অৱশ্যে দালানটো কিনা-নিকিনাৰ ভাৱনাত কিছু সময় মছগুল হৈ আছিল। এই ধ্বংসপ্ৰায় দালানটোক কেন্দ্ৰ কৰি মোৰ মনে যেন এক ৰহস্যময় পৃথিৱীত ভৰি দিছিল। কোনে সাজিছিল এই দালান? মই গুৰুপত্নীক প্ৰশ্ন কৰিলো। তেওঁ ক'লে—"কোনেও ভালকৈ ক'ব নোৱাৰে। এই ব্ৰজধামতে বেশ্যাই সজা অনেক মন্দিৰো আছে। এই ব্ৰহ্মকুণ্ডতে হেনো কৰমৈতী বাঈ নামৰ এগৰাকী ভক্তিমতী তিৰোতাই অহৰহ ভজন কৰিছিল। এই কৰমৈতী বাঈ কোন আছিল আমি কোনেও নেজানো।"

পিছলৈ মই কেইবাগৰাকীও ভক্তিমতী তিৰোতাই গীত গাই ব্ৰজৰ চৌদিশ মুখৰিত কৰা শুনিছিলো। তাৰ ভিতৰত সুদৰ্শনা শকুন্তলা ৰামায়ণীও আছিল। এক দুৰ্ঘটনাত তেনেই কম বয়সত নিজৰ স্বামীৰ মৃত্যু হোৱাত তেওঁ ভিক্ষুণীৰ জীৱন যাপন কৰিছিল। ডিঙিত হাৰমোনিয়াম এটা বান্ধি সুললিত সুৰেৰে গীত গোৱা বাঁকুৰা জিলাৰ ৰাধেশ্যামী এগৰাকীকো লগ পাইছিলো। তাই মোৰ খুপৰিটোলৈকে সোমাই আহি মোক কৃষ্ণৰ বিৰহত ব্যাকুল ৰাধাৰ গীত শুনাইছিল।

বাঁকে বিহাৰীৰ প্ৰাঙ্গণত, নাইবা সেৱা কুঞ্জৰ দুৱাৰমুখত নাইবা যমুনা নদীয়ে নিজৰ দেহেৰে সুশোভিত কৰি ৰখা কেশী ঘাট, চিৰহৰণ ঘাট ইত্যাদিত গীত গাই থকা ভক্তিমতী তিৰোতাবোৰৰ মাজত দুই-এগৰাকী বয়সীয়া বেশ্যাও আছিল। বৰ নিঃসঙ্কোচে এই বেশ্যাহঁতে নিজৰ কাহিনীৰ কথা কৈছিল।... অদ্ভুত কথা এই যে জহি যোৱা মন্দিৰৰ দৰে লগা সিহঁতৰ দেহত এক ধৰণৰ লাৱণ্যও আছিল। বাঁহ আৰু কাঁইটীয়া জোপোহাৰ ফাঁকেৰে আহি পৰা ৰঙা ৰ'দে শুকান পৃথিৱীৰো সৌন্দৰ্য বঢ়োৱাৰ দৰে এই ভাটি বয়সীয়া তিৰোতাবোৰকো এই লাৱণ্যই পোহৰ কৰি তুলিছিল।

...আমি তিনিও এইবাৰ বংশীবটেৰে যমুনালৈ আগ বাঢ়িলো। বংশীবটৰ ওচৰ পোৱাৰ লগে লগে ছাৰে ক'লে—"এই বটতেই উঠি শৰৎ পূৰ্ণিমাৰ দিনা শ্ৰীকৃষ্ণই মধুৰ বাঁহীৰে সখীসকলক মন্ত্ৰমুগ্ধ কৰিছিল। কৃষ্ণৰ ৰহস্যময় ৰাসক্ৰীড়া ইয়াতেই সংঘটিত হৈছিল। কিন্তু কোনো কোনোৱে কয় গোপীসকলৰ সৈতে কৃষ্ণই কটোৱা সেই স্থান যমুনাৰ বুকুত জাহ গ'ল। পিছলৈ হিত হৰিবংশইহে এই স্থান প্ৰসিদ্ধ কৰোৱালে..."

আমি আগুৱাই গ'লো। মোৰ মনত প্ৰশ্ন জাগিল—গোপীক মানৱী প্ৰেমেৰে বান্ধি ৰখা ঐতিহাসিক কৃষ্ণ সঁচাকৈয়ে আছিলনে? আৰু আমি যে এয়া দেৱৰিয়া বাবাৰ ওচৰলৈ আহিছো। তেওঁ সঁচাকৈয়ে মোক এক পথ দেখুৱাব পাৰিবনে? মনৰ এই অসীম যন্ত্ৰণাৰ পৰা মুক্তি পোৱাৰ কিবা এক উপায় দিব পাৰিবনে? (ইতিমধ্যে

মই আকৌ নিদ্ৰাবড়িবোৰ এটা-দুটাকৈ গোটাবলৈ আৰম্ভ কৰিছিলো। বাঁকে বিহাৰী মন্দিৰলৈ যোৱা পথত থকা এগৰাকী সিন্ধি চিকিৎসকৰ দোকানৰ পৰা মই এই বড়িবোৰ গোটাইছিলো। এই চিকিৎসকগৰাকী এসময়ত চৰকাৰী চিকিৎসক আছিল। অৱসৰ পোৱাৰ পাছত বৃন্দাবনলৈ আহি ব্যৱসায় কৰিছিল। মই যে মনত এক ভয়ানক সংকল্প লৈ এই নিদ্ৰাৰ বড়িবোৰ গোটাইছিলো সেই কথা ডাক্তৰগৰাকীয়ে একেবাৰে নেজানিছিল।)

...আমি তিনিও আহি যমুনাৰ বালিত উপস্থিত হ'লো। যমুনাৰ দেহ যুৱতীৰ দেহৰ দৰে তল্‌মল্ কৰি আছিল। আৰু এই বালি? বালি নহয় যেন কোনো এক বৃদ্ধ ব্যক্তিৰ দেহা যমুনাক সাৱটি পৰি আছে। এই বৃদ্ধৰ ৰুক্ষ কৰ্কশ দেহ।

জেঠ মাহ। পানীৰ তলৰ পৰা ওলাই আহি প্ৰকাণ্ড কাছবোৰে বালিৰ মাজত পি-পিয়াই ফুৰিছে। পুৱাই যমুনালৈ গা ধুবলৈ অহা ৰাধেশ্যামী কেইগৰাকীমানৰ ভৰিৰ আঙুলি কাছই খুঁটিয়াই ছিঙি নিয়াৰ কাহিনী শুনিছিলো। আমি তিনিও আগ বাঢ়িছিলো। ছাৰে ক'লে—কিছুদিনৰ আগেয়ে মিলিটেৰী ট্ৰাক আহি যমুনাৰ বালিৰ পৰা এই কাছবোৰ মথুৰাৰ কেম্পলৈ লৈ গৈছিল। শুনিছিলো এই প্ৰকাণ্ড প্ৰকাণ্ড কাছবোৰ মাৰি খোৱাৰ এটা অদ্ভুত আৰু নিৰ্মম নিয়ম এই মিলিটেৰীহঁতে আৱিষ্কাৰ কৰিছিল। যাৰ ফলত কাছৰ লোহাৰ দৰে টান খোলাবোৰো হেনো সহজে চৌদিশে ছিটিকি পৰিছিল।

আমি পিপাৰে কৰা দলং অৰ্থাৎ পিপাৰ পুলত উপস্থি হ'লো। এই পিপাৰ পুলেৰে অহা-যোৱা কৰা বাহনে ট'ল টেক্স দিব লাগে। আমি আগুৱাই গ'লো। যমুনাৰ দুয়োপাৰে কিছুমান দীঘল দীঘল ঘাঁহ জাতীয় গছ দেখিলো। গ্ৰাওছ চাহাবকে আদি কৰি প্ৰাচীন লেখকসকলে লেখি যোৱা ব্ৰজৰ পীপল, কৰীল, কটিয়াৰী, বহেড়া, মহুৱা, ৰীঠা, সীসম, হিঙ্গোট ইত্যাদি গছৰ সমাৰোহ মই অৱশ্যে যমুনাৰ পাৰত দেখা নাছিলো। চিৰহৰণ ঘাটৰ ওচৰত এজোপা প্ৰাচীন বটগছ দেখিলো। ঘাটৰ কিছুমান গছ দুই-তিনিশ বছৰ পুৰণি আছিল। কিম্বদন্তিৰ কৃষ্ণই যি ঠাইত লীলা কৰিছিল সেই ঠাইতে একোজোপা বটবৃক্ষই মূৰ তুলি উঠিছিল।

আমি এক প্ৰকাৰ মৌন হৈয়ে আগ বাঢ়ি যাব ধৰিলো।

এতিয়া যমুনাৰ দুয়োপাৰে ভক্তসকলৰ ভিৰ হৈছে। প্ৰায় চাৰে চাৰিশ বছৰ আগেয়ে সিকন্দৰ লোডীয়ে যমুনাৰ পাৰত ৰক্তৰ খেলা খেলি ভক্তসকলৰ জীৱনলৈ ভয়াবহ অন্ধকাৰ নমাই আনিছিল। যমুনাত স্নান কৰাৰ পৰা হিন্দু ভক্তক বঞ্চিত কৰিছিল। যমুনাৰ পাৰৰ পৰা নাপিতসকলক বিতাড়িত কৰিছিল যাতে হিন্দু ভক্ত চুলি কটা, ক্ষৌৰ কৰ্ম কৰা ইত্যাদিৰ পৰা বঞ্চিত হয়। মথুৰাৰ কাজীয়ে বিশ্ৰামঘাটত নিজৰ

সৈন্য-সামন্তক লৈ হন্ত দন্ত হৈ চিঞৰিছিল—“ঐ ভক্তগণ ছিঙি পেলা তহঁতৰ কণ্ঠৰ কণ্ঠিমালা। হ মুছলামন। ছিঙি পেলা তহঁতৰ কণ্ঠিমালা।”

...সিকন্দৰ লোডীৰ অত্যাচাৰক ভ্ৰূক্ষেপ নকৰি বল্লভ সম্প্ৰদায়ী বল্লভাচাৰ্যই ব্ৰজৰ গিৰিৰাজ পাহাৰত শ্ৰীনাথ মন্দিৰ সজাইছিল।

...কিতাপত পঢ়া অনেক কথা মোৰ মনত পৰিছিল। আমি তিনিও চুপ-চাপ আগুৱাই যাব ধৰিলো। ইটা ৰং বৰণীয়া হাঁহবোৰে জোপোহাৰ মাজত কক্‌বক্ কৰি থকা দেখিলো।

সেৱা কেশৰিঘাট পাৰ হৈ আহিলো...নাই নাই, সদায়ে ব্ৰজই তেজ আৰু তৰোৱালেৰে গা ধোৱা নাই।ব্ৰজলৈ ভাল দিনো আহিছিল। হয় আকবৰৰ দিনত ভালদিনো আহিছিল। মানুহে কয় চিৰহৰণ ঘাট আকবৰে মণি-মাণিক্যৰে বন্ধাই দিছিল। গো-হত্যা বন্ধ কৰিছিল। অপৰাধীক মৃত্যুদণ্ড দিয়া হৈছিল। জজিয়া কৰ আৰু তীৰ্থ কৰ উঠাই দিছিল। বৃন্দাবনৰ সৰ্বস্ব ত্যাগী ভক্ত হৰিদাস স্বামীক ভাৰত সম্ৰাটে স্বয়ং লগ পাব আহিছিল। সংসাৰ ত্যাগী স্বামী হৰিদাসে অৱশ্যে সম্ৰাটক লগ পোৱাৰ কোনো আগ্ৰহ নেদেখুৱাইছিল।...হিন্দু ধৰ্মৰ প্ৰতি মহামতি আকবৰৰ শিৰ এনেদৰে দোঁ খাইছিল যে প্ৰভু দয়ালৰ দৰে পণ্ডিতসকলে ক’ব খোজে যে যদি হিন্দুসকলে আগ্ৰহ আৰু বুদ্ধিমত্তা নেখুৱালেহেঁতেন তেতিয়া হয়তো তেওঁ সম্পূৰ্ণৰূপে হিন্দুৱেই হৈ গ’লহেঁতেন আৰু হিন্দুস্থানৰ ইতিহাসে এক অন্য ৰূপ ল’লেহেঁতেন।

...ছাৰৰ লগত তিনিও চুপ-চাপ আগ বাঢ়ি গৈছিলো। চকুৰ আগত এইবাৰ আমাৰ বিস্তৃত হৈ পৰিল যমুনাৰ দুয়োপাৰ। জহি-খহি যোৱা পৰিত্যক্ত দালান কিছুমানো চকুত পৰিল। প্ৰাচীন মন্দিৰ কিছুমানো দেখিলো। মৃত জন্তুৰ অস্থিপুঞ্জৰ দৰে প্লাষ্টাৰ খহি যোৱাৰ লগে লগে প্ৰাচীৰৰ ৰঙা ৰঙা ইটাবোৰ প্ৰকট হৈ পৰিছে।

...কিছুদিনৰ পৰা মোৰ অহৰহ ধাৰণা হৈছে এই প্ৰাচীন ইটাৰ প্ৰাচীৰবোৰ মই ক’ৰবাত দেখিছিলো। মই বৃন্দাবনলৈ অহাৰ আগেয়ে এই জহি-খহি পৰা বেৰ আৰু প্ৰাচীন মন্দিৰবোৰ সঁচাকৈয়ে ক’ৰবাত দেখিছিলো। কিন্তু ক’ত দেখিছিলো? মাধুৰ লগত মই দক্ষিণৰ কনক দুৰ্গাৰ মন্দিৰ আৰু হৈসলা ৰজাসকলে সজা বেলুৰ আৰু হাবেলিৰ মন্দিৰলৈকো গৈছিলো। “...তাতে দেখিছিলোনে? মাধুৰ লগত কাবেৰী নদীৰ পাৰে পাৰে ফুৰোঁতে অনেক মন্দিৰৰ ভগ্নস্তূপ দেখিছিলো। ...নাই নাই, বৃন্দাবনৰ এনে দৃশ্য মই ক’তো দেখা নাই; যমুনাৰ পাৰৰ ভগ্ন মন্দিৰৰ আৰু ভগ্ন প্ৰাচীৰৰ এনে ছবি মই কেতিয়াও ক’তো দেখা নাছিলো। তেতিয়াহ’লে বাৰে বাৰে কিয় এনেকুৱা ভাব হয়? অহৰহ ভাব হয় মই এইবোৰ দৃশ্য আগেয়ে ক’ৰবাত যেন দেখিছিলো।

কিছুদিনৰ পাছত বৰ আচৰিত, আৰু অবিশ্বাস্য যেন লাগিলেও এই কথা আৱিষ্কাৰ কৰিছিলো যে মই মাধুৰ লগত কচ্ছৰ ৰাণ মৰুভূমি আৰু কোঁৱৰ বেদৰ ৱাৰ্ক ছাইটত থাকোঁতে এটা অদ্ভুত সপোন দেখিছিলো। (বহুদিনৰ পাছত এবাৰ প্ৰখ্যাত পাঞ্জাবী লেখিকা শ্ৰীমতী অমৃতা প্ৰীতমে কিছুমান সপোনৰ কথা আলোচনা কৰিবলৈ কেইবাগৰাকীও ব্যক্তিক দিল্লী হাউছ খাছত অৱস্থিত তেওঁৰ বাসভৱনলৈ নিমন্ত্ৰণ কৰিছিল। আমাৰ মাজত ৰাৱত নামৰ এগৰাকী ব্যক্তি সেইদিনা অমৃতাৰ ঘৰত মজুত আছিল। পৰজন্মত ঘটা এটা ঘটনাৰ কথা তেওঁৰ মনত আছিল। তেওঁক হেনো এখন গাঁৱত এক দলঙৰ কাষত ম'হে খুন্দিয়াই মাৰিছিল। ৰাৱতৰ পিতাকে সেই গাঁও চাবলৈ গৈছিল। গাঁৱৰ মানুহে তেওঁক বহু বছৰ আগেয়ে ম'হে খুন্দিয়াই দলঙৰ ওচৰত মৰা সেই গাঁৱৰ ল'ৰা এটাৰ কাহিনী কৈছিল যি কাহিনী শ্ৰীৰাৱতৰ সৈতে একে আছিল। ...বৃন্দাবনলৈ নেযাওঁতেই সপোনত দেখা বৃন্দাবনৰ এই প্ৰাচীৰ আৰু ভগ্ন মন্দিৰসমূহৰ বিৱৰণ দেখাৰ কাহিনী অমৃতাই বৰ আগ্ৰহেৰে শুনিছিল। মোৰ আৰু কেইটামান অলৌকিক অভিজ্ঞতাৰ কাহিনী মই অমৃতাক সেইদিনা কৈছিলো।)

...আমি এইবাৰ যমুনাৰ আনটো পাৰলৈ যাবলৈ ঘাটত ৰৈ থকা নাৱত উঠিলো। এই ঘাটতে হালধি কুমকুম লৈ পূজাৰী এগৰাকী বহি আছিল। পূজাৰীয়ে মোৰ কপালত হালধি কুমকুমৰ ফোঁট দিয়াৰ আগেয়ে গুৰুপত্নীয়ে ক'লে—"তুমি যোৱা নাৱত উঠা।" ...মোৰ দৰে মানুহক হালধি কুমকুমৰ ফোঁট নিদিয়ে। গুৰুপত্নীয়ে মোক সদায়ে এনে ধৰণৰ পৰিস্থিতিৰ পৰা সৰুৱাই ৰাখিবৰ চেষ্টা কৰিছিল যাতে মই মনত কোনো প্ৰকাৰৰ কষ্ট অনুভৱ নকৰো।

এটা সময়ত ব'ঠাৰ চপ্‌চপ্ শব্দৰ লগত মন্দিৰৰ ঘণ্টাৰ শব্দ একাকাৰ হৈ গ'ল। ডিঙি মেলি মেলি পাৰত ৰ'দ লৈ থকা কাছবোৰে আকৌ আহি জপং জপংকৈ পানীত পৰিল। আমি যমুনাৰ ইটো পাৰৰ পৰাই দেবৰিয়া বাবাৰ মাচান দেখা পাইছিলো। এতিয়া এই মাচান একেবাৰেই স্পষ্ট হৈ পৰিল। মাচানৰ তলত ভক্তসকলৰ ভিৰ দেখা গ'ল। বাবাৰ আলধৰা লিগিৰাহঁতে ভক্তসকলে বাবালৈ নিয়া ফল-মূল সংগ্ৰহ কৰাত ব্যস্ত হৈ পৰিছে।

আমি কোবা-কুবিকৈ গৈ ব্ৰজৰ ভক্তসকলৰ লগত মাচানৰ সন্মুখত বালিত লেপেটা কাঢ়ি বহিলো। চাংখনৰ ভিতৰৰ অন্ধকাৰ খুপৰি এটাত সন্ন্যাসীগৰাকী বহি আছিল। দুটামান ভক্তই আৰ্তনাদ কৰি উঠিল—"দেবৰিয়া বাবাৰ জয় হওক।"

মোৰ ওচৰত বহি থকা ভক্ত এটাই ফেকুৰি ফেকুৰি কান্দিব ধৰিলে। মোৰ হৃদয়ে যেন খোলা-খুলিভাৱে সুধিব খুজিলে—"কি হৈছে? কি হৈছে?"

আমি অৱশ্যে বেছি সময় অপেক্ষা কৰিব লগীয়া নহ'ল। ভিতৰৰ পৰা সন্ন্যাসীগৰাকী ওলাই আহিল। পহুৰ ছাল এখন হাতত লৈ তেওঁ একেবাৰে নাঙঠ হৈয়ে ওলাই আহিল। তেওঁ সদায়ে নাঙঠ হৈয়ে থাকে। পুহ মাহৰ প্ৰচণ্ড শীততো, নাইবা জেঠ মাহৰ প্ৰচণ্ড গৰমতো তেওঁ একেদৰেই থাকে। নদীৰ এককাল পানীত থিয় হৈ তেওঁ কেইবা ঘণ্টাও সাধনা কৰে। এই সাধনাৰ সময়ত দুপিনে দুখন নাও মজুত থাকে।

দেৱৰিয়া বাবা যথেষ্ট শকত-আৱত ব্যক্তি। মূৰৰ জঁটা আৰু দাড়িত সেইবোৰ ভস্মই আছিল নে যমুনাৰ বালিয়ে আছিল মই ধৰিব পৰা নাছিলো। বাবাৰ বয়সৰ বিষয়ে বৃন্দাবনত নানা ধৰণৰ কিম্বদন্তি প্ৰচলিত আছিল। বাবা কাঞ্চিমপুৰমৰ স্বামী ৰামানুচাৰ্যৰ শিষ্য আছিল। স্বৰ্গীয় ৰাষ্ট্ৰপতি বাবু ৰাজেন্দ্ৰ প্ৰসাদে হেনো এবাৰ বাট কুৰি বাই বাবাক চাবলৈ বৃন্দাবনলৈ আহিছিল। তেওঁ লেখি যোৱা মতে তেতিয়াই হেনো বাবাৰ বয়স ১৩০ বছৰ আছিল, এগৰাকী বিদেশী ভক্তই তেওঁৰ নখ চুলি গৱেষণাগাৰত পৰীক্ষা কৰি তেওঁৰ বয়স ৩০০ বছৰ বুলি প্ৰমাণ কৰিছিল। অকল ৰাজেন্দ্ৰ প্ৰসাদেই কিয়, ভাৰতবৰ্ষৰ প্ৰায়বোৰ নামজ্বলা ৰাজনীতিজ্ঞই, ব্ৰজ মণ্ডলৰ প্ৰৌঢ় বাৰবণিতা, ধৰ্ষিতা ৰাধেশ্যামী, কোমল বয়সীয়া বিধৱা সকলোৰেই আহি বাবাৰ মাচানৰ তলত উবুৰি হৈ পৰিছিল। ব্ৰজৰ ভক্তই একমুখে চিঞৰিছিল—"বাবাৰ বয়স পাঁচশ বছৰ পাৰ হৈ গৈছে। এতিয়ালৈ বাচি থকা পতঞ্জলিৰ যোগসূত্ৰৰ তেৱেঁই একমাত্ৰ প্ৰবচক।"

...ক'ব নোৱাৰো কি কাৰণে বাবাক সন্মুখত তেনেদৰে দেখি মোৰ বুকু ধপ্‌ধপাব ধৰিলে। মোৰ ভাব হ'ল তেওঁ মানুহৰ মুখ চাই সকলো কথা কৈ দিব পাৰে। মাচানৰ ওপৰৰ পৰাও যেন বাবাই মোলৈ আঙুলিয়াই চিঞৰি ক'ব—"সৌ ছোৱালীজনীয়ে আত্মহত্যা কৰিব খোজে। তেওঁ হাতত লৈ ফুৰোৱা বেগটো খুলি চালে তোমালোকে বিহৰ বড়ি দেখা পাবা।"

ছাৰৰ ওচৰত মই কুচি-মুচি বহি থাকিলো যাতে বাবাই মোক আৰু দেখা নেপায়।

...এটা এটাকৈ ভক্তবোৰে থিয় হৈ বাবাক নিজৰ নিজৰ যন্ত্ৰণা আৰু কষ্টৰ কাহিনী ক'বলৈ আৰম্ভ কৰিলে। বাবাই আকাশৰ পিনে আঙুলি টোঁৱাই ক'লে—"সৌ ওপৰৰজনত বিশ্বাস ৰাখা, তেওঁ পথ দেখুৱাব। মই আশীৰ্বাদ দিছো।" তাৰ পাছত তেওঁ বনৰীয়া বগৰী প্ৰসাদস্বৰূপে ওপৰৰ পৰা তললৈ মাৰি পঠিয়ালে। ভক্তসকলে এই ফল ল'বলৈ হেতা-ওপৰা লগালে।

ছাৰে বহু সময়লৈ ধ্যানত মগ্ন হোৱা মানুহৰ দৰে বাবাৰ মাচানৰ পিনে মুখ কৰি বহি থাকিল। কিছু সময় পাছত মই ছাৰক সোঁৱৰাই দিলো—"আমাৰ উভতি যোৱাৰ

সময় হ'ল, ছাৰ।" মোৰ ভাব হ'ল এইগৰাকী সন্ন্যাসীৰ সম্পূৰ্ণ ভক্ত হৈ নদী আৰু মাচানত ঘূৰি ফুৰা সম্ভৱ নহয়। কোনো তিৰোতাক তেওঁ শিষ্য কৰি ৰখা নাই।... আমি তিনিও বালিত মূৰ থৈ বাবাক প্ৰণাম কৰিলো। ছাৰে এইবাৰ ধহ্‌মহ্‌কৈ উঠি থিয় হ'ল। আমি যমুনাৰ পাৰে পাৰে আকৌ উভতি আহিলো। দেবৰিয়া বাবাক এষাৰ কথা সুধিব নোৱাৰি যন্ত্ৰণাত ছাটি-ফুটি কৰিব ধৰিলো। তেওঁ ভক্তৰ ওচৰলৈ নামি নাহে। ময়ো চিঞৰি চিঞৰি হৃদয়ৰ কথা তেওঁক জনাব নোৱাৰো।

মোৰ হৃদয়ত বাবাক সুধিবলৈ অহৰহ এটা প্ৰশ্নই গুজৰি গুমৰি আছিল—মই সঁচাকৈয়ে এটা ৰাস্তা বিচাৰি পামনে? বুকুৰ মাজত অহৰহ যন্ত্ৰণা হৈ থকা মাধুৰ স্মৃতিয়ে কেতিয়াবা মোৰ হৃদয়ত মাত্ৰ স্মৃতি, যি স্মৃতিৰ ছায়াত ৰক্তাক্ত হোৱাৰ ভয় নাই।... নাই নাই, তেওঁৰ ওচৰলৈ গৈ কোনো কথা কোৱা নহ'ল।...

...আমি সেই একেটা পথেৰেই উভতি আহিলো। যমুনাৰ পানী যুঁৱলিত আকৌ আমি মোৱা আৰু উঁৰিকণা মাছৰ লুটি-বাগৰ দেখিলো। এখন পুৰণা নাও বালিৰ বুকুত মুখ গুঁজি পৰি আছে। এজাক বনৰীয়া হাঁহে এই পৰিত্যক্ত নাৱত বহি খিচিৰ-মিচিৰ কৰি আছে। ব'ঠাৰে চপ্‌চপ্ শব্দ কৰি দুখন নাও আগ বাঢ়ি আহিছে। সম্ভৱ মথুৰাৰ পৰা বাবাক দৰ্শন কৰিবৰ বাবে আকৌ কোনোবা ভক্ত আহিছে। আমি তিনিও মৌন হৈ আগুৱাই গৈছিলো। ব'ঠাৰ চপ্‌চপ্ শব্দ স্পষ্ট হৈ আহিছে। ভক্তসকলৰ কলৰৱ এই শব্দৰ লগত একাকাৰ হৈ গৈছে। আমাৰ বাবে নাৱৰীয়াই অপেক্ষা কৰি আছিল। আমি তিনিও নাৱত উঠিলো।

কেশী ঘাট অভিমুখে নাও আগুৱাই গ'ল। লগে লগে আকৌ পাৰৰ জাঁও বনবোৰৰ মাজত লুকাই থকা কাছবোৰে ধপং ধপং কৰি পানীত ডুব মাৰিলে।

মোক বহুতেই কৈছিল বৃন্দাবনত গৈছা যেতিয়া পবিত্ৰ যমুনা নদীত স্বামীৰ অস্থি বিসৰ্জন দিবা।

দেবৰিয়া বাবাক দেখা কৰি অহাৰ পাছত মই মোৰ খুপৰিত সোমাই বিছনাৰ তলৰ পৰা কাপোৰৰ ট্ৰাঙ্ক এটা বাহিৰলৈ টানি আনিলো। মাধুৰ পুৰণা ছাৰ্ট এটাৰে মেৰুৱাই থোৱা সৰু বাকচ এটাত মই মাধুৰ অস্থি থৈছিলো।... মাধুৰ এই পুৰণা ছাৰ্টটোত হাত লগাৰ লগে লগে মোৰ ধাৰণা হ'ল—এয়া মাধুৰ অস্থি মোৰ শৰীৰৰ লগত একাকাৰ হৈ আছে।...নাই নাই, অস্থি বিসৰ্জন দিয়াৰ হিন্দুৰ নীতি-নিয়ম মই নেজানো। ক্ষুদ্ৰ বাকচটি মই আকৌ বন্ধ কৰি থ'লো।

...মোৰ চকুৰে ধাৰাসাৰে লোতক বাগৰি আহিব ধৰিলে। চেষ্টা কৰিও মই নিজকে সংযত কৰিব নোৱাৰিলো। দেবৰিয়া সন্ন্যাসীৰ সাক্ষাতে মোৰ মনৰ ভাব পৰিৱৰ্তন

কৰিব নোৱাৰিলে। তেওঁৰ লগত দ্বিতীয়বাৰ গৈ কথা পতাৰ জোখাৰে মোৰ আৰু কোনো আগ্ৰহ বাকী নেথাকিল।

মৌন সন্ন্যাসীৰ সৈতে সাক্ষাৎ ঃ

আহাৰ মাহ। ৰাধাবাৰ্গ শৃঙ্গাৰ বট, নিধুবন, সেৱাকুঞ্জত আনকি পৰিত্যক্ত ব্ৰহ্মকুণ্ডৰ চৌপাশৰ গছ-গছনিয়ে এক নতুন ৰূপ ধাৰণ কৰিলে। ব্ৰজৰ কদম ফুলবোৰ জাতিষ্কাৰ হৈ পৰিল। ৰঙা, হালধীয়া, বগা আদি অনেক ধৰণৰ কদম ফুল ফুলিছিল।

এবিধ দ্ৰোণা কদম্বও আছিল। এই ফুলৰ পাহিবোৰে দোনাৰ দৰে ভাঁজ লৈছিল।... গ্ৰাওছ চাহাব মথুৰাৰ জিলাধীশ হৈ থকাৰ সময়ত তেওঁ হেনো ব্ৰজত অনেক ফল-ফুলৰ গছ-গছনিৰ সমাৰোহ দেখিছিল। এইবোৰৰ ভিতৰত পাৰ্ছিয়ান পীপল বোলা গছে মথুৰাৰ ধ্ৰুব টীলা আৰু খেলন বনত ভৰি ভৰি থকাৰ কথা উল্লেখ কৰিছিল।

...মোৰ গৱেষণাৰ কাম কিছুদূৰ আগ বাঢ়িছিল। বেছিভাগ সময় মই কিতাপ-পত্ৰ লৈয়ে ব্যস্ত হৈ আছিলো। ইতিমধ্যে 'নীলকণ্ঠী ব্ৰজ' বোলা কিতাপখনৰ কামো আৰম্ভ কৰিছিলো। এই উপন্যাসখনৰ নায়িকা সৌদামিনীৰ মনৰ বেদনা আৰু যন্ত্ৰণাৰ কথাখিনি মই হুবহু মোৰ নিজৰ মনৰ মাজত হোৱা ভয়ানক ধুমুহাৰ অনুৰূপ কৰি অঙ্কিত কৰিছিলো। সৌদামিনীৰ প্ৰথম অৱস্থাত হোৱা যন্ত্ৰণা মোৰ নিজৰেই যন্ত্ৰণা আছিল।

সেইবাৰ এই আহাৰৰ মাহত ব্ৰজবাসিনী এগৰাকীৰ মুখত শুনিলো; মৌনী বাবাই মানস সৰোবৰৰ পৰা আহি ৰাধাবাৰ্গৰ পূব দিশৰ আশ্ৰয় লৈছে। এই কথা মই মোৰ গুৰু-পত্নীক জনালো। ছাৰেও ক'লে—"তোমালোক দুয়ো গৈ তেওঁক দেখা কৰি আহা। আৰু শুনা। তুমি অহৰহ সেই অন্ধ কূপটোত বহি পঢ়া-শুনা কৰি থাকিব নেলাগে। মাজে-সময়ে উঠি আহিবা আৰু সৰু সৰু ল'ৰা-ছোৱালীবোৰৰ লগত খেলা-ধূলা কৰিবা। এই কথা তোমাক কেইবাবাৰো সোঁৱৰাই দিছো।"

দুগৰাকী ব্ৰজবাসিনী আৰু শ্বিলঙৰ পৰা অহা এগৰাকী বঙালী ভক্তিমতী তিৰোতাৰ সৈতে মৌনী বাবাৰ দৰ্শনৰ বাবে ৰাধাবাৰ্গৰ পিনে আগ বাঢ়িলো। আকাশৰ সূৰ্যই আমাৰ মূৰৰ ওপৰত দপ্দপাইছিল, গোপীনাথ বজাৰ আৰু ৰঙ্গজীলৈ যোৱা পথত ভক্তৰ ভিৰ হৈছিল। সেইদিনা অনেক সভ্যৰে গঠিত এটা ভক্তৰ দলৰ লগত মুখামুখি হ'লো। সিহঁতৰ কানি-কাপোৰ মলিয়ন। একেবাৰে অৰ্ধাহাৰী মানুহৰ দৰে চেহেৰা। কপালত বিভিন্ন মন্দিৰৰ সেন্দূৰ আৰু হালধিৰ ফোঁট। সিহঁতৰ আগে আগে এটা জবৰজং পাণ্ডা। কিছুদূৰ আগুৱাই গৈ পাণ্ডাই বজাৰৰ দোকান এখনৰ চিৰিত

বহিল আৰু যাত্ৰীসকলৰ পৰা টকা-পইচাৰ হিচাপ ল'ব ধৰিলে।

ভাব হ'ল, সিহঁতৰ হাতত টকা-সিকি আৰু একো বাকী নাছিল। দুটামানে গৈ ৰাস্তাৰ দাঁতিত থকা কলৰ পানীকে ঘোট্‌ঘোট্‌কৈ পিব ধৰিলে। পাণ্ডাই বোধহয় লুটি-পুটি সকলো শেষেই কৰিছিল। ভোক পলুৱাই খাবলৈ একো নাছিল। দলটোৰ গোটেইবোৰই মৌন হৈ আছিল। যেন কিবা মুখ মেলিলেই ভাগ্যৰ দেৱতাগৰাকীয়ে সিহঁতক নৰকৰ দুৱাৰলৈ টানি লৈ যাব। এনে ধৰণে সৰ্বস্বান্ত হোৱা ভক্তৰ দল পিছলৈও মই অনেক দেখিছিলো। সিহঁতৰ যেন শৰীৰৰ ছালখনহে উৎসৰ্গ কৰি যাবলৈ বাকী আছিল। পাণ্ডাক দান দি থৈ যাব নোৱৰা ভক্তৰ নাম বহীত লেখি থোৱা হৈছিল। এই নামৰ ৰহস্য কি আছিল নেজানিছিলো। এই অৰ্ধাহাৰী ভক্তসকলে যে শুদা পেটেৰে উভতি যাব লগা হৈছিল এই কথা অৱশ্যে ভালদৰে গম পাইছিলো।

মই বৃন্দাবনৰ পাণ্ডা কিছুমানৰ দুঃখী-দৰিদ্ৰক কৰা অমানৱীয় ব্যৱহাৰ নিজ চকুৰে দেখি কিছু ৰুষ্ট হৈ আছিলো। কিছুমান মন্দিৰত জাক্‌জমক্ কাপোৰ পিন্ধি প্ৰাচীৰত ভৰি ওলমাই বহি থকা পাণ্ডাৰ চাল-চলন মোৰ একেবাৰেই ভাল নেলাগিছিল। যাত্ৰীবোৰৰ ৰেহ-ৰূপ সিহঁতে বুঢ়া শগুণৰ দৰে কুৰুকি কুৰুকি নিৰীক্ষণ কৰিছিল।

...এটা সময়ত আমি কাঁইটীয়া জোপোহাৰে ভৰা অৰণ্যৰ ভিতৰত সোমালো। ৰামেজা, কৰীল আৰু বাবুল গছৰ কাঁইটীয়া জোপোহা কিছুমান পাৰ হ'লো। এডাল প্ৰকাণ্ড আঁহত গছৰ তলত আমি মৌনী বাবাক ধ্যান কৰি বহি থকা দেখিলো। মৌনী বাবাৰ শৰীৰ ক্ষীণ, বৰণ ক'লা, দাড়ি চুলি কেঁচা একোছা দীঘল দাড়ি তেওঁৰ উদং বুকুৰ তললৈ ওলমি আহিছে। তেওঁৰ ওচৰত ইতিমধ্যে ভক্তসকল গোট খাইছে। বাবাৰ সন্মুখত কেইখনমান খম্‌খমীয়া নোট পৰি আছে।

আমি তিনিও মাটিতে লেপেটা কাঢ়ি বহি সন্ন্যাসীগৰাকীয়ে চকু মেলি চোৱালৈ অপেক্ষা কৰি থাকিলো।

...তেওঁ অৱশ্যে বৰ বেছি সময় ধ্যানস্থ হৈ নাথাকিল। তেওঁ চকু মেলিলত ভক্তসকলে তেওঁৰ ভৰিত উবুৰি খাই পৰিল।

একেবাৰে উদং শৰীৰেৰে ডাল-দৰিদ্ৰ ভক্ত দুটামানো আহিছিল। তাৰ মাজত এটা কুষ্ঠ ৰোগীও আছিল।

মৌনী বাবাই তেওঁৰ সন্মুখত থকা নোটবোৰলৈ চালে। তাৰ পাছত তললৈ উবুৰি হৈ পৰাৰ দৰে পৰি নোটবোৰ ডাল-দৰিদ্ৰ ভক্তসকলৰ পিনে ফুৰাই দিলে।

মাহীদেৱে মোৰ কাণৰ কাষলৈ আহি ফুচ্‌ফুচাই ক'লে—"বাবাই টকা-পইচা স্পৰ্শ নকৰে।"

মৌনী বাবাই মৌন হৈ থাকে যদিও, মুখৰ ভিতৰতে তেওঁ ভক্তসকলৰ সৈতে এক ধৰণৰ কথোপকথন সেইদিনা কৰিছিল।

আমি বহু সময় তেওঁৰ ওচৰত বহি থাকিলো। এটা-দুটাকৈ ভক্তসকলে তেওঁৰ পৰা বিদায় লৈ আঁতৰি গ'ল। শেষত মোৰ গুৰু-পত্নীয়ে উঠি আহি তেওঁৰ ভৰিৰ ওচৰত হাত যোৰকৈ বহিল। মোৰ জীৱনৰ দুৰ্ঘটনাৰ কাহিনী তেওঁ বাবাৰ সন্মুখত বৰ্ণাব ধৰিলে। বৰ মনোযোগেৰে মৌনী বাবাই গুৰু-পত্নীৰ মুখত মোৰ জীৱন কাহিনী শুনিলে। তাৰ পাছত তেওঁ মোৰ মুখলৈ চালে। গুৰু-পত্নীক এইবাৰ তেওঁ ওচৰলৈ মাতি নি মুখৰ ভিতৰত কোৱাৰ দৰে গোঁ-গোঁৱাই কিবা-কিবি ক'লে। মাহীদেৱে মোৰ মুখলৈ চাই ক'লে—"মৌনা বাবাই তোমাক আকৌ সংসাৰ কৰিবলৈ কৈছে। এইবাৰ তোমাৰ সংসাৰ মংগলময় হ'ব।"

"বিয়া?"

"কাক বিয়া কৰাম?"

কিন্তু মৌনী বাবাক মই ঠিক এই কথা সুধিব অহা নাই। মনত অহৰহ বাজি ৰোৱা সেই দুঃখবোধৰ পৰা পৰিত্ৰাণ পোৱাৰ উপায়ৰ কথা মই তেওঁক সুধিব গৈছিলো। ক্ষুৰধাৰ অস্ত্ৰই ৰেপাৰ দৰে অহৰহ ৰেপি থকা মাধুৰ স্মৃতিৰ সেই ঘাটুকুৰাৰ পৰা মই কেতিয়াবা মুক্তি পাব পাৰিমনে? এই কথা সুধিব গৈছিলো।

...বাবাৰ ওচৰৰ পৰা উভতি আহোঁতে সেইদিনা মই বৰ নিৰাশ হৈ উভতি আহিছিলো। মনে মনে মই সংকল্প লৈছিলো আকৌ পিছদিনা মই অকলেই আহি বাবাক লগ ধৰিম। প্ৰয়োজন হ'লে গোটেই দিনটো মই বাবাৰ বাবে অপেক্ষা কৰি আঁহত গছজোপাৰ তলত বহি থাকিম।

পিছদিনাও মই আহিছিলো। কিন্তু বাবা আঁহতৰ তলত আৰু বহি থকা নাছিল। বাবুলৰ কাঁইটীয়া জোপোহা, অৰুৱা, হিঙ্গেটি আৰু নিম গছৰ তলে তলে গৈ বাবাক বিচাৰিলো। বনত জেং খৰি গোটাব অহা ব্ৰজবাসী এগৰাকীয়ে ক'লে—"বাবা ৰাতিয়েই গ'ল। পইচা-পাতি, ফল-মূল চব ইয়াত পেলাই থৈ গ'ল।"

"ক'ত গ'ল?"

"কোনে জানে ক'ত গ'ল!"

* * *

তৃতীয় অধ্যায়

বিভিন্ন অভিজ্ঞতা ঃ

বৃন্দাবনৰ অনেক মহান সাধকৰ কাহিনী মই শুনিছিলো। এশ বছৰ আগেয়ে কোটিপতি ব্যৱসায়ী ওৰ্ফলালা বাবুয়ে মহান সাধক কৃষ্ণদাসক লগ পাইছিল। সংসাৰ ত্যাগ কৰি টকা-পইচা দুঃখী-দৰিদ্ৰক বিলাই দি তেওঁ ব্ৰজৰ আলিত সন্ন্যাসীৰ বেশেৰে ঘূৰি ফুৰিছিল।

শ্বাহ্ কুন্দন লাল আছিল লক্ষ্ণৌৰ কোটিপতি ব্যৱসায়ী। চিপাহী বিদ্ৰোহৰ সময়ত বৃন্দাবনক তেওঁ বিদ্ৰোহীহঁতৰ হাতৰ পৰা ৰক্ষা কৰিছিল। বিদ্ৰোহীহঁতক টকা-কড়িৰে সহায় কৰা বুলি জানি বৃটিছ চৰকাৰে তেওঁৰ ওপৰত চলোৱা মোকৰ্দমাবোৰত তেওঁ হেনো এক ঐশ্বৰিক শক্তিৰ জোৰত জয়লাভ কৰিছিল। মানুহে কয়, এই ঐশ্বৰিক শক্তি তেওঁ এক সন্ন্যাসীৰ জৰিয়তে লাভ কৰিছিল।... মোৰ হৃদয়েও গোপনে এক আকাংক্ষা কৰিছিল কিজানি ময়ো শৃঙ্গাৰ বটৰ গলিত, চিৰহৰণ ঘাটত, নাইবা ৰাধাবাৰ্গৰ চামেলি, শিলিখা আৰু শুকলা কুন্দৰ জোপোহাৰ আঁৰত হিমালয়ৰ গুহাৰ পৰা অহা কোনো এক সিদ্ধ যোগীক লগ পাও!

মোৰ মনত অহৰহ লাগি থকা এই অসহ্য যন্ত্ৰণা আৰু দুঃখবোধক, কিজানি এইসকল লোকে আঁৰত কৰিব পাৰেই!

সেয়ে যেতিয়াই এই মহান লোকসকল ব্ৰজলৈ অহা বুলি শুনিছিলো—তেতিয়াই মই গুৰু আৰু গুৰু-পত্নীৰ লগত তেওঁলোকক দেখা কৰিব আগ বাঢ়িছিলো।

সিদ্ধ যোগীসকলক অন্বেষণ কৰি ফুৰোঁতে মই বিভিন্ন অভিজ্ঞতাৰ সন্মুখীন হৈছিলো। এবাৰ এগৰাকী সাধুৱে হিমালয়ৰ পৰা আহি শ্বাহ্জী মন্দিৰৰ ওচৰৰ এটা পৰিত্যক্ত খুপৰিত বাস কৰা বুলি শুনিছিলো। তেওঁক লগ পাবলৈ মই এদিন অকলেই ওলালো।

অন্ধকাৰময় খুপৰি এটাত তেওঁ কিছুমান ভক্তৰ সৈতে বাঘৰ ছাল এখনৰ ওপৰত

বহি আছিল। এই ভক্ত তিৰোতাবোৰ বৃন্দাবনৰ পৰাই আহিছিল নে গোকুল, নন্দগ্ৰাম, বসনা ইত্যাদিৰ পৰা আহিছিল মই ধৰিব নোৱাৰিছিলো।

সাধুগৰাকীৰ ট-টকৈ জ্বলি থকা চকু দুটা মই দেখা পালো। তেওঁৰ কিমান বয়স হৈছে মই ভালদৰে ধৰিব নোৱাৰিছিলো।

উঁই হাঁফলুৰ দৰে লগা তেওঁৰ প্ৰকাণ্ড জঁটাই মূৰত এনে ধৰণে পাক খাই আছিল যে মোৰ ভাব হৈছিল তেওঁৰ মূৰৰ ওপৰত এডাল প্ৰকাণ্ড গোম সাপেহে যেন কুণ্ডলী পকাই বহি আছে। একমুখী আৰু বহুমুখীকে আদি কৰি কেইবা ধৰণৰো ৰুদ্ৰাক্ষৰ মালাই তেওঁৰ হৃষ্ট-পুষ্ট দেহক আৰু অধিক ৰহস্যময় কৰি তুলিছিল। তেনেই ক্ষুদ্ৰ বস্ত্ৰ এখন তেওঁ পৰিধান কৰিছিল। ভস্ম আৰু ধূলিৰে তেওঁৰ সমস্ত শৰীৰ ধূসৰিত হৈ আছিল। এই বিচিত্ৰ ব্যক্তিত্বক ভক্তসকলে তধা লাগি চাই আছিল। তেওঁ বহি থকা বাঘৰ ছালখনত মুদ্ৰাৰে ভৰি পৰিছিল। মাজে-সময়ে তেওঁ ভক্তসকললৈ চকু মেলি চাইছিল যদিও ক্ষন্তেকলৈহে। চকু মুদি থাকিবলৈহে যেন তেওঁ বেছি ভাল পাইছিল। তেওঁৰ চকু দুটাৰ সঠিক বৰ্ণনা মই হয়তো দিব নোৱাৰিম।

...দুৱাৰৰ ওচৰত মই কুচি-মুচি থিয় হৈ থাকিলো। নিজৰ বুকুৰ ধপ্‌ধপনি মই যেন নিজেই শুনা পালো।

এইজনা মহাপুৰুষে কিজানি মোক এক শান্তিৰ সম্ভেদ দিব পাৰিব।

...মাধুৰ মৃত্যুৰ আৰু শৈশৱৰ পৰা কঢ়িয়াই লৈ ফুৰা সেই অনন্য যন্ত্ৰণাক কিজানি মই ভালদৰে চকু মেলি মূৰ তুলি চাব পাৰো।

o o o o

এটা সময়ত এটা-দুটাকৈ ভক্তসকলে তেওঁৰ পৰা বিদায় লৈ আঁতৰি গৈছিল। এখোজ-দুখোজকৈ গৈ মই তেওঁৰ সন্মুখত বহিছিলো। মোৰ দুয়ো চকু ভৰি আহিছিল।... আৰু এটা সময়ত মই মোৰ সকলো বৃত্তান্ত তেওঁৰ সন্মুখত গাই শুনাইছিলো। ...কিছু সময় তেওঁ বৰ মনোযোগেৰে মোৰ কথা শুনিলে। তাৰ পাছত তেওঁ মোক ওচৰৰ কোঠাটোলৈ আঙুলিয়াই ক'লে—"সৌটো কোঠা দেখিছা নহয়।" মই কোঠাটোলৈ ভুমুকিয়াই চালো।

এইকেবাৰেই অন্ধকূপ, মন্দিৰত মই নিজে বাস কৰা খুপৰিটোৰ দৰেই। ওপৰত এটা ৰন্ধ্ৰ আছে, য'ৰ পৰা এচটা পোহৰ আহি গুৰলা সাপ এডালৰ দৰে মজিয়াত মেৰ খাই পৰি আছে।

...ৰহস্যময় আৰু প্ৰচণ্ড উজ্জ্বল চকুযোৰ তুলি তেওঁ আকৌ এবাৰ মোৰ মুখলৈ চালে। এয়া যেন চোৰা নহয়, মোৰ মন-মস্তিষ্ক আৰু অস্থি-চৰ্মৰ মাজত পোত গৈ মেৰ খাই থকা দস্তাবেজক তেওঁ যেন খুলি খুলি পঢ়ি চালে... তাৰ পাছত গল্‌গলীয়া কণ্ঠেৰে ক'লে—"মই এক সাধনা কৰি তোমাৰ ভৱিষ্যতৰ কথা পুঙ্খানুপুঙ্খৰূপে কৈ দিব পাৰিম। তোমাৰ কপাল দেখি গম পাইছো বৰ্তমান কিছুমান ভয়াৱহ দুৰ্যোগৰ মাজেৰে তুমি পাৰ হ'ব লগীয়া হৈছে। তোমাৰ প্ৰিয়তম স্বামীৰ মৃত্যু ঘটিছে...তুমি।"

মই অপলক দৃষ্টিৰে বাঘৰ ছালৰ ওপৰত বহি থকা সন্ন্যাসীৰ মুখলৈ চালো। এইবাৰ তেওঁ মোৰ অস্থি-চৰ্মৰ মাজত পোত গৈ থকা দস্তাবেজ পঢ়ি উঠি আকৌ এটা সিদ্ধান্তলৈ উভতি আহিল। মোৰ পিনে হাওলি আহি ক'লে—"মই সৌ খুপৰিটোত ধ্যানত বহিম। তুমি মোৰ ওচৰত কিছু সময় বহিব লাগিব। তোমাৰ শৰীৰত কিন্তু কোনো কাপোৰ-কানি থাকিব নোৱাৰিব।"

সন্ন্যাসীগৰাকীয়ে বৰ বিচিত্ৰ উচ্চাৰণেৰে হিন্দী ভাষাত এই কথা কৈছিল। মই ভালদৰে বুজিব পৰা নাছিলো। কিন্তু কিছু সময় অবাক হৈ মই সন্ন্যাসীৰ মুখলৈ চাই থাকিলো। আকৌ তেওঁ মোক বুজাবলৈ চেষ্টা কৰিলে—"বাঁহৰ কাঠিৰে কৰা ৰঙা ফুলৰ মালা আৰু বাঘৰ ছাল অৱশ্যে শৰীৰত লৈ থাকিব পাৰিবা। আমাৰ গুদামত এনেকুৱা অসংখ্য বাঘৰ ছাল আছে। অনেকেই এনেদৰে সাধনা কৰে। তোমাৰ দৰে ছোৱালী মানুহো অনেক আছে।"

সন্ন্যাসীয়ে এই কথা কৈছিল, আৰু তেওঁৰ লগত থকা জঁটাধাৰী লগুৱা এটাই এই কথা মোক সৰল হিন্দীৰে বুজাই দিছিল।... বয়স কম আছিল বাবেই হয়তো লজ্জা আৰু সঙ্কোচত মই সন্ন্যাসীগৰাকীৰ মুখলৈ চাব নোৱৰা হ'লো।

ইতিমধ্যে দুৱাৰমুখত এদল নতুন ভক্তৰ সমাগম হ'ল। এই সুযোগতে মই ঘপহ্‌কৰে উঠিলো আৰু খোলা দুৱাৰেদি মই বাহিৰলৈ ওলাই আহিলো। আলিবাটত ভৰি দি মই নাক-মুখৰ ঘাম মচি ল'লো। গৰু-পত্নীক লগত ননা বাবে মোৰ কিছু ধিক্কাৰো উপজিল।

ব্ৰজৰ এক তৰুণ যুৱক ঃ

মই আগেয়ে প্ৰকাশ কৰিছো যে বৃন্দাবনৰ প্ৰাচীন ভৱন, ধহি-খহি যোৱা প্ৰাচীৰসমূহ মোৰ চিনাকিৰ দৰে আছিল—কাৰণ এইবোৰ মই বৃন্দাবনত অহাৰ আগেয়ে সপোনত দেখিছিলো। এই কথা মোৰ নিজৰ মনত বৰ অবিশ্বাস্য যেন

লাগিছিল। কিন্তু চব কথাই ফট্‌ফটীয়া হৈ পৰিছিল। কচ্ছৰ ৰাণ মৰুভূমিৰ কোঁৱৰ বেদৰ ৱাৰ্ক ছাইটত থাকোঁতে মই এই সপোন দেখিছিলো। সম্ভৱ আৰু কিছুদিনৰ পাছতো এই সপোন আকৌ মই দেখিছিলো—কিন্তু সেই সময়ত বৃন্দাবনত থকাৰ কথা কল্পনাৰো অগোচৰ আছিল। প্ৰসিদ্ধ লেখিকা শ্ৰীমতী অমৃতা প্ৰীতমে সপোনৰ বিষয়ে কিছু অধ্যয়ন কৰিছিল। এই কথা মই ইতিমধ্যে উল্লেখ কৰিছো। তেওঁৰ জীৱনত ঘটা ঘটনাৰ আগেয়ে দেখা সপোন এটাৰ কথা মোৰ আগত প্ৰকাশ কৰিছিল। এখন কিতাপৰ নামকৰণ লৈ ঘটা এক ঘটনাই তেওঁক একেবাৰে ম্ৰিয়মাণ কৰি তুলিছিল। এই ঘটনা ঘটাৰ আগেয়ে তেওঁ এটা অদ্ভুত সপোন দেখিছিল। এই সপোনত তেওঁ এজোপা গছসদৃশ এটা অদ্ভুত মানুহ দেখিছিল। এই মানুহটোক ৰঘুমলাই ধৰি একেবাৰেই ফোঁপোলা কৰি খাই পেলাইছিল। বৰ বীভৎস আছিল এই দৃশ্য। এই সপোন দেখাৰ কিছুদিনৰ পাছতে তেওঁৰ মনত প্ৰচণ্ড আঘাত দিয়া সেই ঘটনা ঘটিছিল। ঠিক তেনেদৰে জ্ঞানপীঠ পুৰস্কাৰ পোৱাৰ আগেয়েও তেওঁ এক সুন্দৰ সপোন দেখিছিল। বৃন্দাবনৰ পথ-ঘাট ইত্যাদিক বৃন্দাবনলৈ অহাৰ আগেয়ে হুবহু দেখাৰ কাহিনী শুনি অমৃতাই বৰ আগ্ৰহ দেখুৱাইছিল। দিল্লীৰ হাউছ খাছৰ ঘৰত তেওঁ মোৰ সপোনৰ কাহিনী ৰেকৰ্ড কৰি ৰাখিছিল। মই এই বৰেণ্য লেখিকাগৰাকীৰ কথা এই বাবেই উল্লেখ কৰিলো যে মোৰ এই সপোনৰ কাহিনীৰ বিষয়ে আগ্ৰহ দেখুওৱা তেৱেঁই একমাত্ৰ ব্যক্তি আছিল। পিছলৈ মই তেওঁক মাধুৰ মৃত্যুৰ কিছুদিন আগতে দেখা কিছুমান ভয়াৱহ সপোনৰ কথা উল্লেখ কৰিছিলো। এইবোৰ সপোনৰ কাহিনীও তেওঁ ৰেকৰ্ড কৰিছিল। সপোনৰ বিষয়ে অমৃতাই কিছু লেখা-পঢ়া কৰি আছিল। তেওঁৰ এই অধ্যয়ন দিল্লী কেন্দ্ৰই ১৯৮৮ চনৰ দহ মাৰ্চত প্ৰচাৰ কৰিছিল। বৃন্দাবনৰ শ্বাহ্‌জী মন্দিৰলৈ যোৱাৰ পথ, জ্ঞান গোদৰী, আৰু সেৱাকুঞ্জলৈ যোৱা পথত এনেকুৱা অসংখ্য ভগ্নস্তূপ, আৰু আলিবাট দেখিছিলো। বৰ আচৰিত যেন লাগিলেও আগেয়ে সপোনত দেখা বাবে এইবোৰ সকলো মোৰ পুৰণি চিনাকি পথৰ দৰে লাগিছিল।

ইন্সটিটিউটত মোৰ সৈতে বন্ধুত্ব কৰিছিল বিহাৰীজী মন্দিৰৰ এক উচ্চ শিক্ষিতা পাণ্ডাৰ জীয়েক মণি গৌতমে। মণি গৌতম সংস্কৃত ভাষাৰ অত্যন্ত মেধাৱী ছাত্ৰী আছিল। মোক কেইবাদিনো বিহাৰীজী মন্দিৰৰ গলিৰ মাজত থকা তেওঁলোকৰ ঘৰলৈ লৈ গৈছিল। মন্দিৰৰ পৰা অহা সুস্বাদু প্ৰসাদ ঘৰলৈকো টোপোলা বান্ধি দিছিল। মণি গৌতমৰ দুটি ককায়েক আছিল। ডাঙৰজন বিবাহিত আছিল আৰু সৰুজন ককায়েকৰ বিয়া হোৱা নাছিল। এদিন ঘৰৰ ওপৰ মহলালৈ উঠি যোৱা

খটখটিৰ ওচৰত দেখা পালো। এনে ধৰণৰ সুদৰ্শন পুৰুষ মই ব্ৰজত আৰু দেখা নাছিলো। বৰণটো অৱশ্যে ক'লা আছিল। মোৰ ভাব হৈছিল ব্ৰজৰ গোটেইজাক ছোৱালীয়ে এই ল'ৰাটোৰ বাবে গোপিনীয়ে কৃষ্ণৰ বাবে বাউলি হোৱাৰ দৰে বাউলি হৈ মৰিছিল চাগৈ। সি মোক কাঠৰ খটখটিৰ তলত দেখিলে।...

সেইদিনা মই এযোৰ নতুন কাপোৰ পিন্ধি হৰিদাস স্বামীৰ মানস মন্দিৰ বিহাৰীজীলৈ আহিছিলো। আহিবৰ সময়ত গোবিন্দজী মন্দিৰৰ বাবে তমাল পাতৰ ঠোঙা কৰা বুঢ়ীজনীয়ে বেণীত মাৰিবলৈ চামেলী ফুলৰ মালা এডাল দিছিল। সেই মালা মই মোৰ বেণীত মেৰুৱাই লৈছিলো। কাঠৰ খুঁটাৰ গজাল এটাত ওলোমাই থোৱা আইনাখনত সেইদিন মই মোৰ প্ৰতিবিম্বটো দেখি নিজেই বৰ আচৰিত হৈছিলো। মাধুৰ মৃত্যুৰ পাছত ধীৰে ধীৰে হোৱা চকুৰ তলত গভীৰ গাতটো অৱশ্যে তেনেদৰেই আছিল। মানসিক অত্যাচাৰে যে শৰীৰৰ ওপৰত এনে ধৰণৰ আঁচোৰ পেলাব পাৰে এই কথা মই নিজৰ শৰীৰত ভালদৰে প্ৰমাণ পাইছিলো।

মণি গৌতমৰ ককায়েক যেন তৎক্ষণাৎ মোৰ প্ৰতি মুগ্ধ হৈ পৰিল। সি কাঠৰ খটখটিৰে লাহে লাহে তললৈ নামি আহিল।

o o o o

মণি গৌতম আৰু এই যুৱকৰ লগত এদিন মই মথুৰালৈ গৈছিলো। বৃন্দাবনৰ পৰা মথুৰালৈ এই সুন্দৰ পথছোৱা আমি এখন টাঙ্গাত গৈছিলো। সি মোৰ ওচৰতে বহি গৈছিল। তাৰ শৰীৰৰ পৰা এক পুৰুষসুলভ গোন্ধ আহি মোৰ নাকত লাগিছিল। বাটৰ দুয়োপিনে থকা বাবুলৰ কাঁইটবোৰত বেগুণীয়া ফুল কিছুমান ফুলি জাতিষ্কাৰ হৈ আছিল। কাঁইটীয়া বাবুলৰ জোপোহা, অশোক, শ্ৰীফল আৰু কদম গছ কিছুমান আলিৰ দুয়োপিনে লহ্‌পহ্‌কৈ বাঢ়ি আহিছে। এজাক ম'ৰা চৰাই বননিৰ মাজে মাজে ঘূৰা-পকা কৰি ফুৰিছে। খট্ খট্ শব্দ কৰি টাঙ্গা আগুৱাই গৈছিল।... মই অনুভৱ কৰিছিলো, মোৰ হৃদয়ত মাজে-সময়ে এটা কবিতাই যেন খোঁচা-বিন্ধা কৰিছিল, কিন্তু পিছ মুহূৰ্ততে এই কবিতা প্ৰাচীন ধ্বংসস্তূপৰ দৰে ধহি-খহি ভাগি পৰিছিল। এই তৰুণ যুৱকৰ ওচৰত বহি যোৱা গোটেই পথছোৱা মই মোৰ হৃদয়ৰ মাজত ধহি-খহি পৰা এই ধ্বংসস্তূপৰ ইটা আৰু ধূলি পৰিষ্কাৰ কৰি থাকোঁতেই অতিবাহিত কৰিছিলো।

...সেইদিনা আগ্ৰা বিশ্ববিদ্যালয়ৰ সমাৱৰ্তন উৎসৱ আছিল। জম্মু আৰু

কাশ্মীৰৰ এসময়ৰ ৰাজকুমাৰ কৰণ সিঙে ভাষণ দিছিল। এই সমাৱৰ্তন উৎসৱ চোৱাৰ আগেয়ে আমি মথুৰাৰ সেই বিচিত্ৰ বজাৰখনত কিছু সময় ঘূৰা-পকাও কৰিছিলো। চাহৰ দোকানত বহি চাহ খাইছিলো। ফটোৰ দোকান এখনত মণি আৰু মই কেইখনমান ফটোও তুলিছিলো।

০ ০ ০ ০

উভতি অহাৰ সময়ত আমি একেটা পথেৰে টাঙ্গাত উঠি উভতি আহিলো। জোনাক ৰাতি। আকাশৰ চন্দ্ৰই যেন বেশ্যাৰ দৰে, শাৰীৰিক সৌন্দৰ্যৰে সেইদিনা সকলোকে আকৰ্ষণ কৰিবলৈ বদ্ধপৰিকৰ হৈ পৰিছিল।

এই জোনাক ৰাতি সি মোৰ নিচেই ওচৰত বহি আহিছিল। জোনাকৰ পোহৰত অৰণ্যৰ মাজে মাজে প্ৰকট হৈ পৰা ধ্বংসস্তূপ কিছুমান মৰুভূমিৰ মাজত বহি থকা বনৰীয়া উটৰ দৰে দেখা গৈছিল। কিহৰ ভগ্নস্তূপ সেইবোৰ?

ফিৰোজ টোগলগে ধ্বংস কৰা মন্দিৰ? নে আল্লাউদ্দিন খিলিজিয়ে ধ্বংস কৰি যোৱা কোনো মন্দিৰৰ ধ্বংস অৱশেষ এয়া? নে আউৰঙ্গজেৱে...?

...এই তৰুণ যুৱকৰ লগত বহি যোৱা এই মুহূৰ্তত আকৌ এক কবিতাই কিছু সময়ৰ কাৰণে যেন মোৰ হৃদয়ত এক মন্দিৰৰ ৰূপ লৈছিল, আকৌ এই মন্দিৰ যেন জহি-খহি ধূলি-বালিৰ এক কৰ্কশ স্তূপলৈ ৰূপান্তৰিত হৈছিল। বৰ বিচিত্ৰ আছিল সেই ভাব। আত্মা আৰু এই শৰীৰ অৰ্থাৎ হাড়-মাংসৰ এই শৰীৰৰূপী তম্বুৰে আঁৰ কৰি ধৰি ৰখা আত্মা সেইদিনা যেন শৰীৰৰ পৰা বিচ্ছিন্ন হৈ পৰিছিল। সেইদিনা মোৰ এই হাড়-মাংসৰ তম্বুৰূপী শৰীৰত এটি নকল আত্মাইহে যেন কুৰুকি কুৰুকি সোমাই গৈছিল। নকল আত্মা—নকলেই হয়। সি এই তম্বু ছাৰখাৰ কৰি উৰি যোৱাৰ বাহিৰে একো কৰিব নোৱাৰে। দেহক বাহী মৰাশৰ দৰে দুৰ্গন্ধময় কৰিবলৈ যোৱাৰ বাহিৰে একো কৰিব নোৱাৰে। তথাপি কেতিয়াবা এনে আত্মা, হাড় এই শৰীৰত সোমাই পৰে। মোৰ শৰীৰতো হয়তো সেই নকল আত্মা সোমাইছিল—কিছু সময়ৰ বাবে নিশ্চয় সোমাইছিল।

টক্ টক্ টক্।

ঝন্ ঝন্ ঝন্।

টক্ টক্ টক্।।

টাঙ্গা আগুৱাই গৈছিল। জোনাকৰ পোহৰত কাঁইটীয়া হাবিৰ মাজৰ ভগ্নস্তূপবোৰ আৰু বেছি প্ৰাচীন যেন দেখা গৈছিল। সেইবোৰত এক প্ৰচণ্ড ৰহস্য আৰু জীৱনৰ

নশ্বৰতাৰ এক নীৰৱ সঙ্গীত প্ৰৱহমান হৈ আছিল।

টক্ টক্ টক্

টক্ টক্ টক্।

...ৰাতি ভালেখিনি হৈছিল। মণিক ঘৰত নমাই থৈ এইবাৰ এই তৰুণ যুৱকে মোক নমাই থ'বলৈ আকৌ আহি টাঙ্গাত উঠিল।

...এইবাৰ টাঙ্গাই আঠ খাম্বা আৰু গোপীনাথ বজাৰৰ পথ ধৰিলে। ৰাতিৰ নীৰৱতাৰ মাজত টাঙ্গাৰ ঘোঁৰাৰ খুৰাৰ আৱাজ আৰু চকাৰ ঘেৰ্‌ঘেৰণি প্ৰকট হৈ আহিল। শিলৰ ৰাস্তাৰ জোঁকাৰণিত এই তৰুণ যুৱকৰ শৰীৰ বাৰে বাৰে মোৰ শৰীৰত ঠেকা খাব ধৰিলে।

...ভাব হ'ল এয়া মোৰ ওচৰত যেন মাধু আছে পুৰণা দিনৰ দৰে। এয়া কাবেৰী নদীৰ পাৰৰ মন্দিৰবোৰলৈ গমন কৰিছো।

...এয়া বৰ অদ্ভুত অনুভৱ আছিল। ৰঙ্গজী মন্দিৰৰ ৰথগৃহৰ ওচৰত গৌতমে, গাড়োৱানক বিদায় দিয়ালৈ অপেক্ষা কৰি মই ৰঙ্গজী কদম গছজোপাৰ তলত অপেক্ষা কৰি থাকিলো। [এই কদমজোপাৰ তলত থিয় হ'লে সকলো সময়তে পানীৰ সৰু সৰু কণিকা শৰীৰত পৰে। কিয় এনে হয় নেজানিছিলো।]

আমি দুয়ো ব্ৰহ্মকুণ্ডৰ দাঁতিতে থকা সংক্ষিপ্ত পথেৰে গৈ সময়ত ঈমাৰতি বায়ে ভজন গোৱা সেই স্থান আৰু গুৰু-পত্নীয়ে মোক কিনিবলৈ কোৱা ব্ৰহ্মকুণ্ডৰ পাৰৰ ভগ্ন দালানটোৰ ওচৰত উপস্থিত হ'লো। মই ভালদৰে বুজি পালো—গৌতম মোৰ প্ৰতি সম্পূৰ্ণৰূপে আকৰ্ষিত হৈ পৰিছে।

ব্ৰহ্মকুণ্ডৰ কাষতে আমাৰ মন্দিৰ, আৰু এই মুহূৰ্ততে মই গৈ মন্দিৰৰ ভিতৰত সোমাম এই কথা সি যেন সহ্য কৰিব পৰা নাই। ঠিক এনে ধৰণৰ ভাব হ'ল মোৰ...। ক'ব নোৱাৰো কি কাৰণে ইটা-বালি খহি পৰি পৰিত্যক্ত হোৱা ভৱনটোৰ ওপৰৰ পৰা জোনাক ৰাতি ব্ৰহ্মকুণ্ডৰ শোভা চাবলৈ মোৰ হেঁপাহ জন্মিল। মই ঠিক ধৰিব নোৱাৰিলো—মোৰ এই হেঁপাহ এক শুই থকা অনুভূতি জাগ্ৰত হৈ পৰাৰ বাবেই হ'লনে—নে কোনো অন্য কাৰণে হ'ল।...ৰাতি দোভাগ হৈ আহিছিল।... জহি-খহি যোৱা চিৰিকেইটাৰে মই খুপি খুপি উঠি গ'লো। তৰুণ যুৱকো মোৰ পিছে পিছে উঠি গ'ল।

ব্ৰহ্মকুণ্ডৰ মলিয়ন পানীতো চন্দ্ৰৰ প্ৰতিবিম্ব পৰিছে। চন্দ্ৰ মহয় যেন এক বিচিত্ৰ ময়ূৰ জালত পৰি ছট্‌ফটাই আছে।

মোৰ এই প্ৰেমিক মোৰ ওচৰত এয়া থিয় হৈ আছে। মই তেওঁক সৰ্বস্ব দিব

পাৰো। মাধুৰ মৃত্যুৰ পাছত বিধাতাই কাঢ়ি নিয়া এক মানৱীয় ক্ষুধাক এই এতিয়াই মই আকৌ এবাৰ চুই চাব পাৰো। সৌৱা এই তৰুণ যুৱকে একেবাৰে মুগ্ধ হৈ মোৰ ৰেহ-ৰূপ চাই আছে। এতিয়াই এই মুহূৰ্তত সামান্য এটা ইঙ্গিত পালেই তেওঁ মোক সাৱটি ধৰিব। চুমাৰে মোৰ সৰ্বশৰীৰ ঢৌৱাই পেলাব।

আকাশখন যেন ভাঙি-ছিঙি আহি আহি ব্ৰহ্মকুণ্ড পানীত উবুৰি হৈ পৰিল।

ধ্বংসপ্ৰাপ্ত মন্দিৰবোৰৰ ঘণ্টাৰ আৱাজে গোটেইখন যেন মুখৰ কৰি তুলিলে। মৰি একেবাৰে ভূত হৈ যোৱা ঈমাৰতি বায়ে যেন মোৰ শৰীৰৰ পৰা খুলি পৰা কাপোৰ-কানিবোৰ আকৌ এখন এখনকৈ পিন্ধাই দিলে। কাণে কাণে তাই যেন মৰ্যাদাবোধৰ এক দাৰুণ মন্ত্ৰ শিকাই থৈ গ'ল।

...মই খটখটি বগাই তললৈ নামি আহিলো। তাৰ পাছত সংক্ষিপ্ত পথেৰে আহি আমাৰ মন্দিৰৰ প্ৰধান দুৱাৰৰ ওচৰত আহি থিয় হ'লো।...বহু সময়লৈ এই তৰুণ যুৱকে আহি দুৱাৰৰ ওচৰত থিয় হৈ আছিল। তেওঁৰ কণ্ঠৰ আৱাজ মই বহু সময়লৈ শুনিছিলো। তেওঁ ঠিক এইষাৰ কথাই কৈছিল—"মোৰ মনত কেনে ভাব হৈছে মই তোমাক ভাষাৰে জনাব পৰা নাই।... শুনি যোৱা!"

...দোভাগ ৰাতি মই তেওঁৰ ওচৰত আত্মসমৰ্পণ কৰা নাছিলো। মই এক অনন্য আত্মবল লাভ কৰিছিলো। ইয়াৰ পাছত মই আৰু কেতিয়াও এই তৰুণ যুৱকক অকলশৰে লগ পোৱা নাছিলো।

লীলা বাবাৰ সৈতে সাক্ষাৎঃ

গ্ৰীষ্মৰ দিনতে এবাৰ গুৰু লেখাৰু মহোদয় আৰু মাহীদেউৰ লগত লীলা বাবাৰ ওচৰলৈ গমন কৰিলো। লালাজীৰ মন্দিৰৰ কাষৰ গলিৰে আমি আগুৱাই গ'লো।

লীলা বাবাৰ মন্দিৰ আৰু প্ৰাসাদৰ সন্মুখত মই কেইবাখনো গাড়ী ৰৈ থকা দেখিলো। লীলা বাবাৰ অজস্ৰ ধনাঢ্য সদাগৰ শিষ্য আছিল। অসমৰ প্ৰাক্তন মুখ্যমন্ত্ৰী স্বৰ্গীয় মহেন্দ্ৰ মোহন চৌধুৰী মহোদয়ো লীলা বাবাৰ ভক্ত আছিল [পাঞ্জাবৰ ৰাজ্যপাল হৈ থকাৰ সময়ত এবাৰ তেওঁ বৃন্দাবনলৈ আহিছিল। তেওঁ আমাৰ মন্দিৰলৈও আহিছিল। তেওঁৰ সৈতে আমাৰ আত্মীয়তা গঢ়ি উঠিছিল। মোৰ পিতাৰ লগতো তেওঁৰ বন্ধুত্ব আছিল।] পিতা জীয়াই থাকোঁতে মই অনেক ভব্য-গব্য লোকক লগ পাইছিলো। গুৱাহাটীৰ ৰাজ্যিক যাদুঘৰত পিতাৰ লগত এবাৰ ন'বেল প্ৰাইজ বিজয়ী চি.ভি. ৰমনকো লগ পাইছিলো।

আমি সেই দিনা বাবাক দুমহলীয়া দালানটোৰ ওপৰৰ আহল-বহল কোঠা এটাৰ সোঁমাজত গাদী পাৰি বহি থকা দেখিলো। শিষ্যসকলে তেওঁক আলপৈচান ধৰি আছিল।

বৰণ ক'লা আছিল যদিও বাবা দেখিবলৈ ডেকা মানুহৰ দৰে আছিল। চুলিবোৰো ক'লা আছিল। ওখ-পাখ, হটঙা মানুহৰ দৰে আছিল। চকুযোৰ আধা মেলা হৈ আছিল। বোধহয় ভাং জাতীয় কিবা এক প্ৰকাৰ নিচা তেওঁ সেৱন কৰিছিল। আন এটা কোঠাত পৰ্বত সদৃশ কৰি কিছুমান ভঙা পইচা দ'মাই থোৱা আছিল। এই পইচাবোৰ গন্তি কৰি থকা কিছুমান ধিতিঙা ল'ৰাই বাবাৰ গুণ কীৰ্তন কৰি বৃন্দাবনৰ কোনে বাবাক কেনে ধৰণে প্ৰশংসা কৰিলে, বাবাই কেনে ধৰণে আৰু ক'ত তেওঁৰ ঐশ্বৰিক মাহাত্ম্য প্ৰকাশ কৰিলে এই বিষয়ে বাবাই শুনাকৈ নানা মুখৰোচক কথা কৈ আছিল। বাবাই গাদীত বহি বহি সিহঁতৰ কথা শুনিছিল। আত্মসন্তুষ্টিৰ ভাব তেওঁৰ সমগ্ৰ মুখমণ্ডলত বিয়পি পৰিছিল। হঠাৎ এবাৰ তেওঁ আৰ্তনাদ কৰি উঠিল—"হে মোৰ ভক্তসকল, তোমালোকে জানানে মোৰ পত্নীৰ পিন্ধিবলৈ শাৰী এখন পৰ্যন্ত নাছিল। আজি তেওঁৰ মৃত্যুৰ পাছত মোৰ ঐশ্বৰ্য-বিভূতিৰ সীমা নাই।"

...আমি তিনিও দুৱাৰ মুখত থিয় হ'লো। লীলা বাবাই চকু মেলি আমাৰ মুখলৈ মূৰ তুলি চালে। তেওঁৰ চকুযোৰ নিচাসক্ত মানুহৰ দৰে হালধীয়া। এই প্ৰথম দিনা বাবাই আমাৰ লগত বৰ বেছি কথা-বতৰা নেপাতিলে যদিও আমি তেওঁৰ পৰা বিদায় লৈ অহাৰ সময়ত তেওঁ আমাক ভাত খাই যাবলৈ বৰকৈ অনুৰোধ কৰিলে। আমি সেই দিনা বঙালী ৰান্ধনিয়ে ৰন্ধা আৰু প্ৰকাণ্ড প্ৰকাণ্ড কাঁহৰ কাঁহীত বাঢ়ি দিয়া ভাত খাই উভতি আহিলোঁ।

আকৌ এদিন আমি তিনিও তেওঁৰ ওচৰত উপস্থিত হৈছিলো। তেওঁ শিষ্যসকলৰ দ্বাৰা পৰিৱেষ্টিত হৈ বাৰাণ্ডাত বহি আছিল। তেওঁৰ সন্মুখত নানা ব্যঞ্জন আৰু লুচিৰে পৰিপূৰ্ণ কাঁহী এখন সজাই থোৱা আছিল। তেওঁ মাজে মাজে দুই-এখন লুচি তুলি খাইছিল। তাৰে উচ্ছিষ্ট ওচৰত বহি থকা শিষ্যসকলক বিলাই দিছিল। শিষ্যসকলেও এয়া পৰম পবিত্ৰ প্ৰসাদ বুলি মূৰত লৈছিল আৰু মুখত ভৰাইছিল। মোৰ গুৰু আৰু গুৰু-পত্নীয়েও এই উচ্ছিষ্ট হাত পাতি ল'লে। তাৰ পাছত সোঁহাতত লৈ মুখত ভৰালে।...এইবাৰ মোৰ পাল পৰিল। নিজৰ পিতৃ-মাতৃ আৰু বংশ-কুটুম্বৰ উচ্ছিষ্ট খোৱাও মোৰ বাবে অসম্ভৱ কথা আছিল। তেওঁৰ উচ্ছিষ্ট মই মুখত লওঁ কেনেকৈ...মই থেৰো-গেঁৰো কৰিব ধৰিলো। বাবাই লক্ষ্য কৰিলে। তাৰ পাছত ঢেক্-ঢেক্কৈ হাঁহি বঙলা ভাষাতে ক'লে—"হেৰা বগী ছোৱালী! মই ক'লা মানুহ, সেই

দেখি মোৰ উচ্ছিষ্ট খাব ঘৃণা কৰিছা নহয়নে?”

...মই হাত পাতি তেওঁৰ উচ্ছিষ্ট গ্ৰহণ কৰিলো। কিন্তু মুখলৈ নিব নোৱাৰিলো। সেই দিনা লীলা বাবাই মোৰ হৃদয় স্পৰ্শ কৰিব পৰা কোনো ধৰণৰ আলোচনা কৰা নাছিল। চাৰিওফালে তেওঁৰ ঐশ্বৰ্য-বিভূতিৰ জাক্‌জমক্‌হে দেখিছিলো। আমি বিদায় লোৱাৰ সময়ত মোৰ পিনে চাই তেওঁ ক'লে— “মাজে-সময়ে আমাৰ মন্দিৰলৈ আহিবা। অকলে আহিব নেলাগে, এই পৰম বৈষ্ণৱ লেখাৰু মহোদয় অৰ্থাৎ অসমৰ সন্ন্যাসীৰ লগত আহিবা।”

...মোৰ মনত বাৰে বাৰে এইষাৰ কথা গুঞ্জৰিত হৈ থাকিল— কি কাৰণে তেওঁ মোক অকলে আহিব মানা কৰিলে?

...মোৰ হৃদয়ত অহৰহ বাহ লোৱা সেই নৈৰাশ্য আৰু নিৰ্মম স্মৃতিক পাহৰাই পেলাব পৰা কিবা কথা লীলা বাবাই ক'ব পাৰিবনে?

o o o o

লাহে লাহে দিনৰ বেছিভাগ সময় গৱেষণাৰ কামত লিপ্ত হৈ থাকিলো। যিখিনি আজৰি সময় পালো সেইখিনি সময়ত ‘নীলকণ্ঠী ব্ৰজ’ নামৰ উপন্যাসখনৰ কাম কৰিলো।... তথাপি হৃদয়ৰ কোনো এঠাইত অহৰহ এটা আশাই ভুমুকি মাৰিব ধৰিলে— এৰা, কিজানি মই হিমালয় গুহাৰ পৰা অহা কোনো সন্ন্যাসীক লগ পাওঁ। যেনেদৰে সদাগৰ কৃষ্ণচন্দ্ৰ সিং ওৰ্ফ লালা বাবুৱে গোৱৰ্ধনত সিদ্ধ বাবাক লগ পাইছিল। যেনেদৰে বুন্দেলখণ্ডৰ পাহাৰী গুহাত দণ্ডী সন্ন্যাসীসকলৰ সৈতে সাধনা কৰি এসময়ত ব্ৰজৰ অলিয়ে-গলিয়ে ঘূৰি ফুৰা আৰু বৃন্দবনৰে ৰমণ ৰেতীত স্বইচ্ছাই নশ্বৰদেহ ত্যাগ কৰা গোৱৰীয়া বাবাৰ দৰে ব্যক্তিক লগ পাওঁ?...দোভাগ ৰাতি বৃন্দাবনৰ বন আৰু যমুনাৰ পাৰৰ দেৱস্থান আৰু ভগ্ন মন্দিৰসমূহত বহি সাধনা কৰা আৰু ভক্তক দিগদৰ্শন দিব পৰা গোৱৰীয়া বাবাৰ দৰে মহান যোগীক মই সঁচাকৈয়ে লগ পামনে?

ব্ৰজৰ ফাকুৱাৰ উৎসৱৰ সময়ত মই আমাৰ মন্দিৰৰ দুৱাৰ মুখৰ পৰা সুসজ্জিত বাহনত সংকীৰ্তন আৰু জয়ধ্বনিৰে একেবাৰে উন্মাদপ্ৰায় হৈ আগ বাঢ়ি যোৱা লীলা বাবাক দেখা পালো। ভক্তৰ হাতৰ পৰা আবিৰ লৈ তেওঁ বৃন্দাবনৰ অলিয়ে-গলিয়ে ছটিয়াই গৈছিল। বৃন্দাবনৰ গোটেইবোৰ পথ বাবাই যেন ৰাঙলী কৰি তুলিছিল।

[বৃন্দাবনত মই দেখা এই উৎসৱ বৰ জাক্‌জমকতাপূৰ্ণ আছিল। মাঘ মাহৰ বসন্ত পঞ্চমীত আৰম্ভ হৈ একেবাৰে চ'ত মাহলৈ এই উৎসৱৰ দহৰম-মহৰম চলিছিল। এইদৰে পঞ্চলিছ দিন এই উৎসৱ চলিছিল। হৰিদাস স্বামীৰ মানস মন্দিৰ বিহাৰীজী

আৰু আমাৰ দশৰথ আখাৰাত 'হালকা দহন' আদি উৎসৱ পালন কৰা হৈছিল। আমি বাস কৰা দশৰথ আখাৰাত স্ত্ৰী-পুৰুষৰ মাজত হোৱা ফাকুৱাৰ বিচিত্ৰ লীলা দেখা পাইছিলো। আখাৰাৰ তিৰোতাসকলে হাতত দাণ্ডা লৈ পুৰুষৰ লগত দাণ্ডা যুদ্ধ কৰিছিল। পুৰুষেও হাতত বাবুলৰ কাঁইটীয়া ডাল লৈছিল। পুৰুষে তিৰোতাৰ হাতত মাৰ খাই আনন্দত যেন আত্মহাৰাই হৈ পৰিছিল। আমাৰ ওচৰৰে মন্দিৰ এটাত পুৰোহিত কেইটামানে বাহিৰলৈ ওলাই আহি আখাৰাৰ তিৰোতাৰ লাঠি খেল চাইছিল। তেওঁলোকৰ চকুৰ দৃষ্টিয়ে লাঠি লৈ যুদ্ধ ক্ষেত্ৰৰ যুঁজাৰুৰ দৰে উন্মত্ত হোৱা তিৰোতাবোৰৰ দেহৰ মাংসৰ যেন হিচাপ-নিকাচহে কৰিছিল। মোৰ ঠিক এনে ভাব হৈছিল। এই পুৰোহিতকেইটাৰ বিষয়ে মই অনেক কথা শুনিছিলো। আখাৰাৰ একেবাৰে দৰিদ্ৰৰ ঘৰৰ দহ-এঘাৰ বছৰীয়া ছোৱালী দুজনীমানকে দুই-চাৰি অনা দি তেওঁলোকে একোটা অন্ধকাৰ কোঠালৈ লৈ গৈছিল। তাত এই ছোৱালীবোৰক সম্পৰ্ণৰূপে নাঙঠ কৰি এই কেৰলীয়া পুৰোহিতসকলে হেনো এক ধৰণৰ পূজা কৰিছিল। ছোৱালীজনীক এই বিষয়ে কোনোবাই কেতিয়াবা প্ৰশ্ন কৰিলে সিহঁকে লাজত ফৰিং ছিটিকা দি ছিটিকি পৰিছিল। মই এই ছোৱালীকেইজীনক সদায়ে লগ পাইছিলো। সিহঁতে সদায়ে পইচাৰ বাবে হাত পাতিছিল।]

...লীলা বাবাৰ ফাকুৱাৰ শোভাযাত্ৰা অহা বুলি শুনি মই আমাৰ মন্দিৰৰ ওচৰৰে গোপীনাথ বজাৰৰ আলিত থিয় হৈ তেওঁৰ জাক্‌জামক্ শোভাযাত্ৰাৰ বাবে অপেক্ষা কৰি আছিলো।

ঢোল আৰু বেণ্ড পাৰ্টিৰ আৱাজ শুনা গ'ল। বাবাৰ শোভাযাত্ৰা আগ বাঢ়ি আহিল। এখন খোলা গাড়ীৰ ওপৰত বহি বাবাই নিজ হাতেৰে বৃন্দাবনৰ আলিত আবিৰ ছটিয়াই আহিছিল। বাবাৰ শিষ্যসকলেও আবিৰ ছটিয়াইছিল। বৃন্দাবনৰ পথ-ঘাট আবিৰেৰে একেবাৰে ৰাঙলী হৈ গৈছিল। বাবাৰ জয়ধ্বনিৰে আকাশ-পাতাল নিনাদিত হৈ উঠিছিল।

সেইদিনা গোপীনাথ বজাৰৰ আলিৰ দাঁতিত মোক ৰৈ থকা বাবাই দেখা পালে। আবিৰেৰে ৰাঙলী হোৱা হাত এখন ওপৰলৈ তুলি তেওঁ ভিৰৰ মাজতো চিঞৰি উঠিল— "তুমি দেখোন আহিবলৈ এৰি দিলা!"

০ ০ ০ ০

লীলা বাবাৰ বিষয়ে সেই সময়ত মই অনেক কিম্বদন্তি শুনিছিলো। সম্পূৰ্ণকৈ মানসিক ব্যাধিগ্ৰস্ত হোৱা ছোৱালী এজনীক তেওঁ আৰোগ্য কৰাৰ কথা শুনিছিলো।

তেওঁ চিকিৎসালয়ো খুলিছিল। ব্ৰজৰ সাধু-সন্ন্যাসীৰ বাবে 'ভাণ্ডাৰা'ও দিছিল। অনেকেই তেওঁৰ শৰণাপন্ন হৈছিল।

বাবাৰ কোনো আধ্যাত্মিক কথোপকথন মই অৱশ্যে শুনা নাছিলো। কিন্তু তেওঁক বেৰি থকা বণিক জাতীয় মানুহবোৰে কৰা বাতাৱৰণ মই বৰ ভাল নেপাইছিলো। এইবাৰ মই তেওঁৰ নতুন ভব মন্দিৰত উপস্থিত হৈছিলো। সেইদিনা তেওঁ ভাষণৰ মাজত বিধৱা নাৰীৰ বিষয়ে কেইযাৰমান কথা ক'লে। এই কথাৰ সাৰমৰ্ম ঠিক এনে ধৰণৰ আছিল—"বিধৱা হোৱা মানে নাৰীয়ে সৰ্বস্ব হেৰুওৱা! বিধৱা হোৱাৰ লগে লগে নাৰীৰ জীৱন মাটিৰ লগত মিলি যায়।... বিধৱাই...।"

মই ভক্তসকলৰ লগত বহি আছিলো। তেওঁৰ কথা শুনি মোৰ খঙে মূৰৰ চুলি পালে। যি সামান্য ভক্তিৰ ভাব আছিল সেইখিনিও এক মুহূৰ্তৰ ভিতৰতে উধাও হৈ গ'ল। মোৰ লগত যদি সেই দিনা মোৰ শুভাকাংক্ষী দুই-এগৰাকী ভক্ত নেথাকিলেহেঁতেন সেইদিনা মই থিয় হৈ তেওঁক সুধিলোহেঁতেন—"আপুনি মানুহৰ মনৰ বাঘবোৰক আৰু দ'কৈ খন্দাৰহে চেষ্টা কৰিছে। বিধৱাসকলৰ ভাঙি পৰা মনক আপোনালোকে সজীৱ কৰি তুলিব লাগে। আপোনালোক সাধু-মহাত্মা বুলি ব্ৰজত জনাজাত! মই নিজে মূৰ্খ যদিও এই ভাব মোৰ মনলৈ আহিছে। দুঃখী নিষ্পেষিতসকলক আপোনালোকে তুলি ধৰিব লাগে।"

...ভক্তৰ সভাৰ মাজৰ পৰা উঠি গৈ তেওঁৰ ওচৰত থিয় হৈ মোৰ ঠিক এনেদৰে ক'বলৈ প্ৰচণ্ড ইচ্ছা হ'ল। এনেদৰে তেওঁৰ ওচৰলৈ গৈ থিয় হ'লে হয়তো অহৰহ তেওঁৰ পদধূলি মূৰত লৈ থকা ধনাঢ্য বণিকসকলে মোলৈ শিলগুটি দলিয়ালেহেঁতেন।... এই দুৰ্দান্ত ইচ্ছাক বৰ কষ্টেৰে সংযত কৰি ৰাখিলো। কিন্তু মই মোৰ মনৰ অসন্তুষ্টি প্ৰকাশ কৰি ভক্তৰ 'সমাজ'ৰ পৰা উঠি আহিলো।

সেই দিনাই লীলা বাবাৰ মন্দিৰলৈ মোৰ শেষ যোৱা আছিল।

মই তেওঁক আৰু কোনো দিনে উভতিও চোৱা নাছিলো।

০ ০ ০ ০

কৃষ্ণা দাসী আৰু আন আন ৰাধেশ্যামীসকলৰ আৰু কিছু কথা ঃ

কৃষ্ণা দাসী ৰাধেশ্যামী আছিল। মই সম্ভৱ দুই-এঠাইত ইতিমধ্যে কৃষ্ণা দাসীৰ কথা উল্লেখ কৰিছো। আমাৰ মন্দিৰৰ গাতে লাগি থকা খুপৰি এটাত তাই বাস কৰিছিল। বৰণটো সামান্য ক'লা আছিল যদিও কৃষ্ণা দাসী বৰ সুগঢ়ী তিৰোতা। দাসীৰ দুটা ল'ৰাও আছিল। তাইৰ খুপৰিৰ কাষৰ আন খুপৰিত এটা বয়সীয়া ভক্তই বাস কৰিছিল।

এই ভক্তটিৰ লগত কৃষ্ণা দাসীৰ বিয়া-বাৰু হোৱা নাছিল যদিও দুয়ো স্ত্ৰী-পুৰুষৰ দৰেই বাস কৰাৰ দৰে মোৰ ভাব হৈছিল। শকত-আৱত চেহেৰাৰ এই পুৰুষটিক মই গোবিন্দ মন্দিৰৰ দুৱাৰমুখত পহৰা দি থকা দেখিছিলো। মন্দিৰত সি বোধহয় তমাল পাতৰ ঠোঙা কৰি বেচিছিল। কেতিয়াবা তমাল পাতৰ দ'ম একোটা আগত লৈ কৃষ্ণা দাসীকো ঠোঙা সাজি বহি থকা দেখিছিলো। এডাল চুলিও ইফাল-সিফাল নোহোৱাকৈ মূৰ ফণিয়াই তাই কলডিলীয়া খোপা বান্ধিছিল। কপালত গোপীচন্দনৰ ৰেখা আঁকি লৈছিল। বিধৱা আছিল বাবেই হয়তো সদায়ে বগা কাপোৰ পিন্ধিছিল। ফাটি ছিৰাছিৰ হোৱা কাপোৰত তাই বৰ নিয়াৰিকৈ টাপলি মাৰি লৈছিল। মই গম পাইছিলো তাই প্ৰচণ্ড দৰিদ্ৰতা ভোগ কৰিছিল। তাইক পহৰা দি থকা আদবয়সীয়া ভক্তটোৱে সহায় কৰা কাৰণেহে তাই ল'ৰা দুটা লৈ ব্ৰজত বাস কৰিব পাৰিছে এনে এক ভাব হৈছিল। তমাল পাতৰ ঠোঙা কৰি তায়ো গোবিন্দ মন্দিৰত বেচিছিল।

গোবিন্দদেৱৰ প্ৰাচীন প্ৰতিমাক মুছলমান উপদ্ৰৱকাৰীৰ হাতৰ পৰা ৰক্ষা কৰিবলৈ বৃন্দাবনৰে গোমা টিলাত কোনোবাই মূৰ্তি এটা পুতি থৈছিল। ৰূপ গোস্বামীয়ে এই মূৰ্তি আৱিষ্কাৰ কৰি প্ৰথমে ব্ৰহ্মাকুণ্ডত প্ৰতিষ্ঠা কৰিছিল। ৰজা মান সিঙে তৈয়াৰ কৰা ভব্য মন্দিৰত বহুদিনৰ পিছতহে এই মূৰ্তি স্থাপন কৰা হৈছিল। আউৰঙ্গজেৱৰ আক্ৰমণৰ সময়ত আকৌ এই মূৰ্তি জয়পুৰলৈ পলুৱাই লৈ যোৱা হ'ল। ১৮০৫ খ্ৰীষ্টাব্দত এই মূৰ্তিৰ প্ৰতিভূ অন্য এক মূৰ্তি তৈয়াৰ কৰি বৃন্দাবনৰ গৌড়ীয় ভক্তই এই মন্দিৰ প্ৰতিষ্ঠা কৰিছিল।

গোবিন্দদেৱৰ এই প্ৰাচীন মন্দিৰৰ প্ৰাচীৰত মই দুই-এটি নৃত্যৰতা নাৰীৰ ভগ্ন মূৰ্তি দেখিছিলো। মোৰ বুজিবলৈ বাকী নাছিল—এইবোৰ আউৰঙ্গজেৱৰ সময়ত ধ্বংস হৈছিল। আউৰঙ্গজেৱে মথুৰাৰ কেশৱ ৰায় মন্দিৰ, গোৱৰ্ধনৰ শ্ৰীনাথ মন্দিৰ আৰু বৃন্দাবনৰ গোবিন্দদেৱৰ মন্দিৰ সম্পূৰ্ণৰূপে ধ্বংস কৰিছিল। অকল গোবিন্দদেৱৰ মন্দিৰইনে? মদন মোহন মন্দিৰ, যুগল কিশোৰ ৰাধাবল্লভ মন্দিৰো ধূলিসাৎ কৰিছিল। ...মন্দিৰৰ মূৰ্তিসমূহ খণ্ড খণ্ড কৰি উটৰ গাড়ীত বোজা দি আগ্ৰালৈ লৈ গৈছিল। এই দেৱ-দেৱীৰ মূৰ্তিবোৰ মছজিদৰ চিৰি বন্ধোৱা কামত প্ৰয়োগ কৰিছিল। মথুৰাৰ কেশৱ ৰায় মন্দিৰৰ পূব ভাগ খণ্ডিত কৰি এটা ভব্য মছজিদ তৈয়াৰ কৰিছিল। মাহন সম্ৰাট আকবৰে তুলি দিয়া জিজিয়া কৰ আউৰঙ্গজেৱে আকৌ প্ৰচলন কৰিছিল। এইবোৰ কাহিনী মই প্ৰভুদয়ালৰ গ্ৰন্থ 'ব্ৰজৰ সাংস্কৃতিক ইতিহাস'ত পঢ়িছিলো। কৃষ্ণদত্ত বাজপাইৰ কিতাপতো কিছু কথা পঢ়িছিলো।

...গোবিন্দদেৱৰ মন্দিৰলৈ যেতিয়াই গৈছিলো তেতিয়াই মোৰ খণ্ডিত মূৰ্তিবোৰলৈ

চকু গৈছিল। ৰঙা পাথৰেৰে তৈয়াৰ কৰা পৰিত্যক্ত পুৰণা মন্দিৰৰ সন্মুখত মই যেন অহৰহ এক হাহাকাৰ শুনিছিলো। মন্দিৰৰ গৰ্ভত প্ৰোথিত পূজাৰীৰ এক কল্পিত আৰ্তনাদ মই শুনিছিলো।...এই মন্দিৰলৈ গ'লেই পুৰণা প্ৰাচীৰত কাণ পাতি সেই আৱাজ শুনিবৰ চেষ্টা কৰিছিলো। জানো এয়া কল্পনা আছিল! তথাপি। এদিন মন্দিৰত তমালৰ ঠোঙা দিব অহা কৃষ্ণা দাসীয়ে ক'লে—"তুমি ইয়াত কাণ পাতি কি শুনিব খোজা?"

মই নিৰুত্তৰ হৈ থাকিলো।

"কি শুনিবা? শুকান হাড়-মাংসৰ পৰ্বতত বতাহ বলাৰ শব্দহে শুনিবা।"—ঠিক যেন এনে ধৰণৰে কিবা এটা তাই বঙালী ভাষাৰে মুখৰ ভিতৰত ক'লে। মই বৰ ভালদৰে বুজি নাপালো। তাইৰ লগে লগে সেইদিনা মই গোপীনাথ বজাৰৰ সোঁমাজত থকা হাড়াবাৰীলৈ গৈছিলো। হাড়াবাৰীৰ দুৱাৰমুখৰ পৰা আৰম্ভ হৈছে শাক-পাচলি আৰু ফল-মূলৰ বজাৰ। পুৰণা ৰহস্যময় ঘৰৰ শাৰী হাড়াবাৰী। দুৱাৰমুখত ফুল-তুলসী লৈ ভক্ত এটা বহি থাকে। আমি দুয়ো ফুল-তুলসী নোলোৱাকৈয়ে হাড়াবাৰীলৈ সোমাই গ'লো। মই জীৱনত পোনপ্ৰথমবাৰ এনে এক ৰহস্যময় ঘৰ দেখা পালো। গোপীনাথ বজাৰৰ পিনে মুখ কৰি থকা প্ৰধান দুৱাৰখনেদি সোমালে ভাব হয় এয়া মাত্ৰ এটা দালান। কিন্তু ভিতৰত সেয়া এক বেলেগ ৰাজ্য। সৰু সৰু খুপৰিৰ পৰা আৰম্ভ কৰি পুৰণি দুমহলীয়া দালান কিছুমানো আছে। সৰু সৰু খুপৰিবোৰৰ প্ৰত্যেকটোতে একো একোজনী বুঢ়ী ৰাধেশ্যামী সোমাই আছে। ভিতৰত মন্দিৰ আৰু তুলসীৰ ঢাপো আছে।... প্ৰথমে মই বাঁওহাতৰ পিনে থকা সৰু খুপৰি এটালৈ চালো। কোনো মতেহে যেন ওপৰৰ চালখনক ঘুণে খোৱা কাঠৰ খুঁটা চাৰিটাই ধৰি ৰাখিছে। মাটিৰ লেপ দিয়া বেৰৰ জলঙাইদি আকাশ চাব পৰা হৈছে। ভিতৰত বস্তা, ফটাকানি, পুৰণা টিন ভঙা, আধা ভঙা বটলৰ মাজত বুঢ়া শগুণৰ দৰে বুঢ়ী এজনী বহি আছে। তাই যে উঠা-মেলা কৰি ফুৰিব পাৰে এই কথা ভাবি মোৰ বিস্ময়ৰ সীমা নেথাকিল। কিন্তু কৃষ্ণা দাসীয়ে ক'লে, তাই নিয়ম মতে উঠি আঁঠুত ভৰ দি চুঁচৰি চুঁচৰি গৈ ভজন আশ্ৰমৰ চিৰিত বহে। তাই চুঁচৰি চুঁচৰি পানীৰ বাল্টিও কঢ়িয়ায়। মই আগুৱাই গৈ তাইক সুধিলো—"ঘৰ ক'ত?"

তাই মুখৰ ভিতৰত ক'লে—"মৈমনসিঙত!"

"ঘৰৰ মানুহে খবৰ লয়নে?"

তাই মই কি কৈছো ভালদৰে বুজি নেপাই কৃষ্ণা দাসীৰ মুখলৈ চালে। কৃষ্ণা দাসীয়ে বুজাই দিয়াত তাই খোলা চকু দুটা বিস্ফাৰিত কৰি দাঁত নোহোৱা মুখখনৰ এটা অদ্ভুত ভঙ্গী কৰিলে। এই ভঙ্গীত তাইৰ সোত-মোচ খোৱা মুখৰ ছালত কিছুমান

ৰেখা স্পষ্ট হৈ উঠিল। তাইৰ মুখখনক মোৰ এখন মুখাৰ দৰে লাগিল। বঙলা ভাষাত মুখৰ ভিতৰতে আকৌ ভোৰ্‌ভোৰাই ক'লে—"খবৰ লয়। সকলোৱে খবৰ লয়।"

'খবৰ ল'লে এই শেষ অৱস্থাত এনেদৰে?'—নাই নাই, এই প্ৰশ্ন মই সুধিব নোৱাৰিলো।

...অসংখ্য খুপৰি!

অসংখ্য ৰাধেশ্যামী!

তুলসীৰ ঢাপ এটাৰ কাষত আৰু দুটা খুপৰিত মই দুগৰাকী অদ্ভুত ধৰণৰ বৃদ্ধাক দেখিলো। এগৰাকীৰ মূৰৰ চুলি নাই। টকলা অস্থি-চৰ্মসাৰ দেহ। মৰি শুকাই যোৱা কলগছৰ পটুৱাৰ দৰে তললৈ বাগৰি আহিছে তাইৰ শুকান স্তনদ্বয়। তাইৰ কঁকালত এটুকুৰা কাপোৰ বন্ধা আছিল। কাপোৰ টুকুৰা নথকা হ'লে তাইক সম্পূৰ্ণ নাঙঠ মানুহৰ দৰে দেখা গ'লহেঁতেন। কিন্তু আচৰিত কথা এয়ে যে তাইৰ এই ক্ষুদ্ৰ বস্ত্ৰ থকা কঁকালত এটা কাপোৰৰ বেগ ওলমি আছিল। মই কৃষ্ণা দাসীকে সুধিলো—"তাইৰ কঁকালত সেইটো কিহৰ বেগ? ইস্ একেবাৰে লেতেৰা হৈ গৈছে।"

তাই ক'লে—"পইচাৰ? অহৰহ তাই এই বেগটো কঁকালত লৈ ফুৰে, কাৰণ এই পইচা তাই ঊৰ্ধ্বদৈহিকৰ বাবে গোটাই থৈছে!"

[এইকেইদিন বৃন্দাবনত থাকিয়ে মোৰ সন্দেহ হৈছিল এই ঊৰ্ধ্বদৈহিকৰ টকা সাঁচাকৈয়ে সিহঁতৰ দাহক্ৰিয়াত খৰচ হয়নে? কেতিয়াবা ৰক্ষকে সিহঁতক আধা পোৰা খৰিৰে খুঁচি খুঁচি নি যমুনাৰ পানীত পেলাই দিয়ে। কাছই টানি নি গভীৰ পানীত অদৃশ্য কৰি পেলায়। কঁকালত ঊৰ্ধ্বদৈহিকৰ পইচা থকা সত্ত্বেও আষ্টখাম্বা, ৰমণৰে নাইবা চুঙিদৰ পথত মৰি থকা ৰাধেশ্যামীক জমাদাৰেহে চোঁচৰাই আনি যমুনাত পেলাই দিয়াৰ কথা মই শুনিছিলো। সিহঁতৰ ঊৰ্ধ্বদৈহিকৰ টকা ক'ত গৈছিল? ৰক্ষকে কেনেদৰে ভক্ষক হৈছিল এইবোৰ কথা কোনে জানে? এই অসহায় বৃদ্ধাসকলৰ মূৰৰ ওপৰত যে কোনো নাই এই কথা কিন্তু সকলোৱে জানে। সিহঁতক বজাৰৰ মাজত লথিয়াই জখম কৰি থৈ গ'লেও যে কোনেও মাত মাতিব নাহে এই কথাও সকলোৱে জানে। এবাৰ এটা কাহিনী শুনিছিলো—উত্তৰ কাশীৰ পৰা হেনো এক ব্ৰাহ্মণ আহিছিল। গেৰুৱা সাজ-পোছাক, থুলন্তৰ চেহেৰা, দীঘল চুলি, কপালত চন্দৰ ৰেখা। ৰাধেশ্যামী কিছুমানক একত্ৰিত কৰি তেওঁ ক'লে—"তহঁতে অন্ত্যেষ্টিক্ৰিয়াৰ বাবে যি পইচা সাঁচি থৈছ—সেই পইচা মোৰ হাতত দে, মই জমা কৰি থ'ম। সকলো কাম মই বৈদিক নীতি মতে কৰিম। ফুলৰ মালাৰে সজোৱা তাঞ্জামেৰে শ যমুনাৰ বালিলৈ নিম। শ'ক গা ধুৱাই উঠি নতুন বস্ত্ৰ পিন্ধাম। শুদ্ধ গৰুৰ ঘিউ ব্যৱহাৰ কৰিম...আমি কমিটি কৰিম।

জবৰদস্ত কমিটি! যেনে কথা তেনে কাম। বনখণ্ডী মহাদেৱৰ ওচৰত মুৰুলীধৰ মন্দিৰৰ প্ৰসাদ খাই বটিয়াই বটিয়াই মৰি পৰি আছিল এগৰাকী ৰাধেশ্যামী। এই উত্তৰ কাশীৰ বামুণটোৱে লগত চাৰিটামান পালোৱানক লৈ এক অবিশ্বাস্য কাম কৰি দেখুৱালে। বনখণ্ডী মহাদেৱত পৰি মৰি থকা ৰাধেশ্যামী বুঢ়ীক ফুলৰ মালাৰে যমুনাৰ বালিলৈ নি দাহক্ৰিয়া কৰি দেখুৱালে। কাৰণ বুঢ়ীয়ে হেনো ক্ৰিয়াৰ বাবে কিছু পইচা উত্তৰ কাশীৰ বামুণৰ হাতত জমা থৈছিল।... কথা নহয় যেনিবা বতাহ। উত্তৰ কাশীৰ বামুণৰ হাতত পইচা জমা কৰিবলৈ ৰাধেশ্যামী বুঢ়ীহঁতে হেতা-ওপৰা লগালে।... এইবাৰ উত্তৰ কাশীৰ বামুণে এটা যুৱতী লগত লৈ ফুৰোৱা হ'ল। হাতত ৰঙা হিচাপৰ বহী। এই বহীত ভৰি পৰিল বাঁকুড়া জিলাৰ লীলাৱতী, মৈমনসিঙৰ বিষ্ণু দাসী, কোচবিহাৰৰ শেফালী বড়ালকে আদি কৰি অজস্ৰ ৰাধেশ্যামীৰ নাম আৰু নামৰ বাঁওহাতে টকাৰ হিচাপ।—লালাবাবুৰ মন্দিৰ, গোপীনাথ বজাৰ, বনখণ্ডী মহাদেৱ আৰু ধীৰ সমীৰ ঘাটৰ ওচৰত এই উত্তৰ কাশীৰ বামুণক ৰাধেশ্যামীহঁতৰ লগত মেল পাতি থকা দেখা গ'ল।

মুন্সীৰ ভৰিৰ উটৰ ছালৰ জোতাৰ সলনি চক্‌চকীয়া মজবুত জোতাই শোভা পালে।—আঠখাম্বাৰ (অষ্টখাম্বা) ভজনাশ্ৰম, গোপীনাথ বজাৰৰ ভজনাশ্ৰম, পথৰপুৰ নৰসিংহ ভৱনৰ ভজনাশ্ৰমৰ ৰাধেশ্যামীসকলৰ নামেৰে উত্তৰ কাশীৰ বামুণৰ কষলতিৰ তলত লৈ ফুৰোৱা ৰঙাবহী ভৰি পৰিল।

বুঢ়া আঙুলিৰ চিহ্নই বহীত যেন ফুল বাছিবহে ধৰিলে।

তাৰ পাছত এদিন হঠাৎ উত্তৰ কাশীৰ বামুণ আৰু মুন্সী উধাও হৈ গ'ল।

এই ঘটনাৰ কথা শুনি মথুৰাৰ এটা দৰদী উকিল আহি হাড়াবাৰীত হেনো খা-খবৰ লৈছিল। উকিলটিৰ সন্মুখত বহি সৰ্বস্ব হেৰোৱা ৰাধেশ্যামীহঁতে ৰাউচি জুৰি কান্দিছিল। কিন্তু দৰদী উকিলে কৰিব কি? প্ৰবঞ্চকক টকা থ'বলৈ দিয়াৰ সামান্য ৰচিদ এটুকুৰাও কৰো হাতত নাই। কি জানে বুঢ়ী ৰাধেশ্যামীহঁতে ৰচিদৰ কথা? ব্ৰাহ্মণে স্বয়ং আহি যেতিয়া টকা গোটাইছিল অবিশ্বাস কৰিবৰ কি কথা আছিল? এই ঈশ্বৰৰ নগৰত অবিশ্বাস কৰিবৰ কি আছিল? পিছলৈ সকলোৱে কোৱা-মেলা কৰিছিল এই ব্ৰাহ্মণ আৰু মুন্সী জে'লৰ পৰা ভাগি অহা কয়েদিহে আছিল।]

...হঠাৎ এটা কেঁকনি শুনি মই চক্ খাই উঠিলো। কোণৰ পিনে থকা এটা খুপৰিৰ পৰা এই কেঁকনি আহিছে। মই আগুৱাই গ'লো।... দেখিলো এগৰাকী ৰাধেশ্যামী পৰি আছে ভৰিত এটা প্ৰকাণ্ড বেণ্ডেজ।

কৃষ্ণ দাসীয়ে ক'লে—"ভজনাশ্ৰমৰ পৰা ওলাই আহোঁতেই টাঙ্গা এখনে বুঢ়ীক খুন্দিয়াই থৈ গ'ল। বুঢ়ীক চিকিৎসালয়ত নিবলৈ কোনো নাহে—ভজনৰ সময়।

সকলোৰে অৱস্থা পানীত হাঁহ নচৰা।... কোনোবা এটা ভক্তই শেষত ডাক্তৰখানালৈ লৈ গ'ল। এটা ডাঙৰ বেণ্ডেজ ডাক্তৰে বান্ধি দিছে। ভজন আশ্ৰমৰ 'টোকন' দেখুৱাওঁতে বোধহয় দৰৱ-পাতিও দিছে।"

কেঁকাই কেঁকাই পৰি থকা মানুহজনীলৈ চাই মই আৰ্তনাদ কৰি উঠিলো।

"তাই এনেদৰে ইয়াত পৰি থাকিবনে?"

"পৰি নেথাকি কি কৰিব?"

ভজন আশ্ৰমে হস্পিতালৰ ব্যৱস্থা কৰা নাই।... পোক লাগিয়েই অনেক বুঢ়ী মৰে...।

কৃষ্ণা দাসীয়ে এইবাৰ শাৰীৰ আঁচলেৰে মুখখন মচি লৈ ক'লে—"অকল ৰাধেশ্যামীয়ে পোক লাগি মৰেনে? মুৰুলীধৰৰ মহাভক্ত দ্বাৰকাধীশ মন্দিৰৰ নিৰ্মাতা গোকুল দাসো পোক লাগি মৰিছিল। ঘোঁৰাই লঠিয়াই কৰা ঘাত পোক লগাত ভক্ত লালাবাবু মৰা নাছিলনে?"

মই ভক্ত গকুল দাসৰ বিষয়েও পঢ়িছিলো। দৌলতৰাও সিন্ধিয়াৰ তেওঁ খাজাঞ্চী আছিল। উজ্জৈনৰ এক মন্দিৰৰ কিছুমান অস্ত্ৰধাৰী নগা সাধুক পৰাজিত কৰি অনা অজস্ৰ ধন তেওঁ উটৰ গাড়ীত বোজা কৰি বৃন্দাবনলৈ আনিছিল। এই ধন ডকাইতৰ হাতৰ পৰা ৰক্ষা কৰিবলৈ তেওঁৰ লগত বন্দুকধাৰী চিপাহীও আহিছিল। তেওঁ নিজ হাতেৰে এই ধন বৃন্দাবনৰ দুঃখী দৰিদ্ৰক বিলাই দিছিল।...নগা সাধুৰ ধন স্পৰ্শ কৰাও যেন তেওঁৰ বাবে পাপ আছিল।

...এটা দুৰ্গন্ধ আহি মোৰ নাকত লাগিল। সঁচাকৈয়ে বুঢ়ীৰ ভৰিত পোক লাগিছে নেকি?

এই হাড়াবাৰীতে মই বান্দৰে কামুৰি ভৰিয়ে-হাতে ঘা কৰি থোৱা আন এগৰাকী ৰাধেশ্যামীক লগ পালো।

শ্বাহজী মন্দিৰৰ প্ৰসাদ...

প্ৰসাদৰ ঠোঙা কাঢ়ি নিবলৈ অকল এটা বান্দৰ অহা নাছিল। এজাক বান্দৰে আক্ৰমণ কৰি বুঢ়ীক ৰাস্তাৰ একাষে পেলাই থৈ গৈছিল।

(নিধুবন নিকুঞ্জবন সেৱাকুঞ্জ ইত্যাদিত বান্দৰে আক্ৰমণ কৰি আধা মৰা কৰা ভক্ত আৰু ৰাধেশ্যামীৰ অনেক কাহিনী মই শুনিছিলো। সেৱাকুঞ্জত ৰাতি ৰাধাকৃষ্ণই ৰাসলীলা কৰে বুলি কিম্বদন্তি প্ৰচলিত আছিল। এই বনত ৰাতি যদি কোনো ব্যক্তিয়ে বাস কৰে তেতিয়াহ'লে সেই ব্যক্তিয়ে আৰু পুৱাৰ পোহৰ দেখা নাপায়। তেওঁৰ মৃত্যু ঘটে। ভক্তই ভাবে ভগৱানৰ ৰাসলীলা চোৱা মহাপাপ। এনেদৰে তিনি-চাৰিটা ভক্তৰ

মৃত্যু হোৱাৰ কাহিনী মই শুনিছিলো। পিছলৈ মোৰ বদ্ধমূল ধাৰণা হৈছিল এই বনত অজস্ৰ বান্দৰ আছে। এই বান্দৰৰ আক্ৰমণতে ৰাতি তাত অকলশৰে কটোৱা ভক্তৰ মৃত্যু হ'ব পাৰে। তদুপৰি এই মন্দিৰৰ কাঁহী-বাটি, ধূপদানী, প্ৰসাদ ইত্যাদি এই সকলোবোৰ হেনো ৰাতি কোনো দেৱতাই সিঁচৰতি কৰি থৈ যায়। এইবোৰ যে বান্দৰৰ কাম এই বিষয়ে মোৰ সন্দেহ নাছিল। অকল সেৱাকুঞ্জতেনে? সমগ্ৰ বৃন্দাবনতে অসংখ্য বান্দৰ ঘূৰি ফুৰিছিল। এবাৰ মন্দিৰৰ ওপৰৰ চটত বহি পঢ়ি থাকোঁতে এটা বুঢ়া বান্দৰে মোকো আক্ৰমণ কৰিব খুজিছিল। এই কৃষ্ণা দাসীৰ পুতেকেই সেইদিনা বান্দৰটোৰ হাতৰ পৰা মোক ৰক্ষা কৰিছিল। পিছলৈ মই অকলে চটলৈ গৈ পঢ়িবলৈ এৰি দিছিলো।)

এইবাৰ আমি গৈ হাড়াবাৰীৰ চোতালৰ তুলসীৰ ঢাপ কেইটামানৰ ওচৰত থিয় হ'লো। এইখিনিৰ পৰা হাড়াবাৰীৰ ৰহস্য যেন আৰু প্ৰকট হৈ পৰিছে এনে এক ভাব হয়।

...হঠাৎ মোৰ ভৰিখন কোনোবাই খামুচি ধৰিলে। টিং এচটাৰ আঁৰ হৈ থকা বুঢ়ী এজনী আঁঠু কাঢ়ি আহি কোন টলকত মোৰ ভৰিখন খামুচি ধৰিলে মই গম নেপালো। দুখোজ পিছুৱাই গ'লো। অদ্ভুত! অদ্ভুত! মোৰ সন্মুখত এয়া পৰি থকা বৃদ্ধাৰ হুবহু বৰ্ণনা দিব পৰা শক্তি কোনোবা লেখকৰ আছেনে নাই মই নাজানো। মোৰ কিন্তু নাই। কুঁজা হৈ তাইৰ মূৰটো মাটিত লগাৰ উপক্ৰম হৈছে। টকলা মূৰটো বুকুৰ তললৈ যেন চিৰদিনৰ বাবে নামি আহিছে। পেট আৰু উদং বক্ষত এনে ধৰণে ধহি পৰা শৰীৰৰ ছাল আৰু সিৰা-উপসিৰা গোট খাই আছে যে ভাব হৈছিল—এয়া বাৰ্ধক্যৰ এক ভয়ানক ৰূপ মোৰ সন্মুখত পৰি আছে। এয়া মানুহ। হয়, এয়া মানুহ। বাৰ্ধক্য আৰু দৰিদ্ৰতাই কিম্ভূত-কিমাকাৰ কৰি তোলা এয়া মানুহৰে এক ৰূপ।

তাইৰ হাতখন মই ভৰিৰ পৰা এৰুৱাবলৈ চেষ্টা কৰিলো। তাই কোনো পধ্যে এৰি নিদিয়ে। মুখৰ ভিতৰত ভোৰ্‌ভোৰাই তাই মোক যেন কিবা ক'ব খোজে! পইচা—হয় হয়, তাই পইচা বিচাৰিছে।

কৃষ্ণা দাসীয়ে তাইৰ হাতখন মোৰ ভৰিৰ পৰা আঁতৰ কৰিবলৈ পাৰে মানে চেষ্টা কৰিলে। তাই কোনোপধ্যে এৰি নিদিয়ে।... ইতিমধ্যে কিছুমান ৰাধেশ্যামী আহি আমাৰ ওচৰত থিয় হ'ল। সিহঁতে ক'লে—"এতিয়া এইজনীৰ মূৰৰ ওপৰত শগুণ উৰাৰ সময় আহিছে।"

মই ভালদৰে বুজিলো তাই আৰু তেনেই ওচৰত থকা ভগৱান ভজনাশ্ৰম পৰ্যন্ত গৈ ভজন কৰিব নোৱাৰে। আগেয়ে দুজনী মানে ধৰি ধৰি লৈ গৈছিল। এতিয়া দাঙি

নিব লাগিব। কোনে দিব দাঙি ? কাৰো সময় নাই। কাৰো সময় নাই। মমত্ববোধ আৰু মানৱীয় সহানুভূতি ইত্যাদিৰ ভাববোৰ শুকাই ইয়াত একেবাৰে কাঠ হৈ গৈছে।...

...ক'ব নোৱাৰো, কি কাৰণে বাৰে বাৰে মোৰ নিজৰ মাতৃৰ ছবি এখন এই মানুহজনীৰ মুখত ওলমি থকা দেখিলো। ভাব হ'ল আমি আমাৰ হৃদয়ৰ দুখৰ বোজাবোৰ ঠিক এইখিনি সময়ত ৰিজাই চাব লাগে। ঠিক এইখিনি সময়তে আমি আমাৰ যন্ত্ৰণাৰ বোজাক নাঙঠ কৰি আনৰ সৈতে তুলনা কৰি চাব লাগে। এয়ে সময়। হয়, এয়ে সময়। হঠাৎ তাই এক অদ্ভুত ভঙ্গীৰে কিবা এটা ক'ব বিচাৰিলে। মই তাইৰ কথা বুজিলো—তাই ক'ব বিচাৰিছে তাইৰ ঊৰ্ধ্বদৈহিকৰ বাবে পইচা নাই।

০ ০ ০ ০

হাড়াবাৰীৰ চিৰিয়েদি মই তললৈ নামি আহিলো। কৃষ্ণা দাসীৰ এতিয়া আৰু মোৰ বাবে ৰৈ থকাৰ সময় নাই। তাই মোৰ পৰা বিদায় লৈ দশৰথ আখাৰাৰ পিনে আগুৱাই গ'ল। তাই কোবা-কুবিকৈ এই বাবেই গ'ল—কাৰণ জ্ঞান গোদৰী আৰু বংশীবটত কোনোবা ধনাঢ্য ভক্তই আজি 'ভাণ্ডাৰা' দিছে। এই সদাগৰহঁতে কম্বল, চাউল আৰু এমাহৰ জোখেৰে ঘিউৰ বন্দৱস্ত কৰিছে। ৰাধেশ্যামীহঁতে সেই ভাণ্ডাৰালৈ যাবলৈ লৰা-ঢপৰা লগাইছে।

০ ০ ০ ০

সেইদিনা আবেলি মই গোপীনাথ বজাৰৰ ভগৱান ভজনাশ্ৰমলৈও গৈছিলো। যি সময়ত মই এই ভজনাশ্ৰমত উপস্থিত হৈছিলো সেই সময়ত ৰাধেশ্যামীহঁতে এটি বঙালী বৈষ্ণৱ ভক্তি পদ গাই আছিল। এজনী আদবয়সীয়া ৰাধেশ্যামীয়ে থিয় হৈ সুৰ লগাই গীত আৰম্ভ কৰিছিল, আৰু বাকীবোৰে এই গীত দোহাৰিছিল। ভেড়াৰ পাল এটাৰ দৰে ৰাধেশ্যামীহঁত বহি আছিল। সিহঁতে গীত গাই আছিল যদিও ভগৱানৰ এই ভজনত যে সিহঁতৰ বেছি ভাগৰে কোনো আগ্ৰহ নাছিল এই কথা মই বুজি পাইছিলো। ৰাধেশ্যামীহঁতে শাৰী কৰি পিন্ধা বগা ধুতিবোৰ অত্যন্ত মলিয়ন দেখা গৈছিল। ভজনাশ্ৰমৰ এটা চুকত 'টোকন' বিলোৱা বুঢ়ীজনীয়ে মাজে-সময়ে সিহঁতলৈ কট্‌মট্‌কৈ চাইছিল—এৰা, কিজানি কোনোবাই ভালদৰে গীত গোৱা নাই। মাজে-সময়ে তাই উঠি গৈ সকলোৰে মাজত থিয় হৈ চিঞৰি উঠিছিল—"তহঁতে ভাত খাই অহা নাই? শগুণৰ দৰে যে চীঁ-চিয়াব ধৰিছ—ভালকৈ গাব নোৱাৰ! গা, চিঞৰি চিঞৰি গা ভগৱানৰ গীত!"

এই মানুহজনীৰ ওচৰত সিঁচৰতি হৈ পৰি আছিল কিছুমান ইটা ৰঙৰ ‘টোকন’। পিছলৈ জানিছিলো এই ‘টোকন’বোৰ জমা দি ৰাধেশ্যামীহঁতে বজাৰৰ পৰা বস্তু ল’ব পাৰে। কিছুমান নিৰ্দিষ্ট চিকিৎসালয়ৰ পৰা ঔষধ-পাতিও ল’ব পাৰে। কিন্তু হস্পিতালত ভৰ্তি হ’ব নোৱাৰে।

ভজনাশ্ৰমৰ বেৰত দাতাসকলৰ নাম অঙ্কিত কৰি থোৱা আছিল। মুন্সী গৰাকীয়ে সেইদিনা মোক ভজনাশ্ৰমটো দেখুৱাইছিল আৰু খাজাঞ্চীয়ে গদ্ গদ্ কণ্ঠৰে কৈছিল— “আমাৰ এই ভজনাশ্ৰমৰ বয়স আশী বছৰ হ’বৰ হ’ল। অন্ন-বস্ত্ৰ চব দান কৰা হয়। বেমাৰী ৰাধেশ্যামীৰ বাবে গাখীৰৰ ব্যৱস্থাও আছে। আমি মথুৰাৰ ভজনাশ্ৰমৰ ৰোগিণী বাঈৰ বাবে বিনামূলীয়া আয়ুৰ্বেদিক ঔষধৰো ব্যৱস্থা কৰিছো!”

বিৰাট বপুৰে খাজাঞ্চীয়ে আকাশলৈ আঙুলি টোঁৱাই কৈছিল—“বৃন্দাবনৰ সৌবোৰ সুন্দৰ সুন্দৰ পক্ষী দেখিছে নহয়। আমি প্ৰতিদিনে হেজাৰ পক্ষীক দানা খুৱাই পুণ্য আৰ্জন কৰো!” তাৰ পাছত অত্যন্ত গৰ্বেৰে দেশৰ আন আন ভজনাশ্ৰমবোৰত তেওঁলোকে কিমান দান দিয়ে এই বিষয়ে এখন তালিকা পঢ়িব খোজোঁতে মই তাৰ পৰা উঠি আহিছিলো। হাড়াবাৰীৰ সেই জখমী ৰাধেশ্যামী কেইগৰাকীৰ কথা মোৰ অহৰহ মনত পৰি আছিল।...ভক্তই ইমান টকা-পইচা দান দিয়ে যেতিয়া সিহঁতৰ বাবে হস্পিতাল এটা কিয় কৰিব নোৱাৰে? আৰু এই বুঢ়ীবোৰ? সিহঁতে কেতিয়াবা এক গোট হৈ এটা আৱাজ তুলিব পাৰিবনে?

“আমাৰ প্ৰাপ্য আমাক দে!”

“আমাৰ প্ৰাপ্য আমাক দে!”

...অস্থি-চৰ্মসাৰ দেহ লৈ মৃত্যুৰ বাবে অপেক্ষা কৰি থকা এই ৰাধেশ্যামীহঁতে এনে আৱাজ সঁচাকৈয়ে কেতিয়াবা তুলিব পাৰিবনে? ...কিন্তু সৌৱা সিহঁতৰ লগত গীত গাই আছে কিছুমান কম বয়সীয়া ৰাধেশ্যামী। তেনেই তৰুণ বয়সত বিধৱা হোৱা মানুহ চাগৈ সিহঁত! ৰাজসাহী, দিনাজপুৰ নাইবা নৱদ্বীপ আৰু কোচবিহাৰৰ পৰা আহিছে ছাগৈ।... দুজনীমানৰ ওচৰত থিয় হৈ মই লক্ষ্য কৰিলো সিহঁতৰ কপালত গোপীচন্দনৰ ফট্‌ফটীয়া ৰেখা। পিন্ধি থকা শাৰী মলিয়ন।

ললিতা দাসীয়ে কৈছিল—“এই যুৱতী ৰাধেশ্যামীহঁত আহিলে আমাৰ বৰ মস্কিল হয়। কেতিয়াবা সিহঁতে তেজ লগা কাপোৰেৰে মন্দিৰত সোমাব খোজে! ভজন আশ্ৰমত বহি ভজন নকৰিলে খাব কি? মুন্সিবোৰ দেখিছা নহয়। ঘৰৰ চুৱা ধুবলৈ সিহঁতে এই যুৱতী বিধৱাহঁতক মাতি নিয়ে। কেতিয়াবা বিছনালৈও টানি নিব খোজে। বাঁকুড়াৰ তৰুণী বিধৱা দুজনীৰ লগত যদি কেতিয়াবা চিনাকি হ’ব খোজা মই

তোমাক অষ্টসখীৰ মন্দিৰৰ ওচৰলৈ লৈ যাম।...”

তাই বিচিত্ৰ কুঁজটোত হাত ফুৰাই ফুৰাই আকৌ কৈছিল—“অযোধ্যাৰ বুঢ়া শেঠ এটা সিদিনা বৃন্দাবনলৈ আহি মৰিল। পুত্ৰ থাকে উত্তৰ কাশীত। পুত্ৰ আহি নোলোৱালৈ বাঁকুড়া জিলাৰ যুৱতী ৰাধেশ্যামী দুজনীক মৰাশৰ ওচৰত পহৰা দি থাকিবলৈ বহুৱাই থ'লে। মৰাশৰ গোন্ধ নোলোৱালৈকে ধূপ-ধূনা জ্বলাই দুয়োজনী বাঙী বহি থাকিল। গোন্ধ ওলোৱাৰ লগে লগে দুয়ো সেই ঠাইৰ পৰা উধাও হৈ গ'ল। এইবাৰ মুন্সিয়ে দুজনী বুঢ়ী ৰাধেশ্যামী আনি তাত বহুৱাই থ'লে। তেনেদৰে উঠি যোৱাৰ বাবে সেই তৰুণী ৰাধেশ্যামী দুজনীয়ে কিমান জীয়াতু ভুগিবলৈ হ'ল জানানে?”

...আৰু সেই বুঢ়ী দুজনী? পচি পোক লাগি গ'লেও সিহঁত বহি থাকিব। দুটা পইচাৰ আশাত সিহঁতে চব কাম কৰিব পাৰে। হাড় মূৰ এসোপা আগত লৈ সিহঁতে এসপ্তাহলৈ পৰ দি থাকিব পাৰে।... বৰ বিচিত্ৰ ভাষাৰে ললিতা দাসীয়ে এই বিস্ময়জনক কাহিনীবোৰ কৈছিল। তাইৰ কথা কোৱাৰ ভাষা পূৰ্ববঙ্গৰ বাঙালী লোকসকলৰ দৰে নহয়—পশ্চিমবঙ্গৰ লোকৰ দৰে বৰ শুৱলাকৈ তাই কথা কৈছিল। পইচাৰ প্ৰতি যে ললিতা দাসীৰো ভয়ানক লোভ আছিল এই কথা মই জানিছিলো। তায়ো যে মৰাশ ৰখিবলৈ পিছ নুহুঁহকিলহেঁতেন এই কথাও মই জানিছিলো।

০ ০ ০ ০

আচৰিত কথা এয়ে যে বংশীবটৰ তলেৰে যেতিয়া মই ঘৰলৈ উভতি আহিলো, বটৰ সন্মুখত মই এজাক মানুহ থিয় হৈ থকা দেখিলো। লাংখা-লিংখি বস্তু কিছুমান মন্দিৰ এটাৰ সন্মুখত সিঁচৰতি হৈ পৰি আছে। ৰাধেশ্যামীহঁতে লৈ ফুৰোৱা টাঙোন, ডিঙিৰ কণ্ঠীমালা, ভিক্ষা খোজা পাত্ৰ, ফুলৰ মালা আৰু ফল-মূল কিছুমান চাৰিওফালে সিঁচৰতি হৈ পৰি আছিল। কিছুদূৰ আগুৱাই গৈ মই ৰাধেশ্যামীৰ মূৰৰ আধা পকা চুলি আৰু দুটোপালমান তেজো দেখা পালো।... মোৰ বুজিবলৈ বাকী নেথাকিল—মন্দিৰত বোধহয় কোনোবাই ভাগুৱা দিছিল। কম্বলো বিলাইছিল চাগৈ... ঠিক এই সময়তে দবৰা-দবৰি লাগিছিল।

০ ০ ০ ০

মই আমাৰ মন্দিৰৰ দুৱাৰমুখত কৃষ্ণা দাসীক আকৌ থিয় হৈ থকা দেখিলো। তাই হাতত দুই মুঠি পুঁই শাক লৈ আহিছে। মোক দেখি ক'লে—“তোমাৰ বাবে এয়া পুঁই শাক আনিছো। শুনিছো যে তুমি বস্তু ভাতত দি খোৱা। মই তোমাক পুঁই শাক

কেনেকৈ ৰান্ধে শিকাই দিম!"

মাধুৰ মৃত্যুৰ আগেয়ে ৰন্ধা-বঢ়াত মোৰ আগ্ৰহ আছিল। মাধুৱে ভাল পোৱা বস্তু মই নিজ হাতে ৰান্ধিব চেষ্টা কৰিছিলো। পিছলৈ নিজৰ বাবে আৰু কোনো আগ্ৰহ নাথাকিল।

...মন্দিৰৰ ভগ্নাৱশেষ ইত্যাদিৰ মাজতো কৃষ্ণা দাসীয়ে শাক আৰু ফুলৰ বাগিচা লগাইছিল। ভাব হৈছিল ১৯৬৯ চনৰ বৃন্দাবনত মোৰ চাৰিওফালে থকা এই ভক্ত সন্ন্যাসী ৰাধেশ্যামী সকলোৱে নিজৰ ভাগ্যৰ লগত মোকাবিলা অৰ্থাৎ (compromise) কৰি লৈছে। মোৰ মনত কিন্তু নৈৰাশ্যৰ ঘোৰ অন্ধকাৰে খুঁটি পুতি বহি আছে। খুপৰিলৈ উভতি আহি আকৌ কিতাপ-পত্ৰ উলিয়াই লৈছিলো। সেই পুৰণি হতাশাই মনটোক এক গভীৰ শোক সমুদ্ৰলৈ টানি নিব আৰম্ভ কৰিছিল।

...বিহাৰীজী মন্দিৰলৈ যোৱা পথত লগ পোৱা সিন্ধি চিকিৎসকটোৰ পৰা মই আৰু কিছুমান নিদ্ৰাৰ বড়ি কিনি আনিবলৈ মনে মনে সাজু হ'লো।

এই নগৰীত বাস কৰি অনেকেই মণি-মাণিক্যখচিত কথা গ্ৰহণ কৰি ল'লে। সাধু-সন্ন্যাসী আৰু নীৰৱ সাধকৰ কথা এয়া—"সংসাৰ কিয় ত্যাগ কৰিব লাগে? এই সংসাৰেই নন্দন কানন... আৰু এই গছ-গছনি যে দেখিছা এইবোৰেই কল্পদ্ৰুম...নিৰাশী হৈও কৰ্ম কৰা! নিষ্কাম হৈও কৰ্ম কৰা! যেয়ে কৰ্ম ত্যাগ কৰে সি ধ্বংস হৈ যায়।"

...এই অশিক্ষিত পৰিত্যক্ত ভোকাতুৰ ৰাধেশ্যামীহঁতেও এই মণি-মাণিক্যখচিত কথা বুটলি লৈছে। সিহঁতে যমুনাৰ বুকুত জাঁপ দি আত্মহত্যা কৰা নাই। সিহঁতৰ তেজৰ ছিটিকনি মই দেখি আহিছো। শৰীৰৰ তেজ বোৱাইও সিহঁত জীয়াই আছে। এই সকলোবোৰ কথা দেখা সত্ত্বেও বাৰে বাৰে মন নিদ্ৰাৰ বড়ি বিক্ৰী কৰা সেই সিন্ধি চিকিৎসকটোৰ ওচৰলৈ গৈছিল।...মই যেন এক প্ৰকাৰ সংঘৰ্ষই কৰিছিলো।... পিছলৈ লেখা-পঢ়াৰ ছত্ৰছায়াৰ তলত উশাহ ল'ব নোৱাৰাকৈ যেন সোমাই পৰিছিলো।... তথাপি সিন্ধি চিকিৎসকটোৰ পৰা নিদ্ৰাৰ বড়িবোৰ জমা কৰিবলৈ এৰি দিয়া নাছিলো।

গুৰু নামৰ আগমন ঃ

নৈৰাশ্যৰ লগত যুদ্ধ কৰি পঢ়া-শুনা আৰু উপন্যাসৰ কামত লাহে লাহে মই সৰহভাগ সময় কটাবলৈ আৰম্ভ কৰিছিলো।

...এদিন অসময়ত খুপৰিৰ ভিতৰত বহি থাকোঁতে হঠাৎ বাহিৰৰ দুৱাৰৰ লোহাৰ

শিকলিত কোনোবাই আঘাত কৰাৰ দৰে শব্দ শুনিলো। মই বাহিৰলৈ ওলাই গৈ শিকলি খুলি ভুমুকিয়াই চালো। মোৰ বিস্ময়ৰ সীমা নেথাকিল। এয়া গোৱালপাৰাৰ সৈনিক স্কুলত থাকোঁতেই মোক নতুন জীৱন দান দি সংসাৰলৈ ওভতাই আনিব খোজা শিখ যুৱক গুৰু নাম? [এই গুৰু নামৰ কথা ইতিমধ্যে মই কিছু প্ৰকাশ কৰিছো দ্বিতীয় অধ্যায়ত। সি কপূৰথলাৰ পৰা মোক বিচাৰি এই ভগ্ন মন্দিৰৰ দুৱাৰমুখত উপস্থিত হৈছে।

ওখ, ক্ষীণ, মানুহটোৰ হাতত এটা ছুটকেছ। পিন্ধি থকা পেণ্ট-ছাৰ্টযোৰ আৰু মূৰৰ পাগুৰি পৰিষ্কাৰ। জোতাত ধূলি লাগি আহিছে। সি নাৱেৰেই মথুৰাৰ পৰা আহি কেশী ঘাটত নে, বাছেৰেই নামিছে ক'ব নোৱাৰিলো! বৰ কৌতূহলী মানুহেহে মথুৰাৰে নাৱেৰে আহিব খোজে।

গুৰু নামক তেনেদৰে দেখি মোৰ থৰকাছুটি হেৰাল। কথা নাই বতৰা নাই সি এনেদৰে আহি একেবাৰে মন্দিৰত উপস্থিত হৈছে! ছাৰক মই এই বিষয়ে কি ক'ম?

মই ঘামিব ধৰিলো। চাটৰ ওপৰৰ কাঠৰ দুৱাৰ খুলি এবাৰ ভুমুকিয়াই চালো। কিছু অসন্তুষ্ট হৈয়ে তাক ক'লো—"একেবাৰে বৃন্দাবনলৈ মোক বিচাৰি অহা ভাল কথা হোৱা নাই!"

...এইবাৰ মই ভিতৰলৈ সোমাই আহিলো। সিও মোৰ পিছে পিছে আহি অন্ধকূপৰ দুৱাৰমুখত থিয় হ'ল। কিন্তু তাক কোঠাত সোমাব দিম নে নিদিম এই কথা ভাবি দোধোৰ-মোধোৰত পৰিলো। মোৰ কপালত ঘামৰ কণিকা ফুটি উঠিল। শেষত দুৱাৰ খুলিলো, আৰু কাঠৰ বেঞ্চি এখন দেখুৱাই তাক বহিব ক'লো।...কিন্তু সি এনেদৰে অহা বাবে মই ইমান বেছি অসন্তুষ্ট হৈছিলো যে মোৰ মুখেৰে লজ্জা আৰু ভয়ৰ কিছুমান শব্দ ওলাই অহাৰ বাহিৰে কোনো আগ্ৰহ বা উচ্ছ্বাস নাছিল।

অত্যন্ত অনুভূতিপ্ৰৱণ মানুহ আছিল বাবে হয়তো সি একে ঠাইতে কিছু সময় স্তব্ধ হৈ থিয় হৈ থাকিল। তাৰ কপাল আৰু গালত কেইডালমান বিচিত্ৰ ৰেখা মাজে মাজে কঁপি উঠিল।

ক'লে—"তোমাক বিচাৰি এনেদৰে অহা মোৰ একেবাৰেই উচিত হোৱা নাই।"

মোৰ মুখেৰেও আপোনা-আপুনি বাহিৰ হৈ আহিল—"মই বৰ অপ্ৰস্তুত হৈছো।"

"তুমি মোলৈ চিঠি-পত্ৰ একো লেখা নাই। মই একেবাৰে লৈ যাম বুলিয়ে আহিলো।... আৰু ইয়াত এনেদৰে মন্দিৰৰ তলত..."

...মই অতিশয় উদ্বিগ্ন আৰু অতিষ্ঠ হৈ উঠিলো। গুৰু-পত্নীয়ে দুৱাৰ খুলি এতিয়াই এই পিনে নামি আহিব, আৰু মোৰ চৰিত্ৰৰ বিষয়ে অনাহূতভাৱে এটা কুৎসিত ধাৰণা

ল'ব—এই কথা ভাবি মই হিতাহিত জ্ঞান হেৰুৱাই পেলালো। মোৰ এই অৱস্থাক কোনো মতেই মই লুকাই ৰাখিব নোৱাৰিলো। আৰ্তনাদ কৰি মই চিঞৰি উঠিলো— "তুমি এতিয়াই উভতি যোৱা, প্লিজ!"

...গুৰু নামে মুহূৰ্তও আৰু থিয় হৈ নেথাকিল। যাবৰ সময়ত সি মোৰ পিনে মূৰ তুলি চাই কৈ গ'ল—"তোমাক এনেদৰে ইয়াত বিচাৰি অহাতকৈ যমুনা নদীত জঁপিয়াই পৰাহেঁতেন ভাল আছিল।"

...ছুটকেছটো লৈ এই শিখ যুৱকে দশৰথ আখাৰা পৰা হৈ গোপীনাথ বজাৰৰ গলি ধৰিলে।...মই কিছু সময় তাৰ পিছে পিছে আহি থাকিলো। সি পিছলৈ নোচোৱাকৈ আগুৱাই গ'ল। নিধুবন নাইবা কেশী ঘাটৰ পিনৰ ৰাস্তা নলৈ সি ৰঙ্গজী আৰু চুঙিদৰ পিনৰ ৰাস্তা ধৰিলে। মই বুজিলো সি এতিয়া আৰু যমুনাৰে নাও লৈ মথুৰালৈ নেযায়। বাছ নাইবা টাঙ্গাৰে সি মথুৰালৈ যাব।

চাৰিআলিৰ পৰা মই উভতি আহিলো। ক'ব নোৱাৰো কি কাৰণে মোৰ দুয়ো চকু পানীৰে ভৰি আহিল। মই উভতি আহি মন্দিৰৰ চিৰিত বহিলো। ইস্... মই এই মানুহটোক এনেকুৱা কিবা জবৰদস্ত আশা দেখুৱাইছিলো নেকি বাৰু?

...নাই নাই, এনে কোনো কথা মোৰ মনত পৰা নাই। গোৱালপাৰাত সি প্ৰথমে মোক প্ৰস্তাৱ দিওঁতেই মই যে বৰ বেছি কিবা আশা দেখুৱাইছিলো এনে কথাও হোৱা নাই।

তেতিয়া হ'লে?

...শুভাকাংক্ষী বন্ধুৰ দৰে মই তাৰ কথা শুনিছিলো। প্ৰেমৰ উপহাৰ লৈ আগ বাঢ়ি অহা পুৰুষক কোনো নাৰীয়ে ক্ষুব্ধ হৈ হৃদয়েৰে আঁতৰাই পঠিয়াব নোৱাৰে।...সেয়ে হয়তো গুৰু নামৰ প্ৰতি এই সময়ত মোৰ এক অনন্য সহানুভূতি উপজিল। কোনো ধৰণৰ গভীৰ ভাব তাৰ প্ৰতি নেথাকিলেও এই সময়ত তাৰ প্ৰতি মোৰ এক অনন্য বেদনা উপজিল।

মই কিছু সময় মন্দিৰৰ চিৰিত বহি থাকিলো। ওপৰৰ পৰা ছাৰ নাইবা তেওঁৰ পত্নীয়ে খবৰ ল'বলৈ তললৈ নামি আহিল। মই ভিতৰলৈ গৈ মোৰ কাঠৰ দুৱাৰখনৰ ওচৰত থিয় হ'লো। আকৌ এবাৰ মই ওপৰলৈ চালো। ওপৰৰ কাঠৰ দুৱাৰখন কাণি দুৱৰী হৈ আছে। এইখন দুৱাৰ খুলিলে মোৰ তলৰ অন্ধকাৰ খুপৰিটোৰ কাঠৰ বেঞ্চিখনৰ এটা অংশ বৰ স্পষ্টকৈ দেখা যায়।...নাই, তেওঁলোক দুয়ো মোক একো নুসুধিলে। পৰম জ্ঞানী লেখাৰু মহোদয়ে যেন চব কথা বুজি পাইছিল—ঠিক এনে এক ধাৰণা হ'ল।

গুৰালা সাপ ঃ

গভীৰ নৈৰাশ্যৰ পৰা পৰিত্ৰাণ পাবৰ বাবে মই সেই সময়ত নিজৰ পঢ়া-শুনাৰ বাহিৰেও সংসাৰৰ লোভ-মোহ ত্যাগ কৰি স্বৰ্গগামী হোৱা কিছুমান মহান ব্যক্তিৰ জীৱন-কাহিনী পঢ়িছিলো। ক্ষণভঙ্গুৰ জীৱনৰ অনেক বিচিত্ৰ কাহিনী এখন খোলা কিতাপৰ দৰে মোৰ সন্মুখত পৰি আছিল। ধন মান যশ সমস্ত এদিন ধূলিৰ লগত মিলি যায়। ক'ত গ'ল ব্ৰজৰ সেই ধনাঢ্য সদাগৰ শেঠ মণিৰাম? গোৱালিয়ৰৰ মহাৰাণী বায়জবাঈয়ে বৰ বিশ্বাসেৰে তেওঁক খাজাঞ্চী পাতিছিল। ১৮৯৩ খ্ৰীষ্টাব্দত মৃত্যু হোৱা এই সদাগৰৰ স্মৃতি ৰূপে বাকী ৰ'ল মাথোঁ মথুৰাৰ যমুনাবাগৰ এক ধহি-খহি যোৱা ছত্ৰী।...যিগৰাকী ব্যক্তিয়ে বৃটিছ চৰকাৰক কোটি কোটি টকা ঋণ দিছিল যাৰ 'মণিৰাম, লক্ষীচন্দ্ৰ' নামৰ ব্যৱসায় প্ৰতিষ্ঠানে মুদ্ৰাৰ পাহাৰ ৰচনা কৰিছিল...আজি ব্ৰজৰ বুকুত তেওঁৰ নাম ধূলিৰে ধূসৰিত হৈ পৰিছে! ক'ত গ'ল শেঠ লক্ষীচন্দ্ৰ? 'নগৰ শেঠ' নামেৰে প্ৰখ্যাত লক্ষীচন্দ্ৰ?

গ্ৰাওছ চাহাবে তেওঁৰ স্মৃতি ৰোমন্থনত লেখি গৈছিল—"হিমালয়ৰ পৰা কন্যাকুমাৰীলৈ মথুৰাৰ এই সদাগৰৰ ডাঙৰ ডাঙৰ হুণ্ডিৰ ভোগতান সেই একেদৰেই হৈছিল যেনেদৰে হৈছিল ইংলণ্ডৰ বেঙ্ক নোটৰ ভোগতান লণ্ডন বা পেৰিছত। ব্ৰিটিছৰ বিৰুদ্ধে হোৱা জন-বিদ্ৰোহৰ সময়ত যেতিয়া মথুৰাবাসীয়ে ব্ৰিটিছ 'ছাউনী'ত জুই জ্বলাই দিছিল ফিৰিঙ্গীহঁতক নিজৰ ছত্ৰছায়াৰ তলত ৰাখি লক্ষীচন্দ্ৰই সিহঁতৰ জীৱন ৰক্ষা কৰিছিল। কালেক্টৰ থৰ্নহিল আৰু তেওঁৰ পৰিয়ালবৰ্গক হেনো তেওঁৰ শোৱনি-কোঠাত অনেক দিন লুকুৱাই ৰাখিছিল। চৰকাৰী ভঁৰাল ৰক্ষা কৰিছিল... আনহাতে বিদ্ৰোহীসকলকো অজস্ৰ টকা দি সহায় কৰিছিল। বৃটিছ চৰকাৰে মুগ্ধ হৈ তেওঁক ৰায়বাহাদুৰ উপাধি দান কৰিছিল।

...আৰু ৰজা লক্ষ্মণ দাস? লক্ষীচন্দ্ৰৰ উত্তৰাধিকাৰী লক্ষ্মণ দাস? অকল ৰজা উপাধিয়ে নহয় C.S.I.ৰ খিতাপো বৃটিছ চৰকাৰে তেওঁক দিছিল। বৃটিছ বিষয়াসকলে অহৰহ তেওঁৰ দৰবাৰত দহৰম-মহৰম লগাই আছিল। আনহাতে বৃন্দাবন আৰু মথুৰাৰ দুখী-দৰিদ্ৰক দান দিওঁতে দিওঁতে তেওঁৰ ভঁৰাল লাহে লাহে উদং হৈ আহিছিল। শেষলৈ ৰজা লক্ষ্মণ দাস লাহ-বিলাহত হেনো এনেদৰে উন্মত্ত হৈ পৰিল যে ব্যৱসায়ৰ প্ৰতি তেওঁৰ আৰু সময় নোহোৱা হ'ল।...সাগৰসদৃশ ভঁৰাল লাহে লাহে উদং হৈ আহিল। ৰামপুৰৰ নৱাবৰ পৰা তেওঁ অজস্ৰ টকা ঋণ ল'ব লগা হ'ল। সমগ্ৰ ভাৰতবৰ্ষ ব্যাপী থকা তেওঁৰ ব্যৱসায় ধূলিৰ লগত মিহলি হৈ গ'ল। ব্ৰজমণ্ডলত সিঁচৰতি হৈ

পৰি থকা তেওঁৰ প্ৰাসাদসমূহ এটা এটাকৈ বিক্ৰী হৈ গ'ল।...জীৱনৰ এক কদৰ্য ৰূপ ৰজা লক্ষ্মণ দাসে এই ঈশ্বৰৰ নগৰীতে দেখা পালে।

...অনেকবাৰ ধ্বংস হৈও আকৌ মূৰ দাঙি উঠা এই ঈশ্বৰৰ নগৰীত বাস কৰা অনেকৰ কাহিনী মই প্ৰভুদয়াল, কৃষ্ণদত্ত বাজপাঈ আদি পণ্ডিতৰ কিতাপত পঢ়িছিলো। দণ্ডী সন্ন্যাসীসকলৰ কাহিনী পঢ়িছিলো, কাঠিয়া বাবা গোৱাৰিয়া বাবাৰ কাহিনীও পঢ়িছিলো। কত সাধক আহিছিল হিমালয়ৰ পৰা, মানস সৰোবৰৰ পৰা! যমুনাৰ পাৰত সাধনা কৰিছিল।...তেওঁলোকৰ দেহ ঈশ্বৰৰ নগৰৰ এই মাটিতে লীন হৈ আছে। আফগানিস্তানৰ শাসক আহমদ শ্বাহ আব্দালিয়ে ১৭৫৭ চনত ব্ৰজ আক্ৰমণ কৰিছিল। দিল্লীৰ শাসক আলমগীৰ দ্বিতীয় হেনো দুৰ্বল আছিল। নিজৰ পুত্ৰীক আহমদ শ্বাহৰ পুত্ৰৰ লগত বিয়া দি যৌতুকৰূপে তেওঁ হেনো সমগ্ৰ দিল্লী চহৰ লুট কৰিবলৈ দুৱাৰ মুকলি কৰি দিছিল।

...ফাকুৱাৰ উৎসৱৰ দিনা আফগান ৰজাৰ ব্ৰজৰ আক্ৰমণৰ নৃশংসতাৰ কাহিনী যেন পঢ়া নেযায়। সেয়া এক অভিনৱ ৰক্তৰ খেলা আছিল। শীতলা দেৱীৰ মন্দিৰৰ গুহাত লুকাই প্ৰাণ ৰক্ষা কৰিব খোজা ভক্তৰ মৰাশ ভস্মীভূত হৈ ছাইৰ পাহাৰলৈ ৰূপান্তৰ হৈছিল। এই লোকসকলৰ বংশজসকলে ফাগুনৰ শুক্লা তিথিত এতিয়াও এই মৃতকসকলৰ স্মৃতিত হেনো শ্ৰাদ্ধ আদি কৰে। প্ৰভুদয়ালৰ গ্ৰন্থৰ ২৩৭ পৃষ্ঠাত লেখা আছিল—"বজাৰ-হাট, বাট-পথৰ সকলোতে 'হালাল' কৰা লোকৰ মুণ্ডহীন ধৰ পৰি আছিল। মথুৰা চহৰ অগ্নিগৰ্ভত লীন হৈ গৈছিল। অজস্ৰ ভৱন ধৰাশায়ী হৈ মাটিত বাগৰি পৰিছিল। এই নৰ-সংহাৰত যমুনা নদীৰ পানী সাত দিনলৈ ৰক্তৰ ৰঙেৰে ৰঙা হৈ প্ৰৱাহিত হৈছিল। যমুনা নদীৰ পাৰত পঁজা সাজি অনেক সন্ন্যাসীয়ে বাস কৰিছিল। এই সন্ন্যাসীসকলৰ মূৰ আৰু কটা গৰুৰ মূৰ একেলগে বান্ধি ওলোমাই থৈছিল।"

'ৰাধাবল্লভ সম্প্ৰদায় সিদ্ধান্ত আৰু সাহিত্য' নামৰ গ্ৰন্থত এই আক্ৰমণত মৃত্যু হোৱা প্ৰসিদ্ধ বৈষ্ণৱসকলৰ তালিকা এখনো দিয়া আছে। এই বৈষ্ণৱসকলৰ ভিতৰত মীৰাবাঈৰ শিষ্য কৃষ্ণদাস ভাবক প্ৰসিদ্ধ টীকাকাৰ প্ৰেমদাস অৱধূত সাধু যুগল দাসো আছিল। শুনিছিলো ব্ৰজৰ প্ৰসিদ্ধ কবি ধনানন্দৰো এই আক্ৰমণত মৃত্যু হৈছিল। বৃন্দাবনৰ অৱস্থাৰ কথা বৰ্ণনা কৰি প্ৰভুদয়াল মিটলে এক প্ৰত্যক্ষদৰ্শীৰ কথা উল্লেখ কৰি লেখিছিল—"বৃন্দাবনৰ য'তেই চকু দিওঁ তাতেই মৰাশৰ পাহাৰ। বাট-পথত খোজ দিয়াই মস্কিল হৈ পৰিছিল। মৰাশবোৰৰ পৰা এনে দুৰ্গন্ধ বাহিৰ হৈছিল যে শ্বাস লোৱা অসম্ভৱ হৈ পৰিছিল।"

...এই ঈশ্বৰৰ নগৰ ধ্বংস হৈছিল, আকৌ মূৰ দাঙি উঠিছিল তেনেদৰে...।

সিকন্দৰ লোডী, জাহাঙ্গীৰ, আউৰঙ্গজেৱ, নাদিৰ শ্বাহ, আহমদ শ্বাহ আব্দালিয়ে ধূলিসাৎ কৰি পেলাব খোজা ব্ৰজই আকৌ মূৰ দাঙি উঠিছিল। ঈশ্বৰৰ নগৰী ধ্বংস নহয়। মানুহ ধ্বংস হয়। ঈশ্বৰৰ নগৰী নহয়।

০ ০ ০ ০

...এই সময়তে কেতিয়াবা কেতিয়াবা মোৰ মাজৰাতি উঠি যমুনাৰ ঘাট আৰু এই প্ৰাচীন নগৰখনৰ অলিয়ে-গলিয়ে ঘূৰি ফুৰাৰ ইচ্ছা হৈছিল।...কিজানি মই মিঠাতেলৰ চাকি আগত লৈ তপস্যাত মগ্ন হৈ থকা কোনো সাধুক লগ পাওঁ। আমাৰ আশে-পাশেও অনেক ভগ্ন মন্দিৰ আৰু ধহি পৰা গম্বুজ আছিল। এইবোৰৰ ইতিহাসৰ বিষয়ে কোনেও একো নেজানিছিল। ইচ্ছা থাকিলেও কিন্তু মাজ ৰাতি উঠি যমুনাৰ পাৰে পাৰে ফুৰা সম্ভৱ নাছিল। এই দুঃসাহস মই অন্ততঃ কৰিব নোৱাৰিছিলো।

দুপৰীয়া এটা সময়ত ছাৰ আৰু মই একেলগে ইন্সটিটিউটলৈ গৈছিলো। কেতিয়াবা বাটত লগ পোৱা সাধু-সন্ন্যাসীৰ সৈতে আমি দুয়ো কথা-বতৰা পাতিছিলো। এই সন্ন্যাসীবোৰৰ বেছিভাগৰে প্ৰকাণ্ড জঁটা আছিল। এই জঁটাবোৰ তেওঁলোকে কেনেকৈ দাঙি লৈ ফুৰিছিল ক'ব নোৱাৰো। কেতিয়াবা কেতিয়াবা তেওঁলোকে জঁটাবোৰ খুলি দুয়োকে দেখুৱাইছিল। আমি দুয়ো স্তম্ভিত হৈ চাইছিলো। প্ৰায়বোৰেই হিমালয়ৰ পৰা আহিছিল।...কেতিয়াবা কাঁইটীয়া জোপোহাৰ আঁৰত থিয় হৈ আমি দুয়ো ম'ৰা চৰাইৰ নৃত্য চাইছিলো। ম'ৰা চৰাইৰ নৃত্য কৰোঁতে ভৰিৰে দিয়া তালবোৰ সঁচাকৈয়ে মন কৰিব লগীয়া কথা।

০ ০ ০ ০

এয়া ব'হাগ মাহেই আছিল বোধহয়। আমি দুয়ো ইন্সটিটিউটৰ পৰা উভতি আহিছিলো। দশৰথ আখাৰাত থকা ৰিক্সাৱালা এটাই সেইদিনা আমাক দুয়োকে ইন্সটিটিউটৰ পৰা লৈ আহিছিল। গোপীনাথ বজাৰত বৰ ভিৰ নাছিল। আমি ক'তো কোনো বাধা নোপোৱাকৈ আগ বাঢ়ি গৈছিলো। হাড়াবাৰীৰ ওচৰ পোৱাৰ লগে লগে হঠাৎ দুটামান পাণ্ডাৰ ল'ৰাই লৰি আহি আমাৰ ৰিক্সাৱালাক ৰিক্সা ৰখাবলৈ ক'লে। ৰিক্সা ৰখিল। পাণ্ডাৰ ল'ৰা দুটাই ক'লে—"লালী (এই নামেৰেই সিহঁতে ছোৱালী মানুহক সম্বোধন কৰিছিল), তোমাৰ খুপৰিত এডাল বৰ ডাঙৰ গোৱালা সাপ সোমাইছে। আমি সকলোৱে এই সাপ ধৰিবলৈ চেষ্টা কৰিলো। কোনোপধ্যে সাপডাল ধৰিব

নোৱাৰিলো। তলা ভাঙি তোমাৰ কোঠা তচনচ কৰি চোৰা হ'ল। কিন্তু ক'তো নাই। তুমি কোঠাটোত সোমাওঁতে সাৱধানে সোমাবা।"

মই ছাৰৰ হাতখন খামুচি ধৰিলো। ছাৰে কোনো কথা উচ্চাৰণ নকৰিলে।

ৰিক্সাৰ পৰা নামি মই সৰু-সুৰা ভিৰ এটা ঘৰৰ সন্মুখত থিয় হৈ থকা দেখিলো। প্ৰায়বোৰেই আখাৰাৰ ল'ৰা। সিহঁতৰ হাতত দাণ্ডা। ভিতৰলৈ সোমাই গৈ দেখিলো এজাক তিৰোতা। ছাৰ আৰু মোক দেখাৰ লগে লগে সকলোৱে হায় হায় বুলি চিঞৰিব ধৰিলে।

কৃষ্ণা দাসীয়েও চিঞৰি উঠিল—"মই আখাৰাত পানী আনিবলৈ যাওঁতেই সাপটো দেখি চিঞৰ-বাখৰ কৰিছিলো।"

ভিৰৰ মাজত বিবুদ্ধি হৈ থকা মাহীদেৱে ক'লে—"মই ওপৰৰ পৰা দেখিলো আখাৰাৰ কুঁৱাটোৰ ওচৰৰ পৰা আহি সেই বাবুলৰ কাঁইটীয়া গছবোৰৰ মাজত কিছু সময় ৰ'ল—আকৌ ফোঁ-ফোঁৱাই আহি দেখোন মন্দিৰৰ তোমাৰ খুপৰিৰ বেৰত উঠিল। তাৰ পাছত ক'ত অদৃশ্য হ'ল কোনেও গম নেপালে!"

সকলোৱে সমস্বৰে চিঞৰি উঠিল—"গোটেইখন চলাপাত কৰি বিচাৰিলো ক'ত পোৱা নগ'ল!"

আখাৰাৰ ৰাধেশ্যামী বুঢ়ী দুজনীমানে আটাহ্ পাৰি উঠিল—"মহাদেৱৰ জঁটাৰ পৰা আহি তোমাৰ মন্দিৰত অন্তৰ্ধান হৈ গ'ল!!"

খুপৰিৰ সন্মুখত থিয় হৈ দেখিলো মোৰ বস্তু-বাৰিবোৰ লাংলাং-থাংথাং হৈ চাৰিওফালে সিঁচৰতি হৈ পৰি আছে। কিতাপ-পত্ৰ আৰু বাচন-বৰ্তনৰ অৱস্থা দেখিয়ে মই বুজি পালো যে ইয়াত এখন সৰু-সুৰা যুদ্ধই হৈ গৈছে। কিন্তু ভিতৰ সোমাওঁ কেনেকৈ? ভয়ত হাত-ভৰি ঠাণ্ডা হৈ যোৱাৰ দৰে লাগিল। ছাৰেও মোক সোমাবলৈ দিবলৈ ভয় খালে। তেওঁ ক'লে—"নাই নাই, তুমি এতিয়া ইয়াত সোমোৱা উচিত নহ'ব!"

ৰৈ থকা মানুহজাকৰ পিনে চাই মই সুধিলো—"কি সাপ আছিল?"

ৰাধেশ্যামী দুগৰাকীমানে চিঞৰি উঠিল—"গোম সাপ! গোম সাপ?"

হাতত টাঙোন লৈ থকা আখাৰাৰ ডেকা ল'ৰা দুটামানে ক'লে—"গোম সাপ নহয়—সেইডাল গোৱালা সাপ।"

ভিৰৰ মাজত পাণ্ডাৰ ল'ৰা এটাও আছিল, সি ক'লে—"আপোনালোকৰ গাতে লাগি থকা ব্ৰহ্মকুণ্ডত গোম আৰু গোৱালা সাপ ভৰি আছে। আপোনালোকক খবৰ কাগজ দিয়া বঙালী ল'ৰাটোৰ বাপেকে সেইদিনা মাটিৰ তলত একলহ মুদ্ৰা পালে,

এই কথা লুকুৱাই ৰাখিলেও আমি গম পাইছো! সেই কলহৰ ওচৰতো হেনো গোম সাপ এডাল লাং খাই পৰি আছিল।”

...ছাৰ আৰু মই এইবাৰ সাহ কৰি খুপৰিটোৰ ভিতৰলৈ সোমাই গ’লো। মাহীদেৱে ওপৰৰ পৰা টৰ্চ এটা আনি দিলে। খুপৰিৰ সৰু সৰু কোঠা দুটা যিহেতু দিনতেই ঘোপ মৰা অন্ধকাৰ; সেই বাবে আমি টৰ্চ মাৰিয়ে গোটেইখন পিত পিতাই চালো। বিছনা-পত্ৰ তচনচ কৰি চালো। নাই ক’তো একো নাই। সকলোৱে দেখিছে সোমাই যোৱা, কোন পিনে ওলাই গ’ল তেতিয়াহ’লে? কাঠৰ অন্ধকাৰ বিন্ধা কিছুমান মোৰ চকুত পৰিল। এই বিন্ধাবোৰৰ মাজত ক’ৰবাত লুকাই আছে নেকি?...টাঙোন লৈ থকা মানুহকেইটায়ো বিন্ধাবোৰৰ পিনে চালে আৰু ক’লে—“সাপডাল ডাঙৰ, এই ফাঁকেৰে সোমাই যাব নোৱাৰে।”

প্ৰায় দুঘণ্টা সময় আমি সাপ বিচাৰিলো। শেষত একেবাৰেই ভাগৰি পৰিলো। লণ্ড-ভণ্ড হোৱা বাকচ-পত্ৰ, কানি-কাপোৰ বাচন-বৰ্তন সকলো পৰিপাটিকৈ থৈ বাহিৰলৈ ওলাই আহোঁতে গধূলিয়ে হ’ল। সাপ মাৰিব আৰু ৰং চাব অহা মানুহজাক ঘৰা-ঘৰি গ’ল। মাহীদেৱে ক’লে—“তুমি এসাঁজহে ৰান্ধা। ৰাতিৰ সাঁজৰ বাবে খোৱা ভাত-পানী সিহঁতে লণ্ড-ভণ্ড কৰি পেলালে। তুমি আজি আমাৰ লগতে ভাতো খাবা আৰু ৰাতিও থাকিবা।”

ছাৰেও ক’লে—“আজি ৰাতি তুমি আমাৰ লগত ইয়াতেই থকা ভাল হ’ব।”

মই সাহ কৰি ক’লো—“ছাৰ, আপুনি ভয় নেখাব। মোৰ একো নহয়!”

...গধূলি ছাৰৰ লগত একেলগে চাহ-জলপান খাই সেই থিয় থিয় চিৰিকেইটাৰে তললৈ নামি আহোঁতে হঠাৎ মুখামুখি হ’ল এক জবৰজং পুৰুষৰ সৈতে। তেওঁ ওখ-পাখ মানুহ। বৰণ বৰ পৰিষ্কাৰ নহয়। বেক ব্ৰাছ কৰি মূৰ আঁচুৰিছে। কপালখন ডাঙৰ। জোঙা নাক। পিন্ধনত অত্যন্ত পৰিষ্কাৰ ধুতি-পাঞ্জাবী। সেই অকমানি চিৰিটোৰে তেওঁৰ আগেৰে পৰা হৈ আহোঁতে কথমপিহে মোৰ গাৰ কাপোৰ তেওঁৰ গাত নেলাগিল।...বাহিৰলৈ গৈ দেখিলো তেওঁ এখন সুসজ্জিত টাঙ্গাত উঠি আহিছে।

...ছাৰে আকৌ এবাৰ মোক ওপৰলৈ মাতি নি মানুহগৰাকীৰ লগত চিনাকি কৰি দি ক’লে—“এইগৰাকী গুৱাহাটীৰে ব্যৱসায়ী। পূৰ্বপুৰুষসকল বঙ্গদেশৰ মানুহ।”

মানুহগৰাকীয়ে ক’লে তেওঁ হেনো মোৰ পিতাক চিনি পাইছিল আৰু মই ইয়াত থকাৰ কথা বলভদ্ৰ দাস নামৰ উকিলগৰাকীয়ে কৈছিল। [মাধুৰ পাছত কম্পান্শ্বেচন টেক্স ইত্যাদি বিষয়ত লগাব লগীয়া উকিলগৰাকীৰ নাম বলভদ্ৰ দাস আছিল। এই উকিলগৰাকীৰ চাল-চলন মোৰ বৰ ভাল নেলাগিছিল। সুবিধা পালেই তেওঁ মোৰ

গাত হাত দিব খুজিছিল। শেষত মই তেওঁক এৰি অন্য এগৰাকী উকিল লোৱাৰ কথা ভাবিছিলো। কিন্তু ইতিমধ্যে কোম্পানীৰ ওপৰত কৰিব খোজা মোকৰ্দমা এটা মই নকৰিবলৈ সিদ্ধান্ত লৈছিলো। এই মোকৰ্দমা কৰাহেঁতেন কোম্পানীৰ পৰা মই অন্ততঃ দহ লাখ টকা পালোহেঁতেন বুলি প্ৰখ্যাত বেৰিষ্টাৰ স্বৰ্গীয় জগদীশ চন্দ্ৰ মেধিয়ে মোৰ দাদা সত্যব্ৰতক জনাইছিল।]

...খুপৰিটোৰ ভিতৰত সোমাই মই আকৌ ঘামিব ধৰিলো। ওপৰত ছাৰক বৰ সাহসেৰে কৈ আহিলো যে মই এই সাপ সোমোৱা খুপৰিটোত থাকিবলৈ অকণো ভয় নকৰো। কিন্তু এতিয়া এয়া মই বিছনাৰ ওপৰত কুচি-মুচি বহি থাকিলো, নামি গৈ টেবুলৰ ওচৰত বহিবলৈও সাহস কৰিব নোৱাৰিলো। পুৰণা কাঠবোৰৰ পৰা ক'ৰবাত কাট্-কুট্ শব্দ এটা হ'লেও মই উচপ খাই উঠিলো। হৰি হৰি, কি কৰা যায় এতিয়া? বাৰে বাৰে চুকে-কোণে চকু পৰিব ধৰিলে। এবাৰ বাহিৰলৈ ওলাই গ'লো।...চোতালৰ ওপৰৰ লোহাৰ বাৰকেইডালৰ মাজেৰে মই এখন ফট্‌ফটীয়া আকাশ দেখা পালো। মূৰৰ ওপৰৰ আকাশ চালে হোৱা যন্ত্ৰণাৰ পৰা নিজকে মুক্ত কৰিবলৈ সেই সময়ত মই প্ৰাণপণে চেষ্টা কৰিছিলো। জোনাকৰ ফট্‌ফটীয়া পোহৰত চটৰ লোহাৰ মামৰে ধৰা ৰডকেইডালো সাপৰ ছালৰ দৰে জিলিকি আছে। মুগা বৰণীয়া ডাৱৰ এসোপাৰ মাজত মুখ লুকাই থকা চন্দ্ৰটিক গোম সাপ এডালে মেৰিয়াই ধৰাৰ দৰে লাগিল। মুঠৰ ওপৰত সকলোতে মই সাপৰ ছবি দেখা পালো।

...এটা সময়ত ৰাতিৰ ভাত সাঁজো মই ছাৰৰ লগত ওপৰতে খাই আহিলো। তাৰ পাছত আকৌ এবাৰ চুক-কোণবোৰ ভালদৰে চাই মই লাইট নুমুৱাই শুবলৈ সাজু হ'লো।...কিন্তু আকৌ তৎক্ষণাৎ উঠি আহি লাইট জ্বলালো। কাৰণ আন্ধাৰত সাপডাল ওলাই আহি মোৰ গাৰ ওপৰত উঠেহি বুলি অণ্ঠ-কণ্ঠ শুকাই গ'ল। আনহাতে লাইট জ্বলাই শোৱাও মোৰ অভ্যাস নাই।...লাহে লাহে ৰাতি দোভাগ হৈ আহিল। মোৰ মেলা চকু মেলাই থাকিল।...অনেক কথা মোৰ মনলৈ আহিব ধৰিলে, ভাব হ'ল সাপডাল যেন মোৰ মূৰৰ ওপৰৰ কাঠৰ ফাঁকত ক'ৰবাত লুকাই আছে। সুযোগ পালেই খোঁট মাৰি দিব। হৰি হৰি, কি কৰা যায় এতিয়া? ছাৰৰ কোঠালৈকে উঠি যাওঁ নেকি? নাই নাই, এয়া দোভাগ ৰাতি। ছাৰৰ কোঠাৰ দুৱাৰো বন্ধ হৈ গৈছে। এই বৃদ্ধ গুৰুজনাক এই সময়ত আমনি দিবলৈ মোৰ সত নগ'ল।

যমুনাৰ পাৰৰ ধহি-খহি যোৱা প্ৰকাণ্ড প্ৰকাণ্ড দালানবোৰত বাহ লোৱা বিষাক্ত সাপৰ কাহিনী মই শুনিছিলো। মন্দিৰৰ তলত প্ৰোথিত মুদ্ৰা আৱিষ্কাৰ কৰা প্ৰত্যেকগৰাকী পৰিয়ালে হেনো প্ৰথমে এই সম্পত্তি ৰখি থকা একো একোডাল সাপ

আঁতৰ কৰিব লগীয়া হৈছিল। ছাৰক কলিকতাৰ পৰা প্ৰকাশিত দৈনিক ‘অমৃত বাজাৰ পত্ৰিকা’ নামৰ কাগজখন দিব অহা বঙালী ল’ৰাটোৰ পৰিয়ালে এনে ধৰণৰ কিছু প্ৰোথিত মুদ্ৰা আৱিষ্কাৰ কৰাৰ কথাই মই ইতিমধ্যে উল্লেখ কৰিছো। [সম্বত ১৮০৫ জাঠমাৰাঠা কালত বৃন্দাবনত হেনো এটা মুদ্ৰা তৈয়াৰ কৰা ‘টাকশাল’ আছিল। ইয়াত ৰূপৰ ঘূৰণীয়া ‘বৃন্দাবনী’ মুদ্ৰা তৈয়াৰ হৈছিল। ব্ৰিটিছ শাসনৰ সময়ত এই মুদ্ৰাৰ প্ৰচলন কমি আহিছিল। গ্ৰাওছ চাহাবে লেখি গৈছিল মহাভক্ত সদাগৰ কৃষ্ণচন্দ্ৰ সিংহ ওৰ্ফ লালা বাবুৱে অনাথ, ভিক্ষু আৰু সাধুসকলৰ সেৱাৰ বাবে আৰু ধৰমশালা ইত্যাদি সজাৰ বাবে ব্ৰজৰ কেইবাখনো গাঁও এই বৃন্দাবনী মুদ্ৰাৰে কিনি লৈছিল। বৰসানাৰ বাবে তেওঁ ৬০০ বৃন্দাবনী মুদ্ৰা আৰু নন্দ গ্ৰামৰ বাবে ৯০০ বৃন্দাবনী মুদ্ৰা তেওঁ ব্যয় কৰিছিল।

আউৰঙ্গজেৱ আৰু আহমদ শ্বাহ আব্দালিৰ ধ্বংসলীলাৰ সময়ত অনেকেই হেনো এই মুদ্ৰা মন্দিৰৰ প্ৰাঙ্গণত পুতি থৈছিল। কোনো কোনো ভক্তই এনে মুদ্ৰাৰ কলহ আৱিষ্কাৰ কৰি চৰকাৰে গম পাব বুলি হেনো গোপন কৰি ৰাখিছিল।... এনে আৱিষ্কাৰৰ লগত সদায়ে একোডাল গোম সাপ জড়িত হৈ থকাৰ কাহিনী মই শুনিছিলো। সেৱাকুঞ্জ হৈ যমুনালৈ যোৱাৰ পথত মই দুবাৰমান দুডালমান প্ৰকাণ্ড গোম সাপ কোনোবাই মাৰি পেলাই থোৱা দেখিছিল।]

...মই ঘামি-জামি বিছনাত উঠি বহিলো। কোনো মতেই মোৰ টোপনি নাহে।...কি কৰা যায়? লাহেকৈ শব্দ এটা হ’লেই মই চকিত হৈ উঠো।...এই সময়তে এটা অদ্ভুত ভাব মনলৈ আহিল। সাপে যদি খুঁটি থৈ যায় কি বেয়া হ’ব? মইতো অহৰহ তাকেই কামনা কৰি আছো। সিন্ধি ডাক্তৰটোৰ তালৈ গৈ নিদ্ৰাৰ বড়ি গোটোৱা কাৰ্যই সেই ইচ্ছাকে সোঁৱৰাই। এই ভাবে মনলৈ এক ধৰণৰ শান্তি আনি দিলে আৰু মোৰ টোপনি আহিল। [পিছলৈ মই এই ধ্বংসকামী ভাৱধাৰাক অধ্যয়ন আৰু মানুহৰ মমত্ববোধ, মানৱীয় গুণ ইত্যাদিৰ মহত্ত্বৰ কথা চিন্তা কৰি অনেক পৰিমাণে দমন কৰি ৰাখিব পাৰিছিলো।]

...ৰঙ্গজী মন্দিৰৰ সুপ্ৰভাত আৰম্ভ নৌ হওঁতেই মই সাৰ পালো। হঠাৎ শুনিলো ওপৰৰ কাঠৰ চিলিঙৰ পৰা কোনোবাই যেন ৰচি এডাল টানি নিছে—ঠিক এনে এটা শব্দ মই স্পষ্ট শুনিলো। হঠাৎ এডাল বগা ৰচি যেন তড়িৎ বেগেৰে মোৰ চকুৰ আগেৰে পাৰ হৈ গ’ল। স্তম্ভিত হৈ মই বিছনাৰ ওপৰত উঠি বহিলো। মোৰ বুজিবলৈ বাকী নেথাকিল যে সেইডাল ৰচি নহয়—গোৱালা সাপ! হয় হয়, সেইডাল সাপ!

পুৱা মোৰ দুৱাৰমুখত এটা সৰু-সুৰা ভিৰেই হ’ল। মনৰ পৰা ভয়, শঙ্কা উধাও

হৈ গৈছিল। মই সকলোকে ক'লো—"সেইডাল গোৱালা সাপ মন্দিৰত বহুদিনৰ পৰা আছে চাগৈ !...কাকো একো নকৰে। মোকো নকৰে। মই আজি পুৱাই তাৰ প্ৰকৃত ৰূপ দেখা পালো।"

০ ০ ০ ০

...আবেলি ইন্সটিটিউটৰ পৰা উভতি আহি মুখ-হাত ধুই বাৰাণ্ডাৰ চিৰিত আহি বহিলো। ওচৰ-চুবুৰীয়া মানুহবোৰে আকৌ এটা-দুটাকৈ আহি সাপডালৰ কথা সুধিলে। মই যে ভয় নকৰাকৈ কোঠাটোত থাকিব পাৰিলো তাৰ বাবে সিহঁতে বাহ্‌বা দিলে। দশৰথ আখাৰাৰ খোৰা পুৰোহিতগৰাকীয়েও আহি খবৰ ল'লে। [এই পুৰোহিতগৰাকী গোড়া মতাৱলম্বী আছিল। 'বিধৱা হোৱা মানেই নাৰীৰ জীৱনৰ সমস্ত সৌভাগ্য ধূলিৰ লগত মিহলি হৈ যোৱা আৰু এনে নাৰীৰ বাবে জীৱন আৰু মৰণৰ মাজত কোনো পাৰ্থক্য নাই।'—এনে ধৰণৰ কথা তেওঁ ওচৰ-চুবুৰীয়া মানুহৰ আগত কৈ ফুৰা মই নিজ কাণে শুনিছিলো। মই বৃন্দাবনত থকাৰ সময়তে এইগৰাকী পুৰোহিতৰ মৃত্যু ঘটিছিল।]

০ ০ ০ ০

...সূৰ্যই লাহে লাহে যমুনাৰ বালিত মুখ লুকুৱাৰ আয়োজন কৰিছিল। আকাশত ৰঙা ডাৱৰ ভৰি পৰিছে। এৰা, সৌৱা সূৰ্য স্বৰূপ প্ৰকাণ্ড অগ্নিপিণ্ডটোৱে যেন ঈশ্বৰৰ নগৰত জুই জ্বলাই যমুনাৰ বুকুত মুখ লুকুৱাবৰহে আয়োজন কৰিছে। বৰ সুন্দৰ, বৰ মনোমোহা বতৰ। সন্মুখৰ মন্দিৰৰ বাপী কুঁৱাটোৰ পাৰত থকা প্ৰকাণ্ড নিমগছ জোপাত বান্দৰ এজাকে লুটি-বাগৰ কৰি আছে। ৰান্ধনি ৰ'দৰ শেষ পোহৰে আখাৰাৰ কাৰুকাৰ্যখচিত, অথচ ধহি-খহি যাবলৈ আৰম্ভ কৰা বাটঘৰটোক এক অন্য ৰূপ প্ৰদান কৰিলে। ইয়াৰ সূক্ষ্ম কাৰুকাৰ্যবোৰত বুঢ়া সূৰ্যই যেন সোণৰ গুড়িহে ছটিয়াই দিলে—এনে ভাব হ'ল। মই মন্দিৰৰ চিৰিত বহি এই সকলো কথা নিৰীক্ষণ কৰি আছিলো।...হঠাৎ আমাৰ মন্দিৰ অভিমুখে এখন সুসজ্জিত টাঙ্গা আগ বাঢ়ি আহিল। টাঙ্গাৰ ক'লা ঘোঁৰাৰ মূৰতো সুসজ্জিত শিৰস্ত্ৰাণ। খট্ খট্ শব্দ কৰি ঘোঁৰা আহি একেবাৰে মন্দিৰৰ দুৱাৰমুখত উপস্থিত হ'ল। এগৰাকী ভদ্ৰলোক টাঙ্গাৰ পৰা নামি আহিল। তেওঁ পিন্ধি আহিছিল শান্তিপুৰী ধুতি, ধক্ ধক্‌কৈ বগা পাঞ্জাবী, আৰু ভৰিত পৰিষ্কাৰ পাম্পছু।... মোৰ বুজিবলৈ বাকী নেথাকিল যোৱাকালি হুলস্থুলতে যেতিয়া মই খট্‌খটিৰে তললৈ নামি আহিলো তেতিয়া এই ব্যৱসায়ীগৰাকীক লগ পাইছিলো।

মোৰ উকিলগৰাকীয়ে তেওঁক মই বৃন্দাবনত থকাৰ সম্ভেদ দিছিল। এই কথা মই ইতিমধ্যে প্ৰকাশ কৰিছো।

...ব্যৱসায়ীগৰাকী মোৰ খুপৰিৰ ভিতৰলৈকে সোমাই আহিল। মোৰ পিতাক যে তেওঁ শৈশৱত লগ পাইছিল এই কথা তেওঁ আকৌ প্ৰকাশ কৰিলে। তেওঁৰ কথা পতাৰ ভাব-ভঙ্গী দেখি মই গম পালো মানুহগৰাকীয়ে মোৰ প্ৰতি কিবা এক আকৰ্ষণ অনুভৱ কৰিয়েই বৃন্দাবনলৈ আহিছে। মোৰ খুপৰিটোৰ কাঠৰ বেঞ্চিত বহিয়েই তেওঁ মোৰ লগত অনেক কথা পাতিলে। উঠি যোৱাৰ সময়ত তেওঁ মোৰ টেবুলৰ ওপৰত এটা টোপোলা থৈ ক'লে—“ৰাজস্থানৰ পিনে গৈছিলো। কিছুমান মন্দিৰো দৰ্শন কৰিলো। আজি তোমাৰ বাবেও বস্তু এটা আনিলো, তুমি গ্ৰহণ কৰিবা। মই নিশ্চয় তোমাক আকৌ লগ পাম।”

...এটা সময়ত তেওঁ টাঙ্গাত উঠি উভতি গ'ল। তেওঁ দি থৈ যোৱা টোপোলাটো মই ছাৰক দেখুৱালো। আমি দুয়ো এয়া ৰাজস্থানৰ কোনোবা মন্দিৰৰ প্ৰসাদ আৰু দেৱীৰ চাদৰ ইত্যাদি বুলি ভাবিছিলো। কিন্তু টোপোলাটো খোলাৰ লগে লগে এখন শাৰী ওলাই পৰিল। গুলপীয়া ৰঙৰ—বগা বুটা দিয়া বান্ধনী শাৰী। মই হতভম্ব আৰু ছাৰৰ সন্মুখত অপ্ৰস্তুত হৈ পৰিলো। ইতিমধ্যে মাহীদেৱো আহি উপস্থিত হৈছিল। শাৰীখন দেখি তেওঁ ক'লে—“এই শাৰীখন তুমি ব্ৰজধামত বাস কৰা এক দৰিদ্ৰ ৰাধেশ্যামীকে দান দিবা। তুমি পিন্ধিব নেলাগে।” মাহীদেৱে যেনেদৰে কৈছিল ঠিক তেনেদৰে মই ব্ৰজবাসী এগৰাকীক শাৰীখন দান দিছিলো।

o o o o

মাজ ৰাতি মাজে মাজে সাৰ পাই উঠি মই ৰচিৰ শব্দ শুনিছিলো। মোৰ লাহে লাহে বুজিবলৈ বাকী নেথাকিল সাপডাল মোৰ লগতে মন্দিৰৰ কোনোবা এঠাইত বাস কৰে।

...দুমাহমান পাছত এদিন মই মোৰ গাৰ ওপৰেৰে সেইডাল পাৰ হৈ যোৱাৰ দৰে অনুভৱ কৰিছিলো। এই কথা মই কাকো কোৱা নাছিলো। মোৰ আৰু কোনো ভয় নোহোৱা হৈছিল।...[বহু বছৰ পাছত এবাৰ দক্ষিণ-পূব এছিয়াৰ কিছুমান ঠাই ভ্ৰমণ কৰিব যাওঁতে কুৱেলালামপুৰৰ পৰা কিছু দূৰত অৱস্থিত পেনাঁগৰ সৰ্প মন্দিৰলৈও গৈছিলো। এই মন্দিৰত কিল্‌বিলাই ফুৰা জীয়া সাপ এডাল মই হাতেৰে তুলি লওঁতে মোৰ ভয় লগা নাছিল। অথচ মন্দিৰৰ সন্মুখৰ ছাইন ব'ৰ্ডখন মই স্পষ্টকৈ পঢ়িছিলো—“এই বিষাক্ত সাপবোৰে খুঁটিলে মন্দিৰৰ কৰ্তৃপক্ষ দায়ী নহ'ব।” ...মন্দিৰৰ ধূপৰ ধোঁৱাত

নিচাসক্ত হৈ থকাৰ দৰে থকা সাপ এডাল বুটলি লওঁতে মোৰ ভয় লগা নাছিল। মোৰ দৰে আন কিছুমান মানুহেও এই সাপ বুটলি লৈছিল।] বৃন্দাবনৰ সেই সাপডাল যে মন্দিৰত মোৰ লগতেই বাস কৰিছিল—এই বিষয়ে মোৰ আৰু কোনো সন্দেহ নাছিল। হৃদয়ৰ গভীৰ গহ্বৰত মৃত্যু-আকাংক্ষা বাজি থকা বাবেই ভয়, শঙ্কা দূৰ হৈ গৈছিল। এই আকাংক্ষাক জয় কৰিবলৈ মই যেন যুদ্ধহে কৰিব লগীয়া হৈছিল।

পূজনীয়া মাহীদেৱে ধেমালি কৰি কৈছিল—"তোমাৰ খুপৰিত সেইদিনা দুডাল সাপ সোমাইছিল। পিছৰ ডালহে বিষাক্ত আছিল।"

ব্ৰজৰ বণিক হিত কুমাৰ গুপ্তা ঃ

এসময়ত বৃন্দাবন চহৰত হেনো কেলিকো প্ৰিণ্টিং আৰু পুৰণা ফানেলৰ কাপোৰ মেৰামতিৰ বাবে প্ৰখ্যাত আছিল। কপাহী কাপোৰবোৰ মাৰোৱাৰ আৰু বিকানীৰৰ পৰা আহিছিল। মথুৰাৰ স্থপতিসকলো জগৎ বিখ্যাত আছিল। ব্যৱসায়ীয়ে ব্যৱহাৰ কৰা ডাঙৰ ডাঙৰ খাতাবোৰৰ বাবে কাগজ-পত্ৰ মথুৰাতেই তৈয়াৰ হৈছিল। ১৮৭৭ চনত হোৱা প্ৰচণ্ড দুৰ্ভিক্ষৰ সময়ত কপাহী কাপোৰত ছাব মৰা ব্যৱসায়ৰ জোৰ কমি আহিছিল। গোকুলত ৰূপৰ মূৰ্তি কৰা শিল্পীসকলৰো অৱস্থা পৰি আহিছিল। নীলৰ ব্যৱসায়ৰ চিন-চাবেই নোহোৱাৰ দৰে হৈছিল।

মথুৰাৰ প্ৰাচীন ব্যৱসায়ীসকলে বেহা কৰিবলৈ ম'হ আৰু উটৰ গাড়ীত দল বান্ধি গৈছিল। তেওঁলোকৰ লগত অস্ত্ৰধাৰী সৈনিকো গৈছিল। কাৰণ পথ বিপদজনক আছিল।

মোৰ ভাব হৈছিল, অতি প্ৰাচীন কালত ব্ৰজৰ পৰা শ্ৰীকৃষ্ণই যেতিয়া দ্বাৰকালৈ গৈছিল সেই সময়ত হয়তো আৰব সাগৰেদি অহা বেপাৰী জাহাজবোৰৰ লগত মথুৰাৰ ব্যৱসায়ীৰ কিছু সম্বন্ধ স্থাপিত হৈছিল।

এসময়ত বৃন্দাবনী মুদ্ৰাৰ অতিৰিক্ত সোণৰ মুদ্ৰা (নিষ্ক), ৰূপৰ মুদ্ৰা (পণ) আৰু তামৰ মুদ্ৰা (ভাষক)ৰ দ্বাৰা ব্যৱসায় চলিছিল। মথুৰাৰ ডিষ্ট্ৰিক্ট গেজেটিয়াৰত মই অনেক কথা পঢ়িছিলো।

...বৃন্দাবনত বাস কৰা গুপ্তা পৰিবাৰে সোণ-ৰূপৰ ব্যৱসায় কৰিছিল। বৃন্দাবনতেই তেওঁলোকৰ ঘৰ-বাৰী আৰু ব্যৱসায়ৰ কেন্দ্ৰ আছিল। মোৰ দাদাৰ বিয়াৰ সময়ত বৌৰ বাবে মোৰ পুৰণা গহনা অলপ দি গুপ্তাৰ দোকানত এডাল 'হাসুলি' তৈয়াৰ কৰিছিলো।

...চ'ত মাহ, মোৰ বান্ধৱী মনুৰ লগত সেইদিনা বৃন্দাবনৰ মন্দিৰবোৰত হোৱা

'ফুলডোল' উৎসৱ চাবলৈ গৈছিলো। ব্ৰজধামৰ নানা উৎসৱ যেনে ব্ৰহ্মোৎসৱ, অক্ষয় তৃতীয়া, নিৰ্জলা একাদশী, ঝুলন, নাগ পঞ্চমী, জন্মাষ্টমী, নন্দোৎসৱ, ৰাধা অষ্টমী ইত্যাদিৰ ভিতৰত মই মাত্ৰ 'শ্ৰীৰঙ্গজী উৎসৱ'সমূহ, 'হৰিদাস স্বামীৰ উৎসৱ' আৰু এই 'ফুলডোল উৎসৱ'হে চাবলৈ বাহিৰলৈ ওলাইছিলো।

এইখিনিতে মই মোৰ বান্ধৱী মনুৰ এটা পৰিচয় দিয়া উচিত হ'ব। মনুৰ পিতাক সেন মহোদয় সম্ভ্ৰান্ত পৰিয়ালৰ বঙালী ভদ্ৰলোক আছিল। পৰিয়ালটোৱে শ্বিলঙত অনেক দিন বাস কৰিছিল। সেন বাবুৰ পিতাকে বৃন্দাবনত মন্দিৰ এটা কিনি 'ট্ৰাষ্ট ফাণ্ড' কৰি সেন বাবুক 'ট্ৰাষ্টী' কৰিছিল। মই বৃন্দাবনত থাকোঁতেই সেন বাবুৰ পৰিয়ালটোৱে এক প্ৰকাৰ সৰ্বস্বান্ত হোৱাৰ দৰে শ্বিলঙৰ পৰা আহি বৃন্দাবনত বাস কৰিবলৈ লৈছিল। পিছলৈ টকা-পইচাৰ ইমান বেছি হাহাকাৰ হৈছিল যে বৰ কম দামত তেওঁ মন্দিৰটো বেচি দি পৰিয়ালৰ সৈতে মন্দিৰৰ তলৰ খুপৰি এটাত বাস কৰিবলৈ আৰম্ভ কৰিছিল। মনুৰ মাকে মানসিক সুস্থিৰতা হেৰুৱাইছিল। এই পৰিয়ালটোৰ অৱস্থাই সেই সময়ত মোৰ হৃদয় স্পৰ্শ কৰিছিল। ঐতিহ্যপূৰ্ণ এক পৰিয়ালৰ শেষৰ এই দুৰ্বহ জীৱন-যাত্ৰাৰ ছবি মোৰ বাবে সঁচাকৈয়ে বৰ বিস্ময়কৰ আছিল।

ইতিমধ্যে সেন বাবুৱে দৃষ্টিশক্তি হেৰুৱাই একেবাৰে অন্ধ হৈ গৈছিল। এই অন্ধ সেন বাবু আৰু তেওঁৰ মানসিক ব্যাধিগ্ৰস্ত পৰিবাৰে মন্দিৰৰ তলৰ এই অন্ধকূপত তিল্‌তিল্‌কৈ জীৱন অতিবাহিত কৰি মৃত্যুক সাৱটি লৈছিল। পিছলৈ তেওঁলোকৰ অন্ত্যেষ্টিক্ৰিয়া ইত্যাদি মনুৱে অকলেই কৰিছিল। মনুৰ ত্যাগ ধৈৰ্য আৰু পিতৃ-মাতৃৰ প্ৰতি থকা অনন্য ভক্তিৰ ছবিয়ে সেই সময়ত মোক এক প্ৰকাৰ স্তব্ধ কৰি ৰাখিছিল। পিছলৈ মই বুজিছিলো যে সম্ভৱ তেওঁ বিয়া-বাৰুও পিতৃ-মাতৃৰ পৰিচৰ্যাত ব্যাঘাত ঘটিব বুলি কৰোৱা নাছিল। বয়সত তাই মোতকৈ ডাঙৰ আছিল যদিও বৃন্দাবনত তাই মোৰ লগৰীৰ দৰে হৈ পৰিছিল।

...চ'ত মাহৰ 'ফুলডোল উৎসৱ' চাই আহি মনু আৰু মই সেইদিনা গোপীনাথ বজাৰত ভৰি দিছিলো। চাৰিওফালে সেইদিনা যেন ফুলৰ সমাৰোহ ঘটিছিল। বিহাৰীজী, গোবিন্দদেৱ, ৰঙ্গজীৰ দেৱতাক সেইদিনা গুটিমালি জাতীয় সুগন্ধি ফুলেৰে জাতিস্কাৰ কৰি সজাইছিল। দেৱতাৰ শৰীৰৰ বস্ত্ৰ, মূৰৰ মুকুট, হাতৰ বাঁহী এই সকলোকে গুটিমালি ফুলেৰে সজাইছিল। বৃন্দাবনৰ পথ-ঘাট সকলোতে এই ফুলৰ সুবাস বিয়পি পৰিছিল।

...গোপীনাথ বজাৰৰ চাৰিআলিৰ মূৰত হঠাৎ দেখিলো এগৰাকী শকত-আৱত পুৰুষে থৰ লাগি মোৰ পিনে চাই আছে। প্ৰথমে তেওঁক মোৰ কোনোবা চিনাকি মানুহ যেন লাগিছিল। কিন্তু ভালদৰে চাই দেখিলো, তেওঁ মোৰ চিনাকি মানুহ নহয়।

মই চকু আঁতৰাই আনিলো।

মন্দিৰৰ ওচৰত মনুক বিদায় দি মই চিৰি বগাই ছাৰৰ ওচৰলৈ উঠি আহিলো। আচৰিত কথা এয়ে যে চাৰিআলিত লগ পোৱা পুৰুষটিও মোৰ পিছে পিছে আহি ছাৰৰ বৈঠকত উপস্থিত হ'ল। ছাৰে তেওঁক বহিব দিলে। অকল বহিব দিয়াই নহয় মাহীদেউক তেওঁলৈ চাহ-জলপান আনিবলৈ অনুৰোধ কৰিলে। মোৰ লগত চিনাকি কৰি দি ছাৰে ক'লে—"এয়া হিত কুমাৰ গুপ্তা। সোণ-ৰূপৰ ব্যৱসায়ী। আমাৰ পিনেও ব্যৱসায় বঢ়াব খোজে। পুৰণা ব্যৱসায়ী। তুমি এডাল 'হাসূলি' বোধহয় এওঁলোকৰ দোকানতে কৰাইছিলা।"

বিদায় লৈ যোৱাৰ সময়ত হিত কুমাৰে মোৰ খুপৰিটোৰ পিনে ভুমুকিয়াই চাই ক'লে—"ইস, বৰ সৰু খুপৰি!"

...মই ভালদৰে লক্ষ্য কৰি দেখিলো মানুহটোৰ চেহেৰাত কিছু গ্ৰাম্য সৰলতা থাকিলেও আন এক ধৰণৰ সৰলতাও ইয়াৰ লগত মিহলি হৈ আছিল।

০ ০ ০ ০

টাঙ্গা আৰু ৰিক্সাত উঠি গোপীনাথ বজাৰ, অষ্টখাম্বা ইত্যাদিৰ মাজেৰে ইন্সটিটিউটলৈ যোৱাৰ সময়ত আৰু মনুৰ লগত চিৰহৰণ ঘাট, বংশীবট, মদন মোহন মন্দিৰ আৰু ৰঙ্গজীৰ ৰথগৃহৰ সন্মুখত মই পিছলৈ অনেকবাৰ হিত কুমাৰক লগ পালো। লাহে লাহে সি বলিয়া মানুহৰ দৰে মই ক'ত যাওঁ কি কৰো গম ল'ব ধৰিলে।

সেই সময়ত হিত কুমাৰৰ অৱস্থা ভাল আছিল। তেওঁ বিয়া-বাৰু কৰোৱা মানুহ। ল'ৰা-ছোৱালীবোৰেও স্কুলত পঢ়িছিল। সেই সময়ত মই অলঙ্কাৰ পিন্ধিব এৰি দিছিলো।

এদিন মই মনুৰ লগত গৈ মোৰ পুৰণা অলঙ্কাৰ কিছুমান দি হিত কুমাৰৰ ভায়েকৰ দোকানত এডাল 'হাসূলি' কৰাইছিলো। মোৰ সৰু ভনী অৰুন্ধতীৰ বিয়াত এইডাল উছৰ্গা দিছিলো। 'হাসূলি' ভাৰতৰ প্ৰাচীন অলঙ্কাৰৰ ভিতৰত অন্যতম আছিল।

সেই সময়ত মই 'নীলকণ্ঠী ব্ৰজ' নামৰ উপন্যাসখন লেখি আছিলো। এই কথা মই আগেয়ে উল্লেখ কৰিছো। বৃন্দাবনৰ অনেক কথা এইখনত ফুটাই তুলিব লগীয়া হৈছিল। পৰিস্থিতিসমূহৰ হুবহু বৰ্ণনা দিবলৈ ভাল পাইছিলো কাৰণে মনুৰ লগত কেতিয়াবা মই বজাৰৰ পিনে মুখ কৰি থকা মন্দিৰৰ চিৰিত বহি মানুহৰ ৰেহ-ৰূপ ইত্যাদি লক্ষ্য কৰিছিলো। সন্মুখত থকা হাড়াবাৰীত ৰাধেশ্যামীহঁতে অহা-যোৱা কৰিছিল। বজাৰৰ শাক-পাচলিৰ দোকানবোৰত কিনা-বেচা চলিছিল। দাণ্ডাধাৰী পাণ্ডাৰ পিছে পিছে কোবা-কুবিকৈ পাৰ হৈ গৈছিল ভক্তৰ সমদল।...কেতিয়াবা সুসজ্জিত

দোলাত উঠি কোনো কোনো মন্দিৰৰ মুৰুলীধৰ যমুনা স্নানৰ বাবে শোভাযাত্ৰা কৰি গৈছিল। ৰাসমণ্ডলীৰ ল'ৰাহঁতে শৰীৰত ৰং ঘঁহি পাৰ হৈ গৈছিল।

...অকল যে ভক্তৰ দল আমাৰ চকুৰ আগেৰে পাৰ হৈ গৈছিল এনে নহয় কিছুমান উদণ্ড ল'ৰায়ো হাড়াবাৰীৰ সন্মুখত আহি পুলুং-পালাং কৰি থিয় হৈছিল। এৰা, ক'ৰবাত কিজানি সিহঁতে দুই-এগৰাকী যুৱতী বিধৱাৰ সৈতে মুখামুখি হয়েই?

[পুৰুষৰ পাশৱিক অত্যাচাৰৰ ভাগী হৈ ব্যভিচাৰিণী বুলি খ্যাত হোৱা বিধৱাসকলক বৃন্দাবনত মেলি থৈ যোৱাৰ কাহিনী সমগ্ৰ ভাৰতবৰ্ষতে প্ৰচাৰ হৈছিল।]

মনুৰ লগত বজাৰমুৱা হৈ থকা মন্দিৰৰ চিৰিত বহি থাকোঁতে লাহে লাহে আমাৰ সন্মুখতো তৰুণ যুৱক এদলে ঘূৰা-ফিৰা কৰিব ধৰিলে। মনুৱে ক'লে—"তোমাক চাগৈ সিহঁতে হাড়াবাৰীত বাস কৰা ৰাধেশ্যামী বুলিয়ে ভাবিছে।"

অকল মনুৱেই নহয়, এদিন ইন্সটিটিউটত মোৰ বান্ধৱী মুন্নী গৌতমেও ক'লে— "তুমি বজাৰমুৱা সেই চিৰিত তেনেদৰে বহি নেথাকিবা! মথুৰাৰ পৰাও ডেকা ল'ৰাৰ দল এটাই তোমাক চাবলৈ ঘূৰা-ফিৰা কৰি থাকে বুলি মোৰ দাদাই মোক কৈছে।"

উপন্যাসখন লেখিবলৈ যিহেতু মই বদ্ধপৰিকৰ হৈ আছিলো। সেই বাবে এইবোৰ কথা মোৰ কাণত নোসোমাল। বৃন্দাবনত মেলি থৈ যোৱা ব্যভিচাৰিণী বিধৱা বুলি কল্পনা কৰা কথাটোহে অৱশ্যে মোৰ বৰ ভাল নেলাগিল।

এদিন এইদৰে বহি থাকোঁতে হঠাৎ হিত কুমাৰ গুপ্তা মন্দিৰত উপস্থিত হ'ল। মনু আৰু মই কিছু হতভম্ব হৈ পৰিলো। কিন্তু যিহেতু মনুৰ বদান্যতা আৰু শিষ্টাচাৰৰ তুলনা নাছিল সেই বাবে হিত কুমাৰ গুপ্তাক আথে-বেথে তাই নিজৰ মন্দিৰৰ ভিতৰলৈ মাতি নিলে (সেই সময়ত এই মন্দিৰ বিক্ৰী হোৱা নাছিল)। মনুহঁতৰ এই মন্দিৰ অতিশয় পুৰণা আছিল। পকা বেৰ ছিৰাল ফটাৰ দৰে ফাটি গৈছিল। কাঠৰ ৰেলিংবোৰো খহি পৰাৰ উপক্ৰম হৈছিল। ভিতৰৰ লাইটৰ ব্যৱস্থাও বৰ ভাল নাছিল। খুপৰিবোৰ অন্ধকাৰৰ মাজত ডুব গৈ আছিল।

আমি তিনিও তলৰ বৈঠক এটাত বহিলো। কথা-প্ৰসঙ্গত হিত কুমাৰে মোৰ পিনে মূৰ তুলি চাই ক'লে—"তুমি কেতিয়াও আৰু বৃন্দাবন এৰি যাব নালাগে। মই তোমাৰ নামত এটা মন্দিৰ সজাই দিম!"

এনেকৈ কোৱাই নহয়। সেইদিনা মনুৰ সন্মুখতে প্ৰকাশ কৰিলে যে প্ৰথম দেখাৰ দিনাই সি মোৰ প্ৰতি আকৰ্ষিত হৈ পৰিছে, মোৰ বাবে সি এতিয়া যিকোনো কামেই কৰিবলৈ সাজু হৈ আছে! মনুৰ কোঠাৰ চকি-মেজবোৰৰ পিনে আঙুলিয়াই এইবাৰ ক'লে—"মই নতুন ছোফা ছেট এটা আনি দিম নেকি?"

...মই এক প্ৰকাৰ হতভম্ব হৈ এই চাৰি পাঁচটা ল'ৰা-ছোৱালীৰ বাপেকৰ মুখৰ পিনে চাই থাকিলো।... কিন্তু বেছি সময় এই মানুহটোৰ লগত বহি থাকিবলৈ মোৰ সময় নাছিল। ইতিমধ্যে গৱেষণাৰ কামত মই বৰ বেয়াকৈ ব্যস্ত হৈ পৰিছো।

০ ০ ০ ০

লাহে লাহে হিত কুমাৰ গুপ্তাৰ মোৰ প্ৰতি থকা আকৰ্ষণৰ কথা কিছু জনাজাত হ'ল। গোপীনাথ বজাৰৰ ছাত্ৰ দুটামানে তাক এসেকা দিবলৈ সাজু হৈ আছিল। এই কথা মই অৱশ্যে গম পোৱা নাছিলো।

এদিন মই ৰমণৰেতীৰ ওচৰত পৰিক্ৰমাৰ বাবে সাজু হোৱা দল এটাৰ লগত কথা পাতিব গৈছিলো। এই পৰিক্ৰমা এমাহ জুৰি চলিছিল, মই ইতিমধ্যে বৃন্দাবন পৰিক্ৰমা কৰিছিলো। কিন্তু এই এমাহ জোৰা ব্ৰজ পৰিক্ৰমা কৰা যাত্ৰীৰ দলৰ লগত যাবলৈ মোৰ ইচ্ছা হৈছিল। অথচ পঢ়া-শুনা এমাহ লোকচান কৰিব সত নগৈছিল।

বৃন্দাবনত মই সম্পূৰ্ণৰূপে বাগৰি বাগৰি পৰিক্ৰমা কৰা ভক্তকো লগ পাইছিলো। সাষ্টাঙ্গ দণ্ডৱত কৰি বাগৰি বাগৰি পৰিক্ৰমা কৰা সাধু-সন্ন্যাসীকো লগ পাইছিলো। এইদৰে বাগৰি বাগৰি পৰিক্ৰমা কৰা ভক্তসকলৰ শৰীৰ ক্ষত-বিক্ষত হৈ তেজেৰে লুতুৰি-পুতুৰি হোৱাও মই দেখিছিলো।

এমহীয়া পৰিক্ৰমাৰ বাবে টাঙ্গা, ম'হৰ গাড়ী, তম্বু ইত্যাদি গোট খাইছিল। যাত্ৰাৰ 'প্ৰবন্ধ কমিটি'য়ে ঔষধ, ডাকখানা, পুলিচ ইত্যাদিৰ ব্যৱস্থা কৰিছিল।...পৰিক্ৰমাৰ পাৰ্টিয়ে ঠায়ে ঠায়ে ৰৈ যাব লগীয়া হোৱা বাবে 'শামিয়ানা', 'সতৰঞ্চি' ইত্যাদি কঢ়িয়াই লৈ ফুৰিছিল। এই যাত্ৰাত ভাগ লোৱা সাধু, ভক্তই অনেক নিয়ম পালন কৰিব লাগিছিল—যেনে উদং ভৰিৰেহে এই যাত্ৰা কৰিব লাগিছিল। 'ক্ষৌৰ কৰ্ম', 'তেল মালিচ' ইত্যাদি বৰ্জন কৰিছিল। যাত্ৰাকালত মাত্ৰ এসাঁজহে খোৱাৰ নিয়ম আছিল। তামসিক আৰু আমিষ আহাৰ বৰ্জনীয় আছিল। এই কষ্টসাধ্য পৰিক্ৰমাৰ বিষয়ে মই অনেক কাহিনী পঢ়িছিলো। সেয়ে যেতিয়া এই পৰিক্ৰমাৰ যাত্ৰীসকল আহি উপস্থিত হৈছিল, মনু আৰু মই ৰমণৰেতীৰ ওচৰৰ সেই স্থানত উপস্থিত হৈছিলো। সেইদিনা সুধি-মেলি গম পালো যে গাভৰু মানুহৰ এই পৰিক্ৰমা পাৰ্টিৰ লগত যোৱা অলপ অসুবিধা আছিল। কাৰণ মাহেকীয়া হ'লে পাৰ্টিৰ লগত আগুৱাই যোৱা মস্কিল। দল ভাঙি যাব লগীয়া হৈছিল।

...পৰিক্ৰমাৰ বাবে উপস্থিত হোৱা ভক্তৰ সমদল আৰু যোগাৰৰ আয়োজন

ইত্যাদি চাই আহি মনু আৰু মই আকৌ মন্দিৰৰ চিৰিত বহিলো। এই চিৰিতে মনুৰ পিতাক অন্ধ সেনবাবুও বহি আছিল।

সেনবাবু অন্ধ আছিল যদিও বজাৰমুৱা হৈ থকা চিৰিত তেওঁ বহি ভাল পাইছিল এই কাৰণেই যে সন্মুখেৰে অহা-যোৱা মানুহৰ ভৰিৰ খোজৰ শব্দ তেওঁ শুনা পাইছিল, ভক্তসকলৰ সংকীৰ্তনৰ শব্দ শুনা পাইছিল। আৰু হাড়াবাৰীৰ ৰাধেশ্যামীসকলৰ কলৰৱ শুনা পাইছিল।...কেতিয়াবা তেওঁ গুণ্‌গুণাই গাইছিল—

"মোৰ এই ধহি-খহি যোৱা শৰীৰ
ভক্তৰ ভৰিৰ ধূলিৰে ধূসৰিত হৈ পৰক!"

[মই লেখি থকা উপন্যাস 'নীলকণ্ঠী ব্ৰজ'ৰ এটা চৰিত্ৰ মই সেনবাবুৰ চৰিত্ৰৰ পৰা বুটলি লৈছিলো।]

...আমি তিনিও কথা-বতৰা পাতি বহি থাকোঁতে হঠাৎ দেখিলো হিত কুমাৰ গুপ্তাই মটৰ চাইকেল চলাই আমাৰ আগেৰে পাৰ হৈ গ'ল। অলপ পাছত তেওঁ আকৌ উভতি আহিল। আমি বহি থকা চিৰিকেইটাক উদ্দেশ্য কৰি তেওঁ গোঁ-গোঁৱাই উঠি আহিল। মনুৱে তাইৰ স্বভাৱসুলভ ভদ্ৰতা প্ৰকাশ কৰি হিত কুমাৰক ভিতৰলৈ মাতি নিলে। এটা সময়ত চাহ-জলপান কৰি তাই মোকো ভিতৰলৈ মাতিলে।

মনুহঁতৰ এই মন্দিৰৰ ওপৰ মহলাৰ বাৰাণ্ডাৰ পৰা আমাৰ মন্দিৰৰ প্ৰধান দুৱাৰ বৰ ভালদৰে দেখা যায়।...মই আমাৰ মন্দিৰৰ দুৱাৰমুখত এজাক ল'ৰা থিয় হৈ থকা দেখিলো। ওপৰৰ বাৰাণ্ডালৈ উঠি গৈ দেখিলো ল'ৰাজাকৰ মাজত ছাৰো থিয় হৈ আছে। মোৰ বুজিবলৈ বাকী নেথাকিল যে সকলোৰে ধাৰণা হৈছে এক বেয়া উদ্দেশ্যৰে হিত কুমাৰে মন্দিৰত সোমাইছে। সি যিকোনো সময়তে অঘটন ঘটাব পাৰে এই বিষয়ে শংকা কৰি এই দলটোৱে হাতত দাণ্ডা লৈ ছাৰৰ ওচৰত উপস্থিত হৈছে। মোৰ ভাব হ'ল যিকোনো সময়তে এই দলটোৱে এতিয়া মন্দিৰত সোমাই হিত কুমাৰক গুৰুলা-গুৰুল কৰি পেলাব।

...হিত কুমাৰে যে এক প্ৰবল আকৰ্ষণত মন্দিৰৰ ভিতৰত সোমাইছিল মোৰ সন্দেহ নেথাকিল। মই মন্দিৰৰ পাছফালৰ দুৱাৰেদি উৰা মাৰি অহাৰ দৰে আহি ছাৰৰ ওচৰত উপস্থিত হ'লো।

উদণ্ড ল'ৰাৰ জাকটো তেতিয়াও দশৰথ আখাৰাৰ ওচৰত থিয় হৈ আছিল। ছাৰে ক'লে—"মই জানো তুমি যে এনেদৰে গুচি আহিবা মই ভালদৰে জানো।"

তাৰ পাছত ল'ৰাকেইটালৈ চাই ক'লে—"যোৱা তোমালোক ঘৰাঘৰি যোৱা।"

o o o o

হিত কুমাৰ গুপ্তাৰ প্ৰতি মই কোনো শত্ৰুতা ৰখা নাছিলো। ওঠৰ বছৰ পাছতো যেতিয়া মই বৃন্দাবনলৈ গৈছিলো সি মোক বন্ধুৰ দৰে সহায় কৰিব আগ বাঢ়ি আহিছিল। পিছলৈ মোৰ ভাব হৈছিল তাৰ আকৰ্ষণ তেনেই সৰল ব্যক্তিৰ দৰে নাছিল। সেই সময়ত মোৰ জৰ্জৰিত মানসিক অৱস্থাৰ কাহিনী সি শুনিছিল। মোক নতুন জীৱন দিবলৈ অহা দলটোৰ ভিতৰত হিত কুমাৰ গুপ্তাও এক ব্যক্তি আছিল।

* * *

চতুৰ্থ অধ্যায়

।। এক ।।

অধ্যাপক লেখাৰুৰ ছত্ৰছায়াত ঃ

বৃন্দাবনত প্ৰথম উপস্থিত হোৱাৰ দিনাৰে পৰা মই গম পাইছিলো ছাৰক সকলোৱে 'অসম দেশৰ সন্ন্যাসী' বুলি জানিছিল। আচৰিত কথা এয়ে যে সেই সময়ত বৃন্দাবনত মই অনেক সাধু-সন্ন্যাসীক লগ পাইছিলো যদিও শেষলৈ ছাৰৰ ওচৰলৈহে মোৰ মন উভতি আহিছিল। ভাব হৈছিল ছাৰে যি পথ দেখুৱায় সেই পথেই হৈছে প্ৰকৃত পথ। বেছিভাগ সময় ছাৰে মৌন হৈয়ে থাকি ভাল পাইছিল। খিৰিকিৰ ওচৰত বহি আকাশলৈ চাই তেওঁ সদায়ে এটা সময়ত প্ৰাৰ্থনা কৰিছিল।

ছাৰৰ লগত সেই সময়ত মই অনেক ঠাইত ঘূৰি ফুৰিছিলো। সাধাৰণতে গধূলি সময়ত আমি ফুৰা-চকা কৰিছিলো। দুদিনমান আন্ধাৰে-পোহৰে যমুনা ভ্ৰমণ কৰিবলৈও গৈছিলো। মোৰ মনত আছে, ছাৰৰ লগত এদিন যমুনালৈ যাওঁতে যমুনাৰ এক অপূৰ্ব শোভা দেখিছিলো।...শীতৰ দিন আছিল। শীতৰ কুঁৱলীয়ে যমুনাৰ বুকুক লুকুৱাই ৰখাৰ চেষ্টা কৰিছিল। এই লুকাই থকা যমুনাৰ বুকুৰ পৰা মথুৰাৰ পৰা অহা নাৱৰ চপ্-চপ্ শব্দ ভাহি আহিছিল।...যমুনাৰ পাৰত থকা এই চাৰিশ বছৰীয়া পুৰণা চহৰখনৰ ভগ্ন মন্দিৰ আৰু ভগ্ন প্ৰাচীৰবোৰত কুৰুকি কুৰুকি যেন এই কুঁৱলী সোমাই গৈছিল। উঠি অহা সূৰ্যৰ ৰং ধহি-খহি যোৱা মন্দিৰৰ ৰঙৰ লগত এক হৈ গৈছিল। এই সূৰ্য যেন কেইবা টুকুৰাও হৈ যমুনাৰ বুকুত সিঁচৰতি হৈ পৰিছিল।

...দূৰৈৰ পৰা অহা ময়ূৰৰ কণ্ঠ আৰু মন্দিৰৰ সুপ্ৰভাতৰ ঘণ্টাৰ শব্দই এই ঈশ্বৰৰ নগৰক এক অপূৰ্ব শোভা দান কৰিছিল। ছাৰ আৰু মই স্তব্ধ হৈ বৃন্দাবনৰ এই শোভা চাইছিলো।

...এদিন যমুনাৰ পাৰত ছাৰে কৈছিল—"উত্তৰ গুৱাহাটীত থকাৰ সময়ত মই

ব্ৰহ্মপুত্ৰৰ বালিত অহৰহ ফুৰিব গৈছিলো। এদিন এই বালিত মই এখন অতি বৃহৎ মন্ত্ৰৰ পুথি পালো। বালিত পোতগৈ থকা এই সাঁচিপতীয়া পুথিখন মই টানি টানি উলিয়াই আনিলো। ভাবিছিলো বৰ মূল্যবান কিবা পুথি হ'ব। কিন্তু খুলি চাই দেখিলো সেইখন মানুহ মৰা মন্ত্ৰৰ পুথি।"

মই আৰ্তনাদ কৰি উঠিলো—"সঁচাকৈয়ে সেইবোৰ মন্ত্ৰ পঢ়ি মানুহ মাৰিব পাৰিনে?"

ছাৰে মোৰ এই প্ৰশ্নৰ উত্তৰ নিদিলে। কিছু সময় মৌন হৈ থাকি ক'লে—"পুথিখনত চকু ফুৰাই মই তৎক্ষণাতে ব্ৰহ্মপুত্ৰৰ বুকুলৈ দলি মাৰি দিলো। মোৰ দৃঢ় বিশ্বাস আছিল এই পুথিয়ে সকলোকে অনিষ্ট কৰিব। এনে ধৰণৰ পুথি মানুহৰ মাজত থকা উচিত নহয়।"

...যমুনাৰ পাৰত আকৌ এদিন ছাৰে ক'লে—"এদিন ব্ৰহ্মপুত্ৰৰ বালিত থিয় হৈ থাকোঁতে মই এটা অদ্ভুত পুৰুষ দেখিছিলো। সি দীঘলে দীঘলে সাঁতুৰি উমানন্দত উঠিল। তাৰ পাছত আকৌ সাঁতুৰি সাঁতুৰি কোন পিনে যে অদৃশ্য হৈ গ'ল মই একো ধৰিব নোৱাৰিলো। বালিত আঁঠু কাঢ়ি বহি মই বিস্ময়ত হতবাক হৈ চাই থাকিলো।...সেই বাহুবলী নিৰ্ভীক পুৰুষে ব্ৰহ্মপুত্ৰৰ ভয়ঙ্কৰ ঢৌ উপেক্ষা কৰি এটি বিন্দুৰ দৰে ক'ত যে অদৃশ্য হৈ গ'ল মই একো ধৰিব নোৱাৰিলো।...এনে ধৰণৰ অদ্ভুত কথা মই আগে পিছে দেখা নাছিলো।"

যমুনাৰ পাৰত ছাৰে নানা ধৰণৰ যোগী পুৰুষৰ কাহিনী কৈছিল। বৃটিছ পৰ্বত আৰোহীৰ দল এটাই নাইৰোবিৰ মাউণ্ট কেনিয়া পৰ্বতৰ শৃঙ্গত প্ৰতিদিনে উদং ভৰিৰে বৰফৰ মাজেৰে খোজ কাঢ়ি আহি এগৰাকী পৰ্বতৰ দেৱতাক পূজা কৰা আফ্ৰিকাৰ এটাৰ অদ্ভুত কাহিনী মই শুনিছিলো। পাঁচ হেজাৰ দুশ মিটাৰ ওখত সি সদায়ে উঠি পূজা কৰিব গৈছিল। পিছলৈ মই বাণাৰস আৰু হৰিদ্বাৰৰ কুম্ভ মেলাত হিমালয়ৰ পৰা অহা কিছুমান অদ্ভুত সন্ন্যাসীক লগ পাইছিলো। তেওঁলোক যোগী পুৰুষ আছিল। পাৰ্থিৱ শৰীৰক তেওঁলোকে ফাটি ছিৰাছিৰি হোৱা কাপোৰৰ দৰে ব্যৱহাৰ কৰিব জানিছিল। কেতিয়াবা মোৰ ভাব হৈছিল তেওঁলোকৰ শৰীৰৰ পৰা যদি এবখলা মঙহ আঁজুৰিও অনা হয় তেওঁলোকে যেন গম নেপাব। ঠিক এনে ধৰণৰ আছিল তেওঁলোকৰ মানসিক অৱস্থা।

...মই বৃন্দাবনত থকাৰ সময়তে বাঙ্গালোৰত মাধুহঁতৰ কিছুমান পুৰণি মাটি চৰকাৰে লোৱাৰ বাবে ক্ষতিপূৰণৰ দাবীত এটা কেছ চলি আছিল। মোৰ পৰাও তেওঁলোকে এখন 'এফিডেফিট' বিচাৰিছিল। এই 'এফিডেফিট'খনৰ বাবে ছাৰৰ লগত

মই মথুৰাৰ আদালতত গৈছিলো। সেইদিনা শ্ৰীযুক্তা মাহীদেউ আমাৰ লগত গৈছিল।

আমি তিনিও টাঙ্গাৰেই গৈ এটা সময়ত মথুৰাৰ আদালতত উপস্থিত হৈছিলো। মথুৰাৰ আদালতৰ দৃশ্য আমাৰ বাবে বৰ কৌতূহলৰ আছিল। শাৰী শাৰী খেৰৰ চালি। মাটিত ঢাৰি পাৰি টাইপ কৰি থকা ভোবোকাৰ পুৰুষ এটাৰ চেহেৰা বৰ বিচিত্ৰ আছিল। কুম্ভকৰ্ণৰ দৰে প্ৰকাণ্ড এই মানুহটোৱে মাটিত বহি টাইপ কৰি থকা দৃশ্যটোৰ কথা মই কেতিয়াও পাহৰা নাছিলো।

মেজিষ্ট্ৰেটগৰাকী অত্যন্ত ভদ্ৰ ব্যক্তি আছিল। বয়স হৈছিল। ছাৰৰ মুখেৰে সকলো কথা জনাৰ পাছত তেওঁ মোৰ মুখলৈ থৰ লাগি কিছু সময় চাই কৈছিল—"আজিৰ এই পৃথিৱী একেবাৰেই জঘন্য হৈ গৈছে। তুমি বিয়া বাৰু নকৰোৱাকৈ কেতিয়াও নেথাকিবা।"

বৰ আগ্ৰহেৰে তেওঁ আমাৰ সকলোখিনি কাম কৰি দিলে। এই দেৱানী আদালতত ইমান সোনকালে যে মোৰ 'এফিডেফিট'খনৰ কাম শেষ হ'ব ভবা নাছিলো।

...আদালতৰ পৰা আমি তিনিও বিশ্ৰামঘাটৰ পিনে যাত্ৰা কৰিলো। মথুৰাৰ এই বিশ্ৰামঘাটৰ কথা মই পঢ়িছিলো। যমুনাৰ এই ঘাট মহদুম গজনবী কুতুবুদ্দিন, সিকন্দৰ লোডী, ইব্ৰাহিম লোডী, আউৰঙ্গজেৱ ইত্যাদিৰ উপদ্ৰৱত অনেকবাৰ তেজেৰে ৰাঙলী হৈছিল।

এই বিশ্ৰামঘাটতে হেনো এটা অদ্ভুত যন্ত্ৰ ৰখা হৈছিল। ব্ৰজৰ প্ৰখ্যাত সন্ত কেশৱ কাশ্মীৰীৰ ভক্তৰ মহিমাৰ কথা বৰ্ণনা কৰা ভক্তমাল গ্ৰন্থত লেখা আছে এই বিশ্ৰামঘাটত মথুৰাৰ মুছলমান কাজীয়ে এনে এটা যন্ত্ৰ ৰাখিছিল যাৰ দ্বাৰা হিন্দু ভক্তই এই ঘাটত স্নান কৰিব নামিলেই এই যন্ত্ৰৰ প্ৰভাৱত আপোনা-আপুনি হেনো 'ইছলামী সংস্কাৰ' ক্ৰিয়া হৈ গৈছিল। নিৰ্বাকাচাৰ্যৰ শিষ্য কেশৱ কাশ্মীৰী ভট্টই নিজৰ আধ্যাত্মিক শক্তিৰ বলেৰে বিশ্ৰামঘাটৰ এই বাধাৰ পৰা ভক্তসকলক মুক্ত কৰিছিল।...ব্ৰজৰ সাংস্কৃতিক ইতিহাসত প্ৰভুদয়ালে আকৌ লেখিছিল বল্লভাচাৰ্যৰ সাহিত্যত এই যন্ত্ৰৰ কাহিনী হেনো এক অন্য ৰূপত আছিল। বল্লভাচাৰ্যই যেতিয়া বিশ্ৰামঘাটলৈ আহিছিল সিকন্দৰ লোডীৰ কৰ্মচাৰী ৰুস্তম আলিয়ে হেনো এটা অদ্ভুত যন্ত্ৰ ওলোমাই ৰাখিছিল। এই যন্ত্ৰৰ প্ৰভাৱত হিন্দু ভক্তৰ মূৰৰ চুলি আৰু দাড়ি কটা গৈছিল। মুছলমান হোৱাৰ ভয়ত হিন্দু ভক্তই বিশ্ৰামঘাটত স্নান কৰিব এৰি দিছিল। মহাভক্ত বল্লভাচাৰ্যই বাদচাহলৈ এক পত্ৰ লেখি এই 'যন্ত্ৰ বাধা' দূৰ কৰিছিল।

...শ্ৰীকৃষ্ণই কংসক বধ কৰাৰ পিছত বিশ্ৰামঘাটত বিশ্ৰাম লৈছিল। দাহক্ৰিয়াৰ আগেয়ে হিন্দুসকলে মৃতকৰ শবোৰ আনি এই ঘাটত স্নান কৰোৱাইহে দাহক্ৰিয়া

কৰিছিল। এতিয়াও কৰে।

এই ঘাটত আমাৰ চাব লগীয়া অনেক ৰমণীয় স্থান আছিল। অমেৰৰ ৰজাৰ মৃত্যুত ৰজাৰ সৈতে মৃত্যু হোৱা সতীৰ বুৰ্জৰ ৰঙা পাথৰৰ ওপৰত সূৰুযৰ শেষ ৰশ্মি পৰিছিল। যমুনাৰ বুকুত ডুব খাব খোজা সূৰ্যৰ এক মনোমোহা প্ৰতিবিম্ব পানীত পৰিছিল। যমুনাৰ ঢৌৰ মাজত টুকুৰা-টুকুৰিকৈ ভাঙি পৰা এই প্ৰতিবিম্বক এই মুহূৰ্তত কোনোবা আক্ৰমণকাৰীয়ে ক্ষত-বিক্ষত কৰি থৈ যোৱা এগৰাকী ৰমণীৰ দেহৰ দৰে লাগিল। তেজেৰে ৰাঙলী হোৱা কাপোৰ পিন্ধি থকা এই ৰমণী এতিয়া যেন যমুনাৰ বুকুত লীন যাব...হয় হয়, এতিয়াই যেন যমুনাৰ বুকুত লীন যাব এনে এক ভাব হ'ল।

আমি তিনিও সতীৰ বুৰ্জৰ পিনে আগুৱাই গ'লো।

০ ০ ০ ০

এটা সময়ত মথুৰা চহৰৰ চাহ দোকান এখনত বহি আমি তিনিও চাহ-জলপান খালো। আমাৰ চাব লগীয়া অনেক স্থান আছিল। বিশেষকৈ মথুৰাত থকা মহামতি গ্ৰাওছৰ সংগ্ৰহালয়টো চাবলৈ আমাৰ ইচ্ছা আছিল। ইয়াত ১৭,০০০ কলাকৃতি আছিল। মহামতি গ্ৰাওছে ব্ৰজমণ্ডলৰ অনেক দুৰ্গম ঠাইলৈ গৈ কুষাণ আৰু গুপ্তকাল ইত্যাদিৰ মূৰ্তি সংগ্ৰহ কৰিছিল। মই গ্ৰাওছে কৰা 'ৰাম চৰিত মানস'ৰ ইংৰাজী অনুবাদ ইতিমধ্যে পঢ়িছিলো। এই খ্ৰীষ্টান মহানুভৱ গৰাকীৰ আগেয়ে ফৰ্ট উইলিয়াম কলেজৰ এক মুছলমান মহানুভৱ আদালত খাঁই প্ৰথমবাৰৰ বাবে 'ৰাম চৰিত মানস' অনুবাদ কৰিছিল। মথুৰাৰ বজাৰত কিছু সময় ঘূৰা-পকা কৰি আমি তিনিও টাঙ্গাত উঠিলো।...মই ছাৰৰ ওচৰত বহিলো। মাহীদেউ আগত বহিল। গধূলি হৈ আহিছিল। মথুৰাৰ পৰা বৃন্দাবনলৈ যোৱা অপূৰ্ব পথটোৰে আমি আগুৱাই গ'লো। কিছু সময় আমি নীৰৱ হৈয়ে গৈ আছিলো হঠাৎ ছাৰে ক'লে—"হিন্দু সংস্কৃতিপ্ৰেমী গ্ৰাওছ চাহাবে অনেক কাম কৰি গৈছিল। তেওঁ অক্সফৰ্ডৰ স্নাতক আছিল। ১৮৭১ চনত মথুৰাৰ মেজিষ্ট্ৰেট হৈছিল। হাড়ভঙা পৰিশ্ৰমৰ ফলত তেওঁ যক্ষ্মা বেমাৰত ভুগিছিল। এই বেমাৰতে তেওঁৰ মৃত্যু হোৱা এতিয়া চাৰি কুৰি বছৰৰো অধিক হ'ল।"

আমি তিনিও আকৌ মৌন হৈ পৰিলো। টাঙ্গাৰ ঘোঁৰাৰ খট্ খট্ শব্দৰ বাহিৰে আৰু একো শব্দ নাছিল। আমাৰ তিনিওৰে চকুৰ আগত গ্ৰাওছ চাহাবৰ ছবি এখন ভাস্বৰ হৈ উঠিছিল। সকলোৰে যেন নিজৰ নিজৰ কল্পনাৰ ছবি আছিল সেয়া।

খট্! খট্! খট্!!
খট্! খট্! খট্!!

...আহ্ কেনে সুন্দৰ বতৰ! মোৰ মনে অতীতলৈ উৰা মাৰিছিল।...এয়া মই যেন পুৰণা ফ'ৰ্ডখনত উঠি পিতাৰ লগত গাঁৱলৈ গৈছো। কোনো ভয় নাই। ছাৰৰ কাপোৰৰ পৰা অহা গোন্ধো পিতাৰ কাপোৰৰ পৰা অহা গোন্ধৰ দৰে লাগিছে। এই গোন্ধত স্নেহ আৰু হৃদয়ৰ কাহিনী লেখা আছে।...

চব শেষ হৈ যায়!

কোনো নেথাকে নিজৰ লগত ছায়া হৈ। সন্মুখত মাথোঁ পৰি থাকে সকলোৰে বাবে এটা নিঃসঙ্গ, ৰহস্যময় পথ।...ভাব হয় মানুহ যেন প্ৰকৃততে জীয়াই থাকে সেইকেইটা দিন, যিকেইটা দিন হৃদয়ৰ লগত সম্বন্ধ থকা মানুহবোৰ আশে-পাশে জীয়াই থাকে!!

খট্ খট্ শব্দ কৰি টাঙ্গা আগুৱাই গ'ল। হঠাৎ আকৌ ছাৰৰ কণ্ঠ শুনি মোৰ চমক ভাঙিল—"তুমি ৰেভাৰেণ্ড ফাদাৰ কামিল বুল্কেলৈ মই কোৱা মতে চিঠিখন লেখিছানে?"

মই ক'লো—"চিঠি লেখিছোঁ। কিন্তু ক'ত চাগৈ এই মহাপণ্ডিতগৰাকীয়ে মোলৈ চিঠি লিখাৰ সময় পাব?"

[ৰাম সাহিত্যৰ বিশ্ববিখ্যাত পণ্ডিত ফাদাৰ কামিল বুল্কেই অৱশ্যে মোৰ চিঠিৰ উত্তৰ দিছিল। ফাদাৰ বুল্কে বেলজিয়ামৰ জেছুইট সন্ন্যাসী আছিল।] সোতৰ শতাব্দীতে দুগৰাকী পৰ্টুগীজ জেছুইট অসমলৈ অহাৰ কাহিনী মই পঢ়িছিলো। তেওঁলোক ভূটানলৈ যাব আহিছিল। অটব্য অৰণ্য পাৰ হৈ তেওঁলোকে ভূটানত উপস্থিত হৈছিল। তিব্বতৰ পৰ্বতৰ এক নিঃসঙ্গ স্থানত জেছুইট ফাদাৰ ষ্টিফেন কাছেলা (Stephen Cacella)ৰ কবৰ পৰিত্যক্ত হৈ পৰি আছে।

১৯৭১ চনত দিল্লীলৈ অহাৰ পাছত ফাদাৰ বুল্কেৰ লগত মোৰ অনন্য সম্বন্ধ ঘটিল। ব'ম্বেৰ ভিক্টোৰীয়া টাৰ্মিনাছত দৰিদ্ৰ কুলিৰ ল'ৰা-ছোৱালীক দেখি এই সন্ন্যাসীগৰাকীয়ে হাহাকাৰ কৰি উঠিছিল। এনে দৰিদ্ৰতা তেওঁ আগে-পিছে দেখা নাছিল। ফাদাৰ বুল্কেৰ অপূৰ্ব গ্ৰন্থ 'ৰাম কথা'ত পৃথিৱীৰ বিভিন্ন ভাষাত ৰচিত ৰাম কথাই স্থান পাইছিল। এই গ্ৰন্থ প্ৰকাশ পোৱাৰ লগে লগে ৰাম সাহিত্যৰ মহান পণ্ডিত হিচাপে তেওঁৰ খ্যাতি পৃথিৱীৰ চাৰিওফালে বিয়পি পৰিছিল।

মই ৰাঁচী চহৰত ফাদাৰ বুল্কেক প্ৰথমবাৰৰ বাবে লগ পাইছিলো। শৰীৰৰ বৰণ কবিয়ে কোৱাৰ দৰে পুৰণা হাতীৰ দাঁতৰ দৰেই আছিল। তেওঁৰ চকুযোৰ গভীৰ নীলা আৰু অপূৰ্ব আছিল।...এৰা, প্ৰথমবাৰৰ বাবে ৰাঁচীৰ ছেন্ট জেভিয়াৰ্ছ কলেজৰ বাগিচাত মই এই মহান সন্ন্যাসীগৰাকীক লগ পাইছিলো। আমাৰ ওচৰত কোনো নাছিল। কেৱল

তেওঁ আৰু মই আছিলো। এক গভীৰ দৃষ্টিৰে তেওঁ মোৰ হৃদয়ৰ সমস্ত কাহিনী যেন পঢ়ি লৈছিল।...তেওঁ মোক বাৰে বাৰে এটা কথাই কৈছিল—"ভাল কামৰ ফলাফল সদায় ভাল হয়। এই কথা তুমি মনত ৰাখিবা।"...ইয়াৰ পাছত দিল্লী চহৰত তেওঁৰ লগত মোৰ অনেকবাৰ দেখা হ'ল। আমাৰ মাজত আন্তৰিকতা স্থাপন হ'ল। তেওঁৰ প্ৰতি মই এক অনন্য ভক্তি আৰু এক গভীৰ আত্মীয়তাৰ ভাব অনুভৱ কৰিব আৰম্ভ কৰিছিলো। আগে-পিছে কোনো সন্ন্যাসীৰ প্ৰতি মোৰ এনে ধৰণৰ আকৰ্ষণ হোৱা নাছিল।...ফাদাৰ বুল্কেৰ মৃত্যুৰ খবৰ মই ঠিক সময়তে পাইছিলো। নিকল্‌ছন্‌ চিমেট্ৰিত ফাদাৰক সমাধি দিয়া হৈছিল। ১৯৮২ চনৰ ১৭ আগষ্টত তেওঁৰ মৃত্যু হৈছিল। সমাধিৰ দুঘণ্টাৰ পাছত মই নিকল্‌ছন্‌ চিমেট্ৰিত উপস্থিত হৈছিলো। আগদিনা বৰষুণ দিছিল। দুঘণ্টা আগেয়ে সমাধি দিয়া ফাদাৰৰ সমাধিৰ ওপৰৰ মাটি তিতি আছিল। ফুলৰ মালা আৰু ফুল চাৰিওফালে সিঁচৰতি হৈ পৰি আছিল।

...১৯৮২ চনৰ ১৭ আগষ্টৰ দিনা এই নিকল্‌ছন্‌ চিমেট্ৰিত মোৰ হৃদয়ৰ এক অঙ্গ যেন খহি পৰিছিল। সেইদিনা মই আৱিষ্কাৰ কৰিছিলো ফাদাৰ বুল্কেৰ লগত মোৰ এক নীৰৱ অথচ গভীৰ সম্বন্ধ আছিল।]

...খট্‌ খট্‌ শব্দ কৰি বৃন্দাবন অভিমুখে টাঙ্গা আগুৱাই গৈছিল। ছাৰে ক'লে—"মই যিদিনা প্ৰথমবাৰৰ বাবে বৃন্দাবনলৈ আহিছিলো সেইদিনা, 'হোলি' উৎসৱ আছিল।...এই ৰঙৰ খেলাৰ মাজৰে এই পবিত্ৰ ভূমিত পদাপৰ্ণ কৰি মোৰ বৰ আনন্দ লাগিল।" আকৌ ক'লে ছাৰে—"ইয়ালৈ অহাৰ কিছুদিনৰ পাছতেই মই ফাদাৰ বুল্কেৰ পৰা চিঠি এখন পাইছিলো। ইতিমধ্যে তেওঁ মোৰ অসমীয়া 'ৰামায়ণ সাহিত্য' বোলা কিতাপখন পঢ়িছিল। এই কিতাপখনৰ বাহিৰেও অসমীয়া ৰামায়ণৰ বিষয়ে কিছুমান কথা তেওঁ জানি ল'ব বিচাৰিছিল। ...চোৱাচোন্‌ প্ৰভুৱে কাক পঠিয়াইছে নিজৰ কাহিনী লেখিবলৈ!"

ফাদাৰ বুল্কেৰ প্ৰতি এক ধৰণৰ সহানুভূতি আৰু শ্ৰদ্ধাত ছাৰৰ কণ্ঠ গদ্‌ গদ্‌ হৈ আহিছিল। পিছলৈ মই ফাদাৰ বুল্কেৰ 'ৰাম কথা' পঢ়ি ভালদৰে গম পাইছিলো যে আধুনিক আৰ্য ভাষাবোৰৰ ভিতৰত ৰচিত ৰামায়ণবোৰৰ ভিতৰত মাধৱ কন্দলিৰ ৰামায়ণখনেই সৰ্বপ্ৰথম ৰামায়ণ আছিল।

খট্‌ খট্‌ শব্দ কৰি টাঙ্গা আগুৱাই যাব ধৰিলে।...এই পথৰ দুয়ো পিনৰ জঞ্জালৰ বুকুলৈ লাহে লাহে অন্ধকাৰ নামি আহিব ধৰিলে।...এক সুগন্ধি ফুলৰ সুবাসে চৌদিশ আমোল মোলাই তুলিলে। আমি আহি বৃন্দাবনৰ চুঙ্গীৰ ওচৰত উপস্থিত হ'লো। চুঙ্গি কৰ দিয়া বাহনৰ শাৰী এটা আমাৰ চকুত পৰিল। মালবস্তু বোজাই কৰি অনা ম'হৰ

গাড়ী, গায়ে-মুখে ভস্ম সনা জঁটাধাৰী সাধু-সন্ন্যাসীৰে ঠাহ খাই অহা টেম্পো ইত্যাদিৰে চুঙ্গি ভৰি গৈছে। মই ডিষ্ট্ৰিক্ট গেজেটিয়াত পঢ়িছিলো—"Brindaban has been a municipality since 1866. During the ten years ending 1901, the income averaged Rs. 24.000. In 1934, the income was 26.000 chiefly form octroi (Rs. 19.000)."

।।দুই।।

এদিন ইন্সটিটিউটৰ পৰা আহি দেখিলো ছাৰৰ কোঠাত কিছুমান মানুহ গোট খাইছে। ছাৰ মোৰ লগত ইন্সটিটিউটলৈ যোৱা নাছিল। মই কিতাপ-পত্ৰখিনি থৈ কোবা-কুবিকৈ ওপৰলৈ উঠি গ'লো।

মাটিত ঢাৰি পাৰি মনু, ছাৰ, মাহীদেউ, ব্ৰজৰ সোণ-ৰূপৰ ব্যৱসায়ী গুপ্তাৰ পৰিবাৰৰ এগৰাকী সদস্য আৰু ওচৰৰ আখাৰাৰ তিনি-চাৰিগৰাকীমান মানুহ বহি আছে। মনুৰ সন্মুখত জেপত লোৱা এটা সোণৰ ঘড়ি। গুপ্তা পৰিবাৰৰ সদস্য গৰাকীয়ে সৰু তুলাচনী এখনেৰে এই সোণৰ ঘড়িটো ওজন কৰি আছে। মই গৈ মনুৰ ওচৰত বহিলো। তাই ক'লে—"এইটো মোৰ ককাৰ দিনৰে ঘড়ি, আমাৰ আৰ্থিক অৱস্থা ইমান বেয়া হৈছে যে আজি এই ঘড়িটো নেবেচি আৰু উপায় নাই।" আকৌ ক'লে তাই—"মই লেখাৰু ছাৰক সোণৰ চেইনডালৰ সৈতে ঘড়িটো কিনি ল'ব দিছিলো, ছাৰে ইচ্ছা নকৰিলে। তেওঁৰ হাতত বোধহয় টকা-পইচা নাই।"

মই প্ৰশ্ন কৰিলো—"এই গুপ্তা পৰিবাৰৰ সদস্যগৰাকীক কোনে মাতি আনিলে! "

"মই নিজেই মাতি আনিলো। ক'লো ছাৰৰ আগত হিচাপ-নিকাচ কৰি লওক।"

ঘড়িটোৰ সোণখিনিত বোধহয় অলপো ভাঁজ নাছিল। সকলোৰে সন্মুখত এই চাৰি কুৰি বছৰীয়া ঘড়িটো জক্‌মকাই আছিল।

গুপ্তা পৰিবাৰৰ সদস্যগৰাকীয়ে খৰখেদাকৈ নিজৰ কাম শেষ কৰি পকেটৰ পৰা পইচা উলিয়াই মনুৰ হাতত গুঁজি দিলে। মই উপস্থিত হোৱাৰ আগেয়ে বোধহয় ঘড়িটোৰ দাম-দৰ হৈছিল।

এটা সময়ত সকলোৰে চাহ-তামোল খাই ঘড়িটোৰ গুণানুকীৰ্তন কৰি ঘৰাঘৰি উঠি গ'ল।

ছাৰে মোৰ ওচৰলৈ আহি ক'লে—"বিপদত পৰা মানুহে এনেদৰে মৰমৰ বস্তু

বেচি দিব লগীয়া হয়। মোৰ হৃদয়ে এনে অৱস্থাত পৰা মানুহৰ বস্তু ঠিক এনেদৰে কম দামত কিনি ল'ব নকয়।"

...এক মুহূৰ্তৰ ভিতৰতে মনুৰ ঘড়ি বিক্ৰী হৈ গ'ল। এই ঈশ্বৰৰ নগৰত এনেবোৰ সুযোগ গ্ৰহণ কৰা লোকৰ অভাৱ নাই। কোন মানুহৰ এনে অৱস্থা হৈছে আৰু কেনেদৰে গৈ এনে মানুহৰ ওচৰত উপস্থিত হ'ব পাৰি, এই কথা ইয়াৰ কিছুমান মানুহে ভালদৰে জানে।

মনুহঁতৰ অৱস্থা পৰি অহাৰ ছবি লাহে লাহে আমাৰ চকুত স্পষ্ট হৈ আহিব ধৰিলে। এই সময়তে তেওঁলোকে মন্দিৰ বেচিবলৈ চিন্তা কৰিব ধৰিলে।

গুপ্তা পৰিবাৰৰ সদস্যগৰাকীৰ পৰা ঘড়ি বেচি টকা লওঁতে তাইৰ চকু দুটা লোতকেৰে ভৰি অহা মই স্পষ্ট দেখিছিলো। ককাকৰ মৰমৰ ঘড়ি আছিল। বোধহয় শেষ চিহ্নও আছিল!

।। তিনি।।

ছাৰৰ ওচৰলৈ নানা ধৰণৰ মানুহ আহিছিল। মথুৰাৰ প্ৰখ্যাত পণ্ডিতসকল; তীৰ্থ কৰিব অহা নানা ভক্তসকল আৰু অসমৰ পৰা অহা মানুহৰ সীমা-সংখ্যা নাছিল। গোবিন্দজী মন্দিৰৰ পাণ্ডা শ্ৰীবিষ্ণু আৰু শ্ৰীৰাধেৰ পৰিয়ালবৰ্গই ছাৰৰ লগত এক প্ৰকাৰ ছায়াৰ দৰে লাগি আছিল। এই পাণ্ডাৰ পৰিয়ালটোৰ আৰ্থিক অৱস্থা বৰ বেয়া আছিল। ব্ৰজধামলৈ অহা কোনোবা ভক্তই তেওঁলোকৰ মাতৃক দানস্বৰূপে দি থৈ যোৱা প্ৰকাণ্ড দালান এটা তেওঁলোকেও বিপদত পৰি বিক্ৰী কৰিব লগীয়া হৈছিল। গোবিন্দজী মন্দিৰৰ দুৱাৰমুখত থকা সৰু সৰু খুপৰি কিছুমানত তেওঁলোকে আশ্ৰয় ল'ব লগীয়া হৈছিল। সেয়ে সুযোগ পালেই এই পৰিয়ালটোৱে ছাৰ আৰু মহীদেউৰ ওচৰত সাহায্য বিচাৰিছিল। ছাৰেও অৰ্থকষ্টত ভুগিছিল। তথাপি সকলোখিনি মুক্তহস্তে দান কৰিছিল। সেই সময়ত ছাৰৰ সৰু পুত্ৰটিৰ গ্ৰহদশা ভাল নাছিল। এই ল'ৰাটোৰ মঙ্গলৰ বাবে দুয়ো অনেক সাধু-সন্ন্যাসীৰ ওচৰলৈ গৈছিল, আৰু পূজা-পাতল কৰিছিল। নন্দ ভৱন বোলা মন্দিৰ এটাৰ পূজাৰীগৰাকীৰ ওচৰলৈ দুয়ো প্ৰায়ে গৈছিল। ময়ো তেওঁলোক দুয়োৰে লগত প্ৰায়ে নন্দ ভৱনলৈ গৈছিলো। এদিন মই পূজাৰীগৰাকীক সুধিলো—"ল'ৰাটোৰ মঙ্গল হ'বনে?"

"নিশ্চয় হ'ব?"

মই প্ৰশ্ন কৰিলো—"আপুনি কেনেদৰে গম পাইছে?"

"যোৱা কালি পূজা দিওঁতে নৈবেদ্যখন আপোনা-আপুনি ওপৰলৈ উঠি আহিল।"

...যদিও জীৱনত কিছুমান অবিশ্বাস্য আধ্যাত্মিক উপলব্ধি ঘটিছিল—কিন্তু নন্দ ভৱনৰ পূজাৰীগৰাকীক একেবাৰে ভণ্ড যেন ভাব হ'ল।

এগৰাকী উড়িয়া সাধুও ছাৰৰ ওচৰলৈ আহিছিল। তেওঁ এগৰাকী উড়িয়া সন্ন্যাসীৰ লগত বৃন্দাবনৰ এখন সৰু আশ্ৰমত বাস কৰিছিল। ছাৰৰ পুত্ৰৰ মঙ্গলৰ বাবে এই উড়িয়া সাধুগৰাকীয়ে পূজা-পাতল ইত্যাদি কৰা বুলি মাহীদেউৰ পৰা টকা-সিকি আদায় কৰিছিল। প্ৰথম দিনাৰ পৰাই এই সাধুগৰাকীক মোৰ ঠগ আৰু প্ৰৱঞ্চক যেন লাগিছিল। এদিন মই এই সাধুগৰাকীকো প্ৰশ্ন কৰিলো—"ছাৰৰ পুত্ৰৰ বাবে আপোনালোকে সদায় পূজা-সেৱা কৰে। কেতিয়াবা কিবা প্ৰমাণ পাইছেনে?"

তেওঁ ক'লে—"কিয় নেপাম? প্ৰায়ে আমি প্ৰমাণ পাওঁ?"

"কেনেকৈ প্ৰমাণ পায়?"

"সেইজনীয়ে চুলি মেলি আহে। দাঁতবোৰ জোঙা, পশুৰ দাঁতৰ দৰে।"

মই আৰ্তনাদ কৰি উঠিছিলো—"কোন নো তাই? কোনোবা ৰাধেশ্যামী নেকি?"

উড়িয়া সাধু জাঙুৰ খাই উঠিছিল। কৈছিল—"সেই গৰাকীয়ে অপদেৱতা। ল'ৰাটোৰ গাত লম্ভা দেৱতা। তাই প্ৰসাদ লৈ খোৱা মই নিজ চকুৰে দেখিছো!"

প্ৰথম দিনা দেখাৰ পৰা মানুহটোক মই ভাল নেপাইছিলো। এই বিড়াল তপস্বীটোক ভালকৈ দুটামান কথা শুনাই দিবৰ মন গৈছিল। মই অৱশ্যে নিজকে সংযত কৰি ৰাখিলো। কাৰণ বিশেষকৈ মাহীদেউৰ এই মানুহটোৰ প্ৰতি অগাধ বিশ্বাস আছিল। প্ৰসাদৰ নামত মাহীদেউৰ পৰা এই বিড়াল তপস্বীয়ে অনেক টকা-পইচা সৰকাইছিল।

...বহুদিনৰ পাছত মই শুনিছিলো এই উড়িয়া সাধুৱে নিজৰ আশ্ৰমৰ পৰা অনেক বস্তু চুৰি কৰি ক'ৰবাত উধাও হৈ গৈছে। আশ্ৰমত অহৰহ বাস কৰা উড়িয়া সাধুগৰাকী অৱশ্যে প্ৰকৃত সাধু আছিল।

[নিজৰ দুয়োটা পুত্ৰৰ মঙ্গলৰ বাবে মাহীদেৱে অনেক সাধু-সন্ন্যাসীক লগ ধৰিছিল। ছাৰৰ মৃত্যুৰ পাছত মাহীদেৱে এই দুয়োটা কোমল বয়সীয়া পুত্ৰৰ মৃত্যুৰ যন্ত্ৰণা সহ্য কৰিব লগীয়া হৈছিল। শেষৰ পিনে তেওঁ সন্ন্যাস গ্ৰহণ কৰাৰ দৰে সম্পূৰ্ণৰূপে নিৰাসক্ত হৈ পৰিছিল।]

আমাৰ মন্দিৰলৈ এদিন প্ৰখ্যাত হৈড়িয়াখানী বাবাও আহিছিল। সেই সময়ত হৈড়িয়াখানী বাবাৰ আবিৰ্ভাৱ বৃন্দাবনত এক প্ৰকাৰ উত্তেজনাৰে সৃষ্টি কৰিছিল। তেওঁ বাস কৰা সাম্ব সদাশিৱ কুঞ্জত দৰ্শনাৰ্থীৰ ভিৰ লাগিছিল।

...হৈড়িয়াখানী বাবাই ভক্তসকলৰ লগত আহি পোনে পোনে গৈ ছাৰৰ কোঠাত সোমাল। ছাৰৰ বিছনাৰ ওপৰত তেওঁৰ বাবে আসন সজাই থোৱা আছিল। তেওঁ গৈ ফুলৰ মালাৰে সজাই থোৱা এই আসনৰ ওপৰত বহিল, আৰু চকু মুদি গভীৰ ধ্যানত মগ্ন হৈ পৰিল।

হৈড়িয়াখানী বাবা আমাৰ মন্দিৰলৈ অহা বুলি শুনি ওচৰৰ আখাৰাৰ অনেক ভক্তই আহি আমাৰ মন্দিৰত ভিৰ পাতিলেহি। বাবাই কিন্তু যি ধ্যানত বহিল বহিলেই। তেওঁ কাৰো কথা শুনিবলৈ আৰু চকু মেলি নেচালে।

...বাবা তেনেই কম বয়সীয়া তৰুণ। [হৈড়িয়াখানী বাবাৰ আবিৰ্ভাৱ বৰ চমকপ্ৰদ আছিল। আগৰ বাবা মহেন্দ্ৰ মহাৰাজৰ ১৯৬৯ চনত মৃত্যু ঘটিছিল। ছাৰ আৰু মাইদেউ দুয়ো মহেন্দ্ৰ মহাৰাজ বাবাৰ পৰম ভক্ত আছিল। এইগৰাকী বাবাৰ মৃত্যুৰ পাছত আমাৰ মন্দিৰৰ গাতে লগা সাম্ব সদাশিৱ কুঞ্জ শূন্য হৈ গৈছিল। তৰুণ হৈড়িয়াখানী বাবাৰ আবিৰ্ভাৱ সম্বন্ধে নানা ধৰণৰ ৰহস্যময় কথা বৃন্দাবনৰ বাটে-ঘাটে বিয়পি পৰিছিল। ডক্টৰ হেমচন্দ্ৰ যোশী মহোদয়ে লেখা এক গ্ৰন্থত পঢ়িছিলো—গৌতমী গঙ্গা নদীৰ তীৰৰ এক গুহাত বাবাক সাধনা কৰি থকা অৱস্থাত ১৯৭০ চনৰ অক্টোবৰ মাহতে আৱিষ্কাৰ কৰা হৈছিল। তেওঁক পূৰ্বৰ ঋষি হৈড়িয়াখানী বাবাৰ অৱতাৰ বুলি পূজা কৰা হৈছিল।...এই গৰাকী বাবাক শিৱ অৱতাৰ শ্ৰীসাম্ব সদাশিৱ, শ্ৰীত্ৰয়ন্ব বাবা ইত্যাদি অনেক নামেৰে সম্বোধন কৰা হয়। হলদানীৰ কটঘৰিয়া, শীতলাখেতৰ সিদ্ধাশ্ৰম, হৈড়িয়াখানৰ শিৱালয়, তিব্বতৰ লাছা আশ্ৰম, হিমালয়ৰ নিৰ্জন বনৰ নীলম ক্ষেত্ৰীয় আশ্ৰম, নেপালৰ বাগমতীৰ তীৰৰ তপস্বী বাবাৰ আশ্ৰমকে ধৰি এইগৰাকী বাবাৰ অনেক আশ্ৰম আছিল।]

...ছাৰৰ বাসভৱনত ঋষিগৰাকীয়ে এনেদৰে পদাৰ্পণ কৰাত আমি সকলোৱে কিছু আচৰিত হৈছিলো। কাৰণ ব্ৰজধামত এনেদৰে তেওঁ কেতিয়াও কাৰো ঘৰত পদাৰ্পণ কৰাৰ কথা শুনা নাছিলো।

...ছাৰে মোক কেইবাবাৰো বাবাৰ ওচৰলৈ লৈ গ'ল। হৈড়িয়াখানীৰ প্ৰাচীন বাবাগৰাকীৰ তৈলচিত্ৰ এখন মন্দিৰৰ একোণত সজাই থোৱা আছিল। যদিও অৱতাৰবাদৰ কথা মই বিশ্বাস নকৰিছিলো; তথাপি সেই প্ৰাচীন হৈড়িয়াখানী বাবাৰ সৈতে বৰ্তমান আমাৰ চকুৰ আগত থকা হৈড়িয়াখানী বাবাৰ অনেক সাদৃশ্য মই দেখিছিলো। এই সাদৃশ্য সঁচাকৈয়ে মোৰ বাবে কিছু বিস্ময়জনক আছিল। অকল মোৰ বাবে কিয় সকলোৰে বাবে এই কথা বৰ বিস্ময়জনক আছিল।

ছাৰৰ লগত হৈড়িয়াখানী বাবাৰ ওচৰলৈ অহৰহ গৈছিলো। মাজে-সময়ে

সকলোৰে লগত দুপৰীয়াৰ সাঁজ তেওঁৰ মন্দিৰতে খাইছিলো। তেওঁৰ লগত গভীৰভাৱে কোনো আলোচনা অৱশ্যে মোৰ হোৱা নাছিল। ১৯৮৬ চনত এই বালব্ৰহ্মচাৰী গৰাকীয়ে নশ্বৰ দেহ ত্যাগ কৰিছিল।

।।চাৰি।।

ৰাতিপুৱা পঢ়া-শুনা কৰি দুপৰীয়া ইন্সটিটিউটলৈ যোৱাটো ছাৰ আৰু মোৰ দৈনন্দিন কৰ্তব্য আছিল। এই কথা মই আগেয়ে প্ৰকাশ কৰিছো। ইন্সটিটিউটৰ পৰা উভতি অহাৰ পাছত ছাৰে মোক কেতিয়াবা ওপৰৰ কোঠালৈ মাতি লৈ গৈছিল। লাংখা-লিংখি বস্তু কিছুমানৰ মাজৰ পৰা তেওঁ দুখনমান পুৰণা বহী উলিয়াই আনি মোৰ ওচৰত বহি কৈছিল—"এইবোৰ নোটবহীত মই দেখা সপোনৰ কথাবোৰ টুকি ৰাখিছো।"

এইদৰে কৈ ছাৰে প্ৰায় একুৰিমান সপোনৰ কাহিনী মোক শুনাইছিল। এটি বিশেষ সপোনৰ কাহিনী তেওঁ মোৰ আগত অনেকবাৰ দোহাৰিছিল। ছাৰৰ ভাষাত— "সপোনত দেখিলো বৰ সুন্দৰ জোনাক ৰাতি। আকাশৰ অজস্ৰ তৰাৰ মাজত কাঁচি জোন। এই জোনটিৰ দুয়ো পিনে দুডাল ৰচি বান্ধি যেন কোনোবাই এখন দোলনা কৰি থৈছে। মই শ্ৰীকৃষ্ণ আৰু ৰাধাক এই দোলনাত বহি খেলি থকা স্পষ্টভাৱে দেখিলো। শ্ৰীকৃষ্ণৰ মূৰৰ ম'ৰাৰ পাখিৰ মুকুটটো পৰ্যন্ত মই বৰ স্পষ্টভাৱে দেখা পালো। বৰ আনন্দ লাগিল মোৰ।...চাৰিওফালে এক আনন্দৰ ঢৌ বিয়পি পৰিছিল।"

নোটবহীখনৰ পাত কেইটামান লুটিয়াই আকৌ কৈছিল ছাৰে—"তুমি শুনিছিলা নহয় মোৰ পিতৃদেৱতা শ্ৰীনন্দ লেখাৰু হঠাৎ ঘৰৰ পৰা অন্তৰ্ধান হৈছিল। ব্ৰহ্মপুত্ৰৰ পাৰে পাৰে আমি তেওঁক বিচাৰি অনেক স্থানত ঘূৰি ফুৰিছিলো। মই তেওঁকো এদিন সপোনত দেখিলো আৰু মোৰ পিনে চাই ক'লে—'মোক আৰু বিচাৰিব নেলাগে। মই য'তেই আছো শান্তিৰে আছো।'"

...এদিন নহয় কেইবাদিনো ছাৰে মোক তেওঁৰ ওচৰত বহুৱাই তেওঁৰ সপোনৰ কথা কৈছিল।

নোটবহীখনৰ পৰা এই কাহিনীবোৰ পঢ়ি থকা সময়ত মই ছাৰৰ মুখত এক অনন্য পোহৰ দেখা পাইছিলো। আমি দুয়ো মন্দিৰৰ পূব পিনে থকা খিৰিকি এখনৰ ওচৰত বহিছিলো। এই খিৰিকিৰে দূৰৈৰ ৰঙ্গজী মন্দিৰৰ গড়ুৰ স্তম্ভ আৰু মন্দিৰৰ চূড়া স্পষ্টভাৱে দেখা গৈছিল।

মোৰ মনত আনন্দ লগাবলৈ ছাৰে তেওঁৰ উত্তৰ গুৱাহাটীত থকা দিনৰ কাহিনীও কৈছিল। মই স্পষ্টভাৱে ধৰিব পাৰিছিলো ছাৰে লেইনী চাহাবৰ সৈতে হোৱা তেওঁৰ সাক্ষাতৰ কাহিনী মোৰ সেই সময়ৰ মনৰ অৱস্থাৰ কথা লক্ষ্য কৰিয়েই কৈছিল ?... মুখখন অলপকৈ মেলি ছাৰে হাঁহি হাঁহি কৈছিল—"বৰ সুন্দৰ দিন আছিল সেইবোৰ। কেতিয়াবা নিজে ব'ঠা ধৰি ব্ৰহ্মপুত্ৰ পাৰ হৈছিলো। লেইনী চাহাব গুৱাহাটীৰ কমিছনাৰ আছিল। এদিন তেওঁ মোক এখন 'ৰাইদাৰ'ৰ চাৰ্টিফিকেট দিব লগীয়া হৈছিল।"

মই প্ৰশ্ন কৰিলো—"ৰাইদাৰ—মানে ঘোঁৰাত উঠাৰ?"

"এৰা, এবাৰ মোৰ তেনেকুৱা এখন চাৰ্টিফিকেটৰ প্ৰয়োজন হৈছিল। এটা টেঁটেৰা ঘোঁৰাত উঠি মই দৈনন্দিন অভ্যাস কৰিছিলো।"

[মোৰ পিতাই কেতিয়াবা সত্ৰৰ পৰা ঘোঁৰাত উঠি অহা-যোৱা কৰাৰ কথা তেওঁৰ ডায়েৰিত পঢ়িলে যেনেকৈ হাঁহি উঠিছিল, তেনেদৰে ছাৰে ঘোঁৰাত উঠাৰ ছবিখনৰ কথা কল্পনা কৰি মোৰ সঁচাকৈয়ে হাঁহি উঠিছিল।]

"শুনা আমাৰ পৰীক্ষাৰ স্থান হ'ল জৰ্জ ফিল্ড। এবাৰ ভাবিলো মই অভ্যাস কৰি থকা টেঁটেৰা ঘোঁৰাটোকে নাৱত তুলি আনো। নতুন ঘোঁৰাই বা মোক কি ৰং দেখুৱায় ?... শেষলৈ কিন্তু অনা নহ'ল। নিয়ম-নীতিৰ কথা আছিল।"

এইখিনিতে অলপ সময় ছাৰ ৰ'ল। খুন্দনাটো উলিয়াই তেওঁ তামোল এখন খুন্দিলে। মোৰ পিনেও তামোলৰ গুড়ি অলপ আগ বঢ়াই নিজেও মুখত ভৰালে।

"জৰ্জ ফিল্ডত থিয় হৈ দেখিলো মোৰ দৰে আৰু এগৰাকী প্ৰতিযোগী থিয় হৈ আছে। ইতিমধ্যে চাহাবো আহি হাজিৰ হ'ল। লেইনী চাহাবে অলপ সময়ো অপব্যয় নকৰি মোৰ লগত থকা ভদ্ৰলোকগৰাকীকে প্ৰথমে পৰীক্ষা ল'বলৈ মাতিলে। তেওঁ গপ্‌গপাই গৈ আঁহতৰ তলত বান্ধি থোৱা ঘোঁৰাত জঁপিয়াই উঠিল। চাহাবে যিমান দূৰলৈ তেওঁক যাব দিলে ঠিক সিমান দূৰলৈ গৈ তেওঁ উভতিও আহিল।...কিন্তু লেইনী চাহাব সন্তুষ্ট নহ'ল। চাহাবে তেওঁক আকৌ এদিন আহিবলৈ ক'লে। এইবাৰ চাহাবে মোৰ পিনে চাই ঘোঁৰাত উঠিবলৈ ইঙ্গিত দিলে।" এইখিনিতে ছাৰে অলপ সময় ৰ'ল। তাৰ পাছত খুন্দনাটোৰ পৰা তামোল উলিয়াই মুখত ভৰালে।

—"শুনা। মোৰ বুকু ধপ্‌ধপাই আছিল। অচিনাকি ঘোঁৰা কি বা ৰং দেখুৱায় ? আমাৰ উত্তৰ গুৱাহাটীৰ বুঢ়া নাৱৰীয়াটোৱে আটাহ্ পাৰিব ধৰিলে—'এই পাপু তুমি তালিম দিয়া ঘোঁৰাটো নানি বৰ বেয়া কাম কৰিলা। এতিয়া এই ঘোঁৰাই কি বিয়া দেখুৱায় চাই থাকা।'..."

মই কোনো পিনে ভ্ৰূক্ষেপ নকৰি একেবাৰে কোঁ-কোঁৱাই গৈ ঘোঁৰাৰ পিঠিত

জাঁপ মাৰি উঠিলো। কিছু দূৰলৈ সি মোক ঠিকেই লৈ গৈছিল। তাৰ পাছত কি হ'ল মই আৰু একো ক'ব নোৱাৰিলো। সি কান্ধ জোঁকাৰিব ধৰিলে, মই কৰ্ফাল খাই মাটিত বাগৰি পৰিলো?"

কথাখিনি কৈ ছাৰে খুক্ খুক্কৈ হাঁহিব ধৰিলে।

—"শুনা বৰ আচৰিত কথা এয়ে যে মোৰ এই প্ৰদৰ্শনত খুচি হৈ লেইনী চাহাবে তৎক্ষণাতে 'ৰাইদাৰ' চাৰ্টিফিকেট এখন মোৰ হাতত গুঁজি দিলে।"

ছাৰ আৰু মাহীদেৱে খুক্ খুক্কৈ হাঁহিয়ে থাকিল। লেইনী চাহাব কেনে ধৰণৰ মানুহ আছিল মোৰ আৰু বুজিবলৈ বাকী নেথাকিল। ছাৰে উৎসাহত গদ্ গদ্ হৈ আকৌ কৈছিল—"লেইনী চাহাবে এবাৰ উত্তৰ গুৱাহাটীৰ পিনে আহোঁতে নদীৰ পাৰত আমাৰ আনন্দ লাইব্ৰেৰীৰ ছাইন ব'ৰ্ডখন দেখি কিছু সময় তভক মাৰি ৰ'ল। তাৰ পাছত গপ্‌গপাই লাইব্ৰেৰীৰ ভিতৰলৈ সোমাই আহিল।...এই 'আনন্দ লাইব্ৰেৰী'ক লৈ মই অনেক কথা কল্পনা কৰিছিলো। কিতাপ-পত্ৰৰ উপৰি আমাৰ উত্তৰ গুৱাহাটীৰ শিপিনী আইসকলৰ বাবে এটা শাখা আৰু বাঁহ-বেতৰ কাম কৰাসকলৰ বাবেও এটা শাখা খোলাৰ মোৰ ইচ্ছা আছিল।...শুনা মই লেইনী চাহাব সোমাই অহাৰ কথা কৈছিলো। ভৰিত গধপা জোতা, মূৰত ফেল্ট হেট, হাতত ৱাকিং ষ্টিক! চাহাবৰ ছবিখন মোৰ চকুৰ আগত হুবহু অঁকা আছে। তেওঁ আমি সজাই থোৱা প্ৰত্যেকখন কিতাপতে চকু দিলে। তাৰ পাছত মোক ক'লে—'মোৰ অফিচৰ কিছুমান কিতাপ স্থানৰ অভাৱত নষ্ট কৰি পেলাবলৈ হুকুম দিছো। তুমি তাৰ পৰা যিমান লাগে লৈ আহিবা।' ...মই পাছ দিনাই নাও লৈ গ'লো! নাৱত এবোজা কিতাপ লৈ মই ব্ৰহ্মপুত্ৰ পাৰ হৈ আহিলো।...আহি পোৱাৰ লগে লগে প্ৰচণ্ড ধুমুহা আৰম্ভ হৈছিল। ব্ৰহ্মপুত্ৰৰ বুকুত মোক ধুমুহাই পোৱাহেঁতেন কি হ'ল হয় ক'ব নোৱাৰো। কিন্তু সেইদিনা মই নিৰাপদে চাহাবে আনন্দেৰে দিয়া কিতাপবোৰ লৈ আহিছিলো!"

[বহু দিনলৈ নাৱত কিতাপ এবোজা লৈ ব্ৰহ্মপুত্ৰ পাৰ হোৱা ছাৰৰ ছবিটো মোৰ চকুৰ সন্মুখত জিলিকি আছিল।...পিছলৈ কত নদীৰ পাৰত থিয় হৈছো।...লণ্ডনৰ টেমছ, ৰোমৰ টাইবাৰ, অষ্ট্ৰিয়াৰ ইন্‌স্, জাপানৰ সুমিদা—চব নদীয়ে একে কথা কয়। চব নদীয়েই একে কথাই সোঁৱৰায়। যেন হৃদয়ৰ পৰা আৰম্ভ হৈ কোনো এক অদৃশ্য সাগৰত লীন হৈ গৈছে সকলোবোৰ নদী! কত নদীৰ পাৰত জীৱনৰ এটা এটা অংশ উটুৱাই থৈ আহিছো। মধ্যপ্ৰদেশৰ অহিৰণ, উত্তৰ প্ৰদেশৰ ছাই, কাশ্মীৰৰ চন্দ্ৰভাগা—আহ্, এই সকলোবোৰ নদীয়ে অহৰহ যেন হৃদয়ত কাটি থোৱা একো একোটা স্মৃতিৰ প্ৰতিবিম্বক আৰু উজ্জ্বল কৰি তোলে। হৃদয়ৰ যাত্ৰা আৰু নদীৰ

যাত্ৰাই যেন এটিয়ে আনটোৰ সৈতে এক ৰহস্যময় সম্বন্ধৰে সাঙোৰ খাই আছে। নদীৰ্ব পাৰত থিয় হ'লেই মোৰ মন এক ৰহস্যময় ভাৱধাৰাৰ সৈতে সাঙোৰ খাই পৰে।]

...খিৰিকিৰ ওচৰত দুয়ো একেলগে পুৰণি নোটবহীবোৰ লৈ বহি থকাৰ সময়ত মই তেওঁক প্ৰশ্ন কৰিছিলো—"আপোনাৰ সেই মানস মন্দিৰ 'আনন্দ লাইব্ৰেৰী'ক এতিয়া কোনে চোৱা-মেলা কৰে?"

ছাৰৰ মুখলৈ যেন ডাৱৰ নামি আহিল। মোৰ পিনে মূৰ তুলি চাই তেওঁ ক'লে—"এহ্, একো ৰাখিব নোৱাৰিলো। চকি-মেজবোৰো কোনে খৰি খাই শেষ কৰিলে ক'ব নোৱাৰো...এতিয়া একো নাই।"

o o o o

ছাৰৰ লগত এইদৰে ৰঙ্গনাথ মন্দিৰৰ পিনে মুখামুখিকৈ থকা খিৰিকিখনৰ ওচৰত বহি অনেক কাহিনী শুনিছিলো।...মই যেন এক দ্বিতীয় শৈশৱত ভৰি দিছিলো। পিতাৰ আশে-পাশে ঘূৰি থকা সেই শৈশৱৰ আঁজুৰি পেলোৱা বস্ত্ৰ যেন আকৌ শৰীৰত মেৰিয়াই লৈছিলো।

সেই গভীৰ নৈৰাশ্যই কিন্তু এৰি দিয়া নাছিল।...মোৰ ভেনিটি বেগত লাহে লাহে নিদ্ৰাৰ বড়িবোৰ ভৰি আহিছিল। আৰু দোভাগ ৰাতি মই মন্দিৰৰ কোনো ৰহস্যময় গহ্বৰত লুকাই থকা গোৱালা সাপডাললৈ অপেক্ষা কৰি আছিলো। সি আহি যেন খুঁটি থৈ যাওক মোৰ উদং ভৰিত!!

।। পাঁচ ।।

'ৰাধা অষ্টমী'ৰ দিনা ছাৰৰ লগত মই ৰাধাবাগলৈ গৈছিলো।...সেয়া এক অপূৰ্ব স্থান আছিল। অজস্ৰ সাধু-সন্ন্যাসীৰ ভিৰ হৈছিল। ক'ৰ পৰা যে আহিছিল এই সাধুসকল—কোনেও ভালদৰে ক'ব নোৱাৰিছিল। সৰহভাগেই ভৰিয়ে-হাতে এনে ধৰণৰ ৰাধাবাগৰ মাটি লেপি লৈছিল যে তেওঁলোকৰ প্ৰকৃত চেহেৰা ধৰিবলৈ টান হৈ পৰিছিল। কিছুমানে 'হোম'ৰ ওচৰত বহি কিছুমান প্ৰাচীন পুথি পঢ়িছিল। সেইবোৰ পুথি কি আছিল মই ধৰিব নোৱাৰিছিলো। ৰাধাবাগত সেইদিনা যিমানবোৰ সন্ন্যাসীৰ ভিৰ হৈছিল সিমানবোৰ সন্ন্যাসীৰ ভিৰ মই আগে-পিছে বৃন্দাবনত দেখা নাছিলো।

এডাল পুৰণা বটগছৰ তলত বহি এই সাধুবোৰৰ বিচিত্ৰ হাৱ-ভাৱ লক্ষ্য কৰিছিলো।

০ ০ ০ ০

এদিন ছাৰৰ লগত মই শ্ৰীশ্ৰী কাত্যায়নী পীঠত আহি উপস্থিত হৈছিলো। ৰাধাবাগৰ ওচৰতে এই পীঠ। আকাশচুম্বী থকা প্ৰাচীন বটগছ কিছুমানে এই ভূমিখণ্ডক শীতল কৰি ৰাখিছিল। কিম্বদন্তিৰ মতে প্ৰজাপতিৰ যজ্ঞ বিধ্বংস হোৱা সময়ত ভগৱতীৰ কেশ একোছা আহি এই স্থানত পৰিছিল। হিমালয়ত তপস্যা কৰা মহান যোগী কেশৱানন্দই এই মন্দিৰ সাজিছিল।...ইয়াত এই যোগীগৰাকীয়ে প্ৰতিষ্ঠা কৰা গণেশ দেৱতাৰ প্ৰতিমূৰ্তিটোৰ বিষয়েও মই বৰ অদ্ভুত কাহিনী এটা শুনিছিলো। এই কাহিনী মতে এসময়ত এটলাছ ইন্সুৰেঞ্চ কোম্পানীৰ ইষ্টাৰ্ণ ছেক্ৰেটেৰীৰ পদত ডব্লিউ. আৰ. য়ুল নামৰ বৃটিছ বিষয়া এগৰাকীয়ে কাম কৰিছিল। ১৯১১ চনত এই বিষয়াগৰাকীৰ পত্নীয়ে জয়পুৰৰ পৰা গণেশৰ প্ৰতিমা এটা লৈ বিলাতলৈ গৈছিল। এই প্ৰতিমাটিক তেওঁ বৈঠকৰ একোণত সজাই থৈছিল। এদিন এক ভোজ সভাত শ্ৰীমতী য়ুলৰ বন্ধু-বান্ধৱসকলে গণেশৰ এই মূৰ্তিটো সন্মুখত লৈ ঠাট্টা-বিদ্ৰূপ কৰিব ধৰিলে।...কোনোবা এটাই মদৰ পাত্ৰ এটা আনি হিন্দুৰ এই দেৱতাৰ মুখখন নো কোন পিনে এই কথা দেখুৱাবলৈ নানা ভাৱ-ভঙ্গী কৰি সকলোকে হঁহুৱাব ধৰিলে।

...ভোজ সভা শেষ হোৱাৰ লগে লগে শ্ৰীমতী য়ুলৰ পুত্ৰীগৰাকীৰ তীৰ কঁপে জ্বৰ উঠিল। এই জ্বৰত তাই ভ্ৰম বকিব ধৰিলে—"ৰক্ষা কৰা! ৰক্ষা কৰা! হিন্দুৰ সেই সুৰ থকা দেৱতাটোৱে মোক খাবলৈ আগ বাঢ়ি আহিছে।"

...শ্ৰীমতী য়ুলেও সামাজিক দেখিলে এক ভব্য পুৰুষে বৃষভৰ পিঠিত উঠি আহি তেওঁক সাৱধান বাণী শুনাই দিলে—এই বুলি যে যদি এই গণেশ দেৱতাক ভাৰতবৰ্ষলৈ ওভতাই পঠোৱা নহয় তেতিয়াহ'লে তেওঁৰ সৰ্বনাশ হ'ব।

...শ্ৰীমতী য়ুলে হেনো বিচুৰ্তি খালে। আৰু লৰালৰিকৈ তেওঁ এই মূৰ্তি কলিকতাত থকা তেওঁৰ স্বামী ডব্লিউ. আৰ. য়ুললৈ পঠিয়াই দিলে।

...বালব্ৰহ্মচাৰী কেশৱানন্দই কেনেকৈ এই মন্দিৰলৈ গণেশৰ প্ৰতিমূৰ্তিটো আনিলে—এই কাহিনীও হেনো বৰ বিচিত্ৰ আছিল।

...ছাৰৰ লগত মই কেইবাদিনো এই কাত্যায়নী পীঠলৈ গৈছিলো। এই পীঠৰ প্ৰাঙ্গণতে এদিন ছাৰে ক'লে—"১৪৮১ চনত মহাপুৰুষ শঙ্কৰদেৱে তীৰ্থ ভ্ৰমণ কৰিব আহোঁতে ব্ৰজধামলৈ আহিছিল। কিন্তু তেওঁ এই স্থানলৈ আহি ক'ত আছিল এই কথা কোনেও নেজানে...মোৰ ভাব হয় তেঁওঁ বাস কৰা সেই স্থানৰ ঠিকনা

এদিন আমি উলিয়াব পাৰিম।”

০ ০ ০ ০

ইন্সটিটিউটৰ পৰা উভতি অহাৰ সময়ত আমি কেতিয়াবা আধা বাটতে নামি কিছুমান গলি আৰু ভগ্ন দালানৰ চৌপাশে ঘুৰ্মুটিয়াই ফুৰিছিলো। মদনমোহন মন্দিৰলৈ যোৱাৰ পথ, শৃঙ্গাৰ বট, বংশী বট, চিৰহৰণ ঘাট, যমুনাৰ পাৰৰ ধ্বংসস্তূপৰ শাৰীসমূহলৈও গৈ চাইছিলো—নাই, ক'তো একো চিহ্ন নাই। স্মৃতিচিহ্ন এই মহাপুৰুষগৰাকীৰ ক'তো নাই। প্ৰভুদয়াল মিটলৰ 'বজ্র সংস্কৃতিৰ ইতিহাস'ত ব্ৰজবাস কৰিবলৈ অহা বৈষ্ণৱ ধৰ্মাচাৰ্যসকলৰ বিষয়ে বহলাই আলোচনা কৰা আছে। মই তেওঁৰ গ্ৰন্থতে চুলতানৰ ৰাজত্বত ব্ৰজধামলৈ অহা দাক্ষিণাত্যৰ ধৰ্মাচাৰ্য কেশৱ কাশ্মীৰী ভট্টৰ কাহিনী পঢ়িছিলো, দাক্ষিণাত্যৰ মাধৱ সম্প্ৰদায়ৰ সন্ন্যাসী মাধৱেন্দ্ৰ পুৰীৰ কাহিনী পঢ়িছিলো, চুলতানৰ ৰাজত্বত ব্ৰজধামত কৃষ্ণভক্তি প্ৰচাৰ কৰিবলৈ অহা অন্ধ্ৰপ্ৰদেশৰ সন্ন্যাসী বল্লভাচাৰ্যৰ কাহিনী পঢ়িছিলো আৰু বঙ্গৰ নৱদ্বীপৰ পৰা ব্ৰজধামলৈ অহা চৈতন্য মহাপ্ৰভুৰ কাহিনীও পঢ়িছিলো—কিন্তু মহাপুৰুষ শঙ্কৰদেৱৰ নাম ক'ত? বৰ কম দিনৰ বাবে শঙ্কৰদেৱ বৃন্দাবনলৈ আহিছিল। সেই বাবেই হয়তো তেওঁৰ নাম উল্লেখ নাই। কৃষ্ণদত্ত বাজপাঈৰ কিতাপতো মই মহাপুৰুষ শঙ্কৰদেৱৰ বিষয়ে কোনো কথা পঢ়া নাছিলো।...কি কাৰণে এইসকল পণ্ডিতে মহাপুৰুষ শঙ্কৰদেৱৰ কথা উল্লেখ নকৰিলে? অৱশ্যে এয়া তেওঁলোকৰ ইচ্ছাকৃত ভুল যেনো নেলাগিল। মই মনে মনে সংকল্প কৰিছিলো এই লেখকসকলক চিঠি লেখি এই বিষয়ে সজাগ কৰি দিম।...যমুনাৰ পাৰে পাৰে থকা অনেক ঠাইত ছাৰ আৰু মই মহাপুৰুষ শঙ্কৰদেৱে বাস কৰা স্থানৰ কিবা সম্ভেদ পাওঁ বুলি অনেক দিন ঘুৰ্মুটিয়াই ফুৰিছিলো।

।। ছয় ।।

ইতিমধ্যে মোৰ কাম যথেষ্ট আগ বাঢ়িছিল। ঠিক এই সময়তে মন্দিৰ মেৰামতি কৰিবলৈ আৰু কিছুদিন বৃন্দাবনত বাস কৰিবলৈ স্বৰ্গীয় নলিনী দাস আৰু তেওঁৰ সহধৰ্মিনী শ্ৰীমতী সুনীতি দাসো আহি আমাৰ এই মন্দিৰত উপস্থিত হৈছিল। এই সময়ত আমাৰ মন্দিৰৰ কৰ্তৃপক্ষই পুৰণা মন্দিৰৰ পাছফালে অতি প্ৰাচীন অথচ অপূৰ্ব কাৰুকাৰ্য থকা আন এটা মন্দিৰো কিনি লৈছিল। মই বৃন্দাবনলৈ অহাৰ

আগেয়ে এই মন্দিৰটোৰ কামত ছাৰে মথুৰালৈ অহা-যোৱা কৰিব লগীয়া হৈছিল। এই মন্দিৰটোৰ কাৰুকাৰ্য অত্যন্ত সুন্দৰ আছিল যদিও মেৰামতিৰ প্ৰয়োজন হৈছিল। স্বৰ্গীয় নলিনী দাস আৰু তেওঁৰ অতিশয় ভক্তিমতী সহধৰ্মিনী শ্ৰীমতী সুনীতি দাসে কাঠমিস্ত্ৰী, মেচিন ইত্যাদি লগাই দিনে-ৰাতিয়ে মন্দিৰ মেৰামতিৰ কামত লাগি গৈছিল। তেওঁলোকে মন্দিৰ মেৰামতিৰ কামত কেনে ধৰণে পৰিশ্ৰম কৰিছিল এই কথা দেখিলে ঠিক বিশ্বাস কৰিবলৈ টান। শ্ৰীমতী সুনীতি দাস মাহীদেউৰ লগত এইখিনি সময়তে মোৰ আত্মীয়তা গঢ়ি উঠিল। এইগৰাকী মানুহৰ গুণৰ সীমা নাছিল। নিজ হাতে ৰন্ধা-বঢ়া কৰিছিল। সদায়ে তেওঁ ৰন্ধা বস্তুৰ এটা অংশ মোৰ কোঠাত দি থৈ গৈছিল।

লেখাৰু ছাৰ আৰু দাসৰ পৰিয়ালৰ লগত মই এদিন গোকুল ভ্ৰমণলৈ গৈছিলো। আমি গোটেইজাকে এখন টাঙ্গাত উঠি গৈছিলো।

গোকুলৰ মহত্ত্বৰ সূত্ৰপাত ধৰ্মাচাৰ্য বল্লভাচাৰ্যই কৰিছিল। তেওঁৰ পাছত পুত্ৰ বিষ্ঠলনাথে গোকুলৰ মহত্ত্ব বঢ়াইছিল। মহামতি আকবৰে সম্বত ১৬৩৮ৰ 'ফৰমান'ৰ দ্বাৰা বিষ্ঠলনাথক গোকুলত থাকিবলৈ ৰাজকীয় সুবিধা দান কৰিছিল। বল্লভ সম্প্ৰদায়ৰ অসংখ্য মন্দিৰ নিৰ্মাণ হৈছিল। আনহাতে মোগল সম্ৰাট আউৰঙ্গজেৱে যেতিয়া হিন্দু মন্দিৰ আৰু দেৱ-দেৱতাক ধ্বংস কৰিবলৈ আদেশ দিছিল, তেতিয়া গোকুলৰ হিন্দু দেৱতাৰ মূৰ্তিসমূহ আন আন হিন্দু ৰাজ্যলৈ স্থানান্তৰ কৰা হৈছিল।

...আমি সেইদিনা গোকুলৰ বল্লভ সম্প্ৰদায়ৰ বৈঠকসমূহ আৰু বিভিন্ন মন্দিৰ চাই যেতিয়া উভতি আহিছিলো আমাৰ লগত যোৱা পাণ্ডা এটাই তাৰ হিচাপ-নিকাচ লৈ প্ৰচণ্ড তৰ্কা-তৰ্কি আৰম্ভ কৰি দিছিল। সি এটা অদ্ভুত দাবী কৰিছিল। একেবাৰে গৰু এটা কিমাৰ জোখৰ দাবী। তাক মোৰ ডকাইতৰ দৰে লাগিল। আমি সকলোৱে এক প্ৰকাৰ অতিষ্ঠ হৈ উঠিলো। তদুপৰি গধূলি হৈ আহিছিল। পথছোৱাও অকলশৰীয়া। টাঙ্গাতেই উভতি যাব লাগিব। শেষত উপায় নেপাই আমি তাৰ হাতত দিব লগীয়া পইচাখিনি জোৰ জবৰদস্তি দি টাঙ্গাৱালাক টাঙ্গা চলাব দিলো। সি পইচাখিনি গ্ৰহণ নকৰি টাঙ্গাৰ এচুকলৈ দলি মাৰি দিলে।...টাঙ্গাৰ তজ্‌বজীয়া ঘোঁৰাই চাবুকৰ কোব খাই প্ৰচণ্ড গতিৰে দৌৰিব ধৰিলে। টাঙ্গাৰ পিছে পিছে পাণ্ডাটোৱেও দৌৰিব ধৰিলে। সি হেফাই-ফোঁপাই দৌৰি দৌৰি চিঞৰিব ধৰিলে—"মই ব্ৰাহ্মণ, মোক মই বাঞ্ছা কৰা দান দিয়া! মই ব্ৰাহ্মণ, মই ব্ৰাহ্মণ!"

টাঙ্গাৰ খট্ খট্ আৰু পাণ্ডাৰ টেঁটুফলা চিঞৰে এটা অদ্ভুত পৰিবেশৰ সৃষ্টি

কৰিলে।

...বিস্ময়কৰ! বিস্ময়কৰ!! টাঙ্গাৰ তড়িৎ গতিৰ লগে লগে দৌৰি দৌৰি আহি আছে মানুহটো। লোভ-লালসাৰ এনে অদ্ভুত উলঙ্গ প্ৰদৰ্শন মই আগেয়ে দেখা নাছিলো।

হঠাৎ ছাৰে আৰ্তনাদ কৰি উঠিল—"ৰখোৱা টাঙ্গা! সি যি বিচাৰিছে তাকেই দিয়া।"

সকলোৰে খং উঠিছিল যদিও ছাৰৰ কথা মতে এই লুভীয়া পাণ্ডাটোক সন্তুষ্ট কৰি সেই দিনা আমি গোকুলৰ পৰা উভতি আহিছিলো।

।। সাত ।।

...এদিন মই ছাৰৰ আগত প্ৰকাশ কৰিলো—"মই শৈশৱৰ পৰাই এক অদ্ভুত ধৰণৰ নৈৰাশ্যত ভুগি আছিলো। মাধুৰ লগত বিয়া হোৱাৰ পাছত কিছু দিন এই নৈৰাশ্যৰ পৰা মুক্ত হৈছিলো। নিজৰ কাহিনী পাহৰি একেবাৰে মুক্ত হৈ মই আনৰ কথা গভীৰভাৱে ভাবিব পাৰিছিলো। আনকি অৱহেলিতসকলৰ বাবে কিছু কাম কৰিম বুলি ভাবিছিলো—এতিয়া কিন্তু সেই নৈৰাশ্যই বৰ বেয়াকৈ মনত বাহ লৈছে। কি কৰো?"

ছাৰ কিছু সময় নীৰৱ হৈ থাকিল। তাৰ পাছত ভিতৰলৈ উঠি গ'ল। কিছু সময় পাছত টিং এটা লৈ তেওঁ আকৌ উভতি আহিল।

...এইবাৰ মোৰ ওচৰত বহি তেওঁ ক'লে—"তোমাক মই মনে মনে 'অপৰাজিতা' বুলি মাতো। আজি মই তোমাক এটা কৱচ দিম। কৱচটোৰ নামো 'অপৰাজিতা'। কৱচটোৰ ভিতৰত এটা মন্ত্ৰ লেখা আছে।"

ছাৰে উঠি আহি মোৰ কাণৰ কাষত সেই মন্ত্ৰ উচ্চাৰণ কৰিলে। ময়ো ছাৰৰ লগত সেই মন্ত্ৰ উচ্চাৰণ কৰিলো।...ছাৰে নিজ হাতেৰে এই মন্ত্ৰ লেখি তাবিজটোৰ ভিতৰত সুমুৱাই দিছিল।

মোৰ চকুৰ পিনে বৰ বিশ্বাসেৰে চাই ছাৰে ক'লে—"তুমি নিতৌ এশবাৰকৈ এই মন্ত্ৰ জপ কৰিবা। কোৱা পাৰিবানে?"

মই ক'লো—"নিশ্চয় পাৰিম!"

ছাৰেও ক'লে—"মই জানো তুমি পাৰিবা।"

[পিছলৈও মই ছাৰৰ কথা ৰাখিছিলো।]

সেইদিনা ছাৰে ক'লে—"তোমালৈ অনেকেই চিঠি-পত্ৰ দিয়ে—চাবাচোন

কেতিয়াবা কিজানি কাৰোবাক তোমাৰ ভাল লাগে।...কিতাপ-পত্ৰৰ পৰা মূৰ তুলি তুমি কেতিয়াবা এই কথাও গভীৰভাৱে ভাবিবা।"

০ ০ ০ ০

ছাৰৰ কথা বাৰে বাৰে মোৰ কাণত বাজিব ধৰিলে। যিসকল শুভাকাংক্ষী লোকে মোলৈ চিঠি-পত্ৰ দিছিল সেইসকলৰ ভিতৰত হিন্দুস্থান কন্‌ষ্ট্ৰাকশ্বন কোম্পানীৰ মুৰব্বী ইঞ্জিনীয়াৰ কাইকছ বাৰ্জোৰ সতাৰাৱালো আছিল। তেওঁ মাধুৰ দাহক্ৰিয়াৰ পৰা আৰম্ভ কৰি কাশ্মীৰৰ উদামপুৰত মই থকা সেই দুৰ্যোগপূৰ্ণ দিনকেইটাত অনেক সহায় কৰিছিল। এইগৰাকী মানুহৰ কথা মই দ্বিতীয় অধ্যায়ত প্ৰকাশ কৰিছো। কাইকছহঁত জৰথুষ্ট্ৰ ধৰ্মাৱলম্বী আছিল। তেওঁলোকৰ পূৰ্বপুৰুষসকল পাৰ্চীয়াৰ পৰা আৰবৰ অত্যাচাৰত ভাৰতবৰ্ষলৈ আহিছিল। ভাৰতবৰ্ষত তেওঁলোকে হিন্দু ধৰ্মৰ অনেক নীতি-নিয়ম গ্ৰহণ কৰিছিল। কাইকছৰ বংশৰ কিছুমান মানুহক ভাৰত বিভাজনৰ সময়ত মুছলমান বুলি লাহোৰত হত্যা কৰিছিল। কাইকছ বাৰ্জোৰ ইঞ্জিনীয়াৰ আছিল যদিও সাহিত্যপ্ৰেমী আছিল। ইংৰাজী সাহিত্যৰ বিষয়ে তেওঁৰ অগাধ জ্ঞান আছিল। তেওঁ কিছু ফৰাচীও জানিছিল। মাধুৰ লগত থাকোঁতে মই কাশ্মীৰৰ চন্দ্ৰভাগা নদীৰ পাৰত কেম্পত, ৰামবান্ধত, আৰু চুইনাৰ কেম্পতো তেওঁক কেইবাবাৰো লগ পাইছিলো। সেইবোৰ কেম্পত থাকোঁতে তেওঁ আমাক অজস্ৰ কিতাপ পঢ়িব দিছিল। কাইকছ বাৰ্জোৰ অত্যন্ত সহানুভূতিশীল ব্যক্তি আছিল। গোৱালপাৰাত থাকোঁতে তেওঁ মোলৈ চিঠি দিছিল। এবাৰ তেওঁ সুদূৰ কাশ্মীৰৰ পৰা মোৰ খবৰ ল'বলৈ গোৱালপাৰালৈ আহিছিল। এই কথা ইতিমধ্যে মই প্ৰকাশ কৰিছো। মই তেওঁৰ চিঠিৰ উত্তৰ দিছিলো। যিহেতু তেওঁ জৰথুষ্ট্ৰীয়ধৰ্মী মানুহ সেই বাবে বৃন্দাবনৰ মন্দিৰত সোমাব দিব নে নিদিয়ে এই বিষয়ে তেওঁৰ সন্দেহ হৈছিল, সেই বাবে বৃন্দাবনলৈ তেওঁ মোক দেখা কৰিব আহিব নোৱাৰি প্ৰায়ে মোক দিল্লীলৈকে মাতি পঠিয়াইছিল। মই যোৱা নাছিলো।

০ ০ ০ ০

হিন্দুস্থান কন্‌ষ্ট্ৰাকশ্বন কোম্পানীৰ এটা হেড অফিচ দিল্লীত আছিল। বাৰ্জোৰ কাশ্মীৰৰ ৰামবান্ধৰ পৰা প্ৰায় দিল্লীলৈ আহি থাকিব লগীয়া হৈছিল। তেওঁ মোক বৰকৈ অনুৰোধ কৰিলে যাতে এবাৰ অন্ততঃ দিল্লীলৈ আহি মই তেওঁক লগ ধৰি যাওঁ।

১৯৬৯ চনৰ অক্টোবৰ মাহত মই তেওঁক লগ ধৰিবলৈ দিল্লীলৈ ওলালো। হিন্দুস্থান কন্‌ষ্ট্রাক্টশ্বন অফিচৰ পৰা মোৰ কিছু কাগজ-পত্ৰৰ খবৰ লোৱাৰো ইচ্ছা আছিল। মাধুৰ মৃত্যুৰ পাছত বৰ লৰালৰিকৈ কাশ্মীৰৰ পৰা উভতি আহিব লগীয়া হোৱা বাবে কাশ্মীৰৰ বিষয়ে লেখা কিতাপ এখনৰ পাণ্ডুলিপি এটা মই হেৰুৱাইছিলো। সেইটোৰ বিষয়েও কোম্পানীৰ অফিচত খবৰ লোৱাৰ ইচ্ছা হৈছিল।

০ ০ ০ ০

দিল্লীৰ কাশ্মীৰী গে'টৰ বাছ আড্ডাত মই বাৰ্জোৰক ৰৈ থকা দেখিলো। তেওঁ বগা কাপোৰ এযোৰ পিন্ধি আহিছিল। চকুত ডাঠ ফ্ৰেমৰ চছ্‌মা। বৰ গম্ভীৰ আৰু সুন্দৰ ব্যক্তিত্ব আছিল মানুহজনৰ।

মই তেওঁৰ লগত 'মেৰিনা' নামৰ যাত্ৰীবাস এটাত উঠিলো।

০ ০ ০ ০

পিছদিনা আন্ধাৰে-পোহৰে তেওঁৰ লগত টেক্সি এখনেৰে আহি মই আকৌ কাশ্মীৰী গে'ট বাছ আড্ডাত উপস্থিত হৈছিলো।

০ ০ ০ ০

দিল্লীৰ পৰা বৃন্দাবনলৈ যোৱা এই পথছোৱা সেইদিনা মই একেবাৰে নীৰৱ হৈ বহি গৈছিল। গ্লানিবোধে জথৰ কৰি ৰাখিছিল মোৰ মন। ভালদৰে নিজৰ মনক নজনাকৈ এইদৰে মই এৰাতি থাকি আহিলো? গ্লানিবোধ যে এনেদৰে যন্ত্ৰণাময় হৈ পৰিব পাৰে এই কথা মই আগেয়ে জনা নাছিলো।...বাৰে বাৰে যেন মই নিজকে সান্ত্বনা দিবলৈ যত্ন কৰিছিলো—কিহৰ গ্লানি এয়া? এয়া যে নিজকে পৰীক্ষা-নিৰীক্ষা কৰাৰ সময়। নিজেই আহি দুৱাৰমুখত উপস্থিত হোৱা মানুহক লৈ কৰা পৰীক্ষা-নিৰীক্ষা?...ছাৰে মোক এই পৰীক্ষা-নিৰীক্ষাৰ বাবে সাজু হ'বলৈ প্ৰেৰণা জনাইছে! কিহৰ গ্লানিবোধ এয়া?

০ ০ ০ ০

মন্দিৰলৈ উভতি আহি মই কাৰো লগত ভালদৰে কথা-বতৰা পাতিব নোৱাৰিলো। ৰাতি লেখাৰু মাহীদেৱে ভাত-পানী পঠিয়াই দিলে।

...ৰাতি মোৰ ভালদৰে টোপনি নাহিল। এটা সময়ত এনেকুৱা এটা ভাব হ'ল যে, মন্দিৰৰ কোনো এক ৰহস্যময় কোণত বাস কৰা গোৱালা সাপডালে যেন মোক

দংশন কৰি যাওক।...এবাৰ উঠি আহি মোৰ ভেনিটি বেগটো খুলি চালো। সিন্ধি ডাক্তৰটোৰ পৰা অনা নিদ্ৰাৰ বড়িবোৰ জমা হৈ আছে। এটা জীৱন শেষ কৰিবলৈ এয়ে বহুত।

০ ০ ০ ০

দিল্লীৰ যাত্ৰীবাসটিত তেনেদৰে থকাৰ পাছত মোৰ নিজৰ ওপৰত এনে এক ঘৃণা হৈছিল যে, মই সেইদিনা পিন্ধা কানি-কাপোৰবোৰ একাষৰীয়াকৈ থৈছিলো। সেইবোৰ স্পৰ্শ কৰিবলৈও মই যেন এক ধৰণৰ সঙ্গোচবোধ কৰিছিলো।

।। আঠ।।

দিল্লীৰ পৰা অহাৰ পিছদিনা মাহীদেউৰ লগত মই শ্ৰীৰঙ্গজীৰ মন্দিৰলৈ গৈছিলো। মন্দিৰৰ বৃদ্ধা দেৱদাসী এগৰাকীৰ লগত মোৰ চিনাকি হৈছিল। এই মন্দিৰত তায়েই একমাত্ৰ নৃত্যাঙ্গনা আছিল। ৰঙ্গজীৰ মন্দিৰৰ উৎসৱসমূহত যিবোৰ শোভাযাত্ৰা গৈছিল সেই শোভাযাত্ৰাবোৰৰ আগে আগে তাই নৃত্য কৰি আগুৱাই গৈছিল। তাইৰ সাজ-পোছাকো বৰ বিচিত্ৰ আছিল। চকুবোৰ কাজলেৰে আঁকি লৈছিল। ৰঙ্গজী মন্দিৰত বছৰি ৩৮৪টা উৎসৱ হৈছিল। প্ৰত্যেকটো উৎসৱৰ শোভাযাত্ৰাত তাই এই বিচিত্ৰ সাজ-পোছাক পিন্ধি আগে আগে নৃত্য কৰি গৈছিল। এই মানুহগৰাকীৰ লগত লাহে লাহে মোৰ এক ধৰণৰ আত্মীয়তা গঢ়ি উঠিছিল।

ৰঙ্গজী মন্দিৰৰ লগত মোৰ অন্য ধৰণৰ সম্বন্ধ আছিল। এই মন্দিৰৰ বাতাৱৰণত সম্পূৰ্ণৰূপে দক্ষিণ ভাৰতৰ গোন্ধ আছিল। মাধুৰ ঘৰৰ বাতাৱৰণৰ ইয়াৰ বাতাৱৰণৰ লগত সামঞ্জস্য আছিল। আচৰিত কথা এয়ে যে মন্দিৰৰ স্বামীগৰাকী যাক সকলোৱে বালক স্বামী বুলি মাতিছিল তেওঁৰ লগত মাধুৰ এক অদ্ভুত সাদৃশ্য মই সেই সময়ত দেখিছিলো। সুন্দৰ, সৌম্য চেহেৰাৰ এই স্বামীগৰাকীয়ে বগা পৰিষ্কাৰ ধুতি পিন্ধিছিল। কপালত চন্দনৰ ৰেখা আঁকি লৈছিল। পৰিষ্কাৰ উত্তৰীয়ৰে তেওঁ উদং শৰীৰ ঢাকি লৈছিল। মই প্ৰায়ে তেওঁক মন্দিৰৰ গৰুড় স্তম্ভৰ ওচৰত নাইবা যজ্ঞমণ্ডপৰ ওচৰত নাইবা ৰঙ্গজীৰ ফুলৰ বাগিচাত থিয় হৈ থকা দেখিছিলো। কেতিয়াবা সেই অদ্ভুত বকুল গছজোপাৰ তলত মই তেওঁক বৈ থকা দেখিছিলো। [এই গছজোপাৰ তলত থিয় হ'লে শৰীৰত টোপ্ টোপ্‌কৈ পানীৰ কণিকা পৰাৰ দৰে লাগিছিল। এই কথা মই

ইতিমধ্যে প্ৰকাশ কৰিছোঁ।

কেইবাদিনো মই বালক স্বামীৰ ওচৰত উপস্থিত হ'লেই এক ধৰণৰ সঙ্কোচৰ ভাব মনলৈ আহিছিল। আনহাতে বালক স্বামীয়েও মুখ তুলি নেচাইছিল। এৰা, কেতিয়াবা যেন তেওঁ আগ্ৰহ প্ৰকাশ নকৰিছিল।

দিল্লীৰ পৰা অহাৰ পাছদিনাই তিৰুপতি ভগৱানৰ মূৰ্তিৰ ওচৰত আমি তিনিও থিয় হৈছিলো। শত্ৰুবাৰ আছিল। ৰাতিপুৱা তিৰুপতি ভগৱানক গাখীৰেৰে স্নান কৰোৱা সেই 'তিৰুমঞ্জন' উৎসৱ হৈ গৈছিল। ক'লা পাথৰৰ এই চিকুণ মূৰ্তিটি আৰু উজ্জ্বল হৈ পৰিছিল। আচৰিত কথা এয়ে যে মই তিৰুপতি ভগৱানৰ সেই অতিশয় উজ্জ্বল চকুযোৰলৈ সেইদিনা মূৰ তুলি চাব পাৰিলো। তেনেদৰে দিল্লীত এদিন থাকি অহাৰ বাবে মোৰ প্ৰচণ্ড গ্লানিবোধ হৈছিল সঁচা কিন্তু পাপবোধ হোৱা নাছিল।

।।ন।।

এদিন ছাৰে ক'লে—"তোমাৰ ওচৰলৈ মই মানুহ এগৰাকী পঠিয়াই দিছো। তেওঁক চিঠি এখন লেখি দিব লাগে। তুমিয়েই দিবা।"

...গেৰুৱা বস্ত্ৰ পিন্ধা আদবয়সীয়া মানুহ এজনী তললৈ নামি আহি একেবাৰে মোৰ সন্মুখত উপস্থিত হ'ল। তাই নিজেই মোক পৰিচয় দি ক'লে—"মই বজালী পাঠশালাৰ পিনৰ মানুহ!"

মই প্ৰশ্ন কৰিলো—"সন্ন্যাস কেতিয়া ল'লা?"

তাই বৰ বিচিত্ৰ হাঁহি এটা মাৰিলে। প্ৰশ্নটোৰ উত্তৰ নিদিলে। সন্ন্যাসিনী হৈ এনেদৰে ঘূৰি ফুৰা আৰু দুগৰাকীমান অসমীয়া মানুহক গুৱাহাটীতেই লগ পাইছিলো। বহুদিনৰ মূৰত অসমৰ সন্ন্যাসিনীগৰাকীক লগ পাই চাহ-জলপান যাচিলো। তাৰ পাছত প্ৰশ্ন কৰিলো—"চিঠিখন কি ভাষাত লেখিব লাগিব? অসমীয়া নে হিন্দী নে ইংৰাজীত? এইবোৰ ভাষা জানো যদিও মই কিন্তু এটা ভাষাতো পাৰ্গত নহয়।"

তাই এটা মধুৰ হাঁহি মাৰি ক'লে—"ইংৰাজীতে লেখা। তেওঁ ইংৰাজী বুজি পায়।"

এই মানুহজনী আন এগৰাকী সন্ন্যাসী জাতীয় অথচ অৱস্থাপন্ন ৰহস্যময় মানুহৰ লগত বাস কৰে। এই সাধুগৰাকীৰ বৃন্দাবনত আৰু গুজৰাটৰ আহমদাবাদতো মন্দিৰ আছে। বৰ্তমান সাধুগৰাকী আহমদাবাদত যোৱা বাবে কিছুমান গুণ্ডাই তাইক ভাবুকি

দিবলৈ আৰম্ভ কৰিছে। এইখিনি কথাকে তাই মোক চিঠিখনত লেখিব ক'লে।

চিঠিখন লেখি উঠি মই ক'লো—"তোমাৰ যদি মন্দিৰত ইমানেই বিপদ হৈছে তেতিয়াহ'লে আমাৰ এই মন্দিৰলৈকে আহাঁ! ছাৰৰ আশ্ৰমত ইয়াত সকলোৱে বৰ নিৰাপদে থাকিব পাৰে।"

তাই মূৰ তুলি চাই এটা বৰ ৰহস্যময় হাঁহি মাৰিলে। মই একো বুজি নেপালো। তাই উঠি যোৱাৰ লগে লগে চোতাল সাৰি থকা ললিতা দাসীয়ে তাইৰ কুঁজটোত হাত দি মোৰ টেবুলৰ ওপৰত আহি থিয় হ'ল। [ললিতা দাসী ওচৰত থিয় হ'লেই মই এটা ভেকেটা-ভেকেট গোন্ধ পাওঁ। তাইৰ বৰণটো বগা যদিও ভালদৰে ধোৱা-পখলা নকৰে বাবে শৰীৰৰ ছালত ক'লা চোম পৰাৰ দৰে চামনি বান্ধিছিল। সুবিধা পালেই তাই মন্দিৰবোৰৰ দুৱাৰৰ সন্মুখত শাৰী পতা ভিখাৰীবোৰৰ লগত বহিছিল।]

"তুমি যে চিঠি লিখি দিলা, এই মানুহজনী অসমৰ। তাইৰ কথা তুমি বোধহয় একো নাজানা।"

মই ক'লো—"নাজানো।"

মোৰ কাণৰ ওচৰলৈ আহি তাই ফুচ্‌ফুচাই ক'লে—তাই এই পবিত্ৰ ব্ৰজধামত বাস কৰে, চন্দনৰ ফোঁট লগাই গেৰুৱা কাপোৰ পিন্ধে, ৰুদ্ৰাক্ষৰ মালা পিন্ধে, কিন্তু তাই কি নাজানে?"

মই আৰ্তনাদ কৰি উঠিলো—"কি?"

"তাই বেশ্যা।"

"বেশ্যা!"

মই হতভম্ব হৈ পৰিলো। মানুহজনীৰ ছবিখন আকৌ এবাৰ মোৰ চকুৰ সন্মুখত যেন ভাস্বৰ হৈ পৰিল। চাকিৰ পোহৰত জিলিকা মাটিৰ পাত্ৰৰ দৰে শৰীৰৰ বৰণ। মুখখন ঘূৰণীয়া। চকুযোৰো বৰ বেছি ডাঙৰ নহয়। কিন্তু চুলিকোছা? এৰা, চুলিকোছাতেই যেন তাইৰ সকলো ৰহস্য পোত গৈ আছিল। দীঘল আৰু ক'লা চুলিকোছাত এক অনন্য উজ্জ্বলতা! আৰু বয়স? কিছুমান মানুহৰ বয়সৰ হিচাপক শৰীৰৰ তেজ-মাংসৰ এক ৰহস্যময় আঁচলে সম্পূৰ্ণভাৱে লুকুৱাই ৰাখিব পাৰে; এই মানুহজনীৰ বয়সকো এক ৰহস্যময় আঁচলে সম্পূৰ্ণভাৱে লুকুৱাই ৰাখিছিল। এসপ্তাহমানৰ পাছত আকৌ এদিন মই ইন্সটিটিউটৰ পৰা উভতি অহাৰ পাছত তাই আহি উপস্থিত হ'ল। মোৰ দুৱাৰমুখত থিয় হৈ ক'লে—"তোমাৰ কাষৰ সৌ খুপৰিটোত মই এজনী ছাগলী বান্ধিব আহিছিলো। এতিয়া নহয়—বাবাজী বৃন্দাবনৰ পৰা আহমদাবাদলৈ যোৱাৰ সময়ত, মানে যোৱা বছৰত। এতিয়া বাবাজী আহমদাবাদলৈ গৈছে—তেওঁ নহালৈকে

মোৰ আৰু শান্তি নাই!"

মই প্ৰশ্ন কৰিলো—"তেতিয়াহ'লে তুমি চিঠি লেখাব আহিলা?"

তাই ক'লে—"তুমি মোক এনেদৰে মাজে-সময়ে চিঠি লেখি দি থাকিবা। মই প্ৰত্যেকখন চিঠিৰ বাবে তোমাক দহ পইচাৰ পৰা চাৰি অনালৈকে দিম।"

[মানুহজনীয়ে মই এনেদৰে বৃন্দাবনৰ খুপৰিত বাস কৰা বাবে মোক একেবাৰে দৰিদ্ৰ ঘৰৰ পৰা আহিছিলো বুলি ভাবিছিল চাগৈ।...ওঠৰ বছৰ পাছত যেতিয়া তাই মোৰ গুৱাহাটীৰ উত্তৰ শৰণীয়াৰ ঘৰত লগ পাইছিল তাই চিঞৰি উঠিছিল—"তুমি যে এনে ধৰণৰ অৱস্থাপন্ন ঘৰৰ মানুহ মই জনা নাছিলো— বৃন্দাবনত তোমাৰ কাপোৰ-কানিবোৰো তেনেই সাধাৰণ আছিল। চকি, মেজযোৰো ভঙা আছিল।"...ওঠৰ বছৰৰ পাছত তাই ব্ৰহ্মপুত্ৰ তীৰ্থ ভূমি অশ্বক্লান্তত বাস কৰিবলৈ লৈছিল।]

তাইক মই ক'লো যে চিঠি লেখাৰ বাবে পইচাৰ প্ৰয়োজন নাই।

আকৌ মই তাইক আহমদাবাদত থকা সাধুগৰাকীৰ বাবে সেই একেই ভাষা আৰু সেই একে বিষয়বস্তুৰে এখন চিঠি লেখি দিলো। এইবাৰ তাই ব্লাউজৰ পটেকৰ পৰা চিঠি এখন উলিয়াই মোক পঢ়িবলৈ ক'লে। চিঠিখন হিন্দীত লেখা আছিল। তাত তেওঁ থকা মন্দিৰৰ কথা লেখা আছিল আৰু অলপতে যে তেওঁ বৃন্দাবনলৈ আহি সকলো সমস্যাৰ ওৰ পেলাব এই কথাও বহলাই লেখা আছিল।

মই এইবাৰ তাইৰ চকুলৈ চাই প্ৰশ্ন কৰিলো—"কোৱাচোন, তোমাৰ এটা অভিজ্ঞতাৰ কথা কোৱা। ইতিমধ্যে মই অৱশ্যে তোমাৰ কথা শুনিছো।"

মোক হতভম্ব কৰি দি তাই এইবাৰ গুৱাহাটীৰ পৰা বৃন্দাবনলৈ অহাৰ সময়ত দুটা পুৰুষৰ লগত কেনে ধৰণে আহিব লগীয়া হ'ল এই কথা নিঃসঙ্কোচে বৰ্ণনা কৰিলে। [তাই ইমান বেছি অশ্লীল ভাষাৰে এই কথা বৰ্ণনা কৰিলে যে কাগজ-কলমেৰে সেই কথা লেখি বৰ্ণনা কৰিব নোৱাৰি।]

মই এঠাইত পঢ়িছিলো যে শতকৰা আশী ভাগ দেহোপজীৱিনীয়ে নিজৰ অনিচ্ছা সত্ত্বেও অৰ্থৰ তাড়নাত পৰি এই পথ ল'ব লগীয়া হয়। কুৰি ভাগেহে নিজৰ ইচ্ছা মতে এই পথ লয়। মোৰ বুজিবলৈ বাকী নেথাকিল যে এই মানুহগৰাকী কুৰি ভাগৰে এগৰাকী আছিল। সেয়ে নিজ ইচ্ছাৰে এই পথত ভৰি দিছিল।

এইবাৰ মই তাইক প্ৰশ্ন কৰিলো—"সেইবোৰ মানুহ যিবোৰৰ লগত তোমাৰ দীৰ্ঘদিনৰ চিনা-পৰিচয় নাই—প্ৰেম নাই—সেইবোৰৰ লগত তোমাৰ শৰীৰৰ এনে বেহা কৰিবলৈ গ্লানিবোধ নহয়?"

...তাই ফিক কৰি এনে ধৰণৰ হাঁহি এটা মাৰিলে যে মই তবধ মানিলো।

কাশ্মীৰৰ চেনাব নদীৰ ৱাৰ্ক ছাইটত মই এগৰাকী দেহোপজীৱিনী দেখিছিলো। তাইক অৱশ্যে মই চকা-মকাকৈহে দেখিছিলো। এই কথা মই ইতিমধ্যে প্ৰকাশ কৰিছো। কিন্তু এইগৰাকীক? মই এই ঈশ্বৰৰ নগৰত দেখা পালো। আগৰ গৰাকীয়ে হয়তো অৱস্থাত পৰি এই পথ লৈছিল। কিন্তু ঈশ্বৰৰ নগৰৰ এই গৰাকীয়ে স্বইচ্ছাৰে এই পথ লৈছে।

।।দহ।।

ইতিমধ্যে মই ইন্সটিটিউটত সৰহভাগ সময় কটাবলৈ আৰম্ভ কৰিছিলো। ওপৰ মহলাৰ একেবাৰে নিৰিবিলি পুৰণা কোঠাটোত পঢ়া-শুনা কৰিছিলো। ওচৰৰ নিমগছৰ পৰা বগুৰা বাই অহা কেৰ্কেটুৱাবোৰে কোঠাটোত উমলি ফুৰিছিল। সিহঁতে লাহে লাহে যেন মোকো চিনি পোৱা হৈছিল। ছাৰৰ দৰে মোৰ শৰীৰতো উঠিছিল।

...মোৰ কাম আগ বঢ়া দেখি ছাৰে সন্তোষ প্ৰকাশ কৰিছিল। 'নীলকণ্ঠী ব্ৰজ' নামৰ কিতাপখনৰ কামতো মই কিছু আগ বাঢ়িছিলো। কামৰ মাজত সময় উলিয়াই মই-দুটা গল্পও লেখিছিলো। সঁচা কথা ক'বলৈ গ'লে স্কুল আৰু কলেজত পঢ়ি থাকোঁতে লেখা গল্পবোৰ যেতিয়া মই দ্বিতীয়বাৰ পঢ়িছিলো মোৰ লজ্জাৰ সীমা নাছিল। সেইবোৰ যেন এক উচ্ছ্বাসতহে লেখা আছিল। জীৱনৰ গভীৰ অভিজ্ঞতা লৈ লেখা নাছিলো বাবে সেইবোৰৰ যেন কোনো বিশেষ মূল্য নাছিল। ঠিক এনে এক ভাব হৈছিল। এই কথা মই এবাৰ কটন কলেজত আমাক অসমীয়া পঢ়ওৱা অধ্যাপক ডক্টৰ হেমন্ত কুমাৰ শৰ্মাদেৱৰ আগত প্ৰকাশ কৰিছিলো। তেওঁ কৈছিল—"সেই গল্পবোৰৰ হাতত ধৰি ধৰিয়েই তুমি আগুৱাই যাবৰ চেষ্টা কৰিছা। গতিকে সেইবোৰ গল্প তুমি নষ্ট কৰি নেপেলাবা।"

...শ্বিলঙৰ পৰা গুৱাহাটীলৈ আহি কিছু বছৰ মই গুৱাহাটীৰ তাৰিণী চৌধুৰী ছোৱালী স্কুলত পঢ়িছিলো। এই স্কুলৰ সেই সময়ৰ প্ৰধান শিক্ষয়িত্ৰী শ্ৰদ্ধেয়া ইন্দিৰা দেৱী বাইদেৱে সেই সময়ত স্কুলৰ পঢ়া ভালদৰে পঢ়িব দি কৈছিল—"গল্প-কবিতা মানুহে অভিজ্ঞতা হ'লেহে লেখা ভাল।" এই পূজনীয় বাইদেউগৰাকীৰ কথাৰ গুৰুত্ব মই পাছত ভালদৰে উপলব্ধি কৰিছিলো।

স্কুল নাইবা কলেজৰ পাঠ্যপুথিয়ে মোক আৰ্কষণ নকৰিছিল। কলেজত শেক্সপীয়েৰৰ 'জুলিয়াছ চীজাৰ', টুৰ্গেনিভৰ 'ভাৰ্জিন চইল', স্কটৰ 'ব্ৰাইড অব্ লেমাৰমূৰ' ইত্যাদি কেইখনমান আঙুলিৰ মূৰত লেখিব পৰা কিতাপেহে মোক আৰ্কষণ কৰিছিল।

কিন্তু শিক্ষকসকলৰ প্ৰতিহে মোৰ আকৰ্ষণ বেঁছি আছিল। জীৱন্ত মানুহৰ ব্যৱহাৰ আৰু কৰ্মইহে যেন বেছি আকৰ্ষণ কৰে এনে ভাব হৈছিল। পাইন মাউণ্টৰ শিক্ষয়িত্ৰীসকলৰ কাহিনী ইতিমধ্যে মই প্ৰকাশ কৰিছো।

তাৰিণী চৌধুৰী ছোৱালী স্কুলৰ কেইগৰাকীমান শিক্ষয়িত্ৰীৰ ব্যৱহাৰত মই বৰ মুগ্ধ হৈ আছিলো। শ্ৰীমতি অনসূয়া চৌধুৰী (হাজৰিকা), হীৰা বাইদেউ, ভানুমতী বাইদেউ, শকুন্তলা ৰায়চৌধুৰী বাইদেউ, মদন ডেকা ছাৰ আদিক মোৰ আপোন মানুহৰ দৰে ভাব হৈছিল। তেনেদৰে সন্দিকৈ কলেজত পঢ়োঁতে কিছুদিন মই লজিকৰ ক্লাছ কৰিছিলো। অধ্যাপিকা আছিল শ্ৰীমতী নীলিমা দত্ত। মই যেন মানুহগৰাকীৰ আকৰ্ষণতহে ক্লাছ কৰিছিলো ঠিক এনে এক ভাব হৈছিল। তেওঁ মোৰ এগৰাকী অতি প্ৰিয় অধ্যাপিকা আছিল।...আৰু কটন কলেজৰ অধ্যাপকসকল? ঠাকুৰীয়া ছাৰে ঘৰত আহি এবাৰ মোক 'কথা গুৰু চৰিত'খন বুজাই দিছিল। স্বৰ্গীয় তাৰিণী ভট্টাচাৰ্য ছাৰে 'মেয়ৰ অব্ কাষ্টাৰব্ৰিজ' পঢ়ুৱাইছিল। টমাছ হাৰ্ডিয়ে অৱশ্যে মোক তেনেদৰে আকৰ্ষণ নকৰিছিল। কিন্তু ভট্টাচাৰ্য ছাৰৰ পঢ়ুওৱা ধৰণ মোৰ ভাল লাগিছিল। এদিন এশ-ডেৰশ ল'ৰা-ছোৱালীৰে ভৰি থকা ক্লাছ ৰুমত তেওঁ মোৰ পিনে আঙুলি টোঁৱাই আটাহ্ পাৰি উঠিছিল—"Hear seats a serious studens without a book." হয় মই সেইদিনা কিতাপ নিয়া নাছিলো। লাজত মাটিৰ লগত মিলি যোৱাৰ দৰে অৱস্থা হৈছিল। গাৰ্লছ কমনৰুমলৈ উভতি আহি সেইদিনা মই সৰু ছোৱালী এজনীৰ দৰে লজ্জাত ফেকুৰি-ফেকুৰি কান্দিছিলো।

শ্ৰীবসন্ত বৰুৱা ছাৰে 'জুলিয়াছ চীজাৰ' পঢ়ুওৱাৰ কথা ইতিমধ্যে মোৰ আন লেখাত প্ৰকাশ কৰিছো। এইগৰাকী অধ্যাপকেই শেক্সপীয়েৰৰ প্ৰতি মোৰ আকৰ্ষণ বঢ়াইছিল।...এইখন কলেজৰে ভুৱনেশ্বৰী বাইদেউ, ৰায়হান শ্বাহ ছাৰ আৰু বিনয় চৌধুৰী ছাৰসকলৰ কথা যেন অহৰহ মনত পৰে।...আৰু গুৱাহাটী বিশ্ববিদ্যালয়? অধ্যাপক নেওগ ছাৰ, অধ্যাপক সত্যেন শৰ্মা আৰু অধ্যাপক গোলোক গোস্বামী ছাৰ?

...ছাত্ৰ-ছাত্ৰী আৰু অধ্যাপকৰ সেই মধুৰ সম্পৰ্ক এই নতুন যুগত শেষ হৈ আহিল। মোৰ পিতা এসময়ত এই কলেজৰে প্ৰিন্সিপাল আছিল। ব্ৰিটিছ অধ্যাপকসকলৰ লগত তেওঁৰ মধুৰ সৰ্ম্পক আছিল। লেখাৰু ছাৰেও এই কলেজত পঢ়ুৱাইছিল।

...কোনো কোনো চৰিত্ৰৰ কাহিনী লেখিবলৈ গ'লে, সেয়ে কোনো কোনো চিনাকি মুখ যেন মানসপটত জিলিকি উঠে।...অথচ সেই চৰিত্ৰক যেন মই সম্পূৰ্ণকৈ লেখিব নোৱাৰো। বাৰে বাৰে যেন বিফল হোৱা যায় ঠিক এনে এক ভাব হয়।

টি.চি. স্কুলত পঢ়োঁতে আব্দুল মালিক ছাৰৰ গল্প পঢ়ি মই মোৰ মহা শুভচন্দ্ৰ

বৰুৱাদেৱক এদিন মালিক ছাৰক আমাৰ চেনিকুঠিৰ ঘৰত লৈ আহিব অনুৰোধ কৰিছিলো।

তেওঁ এদিন চেনিকুঠিৰ ঘৰলৈ মোৰ অনুৰোধ ৰাখি আহিছিল। মালিক ছাৰৰ গল্পৰ দৰে অধ্যাপক যোগেশ দাস, অধ্যাপক মহিম বৰা, ড° ভবেন্দ্ৰনাথ শইকীয়া, অধ্যাপক লক্ষ্মীনন্দন বৰা, হোমেন বৰগোহাঞি, পদ্ম বৰকটকী আদিৰ গল্পয়ো আকৰ্ষণ কৰিছিল। এইসকল লোকৰ দুটা-এটা গল্পই সেই সময়ত মোৰ মনত সাঁচ বহুৱাই থৈ গৈছিল। বিশেষকৈ শ্ৰদ্ধেয় অধ্যাপক যোগেশ দাস মহোদয়ৰ এটা গল্প মই পাহৰিব পৰা নাছিলো।

যি কেইগৰাকী অসমীয়া কবিয়ে সেই সময়ত মোক আকৰ্ষণ কৰিছিল সেইসকলৰ ভিতৰত অধ্যাপক হেম বৰুৱা অন্যতম আছিল। সৰুৰে পৰা দেখা বাবেই তেওঁৰ লগত যেন এক গভীৰ আন্তৰিকতা গঢ়ি উঠিছিল। বাটে-পথে দেখিলেও তেওঁ 'এন্‌জেল' (অপ্সৰা) বুলি ধেমালি কৰি মাত দিছিল।

পিতাৰ অসুখৰ সময়ত মই তেওঁক পূজনীয় দুৰ্গেশ্বৰ শৰ্মা মহোদয়ৰ লগত প্ৰায়ে পিতাৰ বিছনাৰ ওচৰত দেখিছিলো। মাধুৰ মৃত্যুৰ সময়ত তেওঁ এম.পি. হৈ দিল্লীত আছিল। কাশ্মীৰলৈ যোৱাৰ পথত আমি দুয়ো তেওঁক মাত দিবলৈ গৈছিলো। [মাধুৰ মৃত্যুত গুৱাহাটীৰ ঘৰত খবৰ ইত্যাদি দিয়াৰ ক্ষেত্ৰত কাশ্মীৰৰ মুখ্যমন্ত্ৰীগৰাকীৰ লগত যোগাযোগ কৰি তেওঁ অনেক সহায় কৰিছিল।]

কবি হীৰেন ভট্টাচাৰ্য, নীলমণি ফুকন আৰু ভবেন বৰুৱাৰ কবিতা অৱশ্যে মই বহু বছৰৰ পাছতহে পঢ়িছিলো আৰু অভিভূত হৈছিলো।

প্ৰখ্যাত কবি অধ্যাপক নৱকান্ত বৰুৱাদেৱক মই শ্বিলঙৰ পৰা অহাৰ দিনৰে পৰা জানিছিলো। অধ্যাপক বসন্ত বৰুৱাৰ ঘৰতো লগ পাইছিলো। তেওঁক ককাইদেউ বুলিয়ে মাতিছিলো। আমাৰ পৰিয়ালৰ লগত তেওঁৰ এক অন্তৰঙ্গ সম্বন্ধ আছিল। মই তেওঁৰ 'ককা দেউতাৰ হাড়' নামৰ কিতাপখনৰ ভাষাৰ সৌন্দৰ্য দেখি অভিভূত হৈছিলো।

...আৰু সেই মহিলা লেখিকাসকল? বৰেণ্য লেখিকা নলিনীবালা দেৱীক মই অনেকবাৰ লগ পাইছিলো। যোৰপুখুৰীৰ পাৰৰ তেওঁৰ নিজৰ ঘৰত আমি তেওঁ লেখা নাটক 'নটীৰ পূজা'ৰ আখৰা কৰিছিলো। ৰজাৰ পুত্ৰবধূৰ পাৰ্টটি মোক দিছিল। দেখিলেই সাৱটি ধৰি দুগালত দুটা চুমা খাইছিল।

পিতাৰ মৃত্যুৰ সময়ত তেওঁ আমাৰ ঘৰলৈ আহিছিল। বহু সময় বহিছিল। ইয়াৰ পাছতো কেইবাবাৰো আহিছিল। এবাৰ আমাৰ ড্ৰইংৰুমত ওলমাই থোৱা গুঁই সাপৰ বৃহৎ ছাল এখন দেখি কৈছিল—"এনেদৰে ছাল সজাই থোৱা মই বৰ পছন্দ নকৰো।"

তেওঁ যোৱাৰ পাছত আমি সেই ছাল মেৰুৱাই বান্ধি ভিতৰত থৈ দিছিলো। ...বহুব ছৰৰ পাছত মই শেষবাৰৰ বাবে তেওঁক গুৱাহাটীৰ 'লয়াৰ্ছ বুক ষ্টল'ত দেখা পাইছিলো। তেওঁ মোক সাৱটি ধৰিছিল। কৈছিল—"তোমাক লগ পালো বৰ ভাল হ'ল। মোক এটা পৰামৰ্শ দিয়াচোন?"

"পৰামৰ্শ, আপোনাক?"—মই আৰ্তনাদ কৰি উঠিলো।

অসমৰ বাহিৰৰ পৰা প্ৰকাশ হ'ব খোজা কিতাপ এখনত তেওঁৰ পৰিচয় আৰু প্ৰশ্ন বিচৰা হৈছিল। দুটামান প্ৰশ্ন তেওঁ কেনেকৈ লেখিব এই কথাই তেওঁ মোক সুধিলে।...সেইদিনা মোৰ ভাব হৈছিল তেওঁ যেন মোক এয়া সন্মানেই দিলে। সেয়ে মোৰ তেওঁৰ লগত শেষ দেখা আছিল।

শ্ৰীমতী নিৰুপমা বৰগোহাঞিও আৰু শ্ৰীমতী স্নেহ দেৱীৰ লেখা ভাল পাইছিলো। যথেষ্ট সংযম ৰাখি তেওঁলোকে লেখিছিল। তেওঁলোকক অৱশ্যে মই ব্যক্তিগতভাৱে তেতিয়াও চিনি নেপাইছিলো। বহু দিনৰ পাছতহে চিনাকি হৈছিল।

ঔপন্যাসিক প্ৰবীণা শইকীয়াৰ লগত মোৰ অৱশ্যে এক প্ৰকাৰ আত্মীয়তা আছিল। তেওঁ যেন মোৰ বিবুদ্ধিতা আৰু মানসিক অৱস্থাৰ বিষয়ে জানিছিল এনে ভাব হৈছিল।...শ্ৰীমতী নিৰ্মলপ্ৰভা বৰদলৈৰ গানৰ টুকুৰা কিছুমান স্কুল-কলেজত পঢ়োঁতে কাণৰ কাষত গুণ্‌গুণাই আছিল। মাধুৰ মৃত্যুৰ পাছত কাশ্মীৰৰ পৰা গুৱাহাটীলৈ আহোঁতে তেওঁ মোক দেখা কৰিব গুৱাহাটীৰ চেনিকুঠিৰ ঘৰলৈ আহিছিল। মোৰ ওচৰত বহি তেওঁ চকুলো টুকিছিল।...আৰু প্ৰীতি ভট্টাচাৰ্য? [ডক্টৰ মহেশ্বৰ নেওগ ছাৰে কৈছিল, লাগি থকাহেঁতেন এইগৰাকী লেখিকা বহু দূৰলৈ যাব পাৰিলেহেঁতেন।] তেওঁৰ লগত এক ধৰণৰ আত্মীয়তা গঢ়ি উঠিছিল।

এৰা, প্ৰায়বোৰেই সাহিত্য চৰ্চা কৰিছিল। ডলী বাইদেউ, আলিমুন বাইদেউ, অনিমা ভড়ালী (দত্ত), নীলিমা শৰ্মা, আৰতি বৈৰাগী, হিৰণ বাইদেউ, চিত্ৰলেখা বাইদেউ...সকলোৱে সাহিত্য চৰ্চা কৰিছিল। সাহিত্যপ্ৰেমী লোকেৰে গুৱাহাটী চহৰ যেন ভৰি আছিল। নিজে কি লেখো কি নাই এই বিষয়েও কাকো অন্তৰ খুলি মই একো ক'ব নোৱাৰিছিলো। প্ৰিয় বান্ধৱী মানসীয়ে কৈছিল—"কিয় এনেকুৱা তই! কাকো কথা খুলি ক'ব নোৱাৰ!" প্ৰিয় বান্ধৱী অলিয়েও ছাত্ৰী অৱস্থাত—'অ্যাট্ৰেণ্ড্যান্স কাগজ' এখন দিবলৈ বিশ্ববিদ্যালয়ৰ সেই সময়ৰ অধ্যাপক স্বৰ্গীয় বিৰিঞ্চি কুমাৰ বৰুৱাদেৱৰ ওচৰলৈ যাবলৈ সঙ্কোচ কৰোঁতে কৈছিল—"কিয় এনেকুৱা ছোৱালী তই?"

[মৃত্যুৰ দুবছৰমান আগেয়েহে মই অধ্যাপক বিৰিঞ্চি কুমাৰ বৰুৱাদেৱক লগ পাইছিলো। তেওঁৰ গাড়ীত মই দুই-এবাৰ বিশ্ববিদ্যালয়লৈও গৈছিলো। এবাৰ আমাৰ গোটেই ক্লাছটোকে তেওঁ বশিষ্ঠলৈ লৈ গৈছিল। বিদেশলৈ যোৱাৰ সময়ত আমি অৰ্থাৎ স্নাতকোত্তৰ ছাত্ৰীসকলে তেওঁক বিদায় দিবলৈ এবাৰ বিমান বন্দৰলৈও গৈছিলো। মই তেনেই কম বয়সতে লেখা গল্প-সংকলন এটা তেওঁ পঢ়িছিল। তাত তেওঁ নতুন শব্দ বৰ বেছি বিচাৰি নেপাই মোক নতুন শব্দ সংগ্ৰহ কৰিব দিছিল। মোৰ কিতাপখন অৱশ্যে মই তেওঁক উপহাৰ দিয়া নাছিলো। তেওঁ নিজেই কিনি লৈছিল। এনে এক সঙ্কোচে মন-প্ৰাণ আৱৰি ধৰিছিল যে সেই সময়ত মই নিজে লেখা কিতাপ কাকো উপহাৰ দিয়াৰ কথা ভাবিব নোৱাৰিছিলো। ছপা হৈ ওলোৱাৰ পাছত নিজৰ গল্প পঢ়িবলৈ নিজৰে এক অদ্ভুত সংঙ্কোচ হৈছিল।]

...লেখাৰু ছাৰৰ আগত মই কীৰ্তিনাথ হাজৰিকাৰ কথাও কৈছিলো। এইগৰাকী লোকৰ প্ৰেৰণা সেই সময়ত মোৰ জীৱনৰ বাবে কেনে ধৰণৰ মহত্ত্বপূৰ্ণ আছিল সেই কথা মই প্ৰকাশ কৰিব নোৱাৰো। তেওঁৰ প্ৰেৰণাতে মই সৰহ সময় লেখিবলৈ উৎসাহ পাইছিলো। এনে এক অভ্যাস মই কৰি লৈছিলো যে জীৱনৰ তিক্ত অভিজ্ঞতাৰ পৰা পলাই সৰাৰ মোৰ বাবে এয়া এক উপায় হৈ পৰিছিল। স্কুলত পঢ়ি থাকোঁতেই লেখা মোৰ অপৰিপক্ক লেখাবোৰ তেওঁ যথেষ্ট পৰিশ্ৰম কৰি শুধৰাই 'নতুন অসমীয়া'ত প্ৰকাশ কৰিছিল। পিছলৈ মই আন কেইগৰাকীমান ভাৰতীয় লেখাক যেনে—গুজৰাটী লেখক গোপাল দাস, ব্ৰোকাৰ, পাঞ্জাবী লেখক ডক্টৰ হৰভজন সিং, হিন্দী লেখিকা কমলা ৰত্নম ইত্যাদিৰ পৰা মোৰ সাহিত্য পঢ়ি লেখা কিছুমান মূল্যৱান চিঠি পাইছিলো। অমৃতা প্ৰীতমৰ লগত মোৰ সম্বন্ধ গভীৰ হৈ আহিছিল। অসমীয়া লেখকসকলৰ পৰাও যথেষ্ট উৎসাহপূৰ্ণ চিঠি পাইছিলো। এইসকলৰ ভিতৰত ডক্টৰ বীৰেন্দ্ৰ কুমাৰ ভট্টাচাৰ্য্য, চৈয়দ আব্দুল মালিক, ডক্টৰ মহেশ্বৰ নেওগ, ডক্টৰ সত্যেন্দ্ৰনাথ শৰ্মা ইত্যাদি পণ্ডিত লোকৰ মূল্যৱান চিঠি কিছুমান মই যত্নেৰে সংৰক্ষণ কৰি ৰাখিছিলো। 'মামৰে ধৰা তৰোৱাল' নামৰ কিতাপখন পঢ়ি ডক্টৰ হীৰেন গোহাঁইদেৱেও এখন প্ৰেৰণাদায়ক চিঠি লেখিছিল। সেই চিঠিও মই যত্নেৰে থৈ দিছিলো।

...আচৰিত কথা এয়ে যে নানা ধৰণৰ বিচিত্ৰ চিঠি মোলৈ আৰু আহিছিল। মোক কেতিয়াও নেদেখাকৈয়ে মোৰ উপন্যাস পঢ়ি দুই-এক পাঠকে দিয়া চিঠি পঢ়ি মই তবধ মানিছিলো। কোনোদিনে নেদেখা নীলিম কুমাৰ নামৰ উঠি অহা অসমীয়া তৰুণ কবিগৰাকীয়ে ১৯৮৬ চনত লেখিছিল—

'উৎসৰ্গ মামণি ৰয়ছম গোস্বামীলৈ'

"মাতাল হৈ গোটেই ৰাতি
পৃথিৱীৰ সতে ঢলং ঢপংকৈ
তোমাক বিচাৰি ফুৰিলো,
বতাহো আহিব খুজিছিল
আমাৰ সতে,
কোন দুৰ্গত মূৰ থৈ তুমি শুই আছা,
হে মোৰ বিধ্বংসী প্ৰেমৰ নাৰী"

১৬ নৱেম্বৰ ১৯৮৬ চনত এইগৰাকী কবিয়ে আৰু এটা কবিতা মোলৈ উৎসৰ্গিত কৰি পঠিয়ালে। কবিতাটিৰ নাম আছিল—'অঘৰী প্ৰেমিক'। কবিতাটি মই তলত উদ্ধৃত কৰিলো—

"অঘৰী প্ৰেমিকজনে আহি
বিচাৰিব যেনি তেনি
তোমাৰ বুকুলৈ যোৱা
বাটটো কেনি
অঘৰী প্ৰেমিকজন আহিলে
পদুলিত ৰৈ নাথাকিবা।
বন্ধ কৰিবা গান
ঢাকি ৰাখিবা
তোমাৰ মুখৰ
কৰুণ শিল্প।
পিন্ধি থাকিবা শিলৰ পোছাক।
তেওঁ আহি তোমাৰ
কলিজাটো হে খুজিবহি
লুকাই থবা কলিজাটো
তোমাৰ প্ৰিয়জনৰ
বুকুৰ তলত।
কাতৰ হৈ উঠা
তেওঁৰ ওঁঠলৈ
নাচাবা এবাৰো
তেওঁ কিন্তু আহিবই

আহি বিচাৰিব

যেনি তেনি

তোমাৰ বুকুলৈ

যোৱা বাটটো

কেনি !”

শিখ কবি সাহিত্যপ্ৰেমী জগতাৰ সিঙে ইংৰাজীলৈ অনূদিত মোৰ কিছু সাহিত্য পঢ়ি এটা কবিতা লেখি পঠিয়াইছিল। এই কবিতাৰ দুটামান পংক্তি বৰ হৃদয়স্পৰ্শী আছিল।

অনেক পাঠকৰ অনেক বিচিত্ৰ চিঠি মই যত্নেৰে সংৰক্ষণ কৰি ৰাখিছো। ...এইখিনিতে আৰু এটা কথা মোৰ মনত পৰিছে। অধ্যাপক-সমালোচক প্ৰফুল্ল কটকীদেৱে মোৰ দুখন কিতাপ ইংৰাজী ভাষালৈ অনুবাদ কৰিছিল। মোৰ লগত ব্যক্তিগতভাৱে পৰিচয় হোৱাৰ আগেয়ে তেওঁ মোৰ ‘নীলকণ্ঠি ব্ৰজ’ পঢ়িছিল। মোৰ লগত পৰিচয় হোৱাৰ পাছত তেওঁ এদিন কৈছিল—“I fell almost in love with the heroine of the book.”...তেওঁৰ এই কথাষাৰে মোক বৰ অভিভূত কৰিছিল। ডক্টৰ কটকীদেৱে তেওঁৰ গ্ৰন্থসমূহতো মোৰ কিতাপৰ উল্লেখ কৰিছিল। ...নিজৰ লেখা পঢ়ি মই নিজে কেতিয়াও সন্তুষ্ট হোৱা নাছিলো যদিও পাঠক আৰু লেখকসকলৰ এনেবোৰ উক্তিয়ে মোক আকৰ্ষণ নকৰাকৈ থকা নাছিল।

...মাজে-সময়ে লেখাৰু ছাৰে মোক লেখাত প্ৰেৰণা দিয়া মানুহবোৰৰ বিষয়ে প্ৰশ্ন কৰিছিল।

মই শ্ৰীকীৰ্তিনাথ হাজৰিকাদেৱৰ কথা কৈছিলো, তাৰিণী চৌধুৰী স্কুলৰ, পাইন মাউণ্টৰ, সন্দিকৈ ছোৱালী কলেজৰ, কটন কলেজৰ আৰু গুৱাহাটী বিশ্ববিদ্যালয়ত লগ পোৱা অনেক চৰিত্ৰৰ কথা কৈছিলো।...ছাৰে মোৰ ওচৰত কাঠৰ চকী এখনত বহি বৰ মনোযোগেৰে এই কথা শুনিছিল। ভাব হৈছিল মোৰ মনৰ যন্ত্ৰণাৰ কাহিনী ছাৰে লাহে লাহে গম পোৱা হৈছিল।...সেই সময়ত তেওঁ মোক এক অনন্য শক্তি হৈ যেন পহৰা দি আছিল। তেওঁৰ ছত্ৰছায়াৰ তলত থাকি মই যেন এক শক্তি লাভ কৰিছিলো।...কেতিয়াবা মূৰ আচন্দ্ৰাই কৰিলে তেওঁ ওপৰৰ পৰা তললৈ নামি আহিছিল। নিজ হাতেৰে তেওঁ মূৰত মলম সানি দিছিল। কেতিয়াবা হাতত টৰ্চ লৈ এই অন্ধকাৰ খুপৰিটোৰ চাৰিওফালে ঘুমুটিয়াই চাই ফুৰিছিল—কিজানি ক’ৰবাত লুকাই থকা গোৱালা সাপডাল তেওঁ দেখা পায়েই বা!

।। এঘাৰ।।

...বৃন্দাবনলৈ অহা ইতিমধ্যে মোৰ ডেৰ বছৰৰো অধিক হ'ল। এই ঈশ্বৰৰ নগৰীৰ লগত মোৰ এক ধৰণৰ আত্মীয়তাই স্থাপন হ'ল। কেতিয়াবা এনে ধৰণেও মই ভাবিব ধৰিলো যে জীৱনৰ বাকীছোৱা সময়ো মই বৃন্দাবনতেই থাকিম। মোৰ বদ্ধমূল ধাৰণা হৈছিল বনমহাৰাজৰ ইন্সটিটিউট অব্ অৰিয়েণ্টেল ফিল'ছ'ফিতে মই কাম এটা যোগাৰ কৰিব পাৰিম। তদুপৰি গৱেষণা সাং হোৱাৰ পাছত যদি মই কোনো উপযুক্ত সাধু-সন্ন্যাসী পাওঁ তেতিয়াহ'লে হিমালয়ৰ গুহাবোৰো চাই আহিম। তাত তপস্যা কৰি থকা সাধুৰ সাক্ষাৎ লাভ কৰিম। [পিছলৈ মোৰ আন্তৰিকতা ভাৰতৰ পৰম বিদুষী মহিলা কমলা ৰত্নমৰ লগত হৈছিল। মোক নিজৰ ভগ্নীৰ দৰে ব্যৱহাৰ কৰি তেওঁ হিমালয়ত লগ পোৱা এক ৰহস্যময় সাধকৰ কাহিনী কৈছিল। সেই সময়ত তেওঁ বালিকা মাত্ৰ আছিল। এক দলং বন্ধা কামত পিতৃৰ লগত ঋষিকেশৰ ওচৰত আছিল। সেই সময়তে হিমালয়ৰ গুহাৰ পৰা নামি আহি এই অজ্ঞাত মহান সাধকে তেওঁক সংস্কৃতৰ বিষয়ে জ্ঞান দিছিল। এই পুৰুষ দেখিবলৈ হেনো গ্ৰীক লোকৰ দৰে আছিল। শৰীৰৰ বৰণ হাতীৰ দাঁতৰ দৰে আছিল। চুলি কান্ধত পৰিছিল। মিহি মুছলিন কাপোৰ পৰিধান কৰিছিল। তেওঁ ক'ত সাধনা কৰি থাকে ক'ৰ পৰা আহিছে এই বিষয়ে কোনেও তেওঁক প্ৰশ্ন নকৰিছিল। তেওঁ নিজেও এই বিষয়ে কাকো একো নকৈছিল।]

...এই দীৰ্ঘ কাল বৃন্দাবনত থাকি—এই দল বান্ধি অহা সাধু-সন্ন্যাসীসকলক মই চটৰ ওপৰৰ পৰা আৰু আখাৰাৰ দুৱাৰমুখৰ পৰা নিৰীক্ষণ কৰিব ধৰিলো। অনেক ভণ্ড সন্ন্যাসীকো লগ পালো।

।। বাৰ।।

১৯৭০ চনৰ অক্টোবৰ মাহৰ কুৰি তাৰিখ। ছাৰ আৰু মই ইন্সটিটিউটলৈ যাবলৈ সাজু হৈছিলো। বাহিৰত আমাৰ টাঙ্গা সাজু হৈ আছিল। ঠিক এনে সময়তে পিয়নে মোৰ হাতত দিল্লী বিশ্ববিদ্যালয়ৰ ছাব মোহৰ মৰা চিঠি এখন তুলি দিলে। খুলি চাই দেখিলো সেইখন দিল্লী বিশ্ববিদ্যালয়ৰ আধুনিক ভাৰতীয় ভাষা বিভাগৰ অসমীয়া ভাষাৰ 'লেকচাৰ'ৰ পদৰ বাবে 'ইণ্টাৰভিউ'ৰ কাৰণে মতা পত্ৰ।

এবছৰমান আগেয়ে এবাৰ গুৱাহাটীলৈ যাওঁতে শ্ৰীযুতা মায়ে কাৰোবাৰ মুখত

দিল্লী বিশ্ববিদ্যালয়ত কাম এটা খালী আছে বুলি শুনিছিল। মোক এখন দৰ্খাস্ত দিবলৈ কুতুৰি আছিল। দৰ্খাস্তখন দিবলৈ মই মুঠেই আগ্ৰহ কৰা নাছিলো। ক'ব নোৱাৰো কি কাৰণে ইমানবোৰ দুৰ্ঘটনা ঘটি যোৱা সত্বেও শ্ৰীযুতা মায়ে মোক লৈ এক আশা পোষণ কৰিছিল। এষাৰ কথা সদায়ে তেওঁ কৈছিল—"তোৰ কিমান শক্তি আছে জাননে?"...তেওঁ অহৰহ এয়া কি শক্তিৰ কথা কৈছিল মই বুজি নেপাইছিলো। মোৰ মহা শ্ৰীশুভচন্দ্ৰ বৰুৱাই দিল্লী বিশ্ববিদ্যালয়লৈ দিয়া দৰ্খাস্তখন টাইপ কৰি মোৰ পৰা চহী এটা লৈ পঠিয়াই দিছিল।

ইণ্টাৰভিউলৈ মতা এই চিঠি মই বেগত ভৰাই ল'লো। টাঙ্গাত উঠি এই চিঠি মই ছাৰক দেখুৱালো। ছাৰে নিজৰ মতামত প্ৰকাশ কৰাৰ আগেয়ে মই ক'লো—"মই ইণ্টাৰভিউ দিবলৈ দিল্লীলৈ যোৱাৰ প্ৰয়োজন নাই, কাৰণ ইয়াত মোৰ কাম শেষ হোৱা নাই। তালৈ গৈ লঘুৰে হোৱা যাব। অনেক মেধাৰী ছাত্ৰ-ছাত্ৰীৰ ভিৰ হ'ব।"

ছাৰে কিছু সময় তভক মাৰি থাকিল। তাৰ পাছত লাহে লাহে ক'লে—"তুমি ভয় কৰিছা কিয়? এইবোৰ যে প্ৰভুৰ ইচ্ছা। কাম পালেও গৱেষণা শেষ কৰিবলৈ বিশ্ববিদ্যালয়ে তোমাক অনুমতি দিব। নেপালেও এয়া তোমাৰ এক অভিজ্ঞতা হৈ থাকিব।"

মই ক'লো—"আপুনি যেন মোক ক্ষমা কৰে, দিল্লীলৈ যোৱাৰ মোৰ একেবাৰে ইচ্ছা নাই। ভাল সাধুৰ দল এটা লগ পালে গৱেষণা হোৱাৰ পাছত কিছুদিনৰ বাবে হিমালয়ৰ পিনে যোৱাৰ ইচ্ছা আছে।"

ছাৰে যেন চিৎকাৰ কৰি উঠিল—"ইস্! ইস্!! তুমি এই বয়সত তেনেদৰে সাধু-সন্ন্যাসীৰ লগত হিমালয়লৈ যাব নোৱাৰিবা। তোমাৰ মনলৈ এতিয়াও স্থিৰতা অহা নাই।...এই স্থিৰতা আহিবলৈ আৰু সময় লাগিব। আজি ইন্সটিটিউটৰ পৰা আহি তুমি মেট্ৰিকুলেশ্যনৰ পৰা আৰম্ভ কৰি এম.এ.লৈকে গোটেইকেইটা পৰীক্ষাৰ মাৰ্কশ্বীটসমূহ আৰু বিভিন্ন বিষয়ত পোৱা চাৰ্টিফিকেটসমূহ গোটাই এটা ফাইল কৰি থ'বা। ইন্সটিটিউটৰ পৰা আহিয়েই তুমি এই কাম কৰিবা। মই নিজে তোমাক দিল্লীলৈ লৈ যাম।"

...খট্ খট্ শব্দ কৰি টাঙ্গা আগুৱাই গ'ল। বিহাৰীজীৰ শিল দিয়া আলি পাৰ হৈ টাঙ্গাই ইন্সটিটিউটলৈ যোৱাৰ পথ ধৰিলে। আমি দুয়ো নীৰৱ হৈ আগ বাঢ়ি গ'লো।

০ ০ ০ ০

কাগজ-পত্ৰ ইত্যাদি থোৱাত মই সদায় বৰ বে-চিজিল আছিলো। স্কুল-কলেজত থাকোঁতে লেখা আৰু প্ৰকাশিত গল্পবোৰো মই হেৰুৱাই পেলাইছিলো। বিশ্ববিদ্যালয়ৰ কোনো সমাৱৰ্তন উৎসৱত মই ভাগ লোৱা নাছিলো। এম.এ. আৰু পিছলৈ পোৱা পি.এইছ.ডি.ৰ ডিগ্ৰী পত্ৰকেইখনো মই আনৰ হতুৱাইহে বিশ্ববিদ্যালয়ৰ পৰা অনাইছিলো।

ইন্সটিটিউটৰ পৰা উভতি আহি কাগজ-পত্ৰ বিচাৰিবলৈ গৈ গম পালো যে বাহিৰত মই কাগজ-পত্ৰবোৰ থোৱা নাই। কাপোৰ-কানিৰ লগত অনা সৰু টিনৰ ট্ৰাঙ্ক এটাৰ এচুকতহে এই কাগজ-পত্ৰবোৰ থৈ দিছিলো। ট্ৰাঙ্কটো খুলিবলৈ গৈ দেখিলো মই তাত এটা তলা মাৰিও থৈছো। তলাটোৰ চাবি বিচাৰি মই হাৰাশাস্তি হ'লো। চাবি নাই। নিগনিয়েই নি ক'ৰবাত সুমুৱালে নে ময়ে ক'ৰবাত পেলাই থৈ আহিলো একো গম নেপালো। ওপৰলৈ উঠি গৈ মাহীদেউৰ পৰাও মই চাবি একোছা আনি খুলিবলৈ চেষ্টা কৰি চালো। নাই, কোনোপধ্যেই খোলা নেযায়। ওপৰৰ পৰা মাহীদেৱেও নামি আহি চেষ্টা কৰি চালে। ব্যৰ্থ হৈ তেওঁ ক'লে—"তলা-চাবি কৰা মুছলমান মানুহটোক মাতি আনিব লাগিব!" তলা-চাবি কৰা মুছলমান মানুহটো বৃন্দাবনত বিহাৰীৰ বাগিচাৰ ওচৰত অৰ্থাৎ চুঙ্গিৰ নিচেই কাষতে বাস কৰিছিল।

মাহীদেৱে দশৰথ আখাৰাত থকা ভক্ত এটাক মাতি আনিবলৈ পঠিয়াই দিলে।

...সি তাৰ বিচিত্ৰ টিঙৰ বাকচ এটা কান্ধত লৈ আমাৰ মন্দিৰৰ দুৱাৰমুখত আহি উপস্থিত হ'ল। আন দিনা পিন্ধাৰ দৰে সি এখন মলিয়ন লুঙি পিন্ধি আহিছিল। ওখ হটঙা এই মানুহটোৱে লুঙিৰ ওপৰত ফাটি ছিৰাছিৰ হোৱা এটা বিবৰ্ণ গেঞ্জিও পিন্ধিছিল। ভৰিত এযোৰ উটৰ ছালৰ গধপা জোতা। মিঞাৰ চকুৰ দৃষ্টি গভীৰ, ভক্তসকলৰ দৰে স্থিৰ। বয়সে মুখৰ প্ৰকৃত গঠন ভাঙি পেলাইছিল।

মিঞাৰ লগত ধৰা-মেলা কৰি মই মোৰ টিঙৰ ট্ৰাঙ্কটো বাহিৰলৈ উলিয়াই আনিলো।

সি কান্ধত লৈ অহা বিচিত্ৰ বাকচটো খুলি সৰঞ্জাম দুটামান উলিয়াই তলাটো খুলিলে। নতুন চাবি এটা কৰিবলৈ তলাটো চাৰিও ফালৰ পৰা নিৰীক্ষণ কৰি চালে। তাৰ পাছত মোৰ পিনে উভতি চাই ক'লে—"লালী (ছোৱালী), ঝৰা চাই ত' পিলাও!"

...দুয়ো ধৰা-মেলা কৰি বাকচটো ভিতৰলৈ লৈ আহিলো। মই তাক চাহ একাপ কৰি দিলো। সি দুৱাৰমুখত বহি বৰ সন্তোষেৰে চাহ কাপ খাব ধৰিলে। সি নিজেই ক'লে—"বৃন্দাবনত এতিয়া আৰু বেছি মুছলমান নাই। মথুৰাত দুৰ্ভিক্ষ

হোৱাৰ সময়তে আলিগড়ৰ পিনে উঠি গ'ল। ...এই ৰাধাৰাণীৰ দেশত আমাৰো আৰু কোনো উন্নতি নহ'ল।"

নতুন চাবি এটা বৰ কম সময়তে সি মোক তৈয়াৰ কৰি দিলে। তাৰ পাছত তাৰ প্ৰাপ্য ধনখিনি লৈ বৰ সন্তুষ্ট হৈ সি উভতি গ'ল।

মোগলে ব্ৰজত প্ৰায় সাতশ বছৰ ৰাজত্ব কৰিছিল।...মাহমুদ গজনী, সিকন্দৰ লোডী আৰু আউৰঙ্গজেৱৰ দিনত যিসকল হিন্দু মুছলমান হৈছিল সেইসকলৰ সংখ্যা সৰহ নাছিল। এই সময়ত ব্ৰজত কুৰি নে পোন্ধৰ ভাগ লোকহে মুছলমান আছিল। শুনা যায়, প্ৰাণৰ ভয়ত নাইবা ঐশ্বৰ্য-বিভূতিৰ আশাত যিসকল হিন্দুৱে ইছলাম ধৰ্ম গ্ৰহণ কৰিছিল সেইসকলক হৃদয়হীন হিন্দুসকলে আৰু নিজৰ শাৰীলৈ অনা নাছিল।...হিন্দুসকলে 'জিজিয়া' কৰ দিব লাগিছিল। ধনী সম্প্ৰদায়ে ৪৮টা ৰূপৰ মুদ্ৰা, সাধাৰণ লোকে ২৪টা আৰু একেবাৰে দৰিদ্ৰই ১২টা ৰূপৰ মুদ্ৰা দিব লাগিছিল।...এয়া বাৰু তেওঁলোকৰ হিন্দু নোহোৱাৰেই পৰিণাম আছিলনে? আশীৰ্বাদীলালে লেখি যোৱাৰ দৰে? [প্ৰথমে হেনো বামুণসকল এই কৰৰ পৰা মুক্ত আছিল। কিন্তু ফিৰোজ শ্বাহ টোগলকৰ দিনত বামুণেও কৰ দিব লগা হৈছিল।]

...এই পুৰণা ট্ৰাঙ্কটোৰ এটা কোণত সোত-মোচ খাই পৰি আছিল মোৰ ডিগ্ৰী পত্ৰসমূহ। সেইবোৰ এখন এখনকৈ গোটাই গোটাই সমান হ'বলৈ মই বহী এখনৰ মাজত থ'লো। এইবোৰৰ মাজত অধ্যাপক মহেন্দ্ৰ বৰা চাৰে দিয়া চাৰ্টিফিকেটখনো আছিল। এই চাৰ্টিফিকেটৰ কথা মই ইতিমধ্যে প্ৰকাশ কৰিছো।

দিল্লীলৈ ইণ্টাৰভিউ দিবলৈ যোৱাৰ দুদিন আগেয়ে ছাৰে ক'লে—"যমুনাৰ ঘাটৰ কাষত কড়ি বাবা থাকে। তোমাৰ কামৰ কথা বাবাই কৈ দিব পাৰিব।" (এইগৰাকী সন্ন্যাসীয়ে কড়ি মাৰি মানুহৰ ভৱিষ্যতৰ কথা ক'ব পাৰিছিল। এই বাবেই তেওঁক সকলোৱে কড়ি বাবা বুলিয়েই মাতিছিল।)

...আবেলি সময়ত আমি তিনিও কড়ি বাবাৰ খুপৰি অভিমুখে যাত্ৰা কৰিলো। শ্বাহজী মন্দিৰৰ কাষেৰে নামি যোৱা এয়া সেই বিচিত্ৰ পথ।...জহি-খহি যোৱা ইটাৰ প্ৰাচীৰ।...আহ্, ক'ত দেখিছিলো? মই আগেয়ে উল্লেখ কৰিছো। বৰ অবিশ্বাস্য যেন লাগিলেও এয়া মই সপোনত দেখা প্ৰাচীৰ।...ইমান দিনে ইয়াত থাকি এনে ধৰণৰ প্ৰাচীৰৰ সৈতে মোৰ এক ৰহস্যময় সম্বন্ধৰ দৰেই হৈ গৈছে। এই প্ৰাচীৰেই যেন হৃদয়ত এক ধৰণৰ স্নেহৰ প্ৰাচীৰ বান্ধিবলৈ আৰম্ভ কৰি দিছে। নাই নাই, মই উভতি যোৱাৰ কথা আৰু ভবা নাছিলো।

নদীৰ ঘাটৰ ওচৰৰ ভগ্ন দালান এটাৰ খুপৰি এটাত এই সন্ন্যাসীগৰাকী বাস

কৰিছিল। তেওঁৰ যথেষ্ট বয়স হৈছিল। মানুহৰ কথা-বতৰা শুনিছিল। উত্তৰ কিন্তু নিদিছিল। মূৰত চুলি একেবাৰেই নাছিল। বেছিভাগ সময় তলমূৰ কৰিয়েই কটাইছিল।

ছাৰে তেওঁৰ কাণৰ কাষলৈ গৈ গোটেইখিনি কথা বুজাই দিলে। তেওঁৰ ওচৰলৈ উঠি যাওঁতে ছাৰে লাখুটিডালত ধৰি খুপি খুপিহে উঠি গৈছিল।

কড়ি বাবাই বহি থকা আসনখনৰ তলৰ পৰা কাপোৰৰ মোনা এটা উলিয়ালে। এই মোনাত থকা লোহাৰ কড়ি কিছুমান বৰ যত্নেৰে তেওঁ উলিয়াই আনিলে। মোৰ মুখলৈ এবাৰ মূৰ তুলি চাই তেওঁ কড়িকেইটা এখন বিচিত্ৰ কাপোৰৰ ওপৰত মাৰি পঠিয়ালে।...তাৰ পাছত বহু সময় তেওঁ কড়িকেইটালৈ স্তব্ধ হৈ চাই ৰ'ল। শেষত ক'লে—"যিস কাম কে লিয়ে যা ৰহী হো ওসমে সফল হোগী। যদি এইসা না হোৱা তো ম্যায় এ কড়িও কা খেল হামেসা কে লিয়ে চোড় দোঙ্গা।"

বৃদ্ধ কড়ি বাবাই কথাবোৰ মুখৰ ভিতৰতে কৈছিল। তেওঁৰ হিন্দী ভাষা মই ভালদৰে বুজি পোৱা নাছিলো। ছাৰে এটা এটাকৈ কথাবোৰ শুনিলে আৰু মোক বুজাই দিলে।

...উভতি আহোঁতে আমি যমুনাৰ চিৰহৰণ ঘাটত কিছু সময় বহিলো। মই কড়ি বাবাৰ কথাত অৰশ্যে অলপো গুৰুত্ব দিয়া নাছিলো।

দূৰৈৰ পৰা দেখিলো মথুৰাৰ পৰা এখন ডাঙৰ নাও আগুৱাই আহিছে। ব'ঠাৰ চপ্ চপ্ শব্দ শুনি কাঁচিদ'ৰীয়া বনবোৰৰ মাজত আহি পৰা বনৰীয়া হাঁহৰ জাক এটা উঠি আহি চিৰহৰণ ঘাটৰ চিৰিত পৰিলহি।...মাধুৰ মৃত্যুৰ পাছত বহুদিনলৈ মই মূৰৰ ওপৰৰ আকাশখনলৈ ভালদৰে মূৰ তুলি চাব পৰা নাছিলো। এই কথা আগেয়ে প্ৰকাশ কৰিছো। আজি এই চিৰহৰণ ঘাটৰ পৰা মোৰ মূৰৰ ওপৰৰ আকাশখনৰ এক অদ্ভুত সৌন্দৰ্য দেখা পালো। যুৱতীৰ অধৰৰ দৰে এক ৰঙে আকাশক ছাটি ধৰি আছে। এই ৰঙৰ স্পৰ্শ সকলোতে পৰিছে। যমুনাত, যমুনাৰ এই প্ৰাচীন ঘাটত, আৰু সৌৱা যমুনাৰ পানী-যুঁৰলিত গজি উঠা ঘাঁহবোৰতো এই ৰং বিয়পি পৰিছে।...এই মুহূৰ্তত যেন 'ঈশ্বৰৰ নগৰী'ৰ সকলো কদৰ্যতা, সকলো নিষ্ঠুৰতা অদৃশ্য হৈ পৰিছে। সৌৱা উবুৰি হৈ পৰি থকা পৰিত্যক্ত নাওবোৰত আৰু পানীৰ পৰা ওলাই আহি বালিত ডিঙি মেলি পৰি থকা কাছবোৰৰ ওপৰতো এই সোণালী ৰঙৰ গুড়ি ছিটিকি পৰিছে।...এই সৌন্দৰ্য বৰ বিস্ময়কৰ।

...হঠাৎ ছাৰৰ কণ্ঠত মোৰ চমক ভগিল—"তুমি সকলোবোৰ কাগজ-পত্ৰ সাজু কৰি ৰাখিছা নহয়নে?"

...দিল্লীৰ কথা মনত পৰি এক কৰ্কশ অনুভূতি মোৰ দেহৰ সিৰা-উপসিৰাৰে বাগৰি গ'ল।

০ ০ ০ ০

বংশীবট পাৰ হৈ ঈমৰাতি বায়ে এসময়ত গীত গোৱা ছত্ৰীৰ দাঁতিৰে সেইদিনা উভতি আহোঁতে আমি দুটা মুমূৰ্ষু মানুহক মৃত্যুৰ ক্ষণ গণি মাটিত মুখ গুঁজি পৰি থকা দেখিলো।

।। তেৰ ।।

মথুৰা হৈ দিল্লীলৈ যোৱা বাছ ধৰিবলৈ আন্ধাৰে-পোহৰে আমি দুয়ো চুঙ্গিৰ ওচৰৰ বাছ আড্ডাত উপস্থিত হ'লো।

ছাৰে মোক ইণ্টাৰভিউ ব'ৰ্ডৰ সদস্যসকলে কি কি প্ৰশ্ন সুধিব পাৰে এই বিষয়ে কিছুমান শুংসূত্ৰ দি আছিল। মই কিন্তু ছাৰৰ কথা ভালদৰে যেন শুনাই নাছিলো। এক নৈৰাশ্য আৰু বিবশতাই মোক যেন বধিৰ কৰি ৰাখিছিল।...মোৰ ভাব হৈছিল ঠিক এনে এটা জীৱন মই বিচৰা নাছিলো।...কিমান গভীৰভাৱে মাধুৰ লগত থকা সেই জীৱন মই ভাল পাইছিলো। এই কথা এই মুহূৰ্তত মই বৰ বেয়াকৈ অনুভৱ কৰিব ধৰিলো। কোনো কোনো মুহূৰ্তত স্মৃতিৰ কাৰাগাৰত কট্‌কটীয়াকৈ বান্ধি থোৱা অতীতে কেনেদৰে বান্ধোন খুলি অত্যাচাৰ কৰিব পাৰে এই কথা ভুক্তভোগীৰ বাহিৰে আন কোনেও নিশ্চয় অনুভৱ কৰিব নোৱাৰিব।...পূজনীয় ছাৰ মোৰ নিচেই ওচৰত বহি গৈছিল। তেওঁ নীৰৱে মোৰ সমস্ত ভাৱধাৰা লক্ষ্য কৰিছিল—ঠিক এনে এক ভাব হৈছিল।

মথুৰাৰ পৰা দিল্লীলৈ যোৱা এই পথছোৱাত এক অন্য ভাবো মোৰ মনলৈ আহিল। মই দেখোন গৱেষণাৰ কাম শেষ হোৱাৰ পাছত কাইকছ বাৰ্জোৰৰ ওচৰলৈ গুচি যাব পাৰো। তেওঁ কাশ্মীৰৰ ৰামবান্ধ ব্ৰীজৰ মুখ্য ইঞ্জিনীয়াৰৰ কাম কৰি আছে।

দিল্লীত তেওঁক লগ পোৱাৰ পাছতো মই কোনো মীমাংসালৈ আহিব পৰা নাই। তেওঁৰ চিঠি পাহাৰৰ দৰে মোৰ টেবুলত জমা হ'ব আৰম্ভ কৰিছে। নাই নাই, কোনো এটা মীমাংসালৈ আহিব নোৱাৰি। কি কাৰণে নোৱাৰি?...মই হিন্দু ব্ৰাহ্মণ আৰু কাইকছ বাৰ্জোৰ জৰথুষ্ট্ৰ ধৰ্মাৱলম্বী, এই কাৰণেইনে?...নাই নাই, এই প্ৰশ্ন কোনোদিনে মোৰ

মনলৈ অহা নাই। জাতি বিচাৰ যেন এক ঘৃণনীয় অপৰাধ, সৰু কালৰ পৰা মোৰ এনে এক ভাৱ।...তেতিয়াহ'লে? নিজৰ মনৰ সেই ৰহস্যময় জাল ভেদ কৰি অন্ধকাৰময় পথ পোহৰ কৰাৰ কোনো শব্দ মই বিচাৰি ল'ব নোৱাৰিলো। যুক্তি-তৰ্কই মনৰ জুই উপশম কৰিব পাৰিলেও মনলৈ অনেক সময়ত শান্তি আহিব নোৱাৰে।

ছাৰৰ নিচেই কাষত বহি মই জীনৱৰ অনেক কাল্পনিক মন্দিৰ তৈয়াৰ কৰিলো। আৰু সেইবোৰ নিজ হাতেৰে ধ্বংস কৰিলো।

দিল্লীত উপস্থিত হৈ আমি দুয়ো 'অসম হাউছ'ত উঠিলো।

ৰাতি মই ছাৰৰ ওচৰত পাৰি দিয়া বিছনা এখনত শুই আছিলো। গোটেই ৰাতি মোৰ টোপনি নাছিল। অতীতৰ শেষ হৈ যোৱা সংসাৰৰ মাজত মই ঘূৰা-ফুৰা কৰিব ধৰিলো। ছাৰে লগত অনা কিতাপ-পত্ৰ পঢ়িব দিছিল ইণ্টাৰভিউৰ বাবে। সেইবোৰ অৱশ্যে খুলিও নেচালো। মাধুৰ যি স্মৃতিক হৃদয়ৰ গোপন কক্ষত সংসাৰৰ নানা ধৰণৰ ৰহণৰ আৱৰণৰ মাজত লুকুৱাই থ'বলৈ চেষ্টা কৰিছিলো সেই স্মৃতিয়ে এই ৰহণৰ আৱৰণক খোলাকটিৰ তাল কৰি বাহিৰ ওলাই আহিল।...যন্ত্ৰণাত মই ছট্‌ফটাব ধৰিলো। কাইকছ বাৰ্জোৰ, সন্মুখত এই ইণ্টাৰভিউ, হিমালয় অভিমুখে যোৱা সন্ন্যাসীসকলৰ লগত চামিল হোৱাৰ আকাংক্ষা—এই সকলোবোৰ যেন মনৰ পৰা উধাও হৈ গ'ল। এক শূন্য কৰ্কশ বাস্তৱৰ বুকুত যেন কুচি-মুচি সোমাই পৰিলো।

মই আৰু শুব নোৱাৰিলো। বিছনাত বহি মই ওচৰৰ বিছনাত শুই থকা ছাৰৰ পিনে মূৰ তুলি চালো। ছাৰক শুই থকা যেনেই দেখিলো। মোৰ চকুৰে ধাৰাসাৰে লোতক বাগৰি পৰিব ধৰিলে।

ছাৰে ধহ্‌মহ্‌কৈ বিছনাত উঠি বহিল। মোৰ বিছনাৰ ওচৰলৈ উঠি আহি তেওঁ মোৰ মূৰত হাত দি ক'লে—"কি হৈছে? কিয় আকৌ তুমি মন বেয়া কৰিছা?"

থৰক্-বৰক্‌কৈ তেওঁ উঠি গৈ টেবুলত থোৱা পানীৰ গিলাচ এটা আনি মোৰ হাতত তুলি দিলে, আৰু ক'লে—"যোৱা মুখ-হাত ধুই আহা।"

ছাৰৰ কথা পালন কৰি মুখ-হাত ধুই মই আকৌ আহি বিছনাত বহিলো। নিজকে সম্পূৰ্ণৰূপে সংযম কৰিবলৈ মোৰ যথেষ্ট সময় লাগিল।

ছাৰক মই সুধিলো—"মৃত্যুৰ পাছৰ কথা কোনেও তো ক'ব নোৱাৰে, অন্ধকাৰেই অন্ধকাৰ! মই কেতিয়াবা তেওঁক লগ পামনে? এতিয়াতো কোনো যোগসূত্ৰ থকা যেন নেলাগে।"

ছাৰে উত্তৰ দিলে—"তুমি এদিন তেওঁক লগ পাবা।"

ব্ৰজধামৰ পৰম সাধক ছাৰে সেইদিনা মোক এইযাৰ কথাকে ক'লে। কিহৰ

মাধ্যমেৰে মই তেওঁক লগ পাম ? অকল মৃত্যুৰেইনে ? নাই, এইবোৰ প্ৰশ্ন মই আৰু তেওঁক সুধিব নোৱাৰিলো।

১৯৭০ চনৰ চাৰি অক্টোবৰৰ ৰাতি যি সময়ত মোৰ লগত ইণ্টাৰভিউ দিবলৈ অহা আন আন ছাত্ৰসকলে পঢ়া-শুনা কৰি ইণ্টাৰভিউৰ বাবে নিজকে সাজু কৰি লৈছিল ঠিক সেই সময়ত মই যেন মাধুৰ লগত এক ভৌতিক জগতত বিচৰণ কৰি ফুৰিলো !

কিছু সময়ৰ পাছত ছাৰে ক'লে—"তুমি আৰু চিন্তা কৰি থাকিব নেলাগে, তুমি কিতাপকেইখন উলিয়াই লোৱা।"

মই ক'লো—"লাইট জ্বলালে আপোনাৰ যদি টোপনি নাহে, ছাৰ ?"

"মই মন্ত্ৰ জপ কৰি আছো, তুমি পঢ়া। তুমি ইণ্টাৰভিউ ব'ৰ্ডৰ সদস্যসকলৰ সন্মুখতবহাৰ সময়তো মই মন্ত্ৰ জপ কৰি থাকিম। যাতে তুমি শান্তিৰে বহি উত্তৰবোৰ দিব পাৰা।"

...মনৰ লগত যুদ্ধ কৰিয়েই মই যেন কান্ধৰ পৰা অতীত মৰাশৰ সাঙিখন নমাই থ'লো। দুই-তিনি ঘণ্টা মই ইণ্টাৰভিউৰ বাবে নিয়া কিতাপবোৰৰ ভিতৰত, বিশেষকৈ মোৰ শিক্ষাগুৰু সত্যেন্দ্ৰ নাথ শৰ্মাদেৱৰ 'অসমীয়া সাহিত্যৰ সমীক্ষাত্মক ইতিবৃত্ত'খন পঢ়িলো।...এই সময়ত জ্বলি-পুৰি ভস্ম হৈ যোৱা সংসাৰৰ টুকুৰাবোৰে মোৰ শৰীৰ আৰু মনত চাবুকে কোবোৱাৰ দৰে কোবাই থাকিল।

...তথাপি মই পঢ়ি থাকিলো। এই ইণ্টাৰভিউটোৰ কাৰণে মাত্ৰ তিনি ঘণ্টাহে বোধহয় মই পঢ়িছিলো।

পুৱা এঘাৰটা বজাত উপাচাৰ্যৰ কমিটি ৰুমত আমাৰ ইণ্টাৰভিউ আছিল। ...দহটামান বজাত ছাৰ আৰু মই গা-পা ধুই সাজু হ'লো। যোৱাৰ সময়ত ছাৰে তেওঁৰ সৰু মোনাটোৰ পৰা এটা টেমা উলিয়ালে। মুখৰ ভিতৰত আশীৰ্বাদসূচক কিবা এটা শব্দ উচ্চাৰণ কৰি তেওঁ গোৰোচনাৰ এটা হালধীয়া ফোঁট মোৰ কপালত মাৰি দিলে।

০ ০ ০ ০

দিল্লী বিশ্ববিদ্যালয়ৰ প্ৰধান দুৱাৰ পাৰ হ'লো। চাৰিওফালে এক ভব্য বাতাৱৰণ। পুৰণা হাতী দাঁতৰ বৰণ লোৱা এসময়ৰ ভাৰতৰ ভাইচৰয়ৰ বাস ভৱনত উপাচাৰ্যৰ অফিচ। আমি দুয়ো অৱশ্যে ঘূৰা-ফিৰা কৰি কিছু সময় উপাচাৰ্যৰ এই কমিটি ৰুমটো বিচাৰি ফুৰিলো। লাখুটিত ভৰ দি খোজ কঢ়া ছাৰৰ ব্যক্তিত্ব দেখি অনেকেই সেইদিনা তধা লাগি চাইছিল। ছাৰৰ মূৰৰ চুলি পকি একেবাৰে বগা হৈ গৈছিল। ছাৰৰ ব্যক্তিত্বত

এক অদ্ভুত ঐশ্বৰিক জ্যোতি আছিল। অনেকেই বোধহয় সেইদিনা এই জ্যোতিৰ জলক্ দেখা পাইছিল।

আমি দুয়ো যেতিয়া সেই সৰু কমিটি ৰুমটোত উপস্থিত হ'লো দেখিলো ইন্টাৰভিউ দিবলৈ অহা প্ৰাৰ্থীসকলো তাত বহি আছে। তেওঁলোকৰ মাজৰ এগৰাকীয়ে গৱেষণাৰ কাম ইতিমধ্যে শেষ কৰিছিল। ফলাফলৰ বাবেহে বোধহয় বাট চাই আছিল। তেওঁ লগত 'থিছিছ'খনৰ কপি এটাও লৈ আহিছিল। মোৰ লগত লেখাৰু ছাৰ স্বয়ং উপস্থিত হোৱা বাবে সকলোৰে সম্ভ্ৰমেৰে উঠি থিয় হ'ল।

আকৌ এবাৰ মোৰ পিনে চাই ছাৰে সোঁৱৰাই দিলে—"তুমি মুঠেই ভয় নকৰিবা! মই জপ কৰি থাকিম।"

...একেবাৰে শেষতহে মোৰ ডাক পৰিল।...কোঠাটোত সোমায়ে যিকেইগৰাকী ভব্য-গব্য পণ্ডিতক কমিটি ৰুমত লগ পালো তেওঁলোকৰ এগৰাকীকো মই চিনি নেপাওঁ। হঠাৎ বাঁও হাতে মূৰ তুলি চোৱাত মই মোৰ শিক্ষাগুৰু অধ্যাপক মহেশ্বৰ নেওগ ছাৰক দেখা পালো। তেওঁ কিন্তু মোক চিনি নোপোৱা মানুহৰ দৰে ব্যৱহাৰ কৰিলে। এৰা, ব'ৰ্ডৰ সদস্য হৈ প্ৰাৰ্থীৰ লগত কথা পাতে কেনেকৈ? [পিছলৈ অধ্যাপক নেওগ ছাৰৰ লগত মোৰ সহৃদয়তা স্থাপন হৈছিল। তপস্বীৰ দৰে দিনে-ৰাতিয়ে সাহিত্য সাধনা কৰা নেওগ ছাৰৰ পৰা অসমীয়া সাহিত্যৰ বিষয়ে মই অনেক জ্ঞান লাভ কৰিছিলো। তেওঁৰ চিঠি-পত্ৰসমূহ মোৰ বাবে মূল্যৱান সম্পদ আছিল।]

সদস্যসকলে কৰা প্ৰথম দুটামান প্ৰশ্নৰ উত্তৰ মই এক ধৰণৰ আড়ষ্টতা অনুভৱ কৰি ভালদৰে দিবই নোৱাৰিলো। কিন্তু লাহে লাহে মই সজাগ হ'লো। মোৰ দ্বিধা-সঙ্কোচ নোহোৱা হ'ল।

ব'ৰ্ডৰ সদস্য হৈ থকা পাঞ্জাবৰ প্ৰখ্যাত কবি অধ্যাপক হৰভজন সিং মহোদয়ে মোক এটা প্ৰশ্ন সুধিলে—"অসমীয়াৰ বাহিৰেও অন্য ভাষাৰ সাহিত্যিকৰ কিতাপ-পত্ৰ পঢ়িছানে?"

[কাশ্মীৰত মাধুৰ লগত থকাৰ সময়ত মই অজস্ৰ কিতাপ পঢ়িছিলো। ৰাজেন্দ্ৰ সিং বেদীৰ 'এক চাদৰ মৈলী সী' নামৰ উপন্যাসখনে মোক বৰকৈ আকৰ্ষণ কৰিছিল। মই এই উপন্যাসখনৰ বিষয়ে তেওঁক কিছু কথা ক'লো।]

এইবাৰ মই সঁচাকৈয়ে কিতাপখন পঢ়িছো নে নাই এই কথা জানিবলৈ তেওঁ মোক কিতাপখনৰ দুটামান দৃশ্যৰ কাহিনী বৰ্ণনা কৰিব দিলে।

এই কিতাপখনত দুটামান দৃশ্য সঁচাকৈয়ে অনন্য আছিল। নায়িকাই যিটি

পাত্ৰক এদিন পুত্ৰৰ দৰে নিজৰ বুকুৰ দুগ্ধ দি পালন কৰিছিল তাৰেই এদিন অঙ্কশায়িনী হ'ব লগীয়া হৈছিল। সিহঁতৰ বিবাহৰ বৰ্ণনা অদ্ভুত আৰু শোকাবহ আছিল।

এই বৰ্ণনাখিনি মই অধ্যাপক হৰভজন সিং মহোদয়ক দিব লগীয়া হোৱাত কিছু অপ্ৰস্তুতো হ'লো। ইংৰাজী ভাষাত ভালদৰে এইখিনি প্ৰকাশ কৰাতো মই যথেষ্ট দ্বিধা অনুভৱ কৰিলো।...কিন্তু অধ্যাপক হৰভজন সিং বৰ সন্তুষ্ট হোৱাৰ দৰে দেখা গ'ল।

ইয়াৰ পাছত যিবোৰ প্ৰশ্ন সদস্যসকলে কৰিলে সেইবোৰৰ উত্তৰ মই বোধ হয় ঠিক মতেই দিব পাৰিলো।

ছাৰৰ ওচৰলৈ আহি দেখিলো ছাৰে একে ঠাইতে চকু মুদি জপ কৰাৰ দৰে বহি আছে। কিছু সময়ৰ পাছত ইণ্টাৰভিউ দিয়া গোটেইজাক প্ৰাৰ্থীৰ লগত নেওগ ছাৰো বাহিৰলৈ ওলাই আহিল।

কোনোবা এগৰাকীয়ে ক'লে—"ৰেজিষ্টাৰৰ অফিচ ৰুম নম্বৰ ১৩তেই লৰ্ড মাউণ্টবেটেনে এডুইনাক বিবাহৰ প্ৰস্তাৱ দিছিল।"

মই সেই ভব্য প্ৰাসাদটিলৈ চাইছিলো। এনেয়েও ইতিহাস সাৰটি পৰি থকা দিল্লীৰ প্ৰাচীন ধ্বংসস্তূপ, প্ৰাসাদ ইত্যাদিৰ প্ৰতি মোৰ বৰ কৌতূহল আছিল।

...আমি দুয়ো অলপো সময় অপব্যয় নকৰি 'অসম হাউছ'ৰ পৰা কানি-কাপোৰ লৈ হিচাপ-নিকাচ ইত্যাদি কৰি কাশ্মীৰী গে'টৰ বাছ আড্ডা অভিমুখে ৰাওনা হ'লো।

...মোৰ কাষত বহি অহা ছাৰক মই আক্ষেপ কৰি ক'লো—"তুলসী দাসৰ 'ৰাম চৰিত মানস' সম্পৰ্কে কৰা প্ৰশ্নকেইটাৰ উত্তৰ মই ভাল দৰে দিব নোৱাৰিলো ছাৰ!"

ছাৰে সান্ত্বনা দি ক'লে—"যি পাঠ্যই হৃদয় স্পৰ্শ কৰে তুমি সেই পাঠ্যই পঢ়িবা। মোৰ দৃঢ় বিশ্বাস তুলসী দাসৰ 'ৰাম চৰিত মানসে' এদিন তোমাৰ হৃদয় স্পৰ্শ কৰিব।"

[পিছলৈ যদিও মহাকবি তুলসীয়ে নাৰীৰ বিষয়ে লেখা উক্তি কিছুমান আৰু দুই-এটা কথা মই ভাল পোৱা নাছিলো তথাপি ভাতৃ-ভগ্নী, পিতৃ-মাতৃ আৰু বন্ধুৰ যি নিৰ্মল সম্বন্ধৰ কাহিনী তেওঁ দেখুৱাইছিল সেইবোৰে মোক গভীৰভাৱে আকৰ্ষণ কৰিছিল। মোৰ ভাব হৈছিল পৃথিৱীত এনে ধৰণৰ সম্বন্ধ থাকিলেও শোক সাগৰত ডুব দিব লগীয়া অৱস্থা মানৱ জাতিৰ নহয়। তুলসীৰ ভাষা আৰু ৰূপকসমূহেও মোক মুগ্ধ কৰিছিল।...তুলসীৰ এইকেইটা গুণ মই হৃদয়েৰে ভাল পাইছিলো।

...পিছলৈ অনেকে মোক ৰামায়ণ সম্পৰ্কে ভাষণ দিবলৈ নিমন্ত্ৰণ কৰিছিল। উত্তৰ প্ৰদেশ আৰু মধ্য প্ৰদেশৰ অনেক সৰু-ডাঙৰ সভাত মই ৰামায়ণ সম্বন্ধে অনেক

লেখা পাঠ কৰিছিলো। দিল্লীৰ মানস চৰ্তুশতা সমিতিয়ে ১৯৭৮ চনৰ ৰাম নৱমীৰ দিনা এটি সৰস্বতীৰ প্ৰতিমা দি সন্মান জনাইছিল। যদিও এই সন্মানৰ যোগ্য ব্যক্তি হয়তো মই নাছিলো।

১৯৮৬ চনৰ আগষ্ট মাহত বিহাৰৰ পাটনা চহৰতো ৰামায়ণ সম্বন্ধে এক সভা বহিছিল। সেইবাৰ পাটনাৰ ৰাজ ভৱনত ৰাজ্যপাল ভেঙ্কেট চুব্বায়াই ৰেশমৰ চাদৰ, মুদ্ৰা ইত্যাদি মোক উপহাৰ দিছিল। মোৰ লগত সেইবাৰ ডক্টৰ পাণ্ডুৰঙ্গ ৰাও আৰু প্ৰভাকৰ মাছুৱেও আছিল। তেওঁলোককো ৰামভক্ত চুব্বায়াই ৰেশমৰ চাদৰ আৰু মুদ্ৰাৰে সন্মানিত কৰিছিল।

ৰামায়ণ সাহিত্যত মই কোনো ডাঙৰ পণ্ডিত নাছিলো। এই বিষয়ে পঢ়া-শুনা কৰাৰ প্ৰবল ইচ্ছা আছিল যদিও সময় কৰিব নোৱাৰিছিলো।

এবাৰ থাইলেণ্ডৰ থামাচাত বিশ্ববিদ্যালয়েও (Thammasat University) অসমীয়া ভাষা আৰু ৰামায়ণ সম্বন্ধে পত্ৰ পঢ়িবলৈ এক সভাত নিমন্ত্ৰণ কৰিছিল। সেইবাৰেই মই গভীৰভাৱে অসমীয়া কবি মাধৱ কন্দলিৰ ৰামায়ণখন পঢ়িছিলো। অসমৰ প্ৰাচীন গ্ৰন্থসমূহৰ ভিতৰত গুৰু চৰিতসমূহ আৰু মাধৱ কন্দলিৰ এই ৰামায়ণখনে মোক বিশেষ কিছুমান কথাৰ বাবে আকৰ্ষণ কৰিছিল।]

০ ০ ০ ০

ব্ৰজৰ মাটিত শেষ নিশ্বাস পেলাবলৈ অহা মুমূৰ্ষু মানুহৰ সংখ্যা দিনে দিনে বাঢ়ি অহা দেখিলো। এটা ভক্তই বহুদিন আমাৰ ওচৰৰ উন্মুক্ত নৰ্দমা এটাৰ ওচৰত পৰি আছিল। ভেনা মাখিৰে ভৰি পৰিছিল তাৰ শৰীৰ। আন এটাক মই বংশীবটৰ তলত পৰি থকা দেখিলো। অস্থি-চৰ্মসাৰ দেহ।...তাৰ কি বেমাৰ হৈছিল নেজানো। কিন্তু ঈশ্বৰৰ নগৰীৰ এই মাটিত শেষ নিশ্বাস পেলাবলৈ যে সি বাট কুৰি বাই আহিছিল এই বিষয়ে কোনো সন্দেহ নাছিল। কাৰণ সি হাতখনেৰে কুৰুকি কুৰুকি মাটি খান্দিছিল, আৰু শৰীৰত লেপি ল'বলৈ চেষ্টা কৰিছিল। আনকি মোৰ খুপৰিটোৰ নিচেই ওচৰত অৰ্থাৎ লালা বাবুৰ মন্দিৰৰ সন্মুখৰ বটজোপাৰ তলতো এটা ভক্তই ব্ৰজৰ ৰজ পাবলৈ আশা কৰি বহুদিন পৰি আছিল। ওচৰৰ মানুহে কোৱা-মেলা কৰা শুনিছিলো সি হেনো সাষ্টাঙ্গ প্ৰণাম কৰি বাগৰি বাগৰি আহি এইখিনিত উপস্থিত হৈছিল।...এনেদৰে বাগৰি বাগৰি আহোঁতে তাৰ সৰ্বশৰীৰ ক্ষত-বিক্ষত হৈ পৰিছিল। মৃত্যুৰ বাবে বাট চাই থকা এই মানুহটোৰ শাৰীৰিক কষ্ট বৰ অসহনীয় আছিল যেন ধাৰণা হৈছিল। কাৰণ মাজে মাজে যন্ত্ৰণাত তাৰ আঙুলিৰ নখ ব্ৰজৰ মাটিৰ তললৈ বহি গৈছিল।

০ ০ ০ ০

মাহীদেউৰ লগত প্ৰায়ে শ্ৰীৰঙ্গজী মন্দিৰলৈও মই যাবলৈ আৰম্ভ কৰিলো। ব্ৰহ্মকুণ্ডৰ দাঁতিৰে যোৱা সংক্ষিপ্ত পথেৰে আমি দুয়ো ৰঙ্গজীলৈ গৈছিলো। কেতিয়াবা ছাৰো আমাৰ লগত গৈছিল। ৰঙ্গজীৰ প্ৰধান দুৱাৰৰ দাঁতিৰ জোতা থোৱা পুলিটিৰ ওচৰত মই মাজে-সময়ে এটা অন্য ধৰণৰ ভক্তৰ দলো লগ পালো। সিহঁত অস্পৃশ্য। মন্দিৰত এইটো দলে স্বইচ্ছাৰে সোমাব নোখোজে। আমাৰ সংবিধানৰ ১৭ নম্বৰ দফাই অথচ যেন চিঞৰিয়ে আছে—"অস্পৃশ্যতাৰ বিলোপ কৰা হ'ল আৰু যিকোনো ৰূপতে ইয়াৰ আচৰণ নিষিদ্ধ কৰা হ'ল। অস্পৃশ্যতাৰ পৰা উদ্ভূত যিকোনো নিৰ্যোগ্যতাৰ প্ৰয়োগ বিধি মতে দণ্ডনীয় অপৰাধ হ'ব।"

...শুনিছিলো উত্তৰ প্ৰদেশত ১৯৫৬ চনত আৰু এখন আইন তৈয়াৰ হৈছিল। এই আইন মতে এনে ধৰণৰ লোকক মন্দিৰত প্ৰৱেশ কৰিবৰ বাবে আৰু অনেক অধিকাৰ দিয়া হৈছিল;...কিন্তু এই থেৰো-গেঁৰো কৰি মন্দিৰৰ জোতা থোৱা কোঠাৰ দাঁতিত বহি থকা লোকসকলে এই আইনৰ বিষয়ে অজ্ঞই হৈ থাকে। কোনোবাই ঠেলি-হেঁচুকি দিলেও সিহঁতে হয়তো আগ নেবাঢ়িব। নিজৰ নিজৰ ভাগ্যক এনে ধৰণে মানি লোৱা লোকৰ সংখ্যাও মই বাঢ়ি অহা দেখিলো। সিহঁতে আলিৰ দাঁতিৰ পাবত গজা মন্দিৰবোৰৰ ওচৰত বহি সংকীৰ্তন কৰে। পাণ্ডাসকলে সিহঁতৰ আশে-পাশে ঘূৰা-ফিৰা কৰে। কিছুমান নিৰ্দিষ্ট মন্দিৰৰ প্ৰাঙ্গণত নিজৰ পিতৃ-মাতৃ নাইবা প্ৰিয়জনৰ নাম খোদিত কৰি মাৰ্বলৰ ফলক লগোৱাবলৈ সিহঁতক পাণ্ডাসকলে উপদেশ দিয়ে। সিহঁতেও আশা কৰে ভক্তৰ ভৰিৰ ধূলিৰে পবিত্ৰ হৈ পৰক প্ৰিয়জনৰ নাম। এনে ধৰণৰ মাৰ্বলৰ ফলক লগোৱা মন্দিৰ কিছুমানৰ প্ৰাঙ্গণসমূহে কেনে ধৰণৰ কিম্ভূত-কিমাকাৰ ৰূপ ধাৰণ কৰিছিল এই কথা নেদেখিলে কল্পনা কৰিব নোৱাৰি।

ইন্সটিটিউটতো মোৰ কাম ঠিক মতেই চলিব ধৰিলে। ইন্সটিটিউটৰ ৰেক্টৰ স্বামী বনমহাৰাজ আৰু প্ৰিন্সিপাল ডক্টৰ চৰণ বিহাৰী গোস্বামীকো সুখী হোৱা যেনেই দেখা গ'ল।

দিল্লী বিশ্ববিদ্যালয়ৰ ইন্টাৰভিউৰ কথা লাহে লাহে ছাৰ আৰু মই পাহৰি আহিলো। অথচ ইন্টাৰভিউ দি অহা এমাহেই হোৱা নাছিল।

০ ০ ০ ০

অক্টোবৰ মাহ। ১৯৭০ চন। এদিন দুপৰীয়া আমাৰ মন্দিৰৰ কাঠৰ দুৱাৰখনত

কোনোবাই ঢকিয়াব ধৰিলে। সেই দিনা ছাৰ আৰু মই ইন্সটিটিউটলৈ যোৱা নাছিলো, দুৱাৰ খুলি দেখিলো পিয়ন এটাই দিল্লী বিশ্ববিদ্যালয়ৰ নিযুক্তি-পত্ৰখন লৈ হাজিৰ হৈছে। খুলি চাই দেখিলো চিঠিখন মোৰ গুৱাহাটীৰ ঠিকনাত পঠিয়াইছিল। ভাই এটাই সেইখন আকৌ বৃন্দাবনলৈ পঠিয়াই দিছে। সঁচা কথা ক'বলৈ গ'লে, এই নিযুক্তি-পত্ৰখন পাই মই অলপো আনন্দিত হ'ব নোৱাৰিলো। ছাৰে মোৰ মনৰ ভাব বুজি পাইছিল। মন্দিৰৰ সকলোৱে মোক বাঃ বাঃ দিব ধৰিলে। মই কিন্তু আনন্দিত হ'ব নোৱাৰিলো। অথচ এই নিযুক্তি-পত্ৰখনক সম্পূৰ্ণৰূপে অৱজ্ঞাও কৰিব নোৱাৰিলো।

০ ০ ০ ০

ৰাতি মোৰ ভালদৰে টোপনি নাহিল। আকাশ ডাৱৰেৰে ভৰি আছিল। ত্ৰিশ গজ দূৰৈত মৃত্যুৰ বাবে লালা বাবুৰ মন্দিৰৰ সন্মুখত অপেক্ষা কৰি পৰি থকা ভক্তটোৰ আৰ্তনাদ আহি মোৰ কাণত পৰিছিল। এক কৰ্কশ শীতল অনুভূতি মোৰ দেহৰ সিৰা-উপসিৰাৰে বাগৰি গ'ল। বিছনাত বহি থাকোঁতে সেইদিনা মোৰ অদ্ভুত ধৰণৰ ভাব কিছুমান আহিল। এই পৃথিৱীত সকলোতকৈ ডাঙৰ কথা হ'ল মানৱতা।...এই মনুষ্যত্ব আৰু ধৰ্মই হাতত ধৰা-ধৰিকৈ থাকে বুলি মোৰ যি এক ধাৰণা আছিল ঈশ্বৰৰ এই নগৰীত সেই ধাৰণা ধূলিসাৎ হৈ গৈছে। শেষ ৰাতি দবা-পিটা বৰষুণ আহিল। মই কুঁচি-মুচি বিছনাৰ এচুকত বহি থাকিলো। ভাব হ'ল এই বতাহ-বৰষুণ সেই মৃত্যুৰ বাবে বাট চাই থকা ভক্তটোৰ শৰীৰৰ ওপৰেৰে পাৰ হৈ গ'ল। সি মৰিল নে বাৰু?

আকৌ পুৱাৰ বাছত আমি যাব লাগিব। বস্তু-বাৰি বান্ধি-মেলি লোৱাৰ সময় নহ'ব। সেয়ে মই অত্যন্ত নিৰুৎসাহেৰে উঠি থিয় হ'লো।...দূৰৈৰ মুৰুলীধৰৰ ঘণ্টা তেতিয়াও বজা নাছিল। ৰঙ্গজীৰ সুপ্ৰভাতৰ সুললিত সঙ্গীতৰ ধ্বনি তেতিয়াও মুখৰিত হৈ উঠা নাছিল। আকাশৰ ক'লা ৰং এচটাই তেতিয়াও যেন একুৰা ৰঙা জুইকহে আঁৰ কৰি ধৰি আছিল। অদ্ভুত! অদ্ভুত ইয়াতেই—এই ব্ৰজধামতেই মই মূৰৰ ওপৰৰ আকাশলৈ মূৰ তুলি চাব পৰা হৈছিলো।

বিদায় ল'বলৈ এখোজ-দুখোজকৈ গৈ মই লালাজীৰ মন্দিৰৰ দুৱাৰমুখত উপস্থিত হ'লো।

বিস্ময়কৰ! বিস্ময়কৰ!! মৃত্যুৰ বাবে অপেক্ষা কৰি মন্দিৰৰ সন্মুখৰ বৃহৎ প্ৰাচীন গছজোপাৰ তলত পৰি থকা ভক্তটো তেনেদৰেই পৰি আছে। বৰষুণজাক তাৰ শৰীৰৰ ওপৰেৰে পাৰ হৈ গৈছে।...বোকা পানীৰে লপ্‌থপ্ হৈ পৰিছে তাৰ দেহ। তথাপি সি জীয়াই আছে।

...ক'ব নোৱাৰো কি কাৰণে মোৰ মূৰ দোঁ খাই পৰিল এই মানুহটোৰ প্ৰতি...লালাজীৰ মন্দিৰটিৰ প্ৰতি। এই ঈশ্বৰৰ নগৰীৰ প্ৰতি।

০ ০ ০ ০

মোক বিদায় দিবলৈ সেইদিনা দশৰথ আখাৰা আৰু ব্ৰহ্মাকুণ্ডৰ প্ৰায়বোৰ মানুহেই আমাৰ মন্দিৰৰ দুৱাৰমুখত উপস্থিত হৈছিল। কাৰো প্ৰতি মই গভীৰভাৱে মনোযোগ দিব নোৱাৰিছিলো। অথচ সকলোৱে যেন মোৰ প্ৰতি সহানুভূতিশীল আছিল। মনু, কৃষ্ণা দাসী, সন্মুখৰ মন্দিৰৰ সাধুসকলকে আদি কৰি অনেক মানুহ উপস্থিত হৈছিল। ছাৰৰ লগত মই টাঙ্গাত উঠিলো। শিল দিয়া আলিৰে টাঙ্গা আগুৱাই গ'ল। এই বিদায়ৰ বেলাও মই ৰঙ্গজী মন্দিৰৰ ৰথগৃহৰ দুৱাৰ মেল খাই থকা দেখিলো।

টাঙ্গা বাছ আড্ডা অভিমুখে আগ বাঢ়ি যাব ধৰিলে।

...এটা সময়ত এই ঈশ্বৰৰ নগৰী অদৃশ্য হৈ আহিল।

০ ০ ০ ০

১৯৭০ চনৰ দুই নৱেম্বৰৰ দিনা দিল্লী বিশ্ববিদ্যালয়লৈ গৈ জইনিং ৰিপ'ৰ্ট লেখাৰ সময়তো লেখাৰু ছাৰ মোৰ ওচৰত ছাঁৰ দৰে থিয় হৈ আছিল।

০ ০ ০ ০

'মামৰে ধৰা তৰোৱাল', 'অহিৰণ' ইত্যাদি উপন্যাস লেখাৰ সময়ত শ্ৰমিকৰ কেম্প, ৱাৰ্ক ছাইটৰ অভিজ্ঞতা, কাইকছ বাৰ্জোৰক ব'ম্বেত আকৌ লগ পোৱা, দক্ষিণ-পূব এছিয়াৰ দেশসমূহ ভ্ৰমণ কৰা ইত্যাদি অনেক কাহিনী আছিল। দিল্লীৰ কাহিনীও এক অন্য অধ্যায় আছিল।

০ ০ ০ ০

ছাৰ উপেন্দ্ৰ চন্দ্ৰ লেখাৰুদেৱৰ মৃত্যু হোৱা অনেক দিন হ'ল। তেওঁ বান্ধি দিয়া তাবিজটো এতিয়াও মোৰ শৰীৰত আছে। তেওঁ শিকাই যোৱা মন্ত্ৰটোও মোৰ মনত আছে। এটা কথা সঁচা যে, ছাৰে মোক সুখ্যাত লেখিকা নাইবা ডাঙৰ পণ্ডিত হ'বলৈ প্ৰেৰণা দিয়া নাছিল—ছাৰে মোক মানৱীয় গুণেৰে বিভূষিত মানুহ হ'বলৈ প্ৰেৰণা দিছিল। মনুষ্যত্বৰ সন্মুখত সকলো গুণেই তুচ্ছ আছিল। ছাৰৰ বাবে মানুহতকৈ শ্ৰেষ্ঠ এই সংসাৰত আৰু একো নাছিল।

* * *